基于核心素养的课堂教学及课后作业设计

顾伟利　付璐　主编

辽宁师范大学出版社
·大连·

ⓒ 顾伟利　付　璐　2025

图书在版编目(CIP)数据

基于核心素养的课堂教学及课后作业设计 / 顾伟利，
付璐主编. -- 大连：辽宁师范大学出版社，2025.1.

ISBN 978-7-5652-4542-8

Ⅰ. G632.421；G632.46

中国国家版本馆 CIP 数据核字第 20248PX261 号

JIYU　　HEXIN　SUYANG　DE　KETANG　JIAOXUE　JI　KEHOU　ZUOYE　SHEJI

基 于 核 心 素 养 的 课 堂 教 学 及 课 后 作 业 设 计

责任编辑:郝晓红　李潇潇

责任校对:阎莉颖　刘海莲　马　璐

装帧设计:陶　非

出　版　者:辽宁师范大学出版社

地　　　址:大连市黄河路 850 号

网　　　址:http://www.lnnup.net

　　　　　　http://www.press.lnnu.edu.cn

邮　　　编:116029

营销电话:(0411)82159126　82159220

印　刷　者:大连天骄彩色印刷有限公司

发　行　者:辽宁师范大学出版社

幅面尺寸:185mm×260mm

印　　张:24.5

字　　数:540 千字

出版时间:2025 年 1 月第 1 版

印刷时间:2025 年 1 月第 1 次印刷

书　　号:ISBN 978-7-5652-4542-8

定　　价:58.00 元

目 录

第二章 "单丝"也成线

——试创核心素养下的单课教学设计

序

合成美好

随着新课程标准的逐渐落实和课堂教学改革的不断深入,核心素养理念下的整合式的大单元教学也欣欣然生长了起来。

为什么要做大单元整合教学呢?

这是发展核心素养的必然路径。众所周知,聚焦学生的核心素养发展是当前课程教学改革向纵深推进的基本导向。核心素养是由各种关键能力、必备品格和基本价值观念构成的有机整体,统摄、整合了若干具体素养成分。如果说具体的素养成分(包括知识、技能、能力和品格)还可以一个一个地获得,那么,核心素养的获得则是包括知识、技能、能力和品格在内的各种具体素养成分交互整合的结果。尽管各种具体素养成分同时对学生核心素养的发展发挥着作用,但是核心素养并不是各种具体素养成分的简单叠加。只有当各种具体素养成分汇聚为一个有机的整体,学生才能内化并生成自己的核心素养。因此,聚焦学生核心素养发展,必然要求一种更具整合性的教学样态。

大单元整合教学是实现全面发展的必然路径。努力构建德智体美劳全面发展的教育体系,不断促进学生德智体美劳全面发展,是习近平总书记对新时代中国教育改革和发展提出的重大课题。学生全面发展是一个描述学生素养总体生成和发展状况的概念,不是学生在德智体美劳五个方面的先后发展或者分别发展,而是德智体美劳五个方面的有机统一和整体发展;学生全面发展不是德智体美劳五个方面发展状况的机械相加,而是一个学生整体发展的质量融合。所以说,学生全面发展不仅需要确立"五育并举"的理念,更需要确立"五育融合"的具体方法和措施。因此,落实学生全面发展的教育也必然要求一种更具整合性的教学样态。

大单元整合教学是培养新时代复合型人才的必然路径。科技时代、未来社会的重大特征是学科交叉、知识融合、技术集成。需要的就是复合型的多功能人才,其特点是多才多艺,能够在很多领域大显身手。这一特征就决定了每个学生在教育教学的起点处及过程中都要被注入、培养和强化各种美好的思想、品德、情感以及丰富的知识、能力等,以合成优秀的综合素质茁壮成长、全面发展,在未来承担社会主义建设者和接班人的重任。新的课程标准也鲜明地提出了"加强课程综合,注重关联"的基本原则,并强调要"强化学科内知识整合,统筹设计综合课程和跨学科主题学习。加强综合课程建设,完善综合课程科目设置,注重培养学生在真实情境中综合运用知识解决问题的能力。开展跨学科主题教学,强化课程协同育人功能"。知识结构化,不仅是学生所需,也是教师所需。因此,教育培养复合型人才,必然要求一种整合性的教学样态。

如此看来,无论是学生的核心素养发展还是学生的全面发展,还有当今时代和未来社会,都需要整合式的教学。

那么,如何进行大单元整合式教学呢?主要应做好以下几个关键方面。

首先是确定大概念。从根本上讲,大概念本身就是核心概念、本质概念,是抽象概括出来的具有联系整合作用并能广泛迁移的概念。它是一个上位概念,在大范围内具有普适性解释力;它像金字塔一样,是一个有组织、有结构的知识模型,能为学习者提供一个认知框架和结构。它有向上的"高阶性",有向内的"中心性",有向下的"深刻性",也有向外的"迁移性"。它本身是一个蕴含丰富内涵的意义模式,让更具实质内涵的整合性教学成为可能。大概念的表现形式可以是一个概念、命题、理论、主题,也可以是一个问题、观点等,还可以是结论与结果、方法与思想,或者作用与价值。它可以存在于学科课时内、学科单元内,也可以存在于学科单元间、各学科之间。确定了大概念,也就是确定了整合的"魂"。它像一个磁场,聚碎片而成整体,融分散而成一体,促进教材核心理解,提升学生素养。

其次是确定大内容。大单元教学不再是单篇单章的内容,而是把相关的学段作为一个整体内容,在大框架下进行解读,进而构建系统内容和授课内容,并时时审视当下的内容和以前、以后的知识的联系和地位,从不孤立地考虑单个教学内容。可以是同学科同年级的"横合",可以是同学科不同年级的"纵合",可以是大概念下的不同学科的"组合",也可以是课内与课外的"联合"。或者说,可以是单学科的整合,可以是多学科的整合,可以是跨学科的整合,还可以是超学科的整合。总之,从单课到单元,促进教材系统理解,整体整合。

再次是确定大架构。我们所说的大架构是从两个方面来实施的。一是课堂教学设计的大架构。确定大概念和大内容后,就要根据大概念、核心素养确定具体的教学目标。学科知识、学科思想、学科素养、学科育人这四级指标紧扣核心素养,同时也是"教—学—评"一体化的设计和评价标准。接着将教学目标转化设计成高质量的问题或者任务,以引导学生在解决问题的过程中学习,在任务驱动下通过实践活动获得感受,从而达成教学目标。二是设计团队的大架构。先进行整体部署:以教研组为单位,在每学期开学前进行集体备课,确立各年级备课组新学期大单元教学规划;备课组根据教研组要求,确定新学期大单元的研究计划和实施方案;教研组整理各个年级备课组的大单元教学计划,建立学科科学体系,并组织实施教学监控和质量评价工作,保证大单元教学改革试验的完整性。再做好分工合作:备课组将本组人员根据教师特长进行分工,确定大单元主题负责人、主讲人、主要活动及其组织者、材料收集人和大单元实施的时间计划,上报教研组;备课组集体备课,按照大单元备课要求进行人员分工,确定主题、课时和阶段备课内容,帮助主讲人完成大单元设计;授课时教师集体听课,课后研讨改进意见,整理研究过程资料,以集体成果上报教研组。还要收集成果:教研组内各个备课组在进行大单元授课时,全体教学人员应该尽量都参加,从学科课程体系的角度审视课题的科学性,从学生接受程度的角度审视教学的质量,从教师专业发展的角度审视课题的发展性。学期末,教研组收集各个备课组的大单元实验结果,对其进行整理、研究,找出问题,总结经验,布置新学期研究的任务。从单师到团队,促进教材多元理解,融资融智。

最后是构建教师的大视野。大单元教学的宗旨是贯彻新课程理念,提高学生的综合素质,为学生终身学习打下良好基础。把学科教学从"小单元"中解放出来,以更大的视野、更高的层面,建构新的教学系统,把学科教学纳入一个大的教学系统,使之更趋于完美、合理,也更高效。正如《义务教育课程方案(2022年版)》所言:"加强课程内容与学生经验、社会生活的联系,强化学科内知识整合,统筹设计综合课程和跨学科主题学习。""探索大单元教学,积极开展主题化、项目式学习等综合性教学活动,促进学生举一反三、融会贯通,加强知识间的内在关联,促进知识结构化。"这就要求教师在教学活动中不能再只盯着知识点、考点,而应"左顾右盼""上挂下联",兼顾课内课外、校内校外,将视野从学习扩大到生活,真正实现陶行知先生的教育观——"生活即教育"。这样,从研教到研学,大单元教学既促进教师对教材价值的理解,也让学生乐学善学,广学深学。

总之,大单元教学是站在更高的层面,从更全面的角度,把一个学段看作一个整体,进行通盘考虑,跨年级进行知识的有效迁移,重构符合教学实际的新知识系统,使课堂内容倍增且无重复、教学环节更紧凑的一种教学思路和授课方式。它是重构符合教学实际的新知识系统,是课程的再度开发和整体设计,也是一种教学思想和手段。

本书提供的这些核心素养理念下的大单元教学设计、单课整合设计和作业设计,均为我校教师依据新课标,在结合学校课程改革实践基础上的创造。内容涵盖了不同年级的多个学科,这就便于不同学科、不同年级之间学习借鉴、通融整合。书中的每篇设计都能体现核心素养新理念、新创意,且具有原创性、实效性,可学可用。

教学新体验,合成向美好。

我们力求用全新理念聚焦核心素养,用重构知识搭建完整体系,用有限课堂促进无限成长,用共享优秀浸润青春少年,用团队力量建设繁荣集体。

顾伟利

2023 年 12 月 24 日

第一章　小"合"才露尖尖角

——浅试核心素养下的大单元教学设计

把一颗颗美丽的珍珠串起来，就是一条精美的项链。

完美整合后的大单元教学就是这样。化零散为整体，化平淡为神奇。通过知识的"上挂下联""左顾右盼""前铺后拓"，学习者能够建立起一个完整的知识体系，知道知识的来源，理清知识的脉络，掌握知识的用途，理解知识的意义。统摄和整合各种关键能力、必备品格、正确价值观的核心素养便会在这个"合"的过程中日渐养成，成为一个有机整体，形成一种综合实力。

这个大单元可以是单学科的纯粹，可以是多学科的丰富，可以是跨学科的兼容，可以是超学科的混凝；可以是同年级同学科的"横合"，可以是同学科不同年级的"纵合"，可以是不同学科的"组合"，可以是课内与课外的"联合"……总之，它因核心素养而聚集，因大概念而整合。

这一章里有"由课内到课外，由学校到生活"的"人物形象刻画"；有"数与代数"领域的"整式乘法与因式分解"；有体现"人格修养和跨文化交际能力"的英语"旅游"；有重新认识物质，体现"从生活走向物理，从物理走向社会"理念的"密度大单元"；有把"自然界中的水"和"溶液、盐与化肥"相结合的"水落石出"；有把"交通、农业、工业发展和农作物分布、科技兴农"相连接的"腾飞中国"；有把"马克思主义诞生"、"国际共产主义运动"以及"列宁与十月革命"相组合的"社会主义运动"。

教师匠心设计，学生贯通学习，开阔了眼界，拓展了思维，丰富了内涵。小小一单元，人文大讲台。学科整合处，素养"五育"间。

顾伟利

1."四维"共进：行走人物画廊　书写平凡传奇

——以八年级上册《语文》第二单元为例谈大单元教学的重构设计

大连高新区第一中学　　语文组：董玮　王珊璟　王心悦　薛成成

一、设计理念

（一）课程分析

1.课程标准

语文学科具有工具性、人文性、综合性和实践性等特点。本大单元内既有人物传记描写方法等工具性知识，又包含高尚精神与优秀品质等丰富的人文养料；既要求读写互动、听说融合，又遵循由课内到课外、由学校到生活的模式，形成"文本学习—实践活动—写作"的综合语用教学系统。

八、九年级以文体阅读为核心，以文体写作为教学重点，力求培养学生某一类文体（如人物传记）的读写能力。

(1)语言运用：四个课时以"感动你我"活动为真实的语言情境，在阅读积累中培养学生对回忆性散文和人物传记的阅读语感，并在此基础上培养撰写传记的能力。

(2)思维能力：通过小组合作与汇报交流，促进学生分析思维、发散思维、形象思维与创造思维能力的发展。

(3)审美创造：通过阅读和评价，建构起学生欣赏回忆性散文和传记的审美意识。

(4)文化自信：通过追溯人物过往思想与经历，丰富学生的精神世界。

2.课程资源

部编版《语文》（八年级上册）第二单元以"生活的记忆：穿越历史，汲取养料"的人文主题与"比较阅读和传记写法"的语文要素为双线组合，具有天然的大单元教学优势。

本单元课文：《藤野先生》《回忆我的母亲》《列夫·托尔斯泰》《美丽的颜色》。

本单元目标：

(1)了解回忆性散文、传记呈现的各式各样的人生经历，从文中人物的生平事迹中汲取精神营养，丰富自己的生活体验。

(2)抓住回忆性散文和传记内容真实、事件典型、注重细节等特点，掌握阅读方法；学习课文刻画人物的方法，尝试在自己的写作中借鉴运用；品味风格多样的语言，提高赏析能力。

(3)根据传记要求，学写传记（单元写作任务）。

3.学情

初二学生已经掌握了勾画关键词句等精读的阅读方法和细节描写等写作方法,但是在了解回忆性散文和传记的文体特点、鉴赏传记、塑造鲜活的人物形象等方面还有所欠缺。

（二）确定大概念

部编版《语文》(八年级上册)第二单元以回忆性散文、传记引导学生走近文中的人物,帮助学生了解别样的人生,丰富学生的生活体验,助力学生在人生旅途中积累宝贵的精神财富。根据新课标以及单元目标和课程目标,确定本次教学设计的大概念——行走人物画廊,书写平凡传奇。即通过学习本单元的四篇课文和单元写作任务,引领学生学习由"读人物、品精神、学写法、成小传"四个部分有机结合而成的大单元内容,从而引导学生在语言运用、思维能力、审美创造和文化自信上不断积累知识、提升能力并积极实践。

1.单元教学设计重难点

与他（她）同行

——抒写典型,表现人物

任务一:研读文本,走近他（她）。浏览文本,感知人物精神;研读文本,品析作者怎样通过典型事件、典型语言、典型细节表现人物的精神。（重点）

任务二:体悟人物,抒写他（她）。选择你敬佩的一个人物,写一篇文章来表现其精神品质。此人可以是历史人物,也可以是你生活中的人物。（难点）

任务三:观察身边的人物,根据人物小传的写作要求,完成一篇人物小传。

2.设计单元教学版块内容

	第一版块	第二版块	第三版块	第四版块
授课内容 (1~2)课时	人物形象分析	人物刻画方法	语言特色品析	学写人物小传
版块目标	分析人物形象,体会作者情感	学会选择运用典型事件来表现人物的个性特点,通过典型情节、人物描写方法来展现人物风貌	体会作者为了表达不同的情感,而采用不同的语言风格	在真实的基础上合理发挥想象,并运用适当的描写方法来增强传记的生动性

（三）规划教学过程

第一版块——人物形象分析

	教学目标	选材的方法	课外延伸
《藤野先生》	概括文章典型事件,透过事件理解作者的情感,把握回忆性散文的基本特点	1.内容真实,事件典型,突出个性,难能可贵	群文阅读（一）《纪念白求恩》毛泽东（白求恩精神）
《回忆我的母亲》	概括文章典型事件,透过事件理解作者的情感,把握回忆性散文的基本特点		群文阅读（二）《我的母亲》胡适
《列夫·托尔斯泰》	把握人物独特的外貌特征,进而探索其精神世界,理解作者对人物的评价	2.适当发挥想象,用一些传神的细节增强文章的感染力	群文阅读（三）《世间最美的坟墓》茨威格
《美丽的颜色》	了解文中记述的居里夫妇提炼镭的过程,感受科学家在艰苦条件下表现出的坚韧、忘我、淡泊的人格魅力		群文阅读（四）《跨越百年的美丽》梁衡（科学家精神）
写作借鉴	如果选一个人,为他(她)写传记,你打算写哪些事?		

第二版块——人物刻画方法

	教学目标	方法总结	课外延伸
《藤野先生》	学习作者在记述自己与藤野先生交往的典型事件中,通过对人物语言、动作、神态的描写来突出人物品格的方法	1.人物描写的方法 2.选材典型,夹叙夹议 3.先抑后扬,大量运用夸张、比喻的修辞手法,合理想象	无
《回忆我的母亲》	学习作者主要通过对具体事件的回忆来写母亲,在记叙中又穿插议论和抒情的方法		
《列夫·托尔斯泰》	学习本文对外貌的描绘及先抑后扬的写法,以及通过蓄势运用反转形成文章张力和刻画人物形象的方法		
《美丽的颜色》	学习作者将叙述与引用结合起来,在叙述中穿插居里夫人自己的话语材料,填充历史细节,使人物形象更加饱满、感人的方法		
写作积累	结合上一个版块的选材,思考你能够运用的写作方法,试写一小段		

续表

第三版块——语言特色品析			
	教学目标	语言风格——表达方式——情感	课外延伸
《藤野先生》	体会鲁迅作品语言冷峻、犀利的风格,学习课文运用反语呈现出辛辣、讽刺的语言效果的方法	1.讽刺的语言风格——反语等修辞手法——不满的情绪 2.朴素的语言风格——记叙、描写等表达方式——真挚的情感 3.酣畅淋漓的语言风格——对比、反衬等写作手法——极致的仰慕 4.温情的语言风格——诗化的语言——浓浓的爱意	拓展名家语言风格: 孙犁的质朴平实,李白的清新飘逸,王维的恬淡优美等
《回忆我的母亲》	体会课文质朴无华的语言风格,学习作者不使用激情澎湃、慷慨激昂的语言,不运用什么修辞手法,在平静的回忆中,蕴含着真挚深沉的爱和怀念之情的方法		
《列夫·托尔斯泰》	揣摩精彩语句,品味所用修辞手法的表达效果,感受文章典雅优美、酣畅淋漓的语言风格		
《美丽的颜色》	体会课文亲切温情、诗意典雅的语言风格		
第四版块——学写人物小传			
主题	技法	写作手法	文体特点	文体要素
学写小传	真实典型小事串联	人物描写方法	根据作者的情感需求选择	篇幅较短 主要经历 典型事件 人物特点

（四）嵌入式评价

评价量表的设计与运用

从小组合作、课堂表现、当堂反馈三个角度设计对学生学习的过程性评价。

在小组合作、汇报展示过程中,教师提前设计评价量表,告知评价标准,引导学生合理使用评价工具,形成评价结果。教师要注意观察小组成员的分工方式、讨论程序和对不同意见的处理结果,关注学生在发言和倾听发言时的规则意识与交际修养,借助评价引导学生反思学习过程。

课堂互动中,教师要关注学生在基础知识、认知过程、思维方式、情感态度等方面的表现,深入分析这些表现及其影响因素,及时给予学生有针对性的指导建议。

当堂反馈能最直观地体现出学生本节课在基础知识、基本技能和思维能力上的提升,特别是最后一堂写作课的语言表达习作,最能体现出学生通过对本单元的学习,其审美鉴赏能力的运用水平和提高效果。教师可以借助当堂检测的结果,科学选择评价方式,合理使用评价工具,妥善运用评价语言,鼓励学生,激发学生的学习积极性。

二、设计与实施过程

第一课时 大浪淘沙 品千秋人物——人物形象分析

王珊璟

（一）温故创境明目标

1.创设情境

两位同学讨论郭明义要来学校做讲座的事情,大家了解了他献血、资助贫困生、主动无偿加班的事迹,都对他的到来十分期待。

郭明义同志是"感动中国"2010年度人物,他的颁奖词是："他总看别人,还需要什么；他总问自己,还能多做些什么。他舍出的每一枚硬币、每一滴血,都滚烫火热。他越平凡,越发不凡；越简单,越彰显简单的伟大。"

今天,咱们也在现场拟办一个"感动你我"人物评选,候选人是部编版《语文》（八年级下册）第二单元四篇课文中的四位人物,看看他们谁能感动你我。

2.教学目标

（1）分析主要事件,感知人物形象。

（2）掌握回忆性散文和人物传记的基本特点。

（3）学习人物身上的优秀品质。

（二）自主合作共探讨

1.任务一：预习前置,自主提问,提炼核心问题

课前已让学生预习并就事件与人物提问,大家的问题丰富多样,有些问题反复出现：

（1）所选事件都是真实的吗？

（2）为什么选择写这件（这些）事？

（3）所写事件对人物塑造有何作用？

2.任务二：小组合作,研讨探究,梳理和分析事件、人物与情感

（1）结合教材和学生之前画的思维导图,完成导学单上的表格。

课文	主要事件	人物形象	作者情感
《藤野先生》			
《回忆我的母亲》			
《列夫·托尔斯泰》			
《美丽的颜色》			

(2)凝心聚力,合作探究,解决问题。

结合导学单,各小组讨论黑板上的问题。

(三)汇报评议师精导

1.所选事件都是真实的吗?

所选事件都是真实的。不同于小说可以虚构故事情节,无论是回忆性散文还是人物传记,都是以真实的事件展示人物,或许有艺术加工,但绝非凭空想象。

2.为什么选择这件(这些)事?

师生开展小型辩论会,得出结论。

例:《藤野先生》

事件	所突出的人物形象特点
为"我"添改讲义	认真负责
纠正解剖图	严格要求
关心解剖实习	热情诚恳
了解女人裹脚	求实问理

前提:"我"对日文不甚熟练,讲义能抄一点　　行为结果:为"我"添改讲义

前提:担心中国人敬重鬼　　行为结果:关心解剖实习

前提:"我"来自中国,了解裹脚事情　　行为结果:向"我"询问女人裹脚的情况

所选的都是有代表性的典型事件。

例:《美丽的颜色》

文章主要为了突出居里夫人的科学精神,便选取了最能代表她科学成就的事迹来写,正是因为她与丈夫一起发现并提取了镭,故获得诺贝尔物理学奖。

所选的亦是有代表性的典型事件。

3.所写事件对人物塑造有何作用?

例:《藤野先生》

事件	所突出的人物形象特点
为"我"添改讲义	认真负责
纠正解剖图	严格要求
关心解剖实习	热情诚恳
了解女人裹脚	求实问理

人物形象特点:

作为学者——认真、严谨、好学

作为师长——真诚、热情、关心学生

作为他国人——摒弃民族偏见

例:《回忆我的母亲》

事件	所突出的人物形象特点
家庭困难,人口众多,母亲操劳	勤劳俭朴
不与人吵架,周济穷亲戚	宽厚仁慈
在与地主的抗争中,反感为富不仁者	坚忍顽强,反抗压迫
东挪西借,送"我"去读书	有骨气
守旧豪绅反对"我"时给予慰勉	爱儿子
被接出来住后仍回家劳动	勤劳
知道"我"的事业后,仍过农妇生活	支持儿子,支持革命

小结:按时间先后顺序,选择不同时期的事件。

从贫困的家庭环境和广阔的时代背景两个层面遴选事件来塑造母亲这一人物形象。

所选事件可以全方位、多角度地表现人物形象,将人物塑造得更为立体、生动。

（四）练习巩固结纲要

纲要生成:传记类文章和回忆性散文为了更好地突出人物形象,有以下基本特点:

①内容真实;

②事件典型;

③艺术表现力强(下节课主讲内容)。

（五）反馈拓展步步高

反馈拓展:评选"感动你我"人物,并为其撰写颁奖词。

例:你是纯粹的学者,对待科学求实问理,一丝不苟;你是负责的师长,对待学生真诚关怀,悉心指导;你是真正的人,摒弃民族偏见,心中大爱无疆。你严谨,你热诚,你是鲁迅的挂念,亦是我们的榜样。

作业:选择一位你喜欢的人物,记述他(她)的典型事件。

第二课时　选金镂刻　绘千秋人物——人物刻画方法

王心悦

（一）温故创境明目标

1.教学目标

(1)掌握夹叙夹议、适当引用、合理想象、巧用修辞等刻画人物的方法。

(2)自主学习与合作交流相结合,分析、归纳出使人物形象鲜明、生动的方法。

(3)能够细心观察,用欣赏的眼光发掘并记录人物身上的闪光点。

2.谈话导入,创境激趣

出示鲁迅《藤野先生》的手稿,其中共有90多处修改;托尔斯泰的作品《战争与和平》前后改过7遍,《复活》中喀秋莎的外貌描写修改了20次——玉不厌琢,文不厌改。

上节课任务:"评选'感动你我'人物,你心中的候选人是谁？记述他(她)的典型事件。"与课文相比,自己的记述存在哪些需要修改的问题?

3.问题整合

语言缺乏文采(下节课主讲内容);人物形象不够生动、鲜明。

（二）自主合作共探讨

分析归纳:四篇课文都运用了哪些方法以使人物形象鲜明、生动?

（三）汇报评议师精导

1.汇报评议齐动脑	
课文	**刻画人物的方法**
《藤野先生》	选取典型事件,欲扬先抑,等等
《回忆我的母亲》	选取具体事件,夹叙夹议,等等
《列夫·托尔斯泰》	肖像描写,巧用修辞,正侧面描写相结合、欲扬先抑,等等
《美丽的颜色》	适当引用、合理想象,等等
2.查漏补缺师精导	

夹叙夹议:叙平凡,议伟大。

关注人物"平凡中的伟大"和"伟大中的平凡"。如《藤野先生》《回忆我的母亲》写平凡人物,但他们身上却有伟大的精神;而《列夫·托尔斯泰》《美丽的颜色》写伟大人物,但选择人物平常生活中的小事表现其形象。

（四）练习巩固结纲要

1.练习巩固

分析《千年一叹——陈子昂小传》中刻画人物的方法,并按要求补充完善。

千年一叹

——陈子昂小传

古道。残阳。战鼓。高台无语。(环境描写)关于幽州台的缄默(修辞),这是一个秘密。

当一位形影相吊的唐代诗人拾级而上(人物描写),那扇尘封的门悄然洞开(修辞)。

金碧辉煌的殿内,一群南腔北调的古人,围着峨冠博带的燕昭王席地而坐,谈笑风生。陈子昂揉了揉眼——那不是燕大臣郭隗吗?魏之乐毅吗?齐之邹衍吗?赵之剧辛吗?……(合理想象,描摹细节)(事例)

梦耶? 非梦耶?（夹叙夹议）

大野茫茫,亘古的风,孤独地走向地老天荒。

你听到了吗?那千年一叹的悲怆!(引用)

2.纲要生成

· 事例具体、典型

- 欲扬先抑
- 夹叙夹议
- 人物描写
- 巧用修辞
- 正侧面结合
- 适当引用
- 合理想象,描摹细节

　　……

（五）反馈拓展步步高

出示一篇学生上节课完成的"感动你我"人物事例记述,让学生运用本课所学知识现场修改,使人物形象鲜明、生动。

教师展示修改后的文章。

第三课时　华彩以饰　美千秋人物——语言特色品析

薛成成

（一）温故创境明目标

1.温故创境

出示根据课文内容绘制的托尔斯泰的肖像画,并提出问题:

他给你留下的印象是什么?课文作者运用了什么手法?

预设:留下的深刻印象是长相平庸甚至粗鄙,但其灵魂是深邃而伟大的,原因是作者运用了欲扬先抑的手法,使全文形成一种巨大的反差,带给读者强烈的震撼。

教师导语:同学们,其实我们在刻画人物时,不仅要注重描写方法,还要关注文章的语言特色,这节课我们就一起来探究第二单元课文的语言风格。

2.教学目标

(1)能够品析出不同的语言风格,在自己的写作中尝试运用独特的语言风格。

(2)运用圈点批注法,抓住关键词句品析语言;运用语音朗读法,抓住声韵特点品析语言。

(3)感受不同的语言风格,获得丰富的价值观的熏陶。

（二）自主合作共探讨

预设问题链

①四篇文章语言风格有何不同?

②文章所运用的语言风格有何作用?

③作者形成该种语言风格的原因是什么?

④怎样在写作中应用语言风格?

小组成员选择自己喜欢的一个语段,试着回答以上问题。小组成员交流信息,碰撞火花,探讨提炼汇报内容。

（三）汇报评议师精导

1.《藤野先生》

汇报预设:"标致""精通时事""爱国青年"运用反语,达到讽刺"清国留学生"麻木庸俗、不务正业的丑态和批判日本青年妄自尊大、盲目忠君、思想狭隘的行为的目的,表达作者对这一类人不满、否定甚至蔑视的态度。

明确关系:表达不满的情绪——运用反语等修辞手法——形成讽刺的语言风格

2.《回忆我的母亲》

汇报预设:作者用"好劳动""整日劳碌着""生我前一分钟还在灶上煮饭"等朴素平实的语言陈述事实,塑造了勤劳能干的母亲形象,字里行间洋溢着对母亲的赞美、感激与心疼的深挚情感。

同类拓展:

父亲是一个胖子,走过去自然要费事些。我本来要去的,他不肯,只好让他去。我看见他戴着黑布小帽,穿着黑布大马褂,深青布棉袍,蹒跚地走到铁道边,慢慢探身下去,尚不大难。可是他穿过铁道,要爬上那边月台,就不容易了。他用两手攀着上面,两脚再向上缩;他肥胖的身子向左微倾,显出努力的样子,这时我看见他的背影,我的泪很快地流下来了。

（朱自清《背影》）

教师精导:只要感情真挚,朴素的语言也会具有感人的力量,仿佛淙淙溪水缓缓流出,浸润、感染着读者的心灵。

明确关系:表达真挚的情感——运用记叙或描写等表达方式——形成朴素的语言风格

3.《列夫·托尔斯泰》

汇报预设:大量运用比喻、夸张、排比等修辞手法。作用是生动形象地突出了托尔斯泰表情忧郁、眼光犀利的特点,增强语势,朗朗上口。

教师精导:通过删除比较法,帮助学生理解作者运用铺陈排比的手法是为了极力地渲染人物形象。并引导学生通过朗读排比句式,体味酣畅淋漓的语言风格。

明确关系:表达极致的仰慕——运用比喻、夸张、排比等修辞手法——形成酣畅淋漓的语言风格

4.《美丽的颜色》

汇报预设:文中的"它""孩子""相貌"等词语赋予了"镭"人格化的特征,突显了女性科学家对科学发现的母爱一般的情怀。"梦境"意味着美好的氛围,将科学实验室比作梦境,也侧面体现了居里夫人对科学的热爱。

同类拓展:

仰之弥高,越高,攀得越起劲;钻之弥坚,越坚,钻得越锲而不舍。

深宵灯火是他的伴侣,因它大开光明之路,"漂白了四壁"。

他潜心贯注,心会神凝,成了"何妨一下楼"的主人。

(臧克家《说和做——记闻一多先生言行片段》)

评价:诗意典雅,韵味无穷。

明确关系:表达浓浓的爱意——运用诗化的语言——形成温情的语言风格

(四)练习巩固结纲要

1.纲要生成

语言风格——写作手法(表达方式)——作者的情感

· 讽刺的语言风格——反语等修辞手法——不满的情绪

· 朴素的语言风格——记叙或描写等表达方式——真挚的情感

· 酣畅淋漓的语言风格——比喻、夸张、排比等修辞手法——极致的仰慕

· 温情的语言风格——诗化的语言——浓浓的爱意

2.教师精导

语言风格的形成往往源于作者的情感,而作者的情感决定了其选用何种写作手法(表达方式)来表达。

(五)反馈拓展步步高

1.鉴赏名家语言风格

鲁迅在《记念刘和珍君》一文中叙述"三一八"惨案时写道:"当三个女子从容地转辗于文明人所发明的枪弹的攒射中的时候,这是怎样的一个惊心动魄的伟大呵!中国军人的屠戮妇婴的伟绩,八国联军的惩创学生的武功,不幸全被这几缕血痕抹杀了。"

2.教师精导

他们的"文明"不过是野蛮的同义词,他们的"伟绩""武功"是他们嗜杀成性、惨无人性的罪行。

3.拓展名家语言风格

孙犁的质朴平实,李白的清新飘逸,王维的恬淡优美。

(六)作业分层设计

①必做:修改自己习作中写人的片段,尝试运用本节课所学方式形成独特的语言风格。

②选做:选择自己喜爱的作家的一篇文章,试着品析其语言风格。

第四课时　知行流光　颂华彩人物——学写人物小传

董　玮

(一)温故创境明目标

1.温故创境

(1)游戏温故;

(2)事例创境;

(3)引出关于如何写传记的主题,根据学生反映的难点(问题)梳理本节课,归纳教学目标。

2.教学目标

(1)掌握传记文体特点,学写小传。

(2)通过梳理与总结单元课文所学内容,探究写人物传记的方法。

(3)通过学习他人精神,丰富个人精神谱系。

(二)自主合作共探讨

回忆学过的课文知识,探索如何写人物传记。

(三)汇报评议师精导

汇报预设

1.写什么(如何选材):具体、典型的事件。

2.怎么写(表达技巧、语言风格):①欲扬先抑;②夹叙夹议;③人物描写;④巧用修辞;⑤正侧面结合;⑥适当引用;⑦合理想象,描摹细节;⑧浓淡合情,褒贬合理。

例一:

舒舍予,字老舍,现年四十岁,面黄无须。生于北平,三岁失怙,可谓无父。志学之年,帝王不存,可谓无君。无父无君,特别孝爱老母,布尔乔亚之仁未能一扫空也。幼读三百千,不求甚解。继学师范,遂奠教书匠之基。及壮,糊口四方,教书为业,甚难发财;每购奖券,以得末彩为荣,示甘于寒贱也。二十七岁,发愤著书,科学哲学无所懂,故写小说,博大家一笑,没什么了不得。三十四岁结婚,今已有一男一女,均狡猾可喜。闲时喜养花,不得其法,每每有叶无花,亦不忍弃。书无所不读,全无所获,并不着急。教书做事,均甚认真,往往吃亏,亦不后悔。如此而已,再活四十年也许能有点出息!

《老舍自传》

教师精导一

写作思路:基本情况＋主要经历——言真、心诚(诚恳)。

例二:

徐德明根据老舍的自传体小说《正红旗下》整理编写了《老舍自述》一书。他在该书的后记中写道:

老舍在我心中是神圣的,我不敢亵渎。……愿读者能像老舍那样做个普通的人,做个诚实的人,做个敬业的人,做个不懈追求真理的人。

教师精导二

选材标准:平凡中的伟大和伟大中的平凡——言真、心诚。

(四)练习巩固结纲要

1.练习巩固

快速默读下面的小传语段,任选其一,根据评分标准评分。

评分角度	标准	评分
内容	材料真实(10分)	
	事件典型(10分)	
	个性鲜明(10分)	
语言	简洁凝练(10分)	
	表达生动(10分)	
	情真意切(10分)	

①陶渊明:采菊东篱下

"大人,折一下腰,就有五斗米了。"侍从说。

"太贵了!"陶渊明一笑,迈入墨香四溢的书房。

空寂的县衙大堂上,静悬着一颗黄灿灿的大印。

晨兴理荒秽,带月荷锄归。南山下,多了一位嗜酒的地道农夫。

那是个神秘的黄昏。闲云在山谷间悠悠飘荡,归巢的野鸟悄悄隐入深林。茅屋旁,五棵歪脖子柳树在清风中浅斟低唱。青色藤蔓缠绕的东篱下,与菊花对酌,一位清瘦的老人,顿悟了南山的缄默。

②林则徐:睁眼看世界,虎门销毒品

据说,林父夜梦凤凰飞而林则徐出生。天将降大任于是人邪?

多年后,廉洁为官,兴修水利,赈救灾民,当官且为民做主,奉公之范也!维新先驱,睁眼看世界,师夷长技以制夷,超人之识也!虎门销烟,勇抗外侮,捍卫民族尊严,超人之胆也!

寇舰列津门,火炮惊天庭。自古"天意"高难测,徒令英雄空负志!

漫漫伊犁路,你仰天长叹:"苟利国家生死以,岂因祸福避趋之!"

成邪?败邪?历史自有公论——一百多年后,天上有颗"林则徐星"。

③顾炎武:天下兴亡,匹夫有责

在晚明那晦暗的夜空中,你无疑是一颗耀眼的星星。

年少入复社,反宦官,斗权贵,你意气风发。

当大明呼啦啦大厦倾后,你纠合同道,武装抗清,发出"天下兴亡,匹夫有责"的呐喊!

抗清失败,你十谒明陵,终身不仕清廷。

一位神情严峻的学者,在华北的大地上风尘仆仆。行万里路,读万卷书,你在经学、史学、音韵、小学、金石考古、方志舆地以及诗文诸学上,向学术的纵深掘进。

是你,高树经世致用的大纛,向晚明空疏学风吹响了进攻的号角!

2.纲要生成

问:怎么写传记?

答:力求真实,选材典型,个性鲜明,巧用修辞,手法灵活,情感真挚。

(五)反馈拓展步步高

①反馈

修改小传:"感动你我"人物评选小传的修改与展示。

②拓展

(1)"感动你我"人物评选选材视角的引导——科学家黄大年、"两弹一星"元勋于敏、第一代战斗机飞行员团队……

(2)校园中没有生命却彰显精神的静物——孔子与弟子的雕塑、拟人化的兰竹苑、奠基石……

三、实践反思

通过本次大单元教学的探究,我们既体会到教学目标、教学内容、教学资源等方面整合的高效性,又体会到集体教学设计的趣味性和互补性。根据新课标解读所言,教师通过大单元教学实践,以整个单元为基础,以课外拓展为补充,实现"N→1"的教学模式,化零为整,这一过程体现了新课标倡导的让学生在真实的语言运用情境中,在积极的语言实践中习得单元知识,提高语言运用、思维能力和审美创造的要求。

当然,在本次大单元教学探索中也出现了新的问题和困惑。比如,将四篇课文整合一体,同时完成一个版块的教学任务,阅读、思考、汇报和梳理的容量太大,即使全部推进完成,对学生来说也有任务较重、信息量太大的负担,反而减弱了对重点知识的掌握、消化和吸收的效果。针对这一问题,我们专门请教了市教研员邓鑫老师,她建议我们在课堂上从本单元最具代表性的典型课文入手,引导学生自主探究、汇报评议、总结方法,即强化本节课的重点知识或方法。然后,再将其他三篇课文作为当堂练习或课后作业,以进一步巩固知识,获得反馈,即将任务单发放给学生,让学生及时运用和总结所学的知识与方法。任务单上最好有评价量表的内容,便于学生在自学自习中自觉自悟,发现当时生成的新问题、真问题,从而便于讲解时对症下药,解决学生个体在认知或思维等方面的能力不足问题。

2.厘清整体概念　提升运算能力

——以"整式乘法与因式分解"为例谈大单元设计

大连高新区第一中学　　　数学组:王敏　陈顺莲　马莹　黄云鹤　李小双　王旭

一、单元设计理念

（一）课程分析

1.课程标准

本单元属于新课程标准中的"数与代数"领域,主要包括整式的乘法、乘法公式及因式分解等知识。整式的乘法运算和因式分解是基本且重要的代数初步知识,这些知识是以后进一步学习分式和根式运算、函数等知识的基础,对后续的数学学习具有重要意义。同时,这些知识也是学习物理、化学等学科及其他科学技术不可缺少的数学基础知识。"数与代数"领域的学习,有助于学生形成抽象能力、推理能力和模型观念,发展几何直观和运算能力。

2.内容分析

本单元内容的突出特点:内容联系紧密,以运算为主。整个单元紧紧围绕整式的乘除运算,分层递进,层层深入。

3.学情分析

本单元内容建立在学生已经学习了有理数运算、列简单的代数式、一次方程及不等式、整式的加减运算等知识的基础上。"整式的乘法"是七年级上"整式的加减"的后续学习。

（二）确定大概念

整体视角指的是课时教学设计要基于数学的整体性,在分析单元内容整体结构及其育人价值的基础上,系统规划单元整体教学目标,分析、诊断单元整体教学问题。在此基础上进一步规划和设计课时教学,明确课时教学目标及教学重点和难点,设计几何直观与逻辑推理相融合的教学活动,使之有效承载与本课时内容匹配的单元育人目标,达成单元核心内容和思想方法引领下的各课时教学内容的有机融合,优化数学学科的育人价值。

1.分析重难点

教学重点:整式的乘除法、乘法公式、因式分解。

教学难点:灵活运用乘法公式、添括号法则,灵活运用公式法分解因式。

2.学习内容

(1)整式的乘除中,单项式的乘除是关键,因为其他乘除运算都要转化为单项式的乘除。实际上,单项式的乘除是幂的运算与有理数的运算,因此幂的运算是学好整式乘除的基础。

(2)乘法公式的结构特征及公式中字母的广泛含义学生不易掌握,运用时容易混淆,在教学中要引导学生分析公式的结构特征,并在练习中与所运用公式的结构特征联系起来,对发生的错误多做具体分析,以加深对公式结构特征的理解。

(3)掌握添括号法则的关键是要把添上括号后括号内的多项式与括号前面的符号看成统一体,学生不易理解,要结合例题进行分析。

(三)规划教学过程

1.厘定学习目标

基于对教材内容的逻辑关系、知识上下位关系及学生数学核心素养发展需要的分析,厘定单元学习目标如下:

(1)掌握正整数幂的乘除运算性质,能用文字和符号语言正确地表述这些性质,并能熟练地运用它们进行运算。掌握单项式乘(或除以)单项式,多项式乘(或除以)单项式以及多项式乘多项式的法则,并运用它们进行运算。会推导乘法公式(平方差公式和完全平方公式),了解公式的几何意义,能利用公式进行乘法运算。掌握整式的加、减、乘、除、乘方的较简单的混合运算,并能灵活地运用运算律与乘法公式简化运算。理解因式分解的意义,并感受因式分解与整式乘法是相反方向的运算,掌握提公因式法和公式法(直接运用公式不超过两次)这两种分解因式的基本方法,了解因式分解的一般步骤,能够熟练地运用这些方法进行多项式的因式分解。

(2)通过由特殊到一般的猜想与说理验证,提高说理能力和归纳表达能力。重视对算理的理解,增强条理性和表达能力。在探索因式分解方法的过程中,学会逆向思维,体会化归的思想方法。

(3)主动参与到探索过程中,逐步形成独立思考、主动探索的习惯;在计算过程中发现规律,并能用符号表示,从而体会数学的简洁美;在灵活运用公式的过程中,提倡算法多样化,激发学习数学的兴趣,培养创新能力和探索精神。

2.设计核心问题

运算性质和公式的产生、归纳及运用。

3.表现性任务

本单元中整式乘法的运算性质、除法的运算性质、乘法公式的得出过程,是从某些具体的数与式的计算,归纳得到一般的式的运算法则,是一个由特殊到一般、从具体到抽象的归纳过程。在性质和公式的探究中,要关注上述归纳过程中学生的表现,设计学习任务使学生在这个过程中理解、掌握性质和公式,并能用代数式和文字语言正确地表述这些性质,熟练地运用它们进行运算。学生在理解的基础上加以记忆,在运用、练习的过程中进一步加以巩固,并加深理解。

(四)嵌入式评价

1.诊断性评价

教师利用前测唤醒学生的旧知,以问题串搭建整体知识框架,引出新知。教师通过学生在自评、口答等方面的表现对学生的解释能力作出评价。

2.形成性评价

教师引导学生通过自主探究、小组合作等活动发现运算性质和公式,再进行归纳探究,并对学生在这些活动中的洞察、阐明、应用等能力作出适当评价。

3.总结性评价

教师对学生的知识迁移、应用能力及积极解决问题的能力作出评价,学生通过学后反思完成自评,教师再根据学生在自评中表现的自我认知、自我观察、自我反思作出评价。

二、设计与实施过程

专题一:整式乘法的运算(包括幂的运算和整式的乘法,分两个课时完成)

幂的运算性质,即同底数幂的乘法、幂的乘方和积的乘方,是学习整式乘法的基础。作为它的直接应用,接着学习单项式乘法,在此基础上,引进单项式与多项式及多项式与多项式的乘法。

专题二:乘法公式(平方差公式和完全平方公式)

乘法公式是在学习整式乘法基础上得到的,教材安排了三个多项式乘法的计算,通过总结它们的共同点,把它们作为公式,即平方差公式。接着用类似的方式引进了乘法的完全平方公式,之后适时引进添括号法则,以满足整式运算的需要。

专题三:整式除法的运算

同底数幂的除法是学习整式除法的基础,首先介绍同底数幂的除法性质,接着根据乘、除互为逆运算的关系,并以分配律、同底数幂的除法为依据,由计算具体的实例得到单项式除法的法则。多项式除以单项式的运算实质就是把多项式除以单项式转化为单项式除以单项式。

专题四:因式分解(提公因式法、公式法)

从整式乘法与因式分解的关系认识因式分解的概念,同时介绍了因式分解的基本方法,即提公因式法和公式法。这些内容是多项式因式分解的常用方法。

专题五:整式的乘法与因式分解复习

总结回顾本单元的知识点,构建本单元知识结构图,使学生对本单元知识有整体的认知,上挂下联,理解知识的发生发展过程,使学生对本单元所体现的数学思想方法有所体会,并学会运用本单元知识,提升分析问题、解决问题的能力,提高学生的数学核心素养。

三、实践反思

1.以建立良好的知识结构为根本

实施单元整体教学,需要教师根据教材内容灵活处理好知识横向扩面与纵向拓展间的关系。横向扩面是为了从系统结构上整体把握教学内容,纵向拓展是为了从知识节点上达到一以贯之的效果。因此,教师在教学设计时要基于联系来发现问题、提出问题。教师通过前测、类比、辨析、运用、小结引导学生把握知识间的本质、内在的逻辑体系,以及数学对象研究过程的整体性,有助于学生建立系统的知识结构。

2.以达成学习目标为关键

教师根据学习目标,在各个环节确立生生互评、师生互评、学生自评等多元的评价方式,组织有效的课堂活动,清晰地把握学生的易错点及教学重难点。学生在教师的引导下获得完成各项评价任务的经验,促进生生之间的合作交流与互动。这不仅有利于学生更轻松地完成课后的其他任务,更有利于培养与激发学生在数学学科上的自信心与学习动力。

专题一(第一课时)整式乘法的运算——幂的运算

主备人 王敏

一、设计理念

(一)课程标准分析

新课程标准指出,"数与式"是代数的基本语言,初中阶段关注用字母表达代数式及代数式的运算,字母可以像数一样进行运算和推理,通过字母运算和推理得到的结论具有一般性。"数与代数"领域的学习,有助于学生形成抽象能力、推理能力和模型观念,发展几何直观和运算能力。

(二)内容分析

从运算系统来看,整式是一种新引入的运算对象,具有和有理数类似的运算系统。因此,整式乘法的学习是对整式加减法运算的必要扩充,而幂的乘法运算是整式乘法学习的基础。该主题对后续学习的价值在于:第一,整式的四则运算上承数的运算,下启分式、方程、函数的运用,而幂的乘法运算是整式乘法的基石;第二,幂的乘法运算中指数的取值范围在初中阶段是正整数,通过同底数幂的除法运算将指数范围扩展到负整数和零,而在高中阶段幂的运算的指数范围则由整数拓广到了实数。初中学习幂的运算是高中学习实数指数幂和对数的基础。因此,无论从学科价值还是从学生运算素养培养的视角来看,幂的乘法运算都具有较大的研究价值。

(三)主题分析

通过对章前图的深入研究,系统建构本单元的学习路径,力图立于全局来处理局部,让学生"既见树木,又见森林",关注各个知识点之间的内在联系,初步建构本单元知识结构,从整体把握单元内容。

（四）学情分析

考虑到学生的认知经验,学生已经具有有理数乘法的探究经验,而数与式具有通性,尤其运算律有迁移性,这些都为学习整式乘法奠定了方法和经验基础。同时,运算对象的不同也导致了一些差异。

二、教学目标

1.理解同底数幂的乘法、幂的乘方、积的乘方的运算性质,并能熟练运用。

2.体会数式通性和从具体到抽象的思想方法在研究数学问题中的作用。

3.通过幂的运算性质的探究,发展推理能力和有条理的表达能力。

4.通过幂的运算性质的探究和运用,形成认真严谨的科学态度和合作互助的同伴关系。

三、教学重难点

教学重点:幂的运算性质及运用。幂的运算是整式的乘除运算基础,学好此部分内容,对后续内容的学习会产生积极的影响。

教学难点:充分理解并掌握幂的运算性质。注重公式的推导过程,如果死记硬背公式就容易出错,让学生经历运算性质的形成过程,通过自己的观察、比较、归纳得出结论。

教学关键:设计学习活动,提供更多的观察、比较、判断、选择等思维参与的机会,有利于学生对运算性质内在联系和差异的理解,使得整式乘法运算从简到繁、由易到难、层层递进。

四、设计与实施

（一）温故创境明目标

1.复习学过哪些数与代数的知识,梳理数与代数知识体系,构建包含本单元的更大的知识体系,了解本单元在数与代数体系中的作用。

2.利用章前图情境问题统领本单元,由它来引入本单元主要研究内容——整式的乘法与因式分解。

3.由小课题题目的关键词切入本单元第一节课——幂的运算。

4.复习幂的相关概念。

【设计意图】

利用数与代数知识体系,构建更大的单元体系。思考本单元知识之间的关联,建立本单元的知识框架。复习幂的相关概念,为本节课学习幂的运算做好准备。学习幂的运算性质,为整式乘法的学习打基础。

（二）自主合作共探讨

【学习任务一】

根据乘方的意义填空：

(1)$2^5 \times 2^2 = 2^{(\ )}$

(2)$a^3 \times a^2 = a^{(\ )}$

(3)$5^m \times 5^n = 5^{(\ )}$（$m$，$n$ 是正整数）

观察计算结果，你能发现什么规律？能用符号表示发现的规律并证明吗？能用文字语言表述规律吗？规律可以推广吗？

【学习任务二】

根据乘方的意义及同底数幂的乘法填空：

(1)$(3^2)^3 = 3^2 \times 3^2 \times 3^2 = 3^{(\ )}$

(2)$(a^2)^3 = a^2 \times a^2 \times a^2 = a^{(\ )}$

(3)$(a^m)^3 = a^m \times a^m \times a^m = a^{(\ )}$（$m$ 是正整数）

观察计算结果，你能发现什么规律？能用符号表示发现的规律并证明吗？能用文字语言表述规律吗？规律可以推广吗？

【学习任务三】

填空：

(1)$(ab)^2 = (ab) \cdot (ab) = (a \cdot a) \cdot (b \cdot b) = a^{(\ )} \cdot b^{(\ )} = \underline{\hspace{2cm}}$

(2)$(ab)^3 = \underline{\hspace{3cm}} = \underline{\hspace{3cm}} = a^{(\ )} b^{(\ )}$

观察计算结果，你能发现什么规律？能用符号表示发现的规律并证明吗？能用文字语言表述规律吗？规律可以推广吗？

【核心问题】

以上规律的得出经历了怎样的探究过程？蕴含着哪些数学思想方法？

【设计意图】

从特殊到一般，从具体到抽象，有层次地进行抽象概括，并进行推导和有条理地表达。

提出核心问题。提示：由三个探究总结出核心问题的答案。

（三）汇报评议师精导

【汇报交流】

$a^m \cdot a^n = a^{m+n}$（m，n 都是正整数）同底数幂相乘，底数不变，指数相加

$(a^m)^n = a^{mn}$（m，n 都是正整数）幂的乘方，底数不变，指数相乘

$(ab)^n = a^n \cdot b^n$（n 为正整数）积的乘方，等于把积的每一个因式分别乘方，再把所得的幂相乘

【设计意图】

汇报评议：提高学生数学语言的表述能力和有条理的表达能力，并会将运算性质

进行推广。解决问题后,学会反思,体悟数学知识发生发展的探究过程。

（四）练习巩固结纲要

计算：$(1)x^2 \cdot x^5$；$(2)(m-n)^3 \cdot (m-n)^4$；$(3)(a^4)^4$；$(4)(a^m)^2$；$(5)(2a)^4$；$(6)(-5b)^3$。

【总结纲要】

底相同,指相加;底不变,指相乘;积乘方,乘方积。

【设计意图】

进一步理解三个运算性质,让学生通过口答等重复性的语言表述,进一步明确"同底数幂相乘,底数不变,指数相加""幂的乘方,底数不变,指数相乘""积的乘方,等于把积的每一个因式分别乘方,再把所得的幂相乘"的含义。

精导方法:辨析运算性质及其逆用的公式,总结纲要。在幂的运算与整式加减的综合训练中,注意区分运算性质的应用,并考虑到符号(易错点)。

（五）反馈拓展步步高

1.$[(x^3)^m]^2 = x^{12}$,求 m 的值。

2.$a^m = 2$,$a^n = 3$,求 a^{2m+3n} 的值。

3.简便计算：$0.25^{100} \times 4^{100}$。

4.计算：$5(p^3)^4 \cdot (-p^2)^3 + 2[(-p)^2]^4 \cdot (-p^5)^2 \cdot [(-1)^m]^{2n} + 1^{m-1} + 0^{2\,024} - (-1)^{2\,025}$。

本节课探究幂的运算,幂的指数是正整数,指数还可以是其他数吗？进行幂的运算指数的扩充拓展：

正整数指数幂——→负整数指数幂
　　　　　　　　　　　　　　　　整数指数幂
　　　　　　　　0 指数幂

还能进一步扩充吗？有理数指数幂——→实数指数幂

【研究性作业】

1.必做作业:探究整数指数幂的运算性质。

2.选做作业:探究实数指数幂的运算性质。

【设计意图】

在理解幂的运算性质的基础上进行笔头训练,做到计算准确、娴熟。从两个方向认知幂的运算性质,从而理解幂的运算性质的逆用,会综合应用性质解决相关问题。

形成探究方法,学会类比研究。

利用本单元正整数指数幂的运算的探究方法,类比研究下一单元负整数指数幂和 0 指数幂,扩充到整数指数幂的运算性质。可以再扩充到高中的有理数指数幂、实数指数幂的研究,引领学生了解高阶知识和发展数学思维。

学习过程自评表				
自评内容	评价等级			
	很好	较好	一般	较差
1.对本节课学习内容的必要性理解				
2.独立构造运算情况				
3.对规律的发现、猜想、归纳、推导情况				
4.对三个性质的辨析、运用情况				
5.对类比、转化思想的体会情况				
6.参与小组活动情况(发言次数、思考深度)				
7.主动发现、提出问题情况				
8.分析、解决问题情况				
9.学习兴趣、参与度情况				
10.倾听、理解他人、改进自己的想法情况				

五、实践反思

(一)整体把握教学内容,注重教学内容与核心素养的联系

突出知识的结构性,突出基础知识和基本活动经验的落实,在整个对幂的乘法运算性质的探究中,学生经历由特殊举例到一般规律的抽象,还经历了由整体到分类解决问题的细化,为以后独立运算和其他数学知识学习积累了丰富的经验、储备了思想方法。通过表现性任务的设置,在整体任务驱动下,学生燃起主动探究的热情,从而提升参与课堂讨论的意识,变被动接受学习为主动探究式学习,这是单元主题设计的重要价值。构建运算的过程是提出问题的过程,在此基础上去分析解决问题。经历运算性质生成的全过程,是培养学生"四能"的有效方法。通过放手和信任,学生的核心素养在做活动的过程中也有所提升。

(二)重视发挥学生的主观能动性

关注学生的听、说、读、写、想过程,为学生提供展示自己思维过程及成果的机会,突出学生的主体地位,改变以往教师步步引导的模式,搭建必要的"脚手架"。教师作为一个引领者、倾听者、参与者、评价者,充分调动学生的积极性,促进学生从"要我学"到"我要学"的转变。这样,学生不仅学会了知识,还掌握了知识的学习方法。会学数学、学会学习的品质,将伴随他们走向未来。

专题一(第二课时)整式乘法的运算——整式的乘法

主备人 陈顺莲

一、教学目标

1.掌握单项式乘法法则、单项式与多项式乘法法则以及多项式乘法法则,并运用

它们进行计算。

2.体会数式通性、数学的转化和数形结合思想,感受整式乘法由简到繁、由易到难的过程。

3.通过整式的乘法法则的探究,形成认真严谨的科学态度和合作互助的同伴关系。

二、教学环节

（一）温故创境明目标

引入:教师带学生重温代数式的大单元体系,复习幂的运算,在"知识树"上找到本节课的位置,引入整式的乘法,引导学生对整式的乘法进行分类。

（二）自主合作共探讨

【任务一】如何计算单项式与单项式相乘?

活动:为了大力发展旅游业,政府圈出如下的空地建一处植物园,种植各类稀有花卉,你能求出该植物园的面积吗?

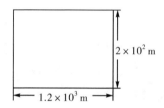

如果将上式中的数改为字母,并且每一项都有相应的系数,该如何计算呢? 例如:
$-2ac^3 \cdot 3bc^2 = $ _____。

归纳:

单项式与单项式相乘,_____。

例题:$5a^2b \cdot (-3a) = $ _____。

【任务二】如何计算单项式与多项式相乘?

活动:为了种植更多的植物,现欲将原长为 a m,宽为 p m 的植物园向两边分别增加 b m 和 c m(如图),你能用不同的方法表示扩建后的植物园的面积吗?

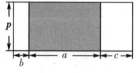

用等式表示你的发现:_____。

归纳:

单项式与多项式相乘,_____。

例题:$(-4x^2)(3x+2y+1) = $ _____。

【任务三】如何计算多项式与多项式相乘?

活动:如果将原长为 a m,宽为 p m 的植物园加长 b m,加宽 q m(如图),你能用不同的方法表示扩建后的植物园的面积吗?

用等式表示你的发现:＿＿＿＿＿＿＿＿＿＿。

归纳:

多项式与多项式相乘,＿＿＿＿＿＿＿＿＿＿。

你还有其他方法进行说明吗?　＿＿＿＿＿＿＿＿＿＿。

例题:$(x+y)(x^2-xy+y^2)=$＿＿＿＿＿＿＿＿＿＿。

(三)汇报评议师精导

1.单项式与单项式相乘,把它们的系数、同底数幂分别相乘,对于只在一个单项式里含有的字母,则连同它的指数作为积的一个因式。

2.单项式与多项式相乘,就是用单项式去乘多项式的每一项,再把所得的积相加。

3.多项式与多项式相乘,先用一个多项式的每一项乘另一个多项式的每一项,再把所得的积相加。

(四)练习巩固结纲要

1.计算:

$(1)(-2a)^3(-3a)^2$　　$(2)\left(-\dfrac{1}{2}xyz\right)\cdot\dfrac{2}{3}x^2y^2\cdot\left(-\dfrac{3}{5}yz^3\right)$

(3)先化简,再求值:

①$x(x^2+3)+x^2(x-3)-3x(x^2-x-1)$,其中$x=\dfrac{1}{2}$。

②$(x+2)(x+3)-(x-1)(x+1)$,其中$x=-2$。

(五)反馈拓展步步高

【反馈】

计算:

$(1)4xy^2\left(-\dfrac{3}{8}x^2yz^3\right)$　　　$(2)2a^2(-2ab)(-ab)^3$

$(3)-x(3x^2-2x-2)$　　　$(4)(x^2-2y)(-3x^2y)^2$

【拓展】

1.确定下列各式中m的值:

$(1)(x+4)(x+9)=x^2+mx+36$;

$(2)(x+p)(x+q)=x^2+mx+36$。

2.要使关于x的方程$x(x^2+a)+3x-2b=x^3+5x+4$恒成立,求$a+b$的值。

专题二 乘法公式

主备人 马莹

一、课程分析

1.教材分析

新课标要求:能推导平方差与完全平方公式,了解公式的几何背景,并能利用公式进行简单计算。

选用教材:人教版《数学》八年级上册"乘法公式",共 3 课时,本节是一节综合课。

教材地位:本节是在学习多项式与多项式相乘的法则、几个乘法公式的基础上进行的,在提高学生的运算能力方面有重要的作用。本节既是对前面所学公式的综合运用,也是后面学习一元二次方程、二次函数的基础。同时,本节中由图形面积揭示公式的几何意义渗透着数形结合的数学思想。由此可以看出,乘法公式的学习既是前面知识的综合应用,又是后续学习的基础,学生对本节课知识的掌握程度将直接影响后面的学习情况。

2.学情分析

学生已熟练掌握了幂的运算和整式乘法,但在进行多项式乘法运算时常出现某些项符号错误及漏项等问题。学生学习平方差公式的困难在于对公式的结构特征及公式中字母的广泛含义缺乏理解。因此,教学中将引导学生分析公式的结构特征,并运用变式训练揭示公式的本质特征,以加深学生对公式的理解。

3.教学重难点

(1)乘法公式的文字和符号语言。

(2)乘法公式的应用。

二、规划教学过程

1.教学目标

理解平方差公式、完全平方公式,能运用公式进行计算。

在探究乘法公式的过程中,感悟从具体到抽象这一研究问题的方法。在验证平方差公式和完全平方公式的过程中,感知数形结合思想。

在计算中发现规律,并能用符号表示,从而体会数学的简洁美。

2.问题梳理

(1)乘法公式是什么?

(2)乘法公式的文字叙述和符号语言是什么?

(3)乘法公式的结构特征是什么?

(4)乘法公式应该如何验证?

3.明确学习任务

归纳公式—结构特征—验证公式—例题应用

任务一:从特殊到一般,初步计算并归纳公式。

任务二:尝试概括平方差公式、完全平方公式的文字表述和符号表示。

任务三:动手操作并根据图示验证乘法公式。

任务四:分析公式的结构特征。

三、设计与实施过程

(一)自主合作共探讨

【任务一】从特殊到一般,初步计算并归纳公式。

活动:计算下列各式,并尝试发现共同特征。

$(x+1)(x-1)=$ _____

$(m+2)(m-2)=$ _____

$(p+1)^2=$ _____

$(m-2)^2=$ _____

【任务二】尝试概括平方差公式、完全平方公式的文字表述和符号表示。

文字表述:_____

符号表示:_____

【任务三】动手操作并根据图示验证乘法公式。

活动:观察图示,并进行剪拼,看你能发现什么。

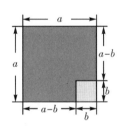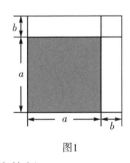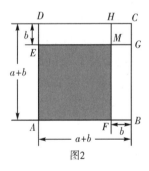

图1　　　　　　　　　　图2

【任务四】分析公式的结构特征。

活动:观察平方差公式,找到公式的特征。

观察完全平方公式,回答下列问题:

(1)说一说积的次数和项数。

(2)两个完全平方式的积有相同的项吗?与 a,b 有什么关系?

(3)两个完全平方式的积中不同的是哪一项?与 a,b 有什么关系?它的符号与什么有关?

【设计意图】

让学生经历动手操作—归纳—验证推理—应用等过程,引导学生完成一系列探究活动。

（二）汇报评议师精导

1.平方差公式：

$(a+b)(a-b)=a^2-b^2$

两个数的和与这两个数的差的积等于这两个数的平方差。

2.完全平方公式：

$(a\pm b)^2=a^2\pm 2ab+b^2$

两个数的和或差的平方等于这两个数的平方和加或减这两个数乘积的二倍。

3.几何验证:剪拼前后面积相等,公式成立

代数验证:$(a+b)(a-b)=a^2-ab+ab-b^2=a^2-b^2$

$\qquad\qquad (a+b)^2=(a+b)(a+b)=a^2+2ab+b^2$

$\qquad\qquad (a-b)^2=(a-b)(a-b)=a^2-2ab+b^2$

4.平方差公式的结构特征：

a:相同项
b:相反项

互为相反数　相反项的平方

$(a+b)(a-b)=a^2-b^2$

完全相同　相同项的平方

5.完全平方公式的结构特征：

①积为二次三项式；

②积中有两项分别为两数的平方；

③另一项是两数积的二倍,且与两数中间的符号相同。

精导方法:观察得到公式特征,并总结。

（三）练习巩固结纲要

1.运用乘法公式进行计算：

(1)$(3x+2)(3x-2)$　　　　　　　　　　(2)$(b+2a)(2a-b)$

(3)$(-x+2y)(-x-2y)$　　　　　　　　　(4)102×98

(5)$(y+2)(y-2)-(y-1)(y+5)$

2.下列运算是否正确？如果不正确,怎样改正？

（1）$(a-4)(a+4)=a^2-16$　✔

（2）$(-a-b)(a-b)=a^2-b^2$　✘　相同项、相反项混淆

（3）$(mn-1)(mn+1)=mn^2-1$　✘　mn未整体进行平方

（4）$(2x+5)(2x-5)=2x^2-25$　✘　系数未平方

（5）$(2a-1)^2=a^2-4a+1$　✘

3.运用乘法公式简便运算：

(1)103×97

(2)102^2

4.利用乘法公式计算：

(1)$(x+y+z)(x+y-z)$

(2)$(x+y+z)(x-y-z)$

【设计意图】

培养学生的创造性思维,既加深学生对相反数的理解,又使课堂气氛活跃,还培养学生之间的竞争意识。体现了分类的数学思想,从知识的发展和学生的能力培养角度来看,教师应更重视学生的自主学习和探究的过程,关注学生的思维,做好教学的组织和引导,留给学生足够的空间。

（四）反馈拓展步步高

【拓展思考】

给出下列算式：　　　　　$3^2-1^2=8=8\times1$；

$5^2-3^2=16=8\times2$；

$7^2-5^2=24=8\times3$；

$9^2-7^2=32=8\times4$。

(1)观察上面一系列式子,你能发现什么规律？

(2)计算：$2\,005^2-2\,003^2$

【设计意图】

学生独立完成后与同伴交流,并进行题后归纳,教师请小组代表阐述观点。开阔思路,提高能力。

四、评级量表

评价内容	评分标准	得分(打"√")
平方差公式	灵活运用公式计算	
	熟练掌握变形公式	
	简便运算	
	运用整体思想	
完全平方公式	灵活运用公式计算	
	熟练掌握变形公式	
	简便运算	
	运用整体思想	
	找寻规律,归纳公式	

五、实践反思

1.平方差公式是多项式乘法中的一个重要公式,本节课为了培养学生的观察、归纳、概括等能力,通过几个具体的题目,使学生在计算的过程中发现规律并用自己的语言进行表达,然后引导学生运用公式计算,感受公式中字母的意义。

2.关于教学设计的落实情况,有些地方不尽如人意。例如学生在动手操作进行公式的几何验证时,教师应该及时做示范,明确指令,让学生知道自己要做什么。再如在小组交流归纳总结平方差公式结构特征时,学生代表发言没有发挥小组成员集体的智慧,这样的讨论交流违背了设计的初衷,所以有必要在情境创设上下功夫,给学生更多的素材,便于总结归纳,更有必要对小组讨论交流进行靠前指挥,尤其关注那些上课很少参与的学生,让每个人在学习中都有收获。

3.通过精心地教学设计、环节层递、方式改进、及时反馈,的确收到很好的效果。值得反思的是我们在以往的教学活动中,常常低估学生的数学学习力,因而出现"满堂灌""一言堂"的现象,结果是学生被动学习,效果不佳。

4.在以后的教学中,我会创设更能激发学生学习兴趣的问题情境,充分调动学生的积极性,给学生更多观察、归纳、总结交流的时间。

专题三　整式除法的运算

主备人　黄云鹤

一、设计理念

（一）课程分析

1.课标要求

(1)掌握数与式的运算,能够解释运算结果的意义;

(2)能运用代数式表示具体问题中简单的数量关系,体验用数学符号表达数量关系的过程,会选择适当的方法求代数式的值;

(3)形成抽象能力、模型观念,进一步发展运算能力。

2.教材分析

(1)立足中学数学知识体系的宏观分析

整式的乘除,既是学习因式分解、分式等知识的基础,又是进一步学习一元二次方程、二次函数等所必需的知识储备,还与高中阶段将要学习的幂函数、指数函数、对数及对数函数等知识紧密相关,更是学习物理、化学等学科及其他科学技术不可缺少的数学基础知识。

(2)聚焦单元数学知识内容的具体分析

同底数幂的除法是学习整式除法的基础,本节内容首先介绍同底数幂除法的性质,接着根据乘除互为逆运算的关系,以分配律、同底数幂的除法为依据,由计算具体的实例得到单项式除法的运算法则,类比迁移到多项式除以单项式的运算法则,体现转化的数学思想。

3.学情分析

（1）已有知识储备分析

前面学生已经学习过整式的加法、减法、乘法，有了一定的整式运算知识储备，本节整式的除法是整式四则运算的重要组成部分，是今后学习因式分解、分式运算的必备内容。在学习方法上，学生已经了解了探究规律的一般路径，能进行猜想与归纳、分析与解决问题，这些都为本节整式的除法学习做好了铺垫。

（2）仍存在的探究难点分析

学生虽然对整式的运算不陌生，但对同底数幂的除法中要求底数不为0的细节理解仍较为困难。整式的除法是乘法的逆向思维过程，对于计算的准确度要求更高，学生的运算能力仍需提升。学生对于归纳一般规律的问题并不陌生，但具体到实际问题抽象为数学问题，学生的符号意识与创新意识较为缺乏。

（二）确定任务概念

任务情境是指将情境和任务相结合，让学生在真实情境或数学问题情境中，通过完成任务来实现知识的学习和技能的掌握。在任务情境中，学生需要通过自主探究、合作学习和问题解决等方式，积极地参与任务，探究问题，从中发现规律，形成知识结构，并在任务中运用这些规律。以任务情境为特征的单元活动凸显以单元为载体，将数学课堂活动的设计贯穿到整个单元中，更加具体、系统地把学生需要掌握的知识和技能融入任务情境，使学生能够更好地理解知识，并在解决问题的过程中不断探究和发现知识的规律和本质。

1.分析重难点

本节内容从逆运算出发，介绍同底数幂的除法、单项式除以单项式、多项式除以单项式的内容。同底数幂的除法是整式除法的基础，类比整式乘法，总结得出一般法则。由此，本主题的重点是理解并掌握整式除法的法则，难点是探究整式除法法则的思维路径。

2.主任务确定

任务情境与课堂教学是相辅相成的。新课程标准中要求"要整体分析数学内容本质和学生认知规律，合理整合教学内容""体现数学知识之间的内在逻辑关系，以及学习内容与核心素养表现的关联"。在教学过程中，教师要引领学生经历整式除法法则的生成过程，强化对法则的认知，实现数学核心素养的培育。

"整式的除法"一课依托任务情境展开，设计了一系列基于数学问题情境的活动，促进学生数学思维的螺旋上升，形成思维的进阶。在具体的活动设计中，一方面突出研究内容上的前后关联和发展过程，帮助学生系统地构建新知；另一方面充分给予学生对研究方法进行思考的空间，体会解决数学问题的一般思维路径。由此，确定主任务：探究整式的除法运算法则。

（三）规划教学过程

1.厘定学习目标

（1）理解同底数幂的除法的运算性质、单项式除以单项式、多项式除以单项式的运算性质，并能熟练运用，提升符号意识和运算能力。

（2）经历观察—猜想—验证—归纳的探索整式除法运算法则的过程，体会类比、转化、从特殊到一般的数学思想方法。

（3）在发现问题、分析问题、解决问题中实现同伴间的合作共赢，树立严谨、科学的学习态度，提升应用意识和创新意识。

2.确定核心问题

（1）发现问题

我们已经学习了整式的加法、减法和乘法，在整式运算中还会遇到什么情况？

（2）分析问题

学生带着问题阅读教材，自主发问、同伴协问、教师提问，梳理问题链。

问题整合思路预设：①整式除法有哪几类？——"是什么"；②整式除法的运算法则是什么？——"怎么做"；③整式除法的意义与作用是什么？——"为什么"。

确定主问题：如何进行整式除法的运算？

3.嵌入式评价

（1）过程性评价

注重学生在探究过程中的表现，关注学生在学习过程中的学习方式，引导学生进行自评、互评，教师点评，实现多元评价，助力学生学习力的自主生成。

（2）表现性评价

注重发展状况的评价，不仅关注学生对知识的掌握程度，更要促进学生能力的提升，具体表现为关键能力、数学核心素养等方面。

二、设计与实施过程

教学活动设计以新课标为载体，以核心素养为目标，结合我校"情动五环"教学模式，"整式的除法"一课具体实施如下：

（一）问题情境激发学习积极性

【温故】

回顾整式乘法的相关知识

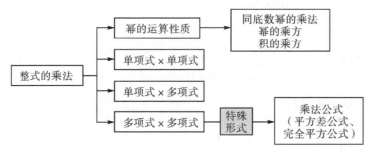

【创境】

一种数码照片的文件大小是 2^8 KB,一个存储量为 2^6 MB(1 MB＝ 2^{10} KB)的移动存储器能存储多少张这样的数码照片? 你是如何计算的?

【设计意图】

回顾整式乘法的相关知识,利用知识储备,以实际生活中的照片存储创设情境,唤醒学生关于除法是乘法的逆运算的意识,渗透逆向思维,实现数学的应用价值。

（二）任务驱动实现学习主动性

学生先自主阅读教材第102~103页,再组内交流,生成问题。组间交流将问题分类,生成主问题,形成学习路径,尝试解决问题。

教学内容	活动
任务一:探究同底数幂的除法法则	学习活动一: 根据除法的意义填空,并观察计算结果,寻找规律。 (1) $7^7 \div 7^2 = 7^{(\ )}$ (2) $10^{12} \div 10^7 = 10^{(\ )}$ (3) $x^7 \div x^3 = x^{(\ )}$ 学习活动二: 思考:如果 $a^m \div a^n = a^{m-n}$,这里的 a 可以为 0 吗? 为什么?
任务二:探究单项式除以单项式的运算法则	学习活动: 根据除法的意义计算结果,寻找规律: (1) $(x^5 y) \div x^3$ (2) $(16m^2 n^2) \div (2m^2 n)$ (3) $(x^4 y^2 z) \div (3x^2 y)$
任务三:探究多项式除以单项式的运算法则	学习活动一: 思考:如何计算 $(6xy + 8y) \div (2y)$? 学习活动二: 计算 (1) $(x^3 y^2 + 4xy) \div x$ (2) $(xy^3 - 2xy) \div (xy)$

【设计意图】

自主合作探究,以任务为驱动,活动为载体,让学生亲身经历"发现问题—分析问题"的过程,从而实现"解决问题",逐步形成"观察—猜想—验证—归纳"的思维路径,提升符号意识、运算能力、推理能力。

（三）汇报评议呈现知识结构性

【汇报】

1.同底数幂相除,底数不变,指数相减。

$a^m \div a^n = a^{m-n}$ ($a \neq 0$, m , n 都是正整数,并且 $m \geq n$)

规定:$a^0=1(a\neq0)$,即:任何不等于 0 的数的 0 次幂都等于 1。

2.单项式相除,把系数、同底数幂分别相除作为商的因式;对于只在被除式里含有的字母,则连它的指数一起作为商的一个因式。——对应除

3.多项式除以单项式,就是用多项式的每一项除以这个单项式,再把所得的商相加。——展开除

【评议】过程性评价

评价维度	评价内容	评价分数		
		优秀 5★　　良好 3~4★　　合格 2★　　待提高 1★		
		自评	互评	师评
知识准确	能归纳出整式的除法法则			
思维清晰	具备较好的逻辑推理能力			
表达流畅	语言流畅			

【设计意图】

汇报评议能提高学生数学语言的表述能力,尝试自主归纳并推广。《孙子算经》中提到:"凡除之法,与乘正异。"除法是乘法的逆运算,让学生感受逆向思维。同时,培养学生类比、转化、从特殊到一般的数学思想,提升符号意识、运算能力、应用意识。

(四)练习巩固体悟习知完整性

1.计算:

(1)$x^{18}\div x^3$　　(2)$(ab)^5\div(-ab)^2$

2.计算:

(1)$(12a^3-6a^2+3a)\div3a$　　(2)$7m(4m^2p)^3\div7m^2$

【设计意图】

练习巩固尝试提炼整式除法的纲要,即"底不变,指相减。底不同,化相同。括号乘方,先计算"。让学生进一步理解同底数幂的除法的运算性质、单项式除以单项式以及多项式除以单项式的运算法则,体会学习过程的完整性。

(五)反馈拓展凸显知识应用性

【反馈】

限时计算:

(1)$(a^3)^2\div(a^2)^3$

(2)$(6x^4-8x^3)\div(-2x^2)$

(3)$\left(0.25a^2b-\dfrac{1}{2}a^3b^2-a^4b^3\right)\div(-0.5a^2b)$

【拓展】

2023 年杭州亚运会以"中国新时代·杭州新亚运"为定位、"中国特色、亚洲风采、

精彩纷呈"为目标,共建有 56 个竞赛场馆。请你为下届亚运会设计场馆平面图(如图),场馆的总面积为 $20a^2+4ab$,用来建造篮球馆、羽毛球馆、乒乓球馆,篮球馆的长、宽分别为 $4a$,$3a+2b$,羽毛球馆的长为 $3a$,求乒乓球馆的面积。

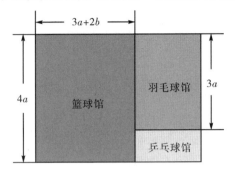

【设计意图】

从实际生活出发,对整式的乘除法与整式的加减法进行综合训练,体现了数形结合的思想,培养学生的应用意识、创新意识。

板书设计

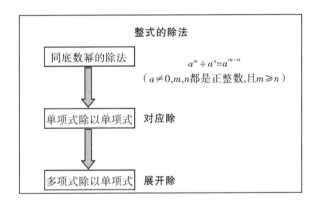

作业设计

【固本培元强根基】

题型一:直接用同底数幂的除法进行运算

计算:

(1)$(-xy)^{13}÷(-xy)^8$

(2)$(x-2y)^3÷(2y-x)^2$

(3)$(a^2+1)^6÷(a^2+1)^4÷(a^2+1)^2$

题型二:逆用同底数幂的除法进行计算

已知 $a^m=4$,$a^n=2$,$a=3$,求 a^{m-n-1} 的值。

题型三:直接利用单项式(多项式)除以单项式的运算法则进行计算

计算:

(1)$(2a^2b^2c)^4z÷(-2ab^2c^2)^2$

(2)$(3x^3y^3z)^4÷(3x^3y^2z)^2÷(x^2y^6z)$

(3)$(72x^3y^4-36x^2y^3+9xy^2)÷(-9xy^2)$

题型四:化简求值

先化简,再求值:

$[2x(x^2y-xy^2)+xy(xy-x^2)]\div x^2y$,其中 $x=2\,025,y=2\,024$。

题型五:已知整式除法的恒等式,求字母的值

若 $a(x^my^4)^3\div(3x^2y^n)^2=4x^2y^2$,求 a,m,n 的值。

题型六:整式除法的实际应用

一颗人造地球卫星的速度为 2.88×10^7 m/h,一架喷气式飞机的速度为 1.8×10^6 m/h,这颗人造地球卫星的速度是这架喷气式飞机速度的多少倍?

【自主拓展明高低】

思考:会出现多项式除以多项式的情况吗?

整式的除法在"数与代数"领域的地位和作用是什么?

整式的除法评价量表

评价维度	评价内容	评价等级				分值
		优秀(5分)	良好(3~4分)	合格(2分)	待提高(1分)	
符号意识	知道用符号表示运算规律具有一般性					
	能够初步运用符号表示数量、关系、一般规律					
运算能力	能正确进行整式的除法运算					
	会巧设字母简化表示方法和简化运算					
	能在实际问题中灵活运算,并能根据运算结果清晰地判断、分析问题					
应用意识	能理解整式除法与实际生活的密切联系					
	能从数学活动中感受从特殊到一般的探究问题方法					
	会用数学的思维思考现实世界					
创新意识	会用归纳类比发现数学关系与规律,提出数学命题与猜想并加以验证					
	能将已掌握的知识与技能迁移到新情境中解决问题					

三、实践反思

"整式的除法"这节内容在"整式的乘法与因式分解"中处于承上启下的地位,是整式乘法的尾调,更是因式分解的前奏。

本课的亮点如下:

第一,凸显任务结构,创设真实情境。本课的主任务是探究整式的除法法则,由此

形成了三个子任务分支。学习任务是教师根据学习目标来确定学习内容和学习要求，学习活动是教师组织学生进行学习的具体方式，如果说任务是目的，那么活动就是方法，因此对照每个任务本课设计了对应的活动，细化知识点。同时，本课创设了真实的问题情境，将生活实际问题与数学问题相联系，激发学生的学习兴趣。

第二，以问题贯穿始终，生成思维路径。本课以学生学习为主线，教师能够有意识地让学生进入"问题化学习"的状态，自己发现问题、提出问题，并进行梳理，直至解决问题。这一模式能培养学生自主学习的能力，提升思维，在潜移默化中提升符号意识、逻辑推理等数学核心素养。

第三，关注知识的延伸，具备"大单元教学"的意识。学生是在学习了整式的加法、减法、乘法的基础上学习本课，因此温故的过程实现了知识学习的渐进性，进而由除法与乘法互逆，引出本节内容，体现了知识的延伸。由学生提出"多项式除以多项式"的问题，自然而然地引向"分式"这一章节的内容，形成"上挂下联"，也帮助学生进行知识的延伸，构建整体的知识网，学会用数学的眼光观察世界。

有待进阶的方面：课堂评价不动情。课堂评价是教学活动的重要环节之一，面对一个个鲜活的个体，教师个性化的、充满人文情怀的语言更有利于激发学生的潜能。身为教师，要将自己的情感表达出来，课堂评价就是一个很好的媒介。"传道"是目的，"育人"更是责任，良好的师生关系离不开情感的沟通，唯有"动情"，评价与交流才能迸发出新的火花。

整改的方向：一要厚重设计理念。新课标对数学核心素养及数学课堂教学目标有了最新的指导方向。身为一线教师，在进行教学设计时，更要有培养学生核心素养的意识，并具体到各个环节中，遇到同类问题可以合而为一，结合学生实际，进行知识的整合与重构，达到"核合共振"之效。二要凸显育人目标。育人是课堂教学的应有之义和根本遵循，明确了这一理念，就要在今后的每一节课中，时刻将育人放于心中，最终实现无痕之"育"。三要实现评价多元。评价要渗透在教学过程中的每一个环节，课堂中教师对学生的回答、演示、画图、汇报等都要给予及时的、正面的、有温度的肯定，让学生不断获得成功的体验，从而激发学生学习的内驱力，调动学生自评和互评的积极性，鼓励学生主动参与评价。

专题四　因式分解

主备人　李小双

一、设计理念

（一）课程分析

1.课程标准要求

（1）能用提公因式法、公式法（直接利用公式不超过二次）进行因式分解（指数为正整数）。

（2）发展学生计算能力。

2.学情分析

因式分解与整式乘法是方向相反的变形,在对整式乘法的认识还不够深入的情况下,就遇到与之方向相反的变形的新情境,学生第一次接触时在理解上会有一定困难,会出现因式分解后又去做乘法运算的错误。但是学生在学习因数时已了解把一个数分解成几个因数的乘积,所以有一定的基础,因此关键问题是学生要理解数式通性,从而能更好地理解因式分解和掌握方法。

3.重难点分析

首先,学生已经学习了整式乘除,有了初步的逆变形思维,具备一定的分析、判断和运用法则的能力。

其次,八年级学生好奇心强,对新内容感兴趣,但学习急于求成,同时主动性和目的性不够明确,学习方法还比较欠缺,这使得学生学习本节课内容具有一定的难度。因此,在教学中教师要对学生进行学法指导,尤其要对学生进行数学学习方法和数学思想的培养。基于以上分析,确定本节的重难点。

教学重点:因式分解的概念和基本方法。

教学难点:理解因式分解的必要性;基于因式分解与整式乘法的联系写出多项式,并进行因式分解。

（二）规划教学过程

1.厘定学习目标

（1）理解因式分解的概念,认清因式分解与整式乘法的关系。

（2）能用正确方法对多项式进行因式分解。

（3）再次运用数式通性及类比的学习方法。

2.设计核心问题

问题分析:关于整式我们还需要研究除法运算,类比数的除法我们可以进行探究。再次理解有理数的除法,如 $12 \div 3 = \frac{12}{3} = \frac{3 \times 4}{3} = 4$。类比数的运算,如计算 $(x^2 + x) \div (x + 1)$。教师引导学生发现问题,梳理出问题链。

学生梳理出的问题 1: $(x^2 + x)$ 如何写成整式的乘积形式? 这个过程依据什么性质?

学生梳理出的问题 2:因式分解的方法有哪些? 如何更好地记忆这些方法?

确定核心问题:如何进行因式分解。

3.表现性任务

任务一:明确需要解决的问题,梳理出问题链。

任务二:理解因式分解的概念,掌握分解方法。

任务三:解决问题,感受数学的严谨性,发展应用意识。

（三）嵌入式评价

1.过程性评价:在教学过程中的各种评价,包括口头评价、观察评价等。

2.形成性评价:通过汇报,对学生关于因式分解方法的理解进行评价。

3.终结性评价:通过课后习题的练习,进行检测性评价,了解学生的学习收获情况。

二、设计与实施过程

（一）温故创境明目标

【思考】

1.学完了整式乘法和除法(单项式除以单项式、多项式除以单项式),接下来要研究什么?

2.能不能根据乘除互逆关系研究多项式除以多项式呢?

【设计意图】

让学生明确学习过程和知识结构的联系(数式通性),理解数学学习的逻辑顺序,知道本节课将要学习的内容。

（二）自主合作共探讨

【任务一】明确需要解决的问题,梳理出问题链。

类比数的运算,计算:$(x^2+x)\div(x+1)$。

【设计意图】

明确要探究的问题,梳理问题,确定核心问题。让学生明白要想进行多项式除以多项式的除法运算,需要解决将多项式分解成因式乘积的问题。激发学生的学习兴趣。

【任务二】理解因式分解的概念,掌握分解方法。

阅读教材第114~118页。先自主思考,再合作交流。

探究一:什么是因式分解? 其与乘法的关系是什么?

探究二:怎样进行因式分解?

提公因式法——＿＿＿＿＿＿＿＿＿＿＿

首先要确定＿＿＿＿＿,怎样确定?(公因式可以是＿＿＿＿＿式,还可以是＿＿＿＿＿式)

然后再提＿＿＿＿＿＿＿＿＿＿＿。

公式法

1.平方差公式——＿＿＿＿＿＿＿＿＿＿＿

(1)首先明确多项式有＿＿＿＿＿项,一个正项,一个负项。

(2)每项都是一个整式的＿＿＿＿＿。

2.完全平方公式——＿＿＿＿＿＿＿＿＿＿＿

完全平方式有＿＿＿＿＿项,有两项是＿＿＿＿＿项,还有一项是＿＿＿＿＿次项,用完全平方公式进行因式分解,首先确定多项式有_____项,其中_____个平方项,一个二次项。

【设计意图】

学生通过阅读教材理解因式分解的概念、因式分解的方法;通过完成探究二,理解和掌握基本知识;通过分析平方差公式和完全平方公式的特点,加深理解和记忆,从而能更好地记忆和区分。

(三)汇报评议师精导

【汇报交流】

因式分解的概念:把一个多项式化成几个整式的积的形式。因式分解与整式乘法是方向相反的变形。

因式分解的方法:

(1)提公因式法:

$(am+bm+cm)=m(a+b+c)$——找公因式是关键

(2)公因式:先看系数,再看同字母,再提公因式。

平方差公式:两项是平方,符号是相反的。

完全平方公式:头尾是平方,中间是二倍乘。

【设计意图】

学生通过汇报交流,更好地理解概念及方法。在此过程中收集学生汇报出现的问题,师生进行分析。与此同时,教师根据知识点的难易程度和需要讲解的内容进行设问,产生更多的问题,通过分析新问题,从而更进一步帮助学生理解概念和方法。

(四)练习巩固结纲要

【任务三】解决问题,感受数学的严谨性,发展应用意识。

1.计算:$(x^2+x)÷(x+1)$

【设计意图】

让学生感受因式分解的重要作用,理解因式分解的重要性,激发学生的学习动力。

2.因式分解:

(1)$3mx-6my$ (2)$9a^2-4b^2$ (3)$x^2+12x+36$

【设计意图】

学生通过练习反馈对新知的理解和存在的问题,以便教师更精准地指导学生。在练习过程中,教师再次强调利用公式法进行因式分解中式子的特点,不断强化学生的记忆。

(五)反馈拓展步步高

1.简便计算:758^2-258^2

2.因式分解与整式乘法是互逆的变形,我们知道$(x+p)(x+q)=x^2+(p+q)x+pq$,那么,能不能根据这个公式,对以下多项式进行因式分解呢?

(1)x^2+3x+2　　　　　　　　　(2)$y^2-7y+12$

3.计算：$(a^2-b^2)+(ac+bc)$

【设计意图】

(1)利用因式分解进行简便运算。让学生理解因式分解和数式乘法是互逆的变形，在数学学习中，我们要灵活运用这种变形来解决问题。

(2)因式分解还有其他方法，如十字交叉相乘，这种方法虽然初中阶段不研究，但在解决很多实际问题时，这个方法能有效地解方程，所以可以让有能力的同学进行探究，拓展方法。

(3)学以致用，实现课前目标，让学生获得收获的喜悦，激发学生学习的动力和热情。

【探究型作业】

1.还有哪些因式分解的方法？

2.因式分解还有哪些应用？

三、实践与反思

单元教学设计的优势在于打破了单个知识点之间的壁垒，不但关注如何让学生掌握单个知识点，同时还重视让学生理解一章或一个单元中各个知识点之间的内部联系，这种系统教学设计的方法，既帮助教师整体把握章或单元的教学内容与教学形式，也方便学生厘清知识点之间的关系，形成体系更加完整、结构更加坚固的知识结构。总之，单元整体教学能够减少碎片化教学现象，重视单元整体教学设计，有利于数学教师专业水平的提升，更有利于逐步培养学生的核心素养。

本节课以学生的思维进程发展为主线，采用逐步渗透、螺旋式类比方法。在概念引入时，从分解因数类比到分解因式，再到概念强化阶段，又将整式乘法与分解因式的过程类比，以及因式分解过程中正反两例的类比，逐渐加深学生的认识。在本环节的学习中，总结学生出错率较高的地方如下：

1.分解不彻底。经过大量的练习，单独的提公因式法基本不会错，但当需要混合运算的时候，学生就分不清了。比如题目"分解因式：$4x^2+24x+36$"，学生直接用完全平方公式来计算，就出现这样的情况，导致分解不彻底。所以，在讲授新课"利用完全平方公式对多项式进行因式分解"时，向学生强调，有公因式的一定要先把公因式提出来，然后再考虑用公式法或者十字相乘法来解决。

2.结果非最简，忘记合并。教授新课时就应该提醒学生做计算题要非常仔细，切忌慌乱，不确定的题目用整式的乘法进行验证，一定要检查最后的结果是否已化为最简，查看是否还有同类项。

专题五　整式的乘法与因式分解复习

主备人　王旭

一、设计理念

（一）课程分析

1.课程标准

（1）能进行简单的整式乘法运算（多项式乘法仅限于一次式之间和一次式与二次式的乘法）。

（2）理解乘法公式$(a+b)(a-b)=a^2-b^2$，$(a\pm b)^2=a^2\pm 2ab+b^2$，了解公式的几何背景，能利用公式进行简单的计算和推理。

（3）能用提公因式法、公式法（直接利用公式不超过二次）进行因式分解（指数为正整数）。

2.教材解析

本章是人教版《数学》八年级上册第十四章"整式的乘法与因式分解"，属于新课程标准中"数与代数"领域的"数与式"。本章主要内容包括：整式的乘法、乘法公式、因式分解。其中，整式的乘法运算和因式分解是基本且重要的代数初步认识。这些知识是在学习了有理数的运算、列代数式、整式的加减的基础上引入的，因此本章在初中学段占有重要的地位。

3.学情分析

初二学生对式的学习有了一定的基础，现在学习整式的乘除，对学生运算能力的要求更高。学生的元认知水平有限，针对这一情况，在本章的教学中，尽可能地将一些基本知识与学生共同探讨，以此激发学生发现规律的兴趣，从而提高学生的基础知识掌握程度，进而对所学知识进行一些较高层次的应用，让学生愿意学，而且能够学会。

（二）重难点分析

教学重点：整式的乘除与乘法公式、因式分解。

教学难点：乘法公式的运用、因式分解的两种基本方法。

学习内容：

（1）复习整式的乘法、乘法公式及因式分解等知识。

（2）绘制本章思维导图，进行典型例题的分类，回顾本章知识点，厘清知识间的内在联系。

（三）规划教学过程

1.学习目标

（1）能熟练灵活地运用法则和公式进行整式运算和因式分解。

（2）厘清本章知识内容之间的内在联系。

（3）体会本章的探究过程中所蕴含的数学思想方法。

（4）能运用本章所学知识解决生活实际问题。

2.核心问题

本章知识间的逻辑关系是什么?

3.表现性任务

（1）任务一:独立解题,组内合作完成对题目的分类,明确分类依据。

（2）任务二:绘制本章思维导图,厘清知识间的内在联系。

二、设计与实施过程

（一）温故创境明目标

【温故】

展示学生绘制的思维导图,回顾本章知识内容。

【创境】

数学界有个响当当的人物——小明,他善于思考,总能提出值得思考的问题和不错的想法。他在学习了整式乘法和因式分解这一章后,整理出了一些具有代表性的题目,小明心想:如果将这些题目归类整理,这样知识体系鲜明,方法一目了然,也便于理解和记忆本章知识内容,并找到知识与知识之间的联系。但问题来了,他自己不知道怎么分,于是他求助在座的各位同学。

学生评价思维导图,发现思维导图中存在的问题。教师提问,引发学生思考。

【问题化】

思维导图没有起到引导思维的作用,只是知识的罗列,看不出知识之间的联系,从而引出主问题——本章知识间的逻辑关系是什么?

（二）自主合作共探讨

【活动内容】

请学生先独立解决下列问题,再小组内讨论,合作完成对下列题目的分类,并说出分类依据（提示:可从知识发生与发展的过程,题目所对应的章节、知识点、计算公式等方面思考）,完成的小组选派三人上前展示汇报。

（1）$x^2 \cdot x^5$ （2）$x^8 \div x^5$

（3）$(2a)^3$ （4）$4x^2 - 9$

（5）$(a^m)^2$ （6）$a^2 + 2a + 1$

（7）$(-5a^2 b)(-3a)$ （8）$28x^4 y^2 \div 7x^3 y$

（9）$(-4x^2)(3x+1)$ （10）$(12a^3 - 6a^2 + 3a) \div 3a$

（11）$(3x+1)(x+2)$ （12）$(3x+2)(3x-2)$

（13）$(4m+n)^2$ （14）$8a^3 b^2 + 12ab^3 c$

分类情况:_____

分类依据:_____

【设计意图】

学生通过运算回顾本章的运算法则和公式,通过对题目进行分类,了解本章有哪些类型题、题目所对应的内容以及解决该类型题的公式和方法,潜移默化中感悟本章知识间的逻辑关系。

(三)汇报评议师精导

【思考】

观察思维导图中知识的呈现过程蕴含哪些数学思想方法。

【设计意图】

提高学生数学语言的表述能力和有条理的表达能力,增强逻辑思维能力,让学生体悟数学知识发生、发展的探究过程,领会数学思想方法。

(四)练习巩固结纲要

易错题集训:

1.计算:$(-2x^2y^3)^2$ 　　　　　　　　　　2.计算:$(-2m-1)^2$

3.计算:$(x+2y-3)(x-2y+3)$ 　　　　　4.计算:$(a+b+c)^2$

5.分解因式:a^3b-ab

【纲要】

因式分解口诀

因式分解并不难,分解方法要记全。

各项若有公因式,首先提取公因式。

各项若无公因式,套用公式试一试。

如果是个二项式,想想平方差公式。

如果是个三项式,考虑完全平方式。

以上方法都不行,添个括号行不行?

面对二次三项式,十字相乘试一试。

能分解的再分解,不能分解就是解。

(五)反馈拓展步步高

1.2024年"双十一"当天某网购平台成交额巨大,在慨叹我国人民强大购买力的同时,也反映出我国人民生活水平日益提高,在党的领导下,中国人民从站起来到富起来再到强起来。2025年"双十一"即将到来,小明想用自己的零用钱给为自己操劳多年的爸爸妈妈送一份礼物,也为祖国经济发展尽绵薄之力,但由于小明预算有限,不得不精打细算。某电商推出三种优惠方案:

(1)第一次降价百分之 p,第二次降价百分之 q;

(2)第一次降价百分之 q,第二次降价百分之 p;

(3)第一、二次降价均为百分之 $p+q$。

其中 p,q 是不相等的正数,请你用学过的知识帮小明算一算三种方案哪种降价最多。

2.如图,将一个边长为 $a+b$ 的正方形分割成四部分(两个正方形和两个长方形)。请认真观察图形,解答下列问题:

(1)根据图中条件,请用两种方法表示该图形的总面积,可得如下公式:_____ = _____。

(2)如果图中的 $a,b(a>b>0)$ 满足 $a^2+b^2=57$,$ab=12$,那么 $a+b=$ _____。

(3)已知 $(5+x)^2+(x+3)^2=130$,$(5+x)(x+3)=63$,求 x 的值。

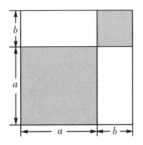

三、实践反思

1.重视归纳过程的教学。本节在性质和公式的教学中,重视归纳过程的教学,通过对典型题的计算与分类,学生在这个过程中理解和掌握性质和公式,并能用代数式和文字语言正确地表述这些性质,运用它们熟练地进行运算。学生在理解的基础上加以记忆,并在运用、练习的过程中进一步加以巩固,加深理解。

2.重视发挥学生的主观能动性。在本节中,先通过展示学生绘制的思维导图,回顾本章知识内容,加深学生对问题的理解。再让学生自主对题目进行分类,了解本章有哪些类型题、题目所对应的内容以及解决该类型题的公式和方法,潜移默化中感悟本章知识间的逻辑关系。这样学生一方面可以体验获得结论的过程,另一方面可以获得成功的喜悦。

3.重视问题情境化。本章的内容都是重要的数学基础知识,应用极其广泛,对于后续学习影响很大。所以,一方面要重视本章知识的教学,把教学要求落到实处;另一方面也不能忽略与实际的联系,在反馈拓展环节,创设实际情境让学生经历从实际问题中抽象出数学模型的过程以及运算公式的运用。

4.抓住教学重点和关键,突破教学难点。本章有较多的知识属于重点或难点,有的知识既是重点又是难点,尤其是乘法公式。乘法公式的结构特征以及字母的广泛含义学生不易掌握,运用时容易混淆,在本节分类环节中引导学生分析公式的结构特征,并在练习中与所运用公式的结构特征联系起来,对发生的错误多作具体分析,以加深对公式结构特征的理解。

3."核""合"双翼　单元创智

——以九年级下册 M1 单元设计为例谈初中英语大单元教学设计

大连高新区第一中学　　英语组:安琪　阿其拉图

一、设计理念

英语学科的核心素养主要由语言能力、思维品质、文化意识和学习能力四方面构成。学生以主题意义探究为目的,以语篇为载体,在理解和表达的语言实践活动中,融合知识学习和技能发展,通过感知、预测、获取、分析、概括、比较、评价、创新等思维活动,构建结构化知识,在分析问题和解决问题的过程中发展思维品质,形成文化理解,塑造正确的人生观和价值观,促进英语学科核心素养的形成和发展。

（一）课程分析

1.依据课程标准,明确单元主题

新版课程标准五级目标对应本模块听说的要求是:能听懂有关熟悉话题的陈述并参与讨论;能就日常生活的各种话题与他人交换信息并陈述自己的意见。

英语大单元教学是指将英语课程划分为一系列大的教学单元,每个单元涵盖一个主题或一个语言技能,并在该单元内开展相关的教学活动和学习任务。这种教学方法旨在帮助学生系统地学习英语,建立语言知识和技能。教学中应遵循以下步骤。

(1)确定教学目标:明确每个单元的教学目标,例如学习特定的语法、提高听力理解能力、发展口语表达能力等。

(2)设计教学活动和任务:根据教学目标,设计适合学生的教学活动和任务,包括听、说、读、写等各种练习。例如,可以设计一些与主题相关的对话、写作任务,准备一些阅读材料,并组织与学生的实际生活和兴趣息息相关的活动等。

(3)进行课堂教学:在课堂上引导学生参与各种教学活动,例如听力练习、口语练习、角色扮演、小组合作等。教师可以根据学生的水平和需求,选择合适的教学材料、教学方法和教学技巧。

(4)提供反馈和评估:在学习过程中,教师可以及时给予学生反馈,并评估学生的表现和进步,这有助于学生了解自己的学习情况、发现自己的不足,并激发学生学习的积极性。

(5)总结和复习:在每个大单元结束时,教师可以帮助学生总结所学内容,并进行复习,这有助于巩固学生的知识和技能,并为下一个大单元的学习做好准备。

从英语学习活动观来看,英语学习活动可以促进学生的语言能力和思维能力的发展。通过积极参与各种口语练习、听力训练、阅读和写作活动,学生可以不断拓展词汇量、提高语法运用能力,培养语感和语境理解能力。这种认知视角下的英语学习活动观注重学生的语言输入和输出过程,强调学习的环境资源的重要性。

从社交角度来看,英语学习活动可以促进学生的社交能力和跨文化交流能力的培养。通过与同学、老师和外国人的互动交流,学生可以提升合作能力、交际能力和自信心,培养出色的跨文化沟通技巧。这种社交视角下的英语学习活动观注重学生与他人的互动和合作,强调学习的社交性和互动的意义。

对于英语学习活动的观点可能因个人和教学目标而异。一些人可能更加重视英语学习的实用性,关注实际语言运用能力的培养;而另一些人则可能更加注重英语学习的乐趣和兴趣,强调学生的情感投入和动机的重要性。在实际的英语学习活动中,我们可以根据自己和学生的需求,灵活地运用不同的观点和方法,使学习更有意义,也更有效率。

2.合理利用教材等课程资源

《义务教育教科书英语九年级下册》(外研社版)M1 的主题是 Travel。该主题属于"人与自我"范畴,主题群是"生活与学习",子主题内容是"丰富、充实、积极向上的生活"。本模块的主题意义是围绕游览经历和交通方式展开讨论,学生通过学习,可以加深对旅游经历和交通方式的了解,能介绍和评价自己的旅游经历,并能与同学展开讨论,进而形成大观念——游历如生活,通过游历不断丰富自己的知识储备,提升人格修养并提高跨文化交际能力。

第一部分是一节听说课,文本内容以托尼、玲玲等人谈论自己的假期旅游生活为场景。对话借助场景有效地复现了冠词、名词、数词的相关用法等语言项目,让学生感知、运用不同形式的语言,准确、得体地发表个人观点,同时尊重他人的不同意见。

第二部分主要是让学生阅读一个描写旅行经历的剧本。英文剧本无论是格式还是内容都有比较复杂的要求,对于中学生来说,只需要掌握最基本的要求就可以。例如:在剧本前面要写出时间、地点、人物、场景;剧本中间要有适当的提示语,通常是现在时态;一个人说的话独立为一段,并且在句子前面要有人名等。在教学中,教师应该引导学生自行发现并总结这些特点。学生朗读文本时,教师要提醒学生根据人物特点用不同的语气和语调朗读。在进行本单元教学时,教师还要注意正确的价值观的教育,使学生体会到帮助别人有时不仅不会牺牲自己的利益,反而会让自己有意外的收获。如果每个人都能在别人遇到困难时伸出援手,那么我们自己在遇到困难的时候也会得到他人的帮助。

3.学情分析

九年级的学生大都有丰富的旅行经历,也积累了一些相关话题的语言素材,因此在介绍有关旅游乘坐的交通工具、出游地点、自己的旅游生活等内容时几乎都没有语言障碍,但学生的两极分化现象严重,因此在设计相关任务活动时要注意层次性。进入初三阶段,学生对以往各模块中出现的旅游与交通的相关词汇、短语、句型等的记忆较零散,并没有进行系统归纳,这时老师需要以话题为主线,通过归纳和汇总相关词句,从听、说、读、写四个方面针对中考题型进行学法指导和巩固训练。

（二）大概念确定

游历如生活,通过游历不断丰富自己的知识储备,提升人格素养并提高跨文化交际能力。

1.分析重难点

教学重点:汇总、分类和巩固旅游和交通话题中的相关词汇、短语和常用句型。

教学难点:掌握听取信息、选择单词、回答问题的解题技巧。熟练在书面表达中运用词汇和句型。

2.资源整合

（1）分析各语篇内容,提炼单元主题意义。

对语篇进行初步分析时,我们要首先关注语篇的类型和语篇的内容。语篇类型是多样化的,具体分类可以参照新版课程标准关于"语篇类型内容要求"的三级目标（P18）。在研读语篇时,主要从三个方面进行考虑:语篇的主题和内容是什么,即 what 的问题;语篇传递的意义是什么,即 why 的问题;语篇具有什么样的文体特征、内容结构和语言特点等,即 how 的问题。在对语篇进行以上分析之后,我们会发现:虽然语篇内容不同,但是都可以归结为一些相同的主题意义,分别指向学生对于该话题内容的学习和了解（认知）,对所学内容的认识和看法（态度）,以及用本单元学习的各种知识能够参与的一些活动（行动）。本单元的语篇分析如下图所示:

	语篇	类型	主题意义	语篇内容(what,how,why)
1	U1A2	对话 (听力)	认识、了解旅程安排及旅游的意义	Tony 的父亲与 Tony 在假期旅行中因飞机延误而进行的相关对话
2	U1A3	对话	认识、了解旅程安排及旅游的意义	以学生描述自己假期的旅行经历为主线,介绍了旅行中发生的事件
3	U2A2	记叙文 (剧本)	在游历中体验不同,丰富生活	描写 Li Lin 旅行经历的剧本:旅行中,主人公助人为乐
4	U2A4	记叙文	在游历中体验不同,丰富生活	总结提炼 Li Lin 的剧本故事
5	U3A1	对话	学会安排假期生活,制订旅游计划	通过对话的形式,学会询问假期生活安排的相关问题

续表

	语篇	类型	主题意义	语篇内容(what,how,why)
6	U3A5	对话	学会安排假期生活,制订旅游计划	通过与旅行公司对话的形式,讨论了不同旅程的各项安排,如时长、方式、费用等
7	U3A7	说明文	认识、了解旅程安排及旅游的意义(交通方式)	介绍协和超声速客机的发展和历史
8	Around the world	说明文	认识、了解旅程安排及旅游的意义	介绍第一个横跨大西洋的飞行员

(2)整合单元主题意义和学习内容,构建单元大概念。

①构建单元主题大概念。

英语学科中的主题大概念指的是学生在完成学习后基于主题建构生成的新的认知,解决问题的思想、方法以及正确的价值观念。我们对本单元各语篇的主题意义进行整合,提炼出学生需要逐层建构的各种能力:了解旅程安排及旅游相关信息(交通方式、旅游经历),从而在听、读相关主题的语篇过程中,学会思考,形成自己的观点态度,进而在与别人讨论旅游经历相关的话题时,能理解别人的观点,并正确表达自己的看法。本单元的主题大概念如下图所示:

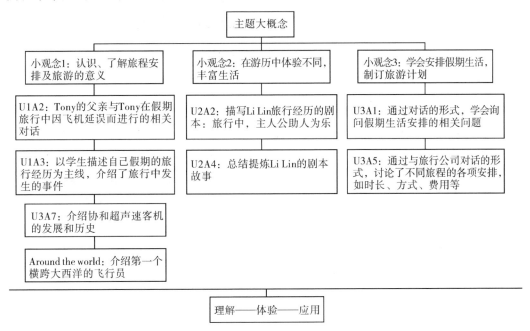

②构建单元语言大概念。

语言大概念指的是学生在学习和使用语言的过程中感知与感悟的关于语言理解和表达的知识结构、方法策略和学习观念。为了完成本单元的任务,学生需要通过一定的学习策略,掌握相关的语言知识和语言技能,即运用与"旅游经历,交通方式"相关

的词汇和表达方式,介绍和评价自己的旅游经历,并与同学展开讨论。本单元的语言大概念如下图所示:

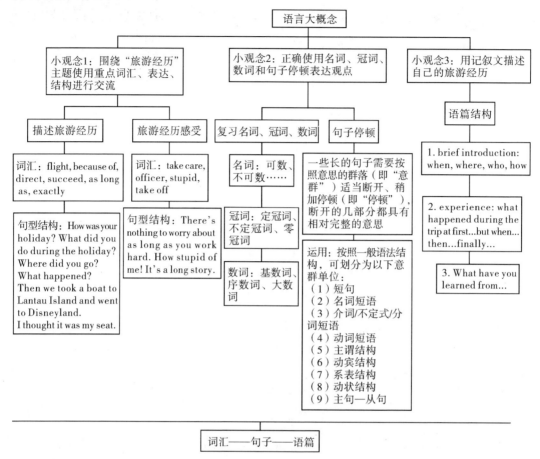

③基于主题大概念和语言大概念,构建单元大概念。

关联本单元的主题大概念和语言大概念,提炼出单元大概念,使学生体会到游历如生活,通过游历不断丰富自己的知识储备,提升人格修养并提高跨文化交际能力。帮助别人有时不仅不会牺牲自己的利益,反而会让自己有意外的收获。如果每个人都能在别人遇到困难时伸出援手,那么我们自己在遇到困难的时候也会得到他人的帮助。主题大概念与语言大概念二者侧重点不同,互相依存、互为补充,共同促进学生核心素养的形成。

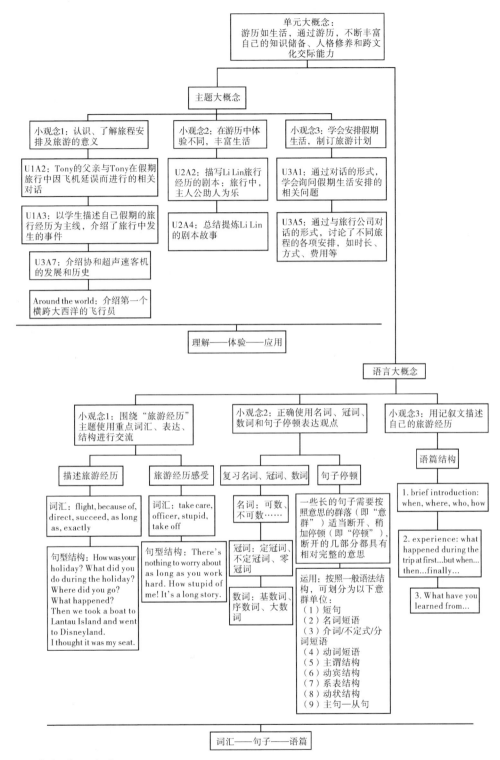

3.确定学习内容

依据《新课程标准》,我们梳理出本单元关于语言知识、语言技能、文化知识和学习策略方面的要求。明确通过本单元的学习,要如何培养学生的核心素养,便于在接下来的设计中明确方向,把握重点,有的放矢。

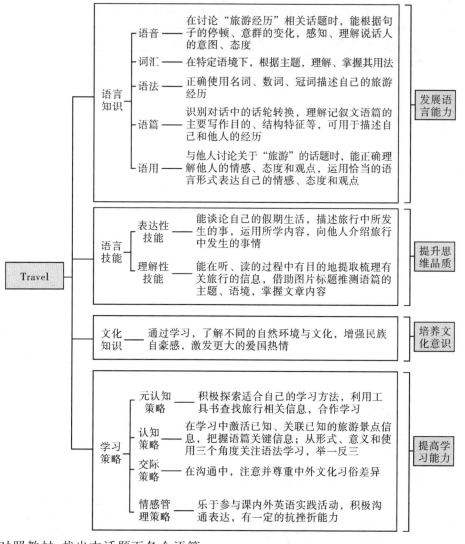

对照教材,找出本话题下各个语篇。

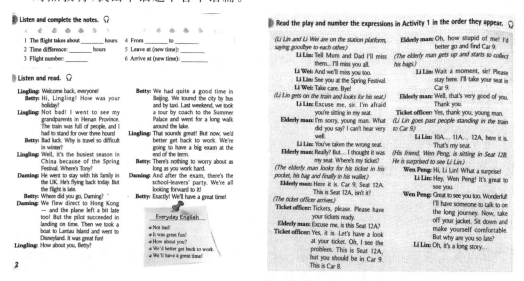

⑦ Read the passage and complete the table. 🎧

Concorde could carry one hundred passengers and flew faster than the speed of sound. Many people think Concorde was one of the greatest planes. But now Concorde is just part of history.

For twenty-seven years, passengers travelled across the Atlantic Ocean on this plane. Most of them were businesspeople, film stars, rock stars and sports heroes. Flying at more than twice the speed of sound, Concorde took people from London or Paris to New York in just over three hours.

The invention of Concorde was a huge step forward. The plane was like a time machine. If Concorde left London at 10:30 am, it arrived in New York at about 8:30 am (1:30 pm London time) the same day.

However, the plane had many problems. It was very noisy. Some believed that its noise was bad for the environment, and that it could hurt people's ears. In a terrible accident in 2000, near Paris, 113 people died, and after that fewer people wanted to fly on Concorde. It became too expensive to continue the service. At the end of October 2003, Concorde stopped flying.

Advantage of Concorde	Disadvantage of Concorde

⑧ Read the passage again and answer the questions.
1 How many passengers could Concorde carry?
2 Why do many people think Concorde was one of the greatest planes?
3 How many hours did Concorde take to fly from London or Paris to New York?

⑨ Work in pairs. Talk about your recent travel experience. Say:
• how you travelled
• how long the journey took
• how you felt about it
Now write a passage about your experience.

The first pilot to fly alone across the Atlantic Ocean

In 1919, a pilot named Charles Lindbergh from St Louis, the US, decided to try to fly from New York to Paris. It took him some time, but eventually he developed the right plane. In April 1927 his plane, *Spirit of St Louis*, was completed. It was three metres high and weighed 975 kilos.

Lindbergh took off from New York on 20th May 1927. He flew for about thirty-three hours over 5,800 kilometres through freezing weather and fog. He had no sleep, but when he arrived in Paris, he was very happy. He was the first person to fly alone across the Atlantic Ocean without stopping. He became a hero in the US and in France.

二、教学过程规划

（一）以单元大概念为指导，逐层制订学习目标

根据主题观念,确定课时安排,并根据单元教学目标确定每课时的教学目标。

主题观念	课时安排	课型	课时教学目标
认识、了解旅程安排及旅游的意义	第1课时（U1A2，U1A3；U3A7； Around the world)	听说	能通过简单记录的方式抓住听力材料中的细节信息并能够谈论旅游要素； 能够掌握对话断句,判断意群； 抓住旅程信息是非常实用的技巧,能帮助学生提升在日常生活中处理相关问题的能力
在游历中体验不同,丰富生活	第2-3课时（U2A2，U2A4)	读写	能够读懂旅途相关的故事剧本并能根据思维导图复述介绍其情节； 能够进一步复习冠词、名词、数词,并通过略读、细读等策略总结信息,发散思维； 通过小组合作,完成"an unforgettable experience",并通过自评、互评修改； 培育学生正确的价值观,使其体会到帮助别人有时不仅不会牺牲自己的利益,反而会让自己有意外的收获。如果每个人都能在别人遇到困难时伸出援手,那么我们自己在遇到困难的时候也会得到他人的帮助。
学会安排假期生活,制订旅游计划	第4课时（U3A1，U3A5)	语用	了解日常生活中旅游的相关信息； 完成活动1的内容,在具体语境中正确使用不同类的冠词,并能加以区分； 活动5作为阅读补充材料,要求学生能够在具体语境中补全语句,培养其语篇意识

（二）设计核心问题

核心问题是基于单元核心知识及学生的认知水平,关注英语核心素养,引领课堂教学的情境问题。它来自教师对不同学生认知特点的充分了解,来自教师让学生先行的课堂教学活动,来自教师对学生想法的倾听和捕捉,来自教师教学实践反思所生成的教学智慧。核心问题也在问题解决的学习中生成,而问题解决的学习需要核心问题引领。核心问题是培养核心素养的关键。

基于本模块的话题"旅游与交通",确定本模块的核心问题为:How to describe an unforgettable/a special thing that happened during a trip?

（三）表现性任务

根据具体的课时教学目标,完成每课时的"教学评一体化"设计。

课时安排	课时教学目标	课时活动开展	设计意图	效果评价
第1课时 (U1A2,U1A3; U3A7; Around the world)	1.能通过简单记录的方式抓住听力材料中的细节信息并能够谈论旅游要素	(学习理解类活动) ①听语篇1(U1A2),初步理解旅行航班信息 ②听语篇2(U1A3),以表格形式梳理每名学生的假期旅程 ③学生跟读音频,熟悉语篇并体会停顿	培养学生感知语言、提取文本信息的能力,能够听懂谈论旅游的对话	观察学生回答问题并适时追问,了解其是否能够获取关键信息
	2.能够掌握对话断句,判断意群	(应用实践类活动) ④按照表格信息,复述语篇2 ⑤完成相关语言知识的练习	提升语言运用和表达能力,引导学生认识、了解旅程安排及旅游的意义	根据学生复述,判断其是否能够掌握语篇关键信息
	3.抓住旅程信息是非常实用的技巧,能帮助学生提升在日常生活中处理相关问题的能力	(迁移创新类活动) ⑥阅读语篇7(U3A7)和语篇8,拓展旅游相关信息 ⑦运用本课所学,描述自己的旅游并分享感受	联系自身实际,积极思考,交流旅游过程中的问题	借助评价量表,评价学生是否能够正确运用已学知识描述旅程
	学习策略:在学习中激活已知,关联已知的旅游景点信息,把握语篇关键信息;从形式、意义和使用三个角度复习语法,举一反三			

课时安排	课时教学目标	课时活动开展	设计意图	效果评价
第2—3课时（U2A2，U2A4）	1.能够读懂旅途相关的故事剧本并能根据思维导图复述情节	（学习理解类活动）①快速浏览语篇3(U2A2)，整体了解语篇内容②运用表格梳理主要人物关系、故事情节及写作体裁等	培养学生获取信息、概括信息的能力，使其能够读懂旅游故事的剧本	根据学生回答问题和填表信息，评价其是否获取整体信息和关键问题
	2.能够进一步复习冠词、名词、数词，并通过略读、细读等策略总结信息，发散思维	（应用实践类活动）③根据文章内容以思维导图形式呈现文本主要内容及体裁特点④完成语篇4(U2A4)，复读文本，并运用相关语言知识	培养学生梳理文章结构的能力，引导学生在阅读中进行深入思考，为写作提供内容和结构支持	在学生完成思维导图的过程中，评价其形成的结构化知识
	3.通过小组合作，完成"an unforgettable experience"，并通过自评、互评修改4.培育学生正确的价值观，使其体会到旅行的意义	（迁移创新类活动）⑤结合上方思维导图，运用本课所学，练习描述自己的旅行并分享感受	引导学生迁移所学，完成写作练习	借助写作评价量表，通过自评、互评修改文本，评价其完成情况
	学习策略：积极探索适合自己的学习方法，利用工具书查找旅行相关信息，合作学习			

课时安排	课时教学目标	课时活动开展	设计意图	效果评价
第4课时（U3A1，U3A5）	1.了解日常生活中旅游的相关信息 2.完成活动1的内容，在具体语境中正确使用不同类的冠词，并能加以区分 3.活动5作为阅读补充材料，要求学生能够在具体语境中补全语句，培养其语篇意识	①阅读语篇5（U3A1）并完成练习，理解冠词等在特定语境中的应用 ②听语篇6（U3A5）并完成练习，了解旅程中对话的方式	提升学生语言运用的能力，引导学生迁移所学，运用准确的语言知识和积极的情感态度完成课堂活动	观察小组讨论、展示练习成果，根据需要给予指导、反馈
学习策略：乐于参与课内外英语实践活动，积极沟通表达，有一定的抗挫折能力				

（四）嵌入式评价

评价任务设计解读

本单元的课型是听说课。针对听力训练，设计了听关于旅行的对话、捕捉并记录与之相关的关键信息的任务，借以提高学生对所听素材进行加工处理的能力。针对读的训练，设计了读关于 Travel 的信息，交流与之相关的信息并参与讨论有关旅行的活动，以此增加学生读的输入量，为他们能自由地输出积累语言素材。

语言知识评价标准

评价等级	评价内容
A	能够灵活运用所学词汇和状语从句谈论旅行经历，语言结构准确
B	基本能够运用目标语句和重点词汇与他人交流自己的旅行经历
C	词汇记忆尚可，但不能运用所学词汇及目标语言交流，且语言结构不够准确

听说技能评价标准

评价等级	评价内容
A	能准确捕捉听力素材中的关键信息；能流利地与他人进行对话交流
B	基本能准确捕捉听力素材中的关键信息；基本能流利地与他人进行对话交流
C	不能准确捕捉听力素材中的关键信息；不能流利地与他人进行对话交流

三、实践与反思

在大单元的教学活动设计中,教师能够创设丰富的语境,课堂任务设计合理,活动循序渐进,充分体现学生的主体性,引导学生自主探究、合作互补,重视"预习-自主-合作-展示-练习-迁移"的学习过程。让学生在自主学习、合作探究、练习巩固、拓展迁移的过程中巩固词汇、短语和句型,并且夯实语法点,也就是名词、冠词和数词,并能利用所学知识描述自己的旅行经历。

听说课注重学生朗读的重要性。只有学生出声读了文章,才能在听说口语上有更深刻的体会和更确切的认识。朗读作为基础,目的是学生最后能够独立产出对话。其核心要点是学生自主提取课文中的对话结构,并以此为依据生成新的对话,从而构成从理解到内化再到产出的过程。

日常的听力练习应当尽量减少干扰项,循序渐进,从相同信息提取和不同表述方式提取类习题逐步过渡到信息加工和信息推断题,让学生有逐步理解的过程,从而达到更好的效果。

在课堂评价环节,在"教学评一体化"的听说教学中,注重基于学习内容的具体的课堂评价。评价形式多样,由全班学生定档到单个学生,结合量表给予更具体的评价,帮其改善,如"条理更加清楚明晰""复述得很准确""缺少开头,结尾有些唐突",这样可以引导学生注意倾听,形成自己的判断,判断的过程也是学习的过程,也会帮助学生审视、反思自己的问题,使学生在复述时多加注意。

4.慧质强核量以质变　密德提质度志青衿

——以"密度与质量"为例谈大单元教学设计与实施

大连高新区第一中学　　物理组:许宁宁　孙长明　李赏星　宋喜多　李昊智

一、设计理念

（一）课程分析

1.课程标准

（1）内容要求

①知道质量的含义。会测量固体和液体的质量。

②通过实验,理解密度。会测量固体和液体的密度。能解释生活中与密度有关的一些物理现象。

③了解关于物质属性的研究对生产生活和科技进步的影响。

（2）学业要求

①知道质量的含义,理解密度,能说出物质世界从宏观到微观的大致尺度。

②尝试运用这些知识解决日常生活中的有关问题,形成初步的物质观念。

③能发现并提出需要探究的物理问题,能根据已有经验作出有关猜想与假设;能制订简单的实验方案,会正确使用天平、量筒等实验器材。能按实验方案操作,获得实验数据;会用简单的物理图像描述数据,根据图像特点对实验结果作出解释;能撰写简单的实验报告。

④感受物理研究是建立在观察、实验和推理基础上的创造性工作;能在运用密度等知识解决实际问题的过程中获得成就感,具有学好物理的自信心。

2.教材等课程资源

本次大单元构建选取的是人教版物理八年级上册第六章《质量与密度》内容,密度是物质学习中的一个新的物理量,是这一章节的核心内容。它在全章中起承上启下的作用,并为以后的压强和浮力等知识做铺垫,同时与数学八年级下册的函数内容相融合,探究物理量之间的关系。本章首先让学生认识到世界是由物质组成的。通过让学生思考组成物体的物质多重、物体的大小、组成物质的是什么、具体的应用是什么,进而重新梳理出了本章大单元,认识物质的基本途径:质量—体积—密度—社会生活。重新梳理出的单元基本途径,更好地体现了"从生活走向物理,从物理走向社会"的理念。

在深入挖掘整合教材内容的基础上,利用导学案、课上播放视频等方式,为学生提供各种学习材料,例如:"一千克"有多重是谁规定的？介绍宇宙尺度,了解宇宙之广阔;用考古学家利用密度等方法鉴定文物的材质等实际应用开阔学生视野,拓展学生的知识面,激发学生学习的兴趣和探究欲望。

3.学情分析

(1)已有知识与技能储备

本单元是人教版八年级上册教材的第六章,学生经历前五章的学习,已经储备了一定的物理学习方法,例如,学生通过刻度尺、秒表、温度计的学习,初步掌握了测量工具的使用;通过测量速度、探究固体熔化时温度的变化等实验,初步掌握了一定的实验操作技能及设计简单实验的思想方法;通过光现象的学习,初步掌握了控制变量法、转换法等物理方法;通过进一步理解和深入学习,为本单元"密度"的学习奠定了良好的基础。

(2)仍存在的学习探究难点

①八年级学生虽然对物体的质量和体积有一些了解,但缺少从逻辑角度对它们之间关系的深入分析,尤其对密度属性的理解有一定的误区。

②学生知道研究物质的性质要通过实验探究的方法,具备一定的科学探究意识和方法,但自主设计实验、合作探究和动手操作能力还有待提高。

③学生具备一定的科学知识方法,但迁移转化的能力不足,特别是将所学知识应用于生活生产中来解决一定的实际问题的能力有待加强。

(二)确定大概念

物理课程标准中一级主题"物质"的主要内容与日常生活、自然现象及科技发展前沿密切相关。这部分内容的设计旨在引导学生从物理学的视角认识物质世界,了解身边物质的形态和变化,了解物质的属性、结构与物质世界的尺度,初步形成物质观念。引导学生学习科学研究方法,提升科学探究能力,体会科学、技术、社会、环境之间的关系,形成辩证唯物主义世界观和关心环境、保护环境的责任感。

通过分析课程标准和教材内容,结合教学经验和学生实际,针对学生的核心素养与学科特征,确定本单元大概念围绕"物质的属性"展开。

1.分析重难点

(1)正确使用天平测量物体的质量。

(2)用量筒测量液体和形状不规则物体的体积,用天平和量筒测量液体和固体的密度。

(3)在实验的基础上,利用"比值"定义密度概念,理解密度是物质的一种属性。

(4)理解密度和温度的关系,利用密度鉴别物质。

2.资源整合

为了更好地在初中物理课堂教学中发展学生的物质观,根据学习进阶理论,需要明确上述内容在不同学段的知识载体和能力发展路径,以物理新课程标准为依据,安排符合初中生认知特点的教学活动。对上述内容在八年级上学段的发展分析如下:

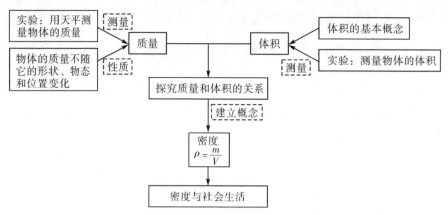

3.确定学习内容

教材计划	第六章　质量与密度 第一节　质量 第二节　密度 第三节　测量液体和固体的密度 第四节　密度的应用	**重构课时计划**	密度大单元 课时一:基础认识——质量 课时二:基础认识——测量物体的体积 课时三:建立概念——密度 课时四:社会生活应用——密度与社会生活
重构思路	初中物理八年级[2023年7月印刷]第六章《质量与密度》是初中物质学习的基础部分,以物理新课程标准、《大连市初中物理学业质量标准》以及物理学科核心素养等作为基本指导,按学生的认知心理过程,厘清本单元思想方法的逻辑顺序,针对思想方法进行突破,培养学生的关键能力。 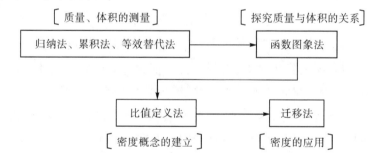 以质量(物质的基本概念)—物体体积的测量—密度概念的建立—密度在社会生活中的应用四大方面来认识物质,学习物理知识及应用。重构教材教学内容,使物理知识结构更加完善和优化。从基础认识—概念建立—社会生活中的应用角度入手,循序渐进地增强物理教学过程的逻辑性。		

（三）规划教学过程

1.厘定学习目标

物理观念——知道质量、体积、密度的概念、单位和公式,理解物质的密度。

科学思维——通过观察和实验,认识质量是不随物体的形状、物态、位置的变化而变化的物理量;学习以同种物质的质量与体积比值的不变性(物质的本质特征)来定义密度概念的科学思维方法。

科学探究——通过实际操作,掌握天平和量筒的使用方法,学会利用天平测量物体质量和使用量筒测量液体和不规则固体的体积。

科学态度与责任——通过使用天平、量筒的技能训练,培养学生严谨的科学态度和协作精神。初步体会物质的物理性质决定用途的学科思想;保持并增强对物理现象的好奇心和探究欲望,培养学习物理的兴趣。

2.设计核心问题

(1)问题起源

世界上有各种各类的物质,那么如何鉴别物质种类呢?

(2)问题梳理

学生课前预习本章内容,记录问题,课上梳理本章问题,形成问题链。同时找出与本节课相关问题,层层递进,形成本节课的问题系统。

(3)确立单元大概念及核心任务

单元大概念:基于对质量、体积、密度的探究,认识物理性质决定用途的学科思想。

核心任务:探究"如何鉴别物质种类"——研究物体的质量、体积、密度,以及密度在生活中的应用。

(4)研究问题链

如何鉴别物质种类? ——本章核心问题

↓

如何测量物体质量?

↓

如何测量物体体积?

↓

探究物体质量与体积之间的关系——引出密度

↓

密度与社会生活——鉴别物质种类

3.表现性任务

任务一:各小组汇报导学单上天平的使用说明书,掌握天平的使用方法和注意事项。

任务二:各小组汇报牛奶、不规则石块、奖牌的体积的测量步骤,归纳出规则和不规则物体的体积的测量方法。

任务三:解释生活中的物理现象——"为什么冻豆腐中有很多疏松的孔呢?"从而汇报密度的定义、公式、单位及密度的属性。

任务四:做测量盐水密度的实验,并汇报为什么物质的密度会受到温度的影响。

(四)嵌入式评价

1.诊断性评价:在课前收集学生的问题,对学生问题进行评估、诊断,梳理成问题链。

2.形成性评价:在学生自主合作共探讨、汇报评议师精导环节及时对学生发现的问题、实验事项进行生生追问、师生追问,激励学生学习,帮助学生有效调控自己的学习过程,使学生获得成就感、自信心,培养合作精神。

基于课程标准的过程性评价标准:

评分标准+(1～5分)	自评	生评	师评
书写工整,语言表述规范严谨			
准确率高,有批改或问题意识			
主动思考,能提出有价值问题			
主动反思,整合做题思路方法			
总得分			

3.总结性评价:在每堂课结束后,对学生这节课的综合表现进行评价,各部分评价指标均围绕核心素养,以评导学、以评促学,旨在促进物理学科核心素养更好地落实在课堂教学上。

基于核心素养的总结性评价标准:

核心素养	过程表现+(1～5分)	师评
物理观念	能理解概念及其属性,初步形成知识体系;能运用所学概念联系生活实际,解决实际问题	
科学思维	能理解事物的本质属性及事物间的关系;能运用物理方法进行科学推理,找出规律,形成结论	
科学探究	能基于物理问题,形成猜想和假设,设计实验,获取与处理信息;对科学探究过程和结论进行交流、评估、反思	
科学态度与责任	能保持对物理学习的好奇心,乐于观察,严谨认真,敢于质疑,勇于创新;善于与他人交流、合作、分享	
总得分		

二、设计与实施过程

第一课时 慧质强核,量以质变——质量

主备人 许宁宁

【温故创境明目标】

温故:师生一起梳理学生课前预习所提问题,形成本章的问题链。

创境:伴随着音乐,给班级上周评分最高的小组颁发文质奖牌,同时提出问题,奖牌是用什么材料制作的? 引入新课。

教学目标:

(1)物理观念:知道质量的概念和单位,以及质量是物体的一种属性。

(2)科学思维:通过观察、实验,认识质量是不随物体形状、物态、空间位置而变化的物理量。

(3)科学探究:通过实际操作,掌握天平的使用方法,学会用天平测量物体质量。

(4)科学态度与责任:通过使用天平的技能训练,培养学生严谨的科学态度和协作精神。

设计意图:学生课前预习本章内容,记录问题,课上师生一起梳理本章问题,层层递进,形成问题链,意在培养学生的内在思维逻辑。

【自主合作共探讨】

任务1:完善"天平的使用说明书"。

活动1:自主阅读教材P108－111,完成天平的使用说明书的填写。

天平的使用说明书

一、用途:测量物体质量

　　质量定义:＿＿＿＿＿＿＿＿＿＿＿　　符号:＿＿＿＿＿

　　国际单位:＿＿＿＿　　常用单位:＿＿＿＿　　单位换算:＿＿＿＿＿＿＿＿

二、结构:如图

三、性能:

　　1.称量:＿＿＿＿＿＿＿＿＿＿＿　　2.分度值:＿＿＿＿＿

四、注意事项:

　　1.被测物体的质量不能＿＿＿＿＿＿＿＿＿＿＿。

　　2.＿＿＿＿＿＿＿＿＿＿＿不能直接放在天平的托盘中。

　　3.向盘中加减砝码时要用＿＿＿＿＿＿＿＿＿＿＿。

五、使用方法:

　　1.＿＿＿＿＿　　2.＿＿＿＿＿　　3.＿＿＿＿＿　　4.＿＿＿＿＿

　　5.＿＿＿＿＿　　6.＿＿＿＿＿　　7.＿＿＿＿＿　　8.＿＿＿＿＿

活动 2:结合桌上天平,小组合作研练如何测量物体质量。

任务 2:测量给定物品的质量。

设计意图:学生先自主阅读教材,再组内合作交流,得出天平的正确使用方法和注意事项;然后根据已得的说明书,学生之间进行交流与讨论,合作练习使用天平,在这个过程中,培养团结合作的科学态度与责任。

【汇报评议师精导】

1.质量定义:物体含有物质的多少。

国际单位:kg;常用单位:g。

2.托盘天平的使用方法:

01	02	03	04	05	06
放	拨	调	称	读	记
放水平桌面	拨动游码归零	调节平衡螺母	左物右码(先大后小)	砝码+游码(游码读左侧)	数字+单位

3.质量是物体自身的属性,它与物体的形状、位置、状态等都无关。

设计意图:鼓励学生间相互质疑、相互解答、相互补充,凸显学生的主体地位;教师适时精导,处处体现物理"核"心素养。师生、生生追问质疑,延伸思考的深度,拓展思考的广度。

【练习巩固结纲要】

1.以小组为单位,根据已完成天平的使用说明书,练习使用托盘天平称量以下物体的质量,同时归纳得出质量的性质。

  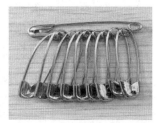

(1)方法精导:

积累法:测曲别针的质量。

(2)归纳法:通过测量各个物体的质量归纳得出质量的性质。

2.估测下列物体的质量。

A:一张邮票的质量约为 50 ＿＿＿＿＿　　　B:一个苹果的质量约为 150 ＿＿＿＿＿

C:一个中学生的质量约为 50 ＿＿＿＿＿　　D:一头大象的质量约为 5 ＿＿＿＿＿

3.测量物体的质量除了天平,还有哪些测量工具? 实物展示各种秤,引出生活中的质量单位斤、两,以及单位换算。

知识纲要:

称物体,先估计。一放平,二归零,三调横梁成水平。左物右码镊子取。

指针左偏右盘高,两侧螺母向右调。砝码大小顺次来,移动游码加一起。

【反馈拓展步步高】

1.解决本节课初学生提出的问题,在太空如何测物体质量? ——视频播放天宫课堂。

2.学以致用:这个实验室天平有什么缺点? 如何改进呢?

设计意图:

(1)实物展示各种秤,关注生活物理。

(2)视频播放天宫课堂,了解我国航天事业的发展,增强学生的民族自豪感。

(3)引出牛顿第一定律和第二定律,为八年级下学期和高中物理做铺垫。(学科内整"合")

第二课时　积君如珩,体耀羽衣——体积的测量

主备人　李赏星

【温故创境明目标】

创境:播放宇宙尺度的视频,通过视频了解宇宙之广阔,人类之渺小,激发学生的好奇心与求知欲。

教学目标:

(1)物理观念:体积的概念和单位、量筒的使用方法以及测量体积的多种方法。

(2)科学思维:通过观察与实验,体验等效替代和测多算少的物理科学思想。

(3)科学探究:通过实际操作,掌握量筒的使用方法,学会使用量筒测量液体和不规则固体的体积。

(4)科学态度与责任:通过测量多个物体体积的实验,培养学生严谨的科学态度和协作精神。

设计意图:探索各种物体体积的测量方法,初步体会运用物理知识解决生活问题的过程。

【自主合作共探讨】

任务:设计实验测量出下列物体的体积。

1.牛奶。

2.长方体物块。

3.不规则石块。

4.奖牌。

设计意图:在探究牛奶、不规则石块、奖牌等体积的测量中多次练习量筒的使用,使学生通过实验、实践操作等方式锻炼科学实验的核心素养。

【汇报评议师精导】

一、体积

1.定义:物体所占空间的大小。

2.单位:

(1)国际单位:m^3

(2)常用单位:cm^3、L、mL……

(3)提问:单位之间如何换算?

3.测量工具:

(1)量筒:使用方法及注意事项。

看:量程和分度值。

放:放在水平桌面上。

读:视线与液面相平。

记:数据和单位。

(2)其他测量工具:量杯、刻度尺。

二、体积的测量

1.牛奶

工具:量筒。

方法:直接测量法。

步骤:将牛奶倒入量筒中,直接读数即可。

2.长方体物块

工具:刻度尺。

方法:数学公式法。

步骤:先测量物块的长、宽、高,然后通过长方体的体积公式 $V=abc$ 计算得出。

3.不规则石块

工具:量筒。

方法:排水法(等效替代的思想)。

步骤:先将"适量"水倒入量筒中,读出水的体积,再将石块浸没在水中,读出水的体积,两次水的体积作差即可得到石块的体积。

4.奖牌

工具:量筒。

方法:排水法(等效替代的思想)、累计法(测多算少的思想)。

步骤:利用排水法测多个奖牌的体积,再除以奖牌的个数,计算得到单个奖牌的体积。

追问:若没有大量杯,该如何测量奖牌的体积呢?

精导:标记法(思维提升)。

设计意图:

(1)通过对物理量概念、单位的认识,落实物理观念的核心素养。

(2)教师在学生实验、汇报的过程中秉持严谨、认真的态度,培养学生的科学态度与责任的核心素养。

【练习巩固结纲要】

1.用什么方法可以测量下列物体的体积? 将它们归类。

陶瓷摆件、圆柱形铝块、果汁、用过的橡皮、足球、不规则形状的泡沫、回形针、不规则形状的木块等。

2.你想测量什么物体的体积? 我们一起来解决。

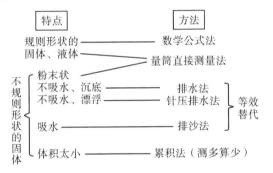

设计意图:

(1)练习对生产生活中多种物质体积进行测量,落实课程理念——从生活走向物理,从物理走向社会。

(2)在大量不规则形状的固体体积测量练习中,使学生掌握测量体积的多种方法,突破难点。

(3)练习难度逐渐上升,进行针压、排水、测多算少等方法与思维的训练,落实科学思维的核心素养。

【反馈拓展步步高】

反馈:

见学案卷。

拓展:

三维激光扫描技术。

设计意图:从测量我国空间站、航母的体积拓展到三维激光扫描技术,激发学生探索科学的好奇心和求知欲,增强学生实现中华民族伟大复兴的责任感与使命感,进行德育渗透。

第三课时　密德提质,度志青衿——密度

主备人　宋喜多

【温故创境明目标】

温故:展示前两节课同学们利用天平、刻度尺、量筒等工具测量的萝卜、肥皂、木块的质量和体积数据,回顾之前学过的质量、体积知识。

创境:播放视频,介绍三星堆出土文物——青铜立人像,向学生介绍考古学家通过测量物质的密度、质量、硬度等方法鉴定文物的材质,从而引出本节课要学习的知识——密度。

教学目标:

(1)物理观念:通过实验理解密度,知道密度的定义、公式和单位,会查密度表。

(2)科学思维:学习以同种物质的质量与体积比值的不变性(物质的本质特征)来定义密度概念。

(3)科学探究:通过观察、实验,推导得出质量和体积的关系,从而得到密度的定义。

(4)科学态度与责任:通过分析综合、推理论证等方法,培养学生科学推理、科学论证、质疑创新等能力。

设计意图:密度是学生在学习了物体的质量的基础上,进一步学习的一个新物理量,是本章的核心概念,在本章的教学中起到承上启下的作用。通过《青铜立人像》科普视频引出本节的核心主题——什么是密度?从而激发学生对密度这一概念的学习兴趣。

【自主合作共探讨】

任务1:展示前两节课学生通过实验测得的小物块(萝卜、肥皂、木块)的质量和体积的数据,小组讨论并处理数据,找到质量和体积之间的关系。

活动1:自主阅读教材(P114－115),合作探讨解决问题链中的问题1－4,从而解决主问题。

> **【学习任务】**
>
> 　　观察桌面上的冻豆腐,合作探讨解决以下问题。
>
> 　　主问题:为什么冻豆腐中有很多疏松的孔呢?
>
> 　　问题1:密度的定义是什么? ＿＿＿＿＿＿＿＿＿＿
>
> 　　问题2:密度的公式是什么? ＿＿＿＿＿＿＿＿＿＿
>
> 　　问题3:密度的单位是什么? ＿＿＿＿＿＿＿＿＿＿
>
> 　　问题4:阅读教材"小资料"中的密度表,你有哪些发现?
>
> 　　＿＿＿＿＿＿＿＿＿＿＿＿＿＿＿＿＿＿＿＿＿＿＿＿＿
>
> 　　主问题的结论:＿＿＿＿＿＿＿＿＿＿＿＿＿＿＿＿＿＿

活动2:各小组汇报补充的问题链,其他组进行补充、交流、质疑,共同将问题链补充完整。

设计意图:学生之间提出问题、交流思路、解决问题,会形成一种良好的互动氛围,促进学生学习和思考,从而培养学生自主学习的能力。

【汇报评议师精导】

一、密度

1.定义:某种物质组成的物体的质量与它的体积之比。

2.公式:$\rho = \dfrac{m}{V}$(追问:变形公式 $m = \rho V$, $V = \dfrac{m}{\rho}$)。

3.国际单位:kg/m^3。

4.单位换算:$1\ g/cm^3 = 1 \times 10^3\ kg/m^3$。

二、物质间密度的关系

(1)一般情况下,不同物质的密度不同。

(追问:同种物质的密度一定相同吗?)

(2)一般情况下,物质的密度与物质的状态和种类有关($\rho_固 > \rho_液 > \rho_气$)。

设计意图:鼓励学生间相互质疑、相互解答、相互补充,凸显学生的主体地位,教师适时精导,处处体现物理"核"心素养。师生、生生追问,延伸思考的深度,拓展思考的广度。

(追问:如果将密度比水大的可燃物放在水里,它还能被点燃吗?)

任务 2:利用本堂课所学的知识,揭秘"点燃能喝的水"的神奇"小魔术",体验物理学的神奇。

设计意图:利用密度的原理表演神奇的"小魔术",用本节课所探究的知识揭秘"小魔术",激发学生的学习兴趣,加深学生对密度的理解。

【练习巩固结纲要】

1.密度是物质的一种特性,与物质的_____和_____无关。

2.通过前两节课测量的质量和体积的数据,尝试计算颁奖用的"文质奖牌"的密度。

归纳法
比值定义法 } 密度 {
定义:某种物质组成的物体的质量与它的体积之比

公式:$\rho = \dfrac{m}{V}$

国际单位:kg/m^3

特性:一般情况下,物质的密度和物质的状态和种类有关($\rho_{固} > \rho_{液} > \rho_{气}$)

【反馈拓展步步高】

利用教师提前备好的实验器材(烧杯、水和油的混合液体、鸡蛋),将鸡蛋放在液体中,观察现象,讨论形成这种现象的原因。利用本节课所学的知识解释"神奇的鸡蛋"为什么会停留在两种液体之间。

设计意图:灵活运用本节课所学的知识解释神奇的现象,提高学生对物理学的兴趣。

【探究实践性作业】

展示"杯中彩虹",让学生利用本节课所学的知识制作一个"杯中彩虹"。

设计意图:运用知识解决实际问题,遵循初中学生身心发展规律,贴近学生生活,充分体现"从生活走向物理,从物理走向社会"的课程理念。

第四课时 密植谊恉,学以致用——密度与社会生活

主备人 李昊智

【温故创境明目标】

温故:密度的定义、公式,分析奖牌的材质。

创境:通过展示盐水选种的过程让学生对本节课的学习内容——密度在生产生活中的应用产生兴趣。

教学目标:

(1)物理观念:能运用密度的知识鉴别物质,能用密度解释密度与社会生活相关的问题。

(2)科学思维:通过观察、实验,认识物质的物理性质决定用途的学科思想。

(3)科学探究:通过实际操作,掌握天平的使用方法,学会利用天平测量物体密度。

(4)科学态度与责任:保持和增强对物理现象的好奇心和探究欲望,培养学习物理的兴趣。

设计意图:探索简单的农业生产问题,初步体会运用物理知识解决生活问题的过程。

【自主合作共探讨】

任务:设计实验测出盐水的密度。

活动1:自主阅读教材,交流合作设计实验表格并测量盐水的密度。

活动 2:思考为什么密度会受温度的影响。

设计意图:整合本章知识,经历"从物理走向社会"的过程。

核心素养(科学探究):设计实验与制订方案、获取与处理信息、基于证据得出结论。

【汇报评议师精导】

1.测量盐水密度的实验

实验原理:$\rho=\dfrac{m}{V}$。

实验器材:电子秤、量筒、烧杯。

实验步骤:测量烧杯的质量、烧杯加盐水的质量、盐水的体积。

教师精导:测量顺序对于实验误差的影响。

2.在南方,一年可以播种两季或三季水稻,但是在不同温度条件下配制选种用的盐水时,盐水的密度发生了变化,为什么密度会受温度的影响?

质量一定时,温度升高,物体的体积变大。根据 $\rho=\dfrac{m}{V}$ 可知,密度变小。

教师精导:反常膨胀现象是鱼可以在结冰的湖中存活的原因。

3.风的形成原因

气体受热膨胀,由于密度 $\rho=\dfrac{m}{V}$,故一定质量的气体体积膨胀后,密度变小。低温区域的空气从四面八方流过来,从而形成了风。

夏季陆地气温高,空气体积膨胀,密度变小,向上方运动,海面上的风吹向内陆。冬季海洋气温高,风从内陆吹向海洋。

设计意图:

(1)培养学生对科学探究过程和结果作出初步解释的能力。

(2)基于科学推理对实验信息、现象进行质疑和批判,予以修正,进而提升学生提出创造性见解的品格与能力。

核心素养(科学态度与责任):认识到物理和社会生活的紧密联系,增加探索自然的内在动力。

跨学科融合:利用所学知识了解地理现象的形成原因,体会物质的物理属性对生产生活的影响。

【练习巩固结纲要】

1.大连中考体育测试中"实心球"的质量是 4 kg(外壳不计),球内的物质是沙子,球的密度为 2.5 g/cm³,球内容积为 1 700 cm³,该"实心球"是不是实心的?

方法一:

$m=4\ 000$ g

根据 $\rho=\dfrac{m}{V}$ 可知

$$V = \frac{m}{\rho} = \frac{4\ 000\ \text{g}}{2.5\ \text{g/cm}^3} = 1\ 600\ \text{cm}^3 < 1\ 700\ \text{cm}^3$$

方法二：

$$m = \rho V = 2.5\ \text{g/cm}^3 \times 1\ 700\ \text{cm}^3 = 4\ 250\ \text{g} > 4\ 000\ \text{g}$$

方法三：

$$\rho = \frac{m}{V} = \frac{4\ 000\ \text{g}}{1\ 700\ \text{cm}^3} \approx 2.35\ \text{g/cm}^3 < 2.5\ \text{g/cm}^3$$

所以,该"实心球"不是实心的。

2.室内发生火灾时,受困人员应采取弯腰甚至匍匐的姿态撤离,以尽量减少吸入有毒有害气体或被灼伤。这是因为含有毒有害物质的空气(　　)

A.温度较低,密度较大,大量集聚在房间的下方

B.温度较低,密度较小,大量集聚在房间的下方

C.温度较高,密度较大,大量集聚在房间的上方

D.温度较高,密度较小,大量集聚在房间的上方

【反馈拓展步步高】

反馈：

在生产生活中,人们常以密度作为选择材料的主要因素。下面属于主要从密度的角度考虑选材的是(　　)

A.用水作汽车发动机的冷却液

B.用塑料作电源插座外壳

C.用塑料泡沫作表演场景中的"滚石"

D.用橡胶作汽车轮胎的材料

拓展：

对于无法利用密度公式来测量密度的情况,你还知道哪些其他测量密度的仪器或者方法吗?

密度计、骨密度仪等其他测量密度的仪器。

设计意图:增强学生的动手能力,培养他们解决实际问题的能力。

三、实践反思

从学科视角认识人类物质观的形成和发展,结合物理新课程标准要求,将"情动五环"、问题化、物理核心素养等模式的需要整合在一起,对八年级上册第六章《质量与密度》相关知识内容作出梳理,提炼关于密度大单元教学内容。

1.思所得——发扬长处

(1)以核心素养目标为导向

新课标强调,以学生为主体,联系生活实际,将所学的物理知识与实际情境联系起来,应用物理观念解释有关现象和解决简单的实际问题。基于此,我们对课程标准、学业质量标准、教材、教参、学情等进行综合分析后设计单元教学目标,指向物理核心素养,实现"素养为本"的教育目标,促进学生核心素养的养成和发展。同时采用以问题为线索的教学方法,在教学过程中,教师不断发问、追问,激活学生的思维,让学生在教师的引导下建构知识体系,引导学生学会学习、学会合作、学会生活,为学生的终身发展奠定基础。

(2)充分发挥学生主体地位

本章各节均坚持以学生为主体的教学原则,运用探究实验和多媒体课件,采用体验式的教学方法激发学生的学习兴趣,使他们亲历探究过程,体验成功的喜悦;同时关注学生学习方式的多样化,如实验探究、自主阅读教材、交流讨论、绘图、归纳总结、练习等,在课堂上给学生提供足够的活动空间、思维空间、表现空间,让学生成为课堂的主体。

(3)采取开放式的实验模式

将演示实验改为分组实验,让学生演示实验,提高学生的动手操作能力,通过分析归纳实验数据发现规律、引出概念,培养学生应用数学知识解决物理问题的能力。在教师的引导下学生主动参与,培养学生的探索精神、动手能力、归纳概括能力,收到了很好的效果。

(4)联系生活开阔学生视野

在教学过程中插入视频,引入生活实例,贴近学生生活,在教学中不断渗透"从生活走向物理,从物理走向社会"的理念,培养学生的知识迁移能力,引导学生应用所学知识解决实际问题。

2.思所失——总结经验

(1)实验器材的使用不规范

学生使用天平、量筒时,实验操作不规范,随意性大,如用手拿砝码等;学生设计实验方案过程较长,动手能力参差不齐,导致数据误差较大;对实验现象分析不充分,导致实验结论误差较大。

(2)学生知识迁移能力较弱

一部分学生对"密度是反映物质特性的物理量"理解不够深刻,做题时,不会选用合适的单位进行计算,不会将体积的单位换算方法迁移到密度的单位上。同时课堂上学生落笔较少,容易产生"上课全听懂,下课都忘掉"的问题。

(3)理论联系实际能力不足

一部分学生对身边的物理现象了解不多,对常见的物理知识和生活实际不能相互联系;语言不够规范,不能严谨地解释生活中的物理现象;密度的知识是初中物理的一个难点,如何理解密度的属性及密度在生活中的应用这一重点,是今后应该思考的问题。

初中生缺乏动手实践的意识,更缺乏动手实践的能力,所以在以后的物理学习中,应以养成良好的学习习惯为主,使学生在逐步体验成功的喜悦中培养兴趣;同时培养学生学会观察、学会提问、学会设计简单的实验去验证自己的猜想,学会吸取别人的成功经验,学会交流合作等能力。这些能力、习惯的养成会比学会一些知识更为重要,但这些过程开始时可能会慢一些,应耐心引导,使学生获得成功的体验,在乐学中培养学习物理的信心,促进学生"核心素养"和"关键能力"的养成和发展。

5."核""合"共振　水落"实"出

——以《自然界的水》为例谈大单元教学的重构设计

大连高新区第一中学　　化学组:杨雅茹　刘可嘉　张云雪　付璐

一、设计理念

(一)课程分析

1.课程标准

(1)内容要求

①认识水的组成;

②了解吸附、沉降、过滤和蒸馏是净化水的常用方法;

③认识溶解现象,知道溶液是由溶质和溶剂组成的,知道水是一种重要的溶剂;

④体会溶液在生产生活中的应用价值。

(2)学业要求

①能举例说明物质性质的广泛应用及性质与用途的关系;能利用常见物质的性质,分析、解释一些简单的化学现象和事实;

②能利用物质的溶解性,设计水的净化等物质分离的方案;

③能基于真实问题情境,依据常见物质的性质,初步分析和解决相关的综合问题。

2.课程资源

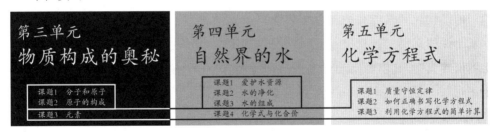

(1)教材章节内容分析及重组

微粒观——分子、原子、离子

水和溶液——水的组成、净化、应用、保护、发展(溶液)

化学用语——元素(宏微观)、化学式(物质分类)、化学方程式(化学变化)

(2)课外教学资源

除了深入挖掘整合教材内容,还利用导学案为学生提供充足的学习材料,或化学发展史,或人们生活习俗,或新型材料介绍,或新技术应用。学生经过预习,不仅可以熟悉学习内容,打开视野,更有利于独立思考,形成问题思维,提高学习效率。

3.学情分析

（1）学生已有的知识与技能储备

本单元是人教版化学九年级上册的第四单元,学生已经储备了一定的学科学习方法,例如研究物质的方法、宏微观念的建立、实验探究的技能等,具有一定的探究能力。学生通过《走进化学世界》的学习,初步掌握了化学核心理念、实验操作技能及设计简单实验的思想方法;通过《我们周围的空气》的学习,初步掌握了研究物质组成、性质、用途的一般思路和方法;通过《物质构成的奥秘》的学习,进一步理解了宏观物质与微观粒子的内在联系,为本单元"水"的学习奠定了良好的基础。

此外,"水"是学生十分熟悉的,教师可以借此挖掘教材素材和生活素材,既能拓宽学生视野,激发学生学习兴趣,也可以为后面九年级下册溶液、酸碱盐等重难点知识的学习作好铺垫,使化学学习系列化、持续化。

（2）仍存在的学习探究难点

学生虽然对水十分熟悉,但缺少从化学学科角度的认知,尤其对宏观组成和微观构成的探析存在理解难点。

学生知道研究物质的性质要通过实验探究的方法,具备一定的科学探究能力,初步具有利用控制变量法设计实验的意识,但缺乏将实际问题转化为化学问题的能力。

学生能运用所学知识方法解决性质探究等学科问题,但缺乏将生活生产中的实际问题与学科研究相联系的社会责任意识。

（二）确定大概念

化学课程立足于学生的生活经验,反映人类探索物质世界的化学基本观念和规律,每个学习主题都可以围绕大概念选取多维度的具体学习内容,既包括核心知识,又包括对思维方法、探究实践和情感态度价值观等方面的要求,充分发挥了大概念对实现知识的结构化和素养化的功能价值。

基于课程标准、教材分析和学情分析,确定本单元的大概念为"物质的多样性",具体学习内容为"水和溶液",通过实践活动了解"物质具有广泛的应用价值,物质的性质决定用途"。

1.分析重难点

（1）教学重点

根据电解水实验现象分析确定水的宏观组成;

掌握自来水的净化流程及过滤、蒸馏等净水方法的原理和操作要点;

认识溶解现象,知道水是常见的溶剂;

知道溶液的一些性质,了解溶液在生活生产中的作用和意义。

（2）教学难点

认识水的微观构成,建立宏观与微观之间的思维联系;

初步学会设计探究实验方案,并能完成一些简单的化学实验;

初步学习运用实验、观察等多种手段获取事实和证据。

2.资源整合

(1)把九年级上册教材中的《自然界的水》与下册教材中的《溶液》《生活中常见的盐》等内容进行梳理整合;

(2)将生活中关于水和溶液的应用,以学习材料的方式提供给学生;

(3)将溶液导电原因等高中阶段的知识,以资料卡片的形式提供给学生。

3.确定学习内容

(1)单元知识体系建构

内涵——水的组成:电解水实验＋氢气燃烧实验

应用——根据不同用途的需求对水进行不同程度的净化

　　　——净化及使用过程要关注水资源的保护:水质检测＋节约减污

外延——水系研究的拓展:"水＋"在生产生活中的应用和意义

(2)确定每课时学习内容

原教材编写章节:	重组后大单元设计:
第四单元	第1课时——饮水思"源"(水的组成及构成)
课题1　爱护水资源(1课时)	第2课时——源清流"洁"(水的净化方法及流程)
课题2　水的净化(2课时)	
课题3　水的组成(1课时)	第3课时——白水"鉴"心(水质鉴别及改善)
第九单元	
课题1　溶液的形成(部分内容)	第4课时——百川"汇"海(水溶液的性质及应用)
第十一单元	
课题1　生活中常见的盐(部分内容)	

（三）规划教学过程

1.厘定单元学习目标

《义务教育化学课程标准(2022年版)》指出:义务教育化学课程要围绕核心素养,确立课程目标。化学课程要培养的核心素养,主要包括化学观念、科学思维、科学探究与实践、科学态度与责任。将核心素养与学科核心知识对应梳理,厘定本单元学习目标:

(1)能根据实验事实确定氢气的燃烧、水的电解的生成物,培养实证意识,初步建构元素种类在化学反应前后没有发生变化的化学观念。能从微观视角对水的构成进行解释,并能通过宏观的实验现象进行具体的分析,初步建立通过宏观与微观相结合的视角探究物质的科学思维。

(2)通过解决真实情境下的问题,了解沉淀、过滤、吸附、蒸馏等净水方法,初步学会过滤操作。学习水的净化方法与体验自来水厂的净化流程,了解净水方法的实际应用。

(3)认识溶解现象,知道水是重要的溶剂;了解溶液在日常生活、工农业生产和科学研究中的作用和重要意义,初步体会物质的性质决定用途的学科思想。

(4)初步学会设计探究实验方案,并能完成一些简单的化学实验;初步学习运用实验、观察等多种手段获取事实和证据的方法;初步学习用口头、书面等方式表述探究过程和结果。

(5)了解水体污染的来源及危害,感受净水不易,树立珍惜水、爱护水的意识,养成节约用水的好习惯,形成保护和节约资源的可持续发展意识和社会责任。

(6)感受并赞赏化学对改善人类生活和促进社会发展的积极作用;保持和增强对化学现象的好奇心和探究欲望,发展学习化学的兴趣。

2.设计核心问题

(1)问题起源

"水"是人类赖以生存和发展必不可少的物质。那么你对水有多少了解呢?你又有哪些疑问呢?

(2)问题梳理

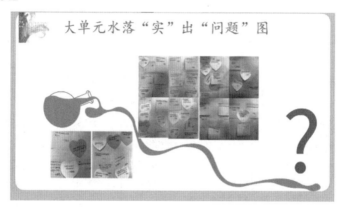

(3)聚焦核心问题

核心问题:生命之"水"有何用?

研究问题链:

"水是什么?"——水的组成与构成

"水怎么用?"——按照不同用途进行不同程度的净化;检测水质,防止污染

"水还可以做什么?"——加入不同的溶质变成溶液,服务生活,促进社会发展

3.表现性任务

基于大概念的建构,整体设计和合理实施单元教学,注重启发式、互动式、探究式教学,引导学生自主学习,开展以化学实验为主的多样化探究活动;创设真实的问题情境,开展项目式学习和跨学科实践活动,让学生在做中学、用中学、创中学、乐中学。

(1)小组探究活动:设计真实的学习情境和任务,发展学生多角度分析和解决实际问题以及合作、实践、创新等能力,逐步培养学科核心素养。

(2)汇报交流活动:学生根据需要自选汇报形式,交流知识技能的同时,提炼学科思想方法,提高解决实际问题的能力。

(3)学生互评活动:设计多维评价,引导学生不仅关注核心知识,还要注重辩证能力、综合思维以及实践能力的具体表现,完善学生对核心素养养成的认识。

（四）嵌入式评价

1.预评估:通过课前问卷,了解学生现有情况,收集学生感兴趣的问题。

2.诊断性评价

（1）小组活动过程评价:注重学生在实践活动中的表现,引导学生学会运用评价量表进行小组内的自评和互评。

（2）作业评价:充分发挥单元作业的评价功能,及时发现并解决学生存在的疑问。

3.形成性评价

（1）表现评价:组间交流环节除了关注学生对知识的获得,还要关注学习过程中运用的关键能力的养成。

（2）增值评价:对比学生课前、课堂表现和课后作业,收集学生进步的证据,向学生表达肯定和鼓励,进行增值评价。

（3）多元评价:师评、生评、互评和谐统一。

二、设计与实施过程

第1课时　饮水思"源"——水的组成及构成

主备人　杨雅茹

【温故创境明目标】

创境:教师展示视频中"海面着火"的真实案例,并结合学生课前提出的单元问题,引导学生思考:水是由什么组成的?

学习目标:

1.能从微观视角对水的构成进行解释,并能通过宏观的实验现象进行具体的分析,初步建立从宏观与微观相结合的视角探究物质的科学思维。

2.能根据实验事实确定氢气的燃烧、水的电解的生成物,培养实证意识,初步建构元素种类在化学反应前后没有发生变化的化学观念。

3.通过实验探究,能根据实验事实和已有知识对实验结果进行分析,形成一定的科学探究能力。

4.通过化学史的学习,能认识到"水的组成"这一重要成果对推动人类社会进步的重要影响,具备一定的科学态度与社会责任感。

【自主合作共探讨】

任务一:梳理问题,建构问题链

活动1:学生按照一定的逻辑关系自主梳理课前问题,明确学习路径。

（1）是何?（学其内涵:水是由什么组成的?）

（2）如何?（学其原理:如何探究水的组成?）

（3）至何?（拓其宽广:研究水的组成有哪些应用?）

任务二:探究水的组成与构成

活动1:自主阅读教材、拓展资料,根据已有知识经验及提供的实验仪器、药品,小组合作设计实验方案。

活动2:小组进行实验探究,并将实验现象和结论记录在化学实验报告中。

活动3:思考讨论,尝试建构模型,汇报交流,分析水的微观构成。

【汇报评议师精导】

1.交流、评价各组的实验方案,比较优缺点,完善本小组实验方案。

2.分享实验报告数据,分析说明水的组成。

3.展示"水分子"模型,模拟水分解的过程。

【练习巩固结纲要】

＊以水为线,探寻文明之源＊

1.水是生命的源泉,人类对宇宙奥秘的探索从未止步,我国长征三号火箭是中国火箭发展史上的一个重要里程碑,该火箭首次采用了液氢和液氧作为第三级火箭推进剂,实现了火箭的多级启动。下列有关水的说法中错误的是( )

A.该过程可以证明水是由氢、氧元素组成的

B.水是由水分子构成的

C.水分子是由氢原子和氧原子构成的

D.水是由两个氢元素和一个氧元素组成的

＊以水为媒,提升科技自信＊

2.《2050年世界与中国能源展望》中提出,全球能源结构正在向多元、清洁、低碳转型。太阳能的利用是热门研究方向之一。例如,通过光催化可将 H_2O、CO_2 转化为 H_2、CO、CH_4(甲烷)、CH_3OH(甲醇)等太阳能燃料,请你从物质组成角度分析该方法的可行性。

板书设计:核心知识与学科思想方法

【反馈拓展步步高】

化学史——沿着史实去追寻,带着思想去探索

播放"水的组成"探究过程的视频资料,引导学生对历史上科学家的艰辛探究历程

进行正确评价。

第 2 课时 源清流"洁"——水的净化方法及流程

主备人 刘可嘉

【温故创境明目标】

创境:回顾大单元上一节课学习的知识,并用介绍"生命吸管"的视频引出本节课学习内容。

学习目标:

1.通过解决真实情境下的问题,了解沉淀、过滤、吸附等净水方法,初步学会过滤操作。

2.通过学习水的净化方法与体验自来水厂的净化流程,了解净水方法的实际应用。

3.通过阅读资料、观看视频,了解水体污染的来源及危害,感受净水不易,树立珍惜水、爱护水的意识,养成节约用水的好习惯,增强环境保护的社会责任感。

【自主合作共探讨】

任务一:思考如果想要在野外生存时获得饮用水,需要解决哪些方面的问题。

活动1:请自主阅读教材,结合"生命吸管"视频,每个小组提出一个最想研究的问题。

活动2:小组讨论,互相答疑,形成组内共同问题。

活动3:梳理各个小组的问题,对问题进行整合和排序,提炼出本课时的问题链:

(1)净水方法都有哪些? 作用是什么?

(2)各种净水方法的先后顺序是什么?

(3)在净水方法中都有哪些注意事项?

任务二:探究常见的净水方法及主要作用,绘制自来水厂的净水流程图。

活动1:阅读教材 P74－75,了解常见的净水方法及主要作用,梳理过滤操作的注意事项。

活动2:根据总结归纳出的过滤操作的注意事项,体验过滤的过程,并对实验操作及完成情况进行自评和互评。

活动3:按照净水流程的先后顺序,小组合作,完成自来水厂净水流程图的绘制。

【汇报评议师精导】

1.根据学生的汇报展示,引导学生运用评价量表进行自评和互评。

评价标准	自评	互评
实验原理是否正确可行		
实验仪器是否选择正确		
实验操作是否安全合理		
实验步骤是否简单方便		
实验过程是否造成污染		

2.演示实验:活性炭净水

追问引导:生活中的哪些用品也可以起到净化水的作用？原理是什么？

3.开阔视野:介绍大连海水淡化现状及发展

【练习巩固结纲要】

1.环保要求:凡有颜色、异味的工业废水都禁止排放。净化此类废水可采用的方法是(　　)

A.沉淀　　　　　　　B.过滤　　　　　　　C.吸附　　　　　　　D.静置

2.下列各项与自来水的净化无关的是(　　)

A.吸附　　　　　　　B.沉降　　　　　　　C.电解　　　　　　　D.消毒

3.某自来水厂净水流程如下所示:

天然水→反应沉淀池→过滤池→活性炭吸附池→清水池→配水泵→用户

在天然水中加入明矾的作用是_____,活性炭可以吸附水中_____。往清水池中通入氯气的目的是_____。自来水澄清透明,它_____(填"是"或"不是")纯水。实验室除去水中不溶性杂质常用的一种方法是_____。

4.某同学将浑浊的湖水样品倒入烧杯中,先加入明矾粉末搅拌溶解,静置一会儿后,采用右图所示装置进行过滤,请你回答下列问题。

(1)图中还缺少的一种仪器是_____,其作用是_____;漏斗下端紧靠烧杯内壁是为了_____。

(2)操作过程中,他发现过滤速度太慢,产生此现象的原因可能是_____。

(3)过滤后他观察发现,滤液仍然浑浊。可能的原因有:①_____;②_____。

板书设计:核心知识与学科思想方法

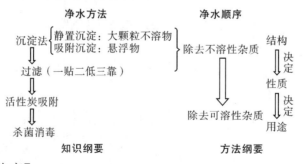

净水方法　　　　　　　　　净水顺序

沉淀法 { 静置沉淀:大颗粒不溶物　　　吸附沉淀:悬浮物 }

过滤(一贴二低三靠)

活性炭吸附

杀菌消毒

除去不溶性杂质　　　　除去可溶性杂质

结构 ⇒决定 性质 ⇒决定 用途

知识纲要　　　　　　　　方法纲要

【反馈拓展步步高】

提问:你能做些什么达到节约用水和防治水体污染的目的?

开拓视野:观看微课《爱护水资源》,谈谈你对水体保护的看法。

创新实践:假设你参加了野外夏令营,请自制一个净水器,并讲讲你的设计原理。

第3课时　白水"鉴"心——水质鉴别及改善

主备人　张云雪

【温故创境明目标】

创境:展示"水壶结垢""玻璃、水龙头有水渍"的图片。

提问:家庭用水为什么会出现这样的问题?该怎样解决?

讲解:水壶结垢是因为水中溶解了较多可溶性钙、镁化合物,加热或久置会生成沉淀(水垢)。

导入:通过本节课的学习,提出切实可行的解决办法。

学习目标:

1.能从化学的视角说出硬水与软水的区别,学会鉴别软水和硬水。

2.了解硬水的危害,认识硬水软化在生产和生活中的意义,掌握硬水软化的常用方法。

3.初步学会用蒸馏的方法对混合物进行分离,学习并练习蒸馏的基本实验操作。

4.通过测定不同水样的 TDS 值,学习运用比较、分析等方法获取信息并进行加工。

5.初步掌握物质分离、物质检验的实验探究思路和方法,学习控制变量和对比实验的设计方法。

6.通过制取蒸馏水,感受净水不易。认识水是宝贵的自然资源,形成保护和节约水资源的可持续发展意识和社会责任。

【自主合作共探讨】

任务一:结合学习目标,各小组提出学习问题,并梳理本节课的核心问题。

活动1:结合本节课的学习目标提出小组最感兴趣的问题,写在黑板上。

活动2:小组讨论,大家提出的问题如何进行分类、排序呢?梳理本节课的问题链。

任务二:探究家庭用水和学校用水是软水还是硬水。

活动1:带着问题阅读教材 P76－77,自主独立完成学案卷的任务,再小组合作,讨论并完善实验方案。

活动2:分组实验,探究鉴别软、硬水的方法。组内做好分工,并对组员的表现进行互评。

任务三:思考硬水在生产生活中会带来哪些危害;总结硬水软化有哪些方法。

活动1:进行蒸馏操作,记录、整理所用仪器名称,理解蒸馏的原理。

活动2:总结硬水的危害和软化的方法,体会净水不易。

【汇报评议师精导】

1.构建问题系统,并根据学生提出问题的质量,引导学生运用评价量表进行自评、互评,并及时进行师评。

评价标准	评分		
	自评	互评	师评
主动思考,提出有价值的问题(+1分)			
整合问题的思路和方法(+1分)			
语言表达严谨规范(+1分)			
积极思考,深入探讨(+1分)			
主动、流畅地交流自己的见解(+1分)			

2.补充介绍 TDS 法:直接测定水样中溶解性固体含量。借助 TDS,通过数值更直观感知理解水中看不见的可溶性物质的数量。

学科思想方法:过滤和蒸馏是分离混合物的常用方法,初步建立科学探究物质分离的建模思想,运用小组合作评价量表进行自评、互评,并及时进行师评。

评价标准	评分		
	自评	互评	师评
提出可行性方案(每一种方案+2分)			
控制肥皂和水样用量(+1分)			
主动、流畅地表达自己的见解(+1分)			
积极参与实践操作活动,善于与他人合作(+1分)			
客观、准确地观察和描述实验现象(+1分)			
分析实验现象的能力(+1分)			
体验到探究活动的乐趣(+1分)			

3.迁移应用:思考烧开水时水壶盖上凝聚水的现象,能否选择对应的仪器组装简易蒸馏实验?

演示实验:向蒸馏水中加入一滴红墨水,TDS 值变大。净一杯水不易,一滴污染物却可以轻易将水污染。告诉我们:净水来之不易,珍惜点点滴滴!

引导学生运用评价量表进行自评、互评,并及时进行师评。

评价标准	评分		
	自评	互评	师评
积极参与实验操作活动(+1分)			
善于与他人合作(+1分)			
能够围绕问题进行分析、解决、归纳(+1分)			
反思自己学习过程中出现或发现的新问题(+1分)			
良好的实验基本操作能力(+1分)			
严谨求实的科学态度(+1分)			

【练习巩固结纲要】

1.水是生命之源,下列关于水的叙述不正确的是(　　)

A.地球上的水储量是丰富的,但是可利用的淡水资源是有限的

B.实验室用的蒸馏水净化程度较高

C.用肥皂水可区分硬水和软水

D.硬水经过过滤后就能变成软水

2.天然水分别经过下列净化操作后,一定能得到软水的是(　　)

A.沉淀　　　　B.蒸馏　　　　C.过滤　　　　D.吸附

3.地震后生态环境受会到极大破坏,水源受到一定程度污染。灾区人民日常生活用水必须经过一系列的净化处理才能使用。

(1)向水样中加入明矾,经溶解、静置、_____(填操作名称),除去不溶性杂质,然后加入活性炭,利用其_____性除去异味,再通入_____杀菌消毒,得到生活用水。

(2)欲判断得到的生活用水是硬水还是软水,可加入_____进行检验,生活中常通过_____的方法降低水的硬度。

板书设计:核心知识与学科思想方法

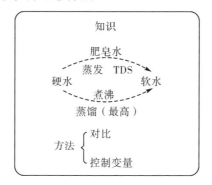

【反馈拓展步步高】

微课:介绍硬水和软水在生产生活中的利弊。

科普:工业上常用离子交换树脂吸附或加入化学试剂除去硬水中的可溶性钙、镁离子等。生活中常用煮沸的方法降低水的硬度,通过煮沸使水中的可溶性钙、镁离子受热生成不溶性的化合物即水垢而沉淀出来,从而降低了水的硬度,这里发生的是化学变化。实验室用蒸馏的方法降低水的硬度。蒸馏是根据液态混合物中各成分的沸点不同进行分离的一种方法,一般发生的是物理变化。

第4课时　百川"汇"海——水溶液的性质及应用

主备人　付璐

【温故创境明目标】

温故创境:将前三节课学习的知识点进行复习穿线,构建"点""线""面"思维导图,引出本节课的学习方向。

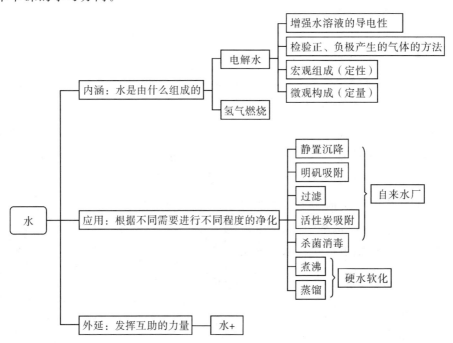

学习目标:

1.通过阅读教材,结合生活经验,认识溶解现象,知道水是重要的溶剂;

2.通过探究溶液性质的小组活动,初步学会设计探究实验方案,并能完成一些简单的化学实验;初步学习运用实验、观察等多种手段获取事实和证据;初步学习用口头、书面等方式表述探究过程和结果;

3.通过了解溶液在日常生活、工农业生产和科学研究中的作用和重要意义,初步体会物质的性质决定用途的学科思想,感受并赞赏化学对改善人类生活和促进社会发展的积极作用;

4.通过大单元思维导图的逐步建构和非物质文化遗产的感知了解,保持和增强对化学现象的好奇心和探究欲望,发展学习化学的兴趣;逐步树立珍惜资源、爱护环境、合理使用化学物质的可持续发展观念。

【自主合作共探讨】

任务一:结合单元思维导图和本节课的学习目标,各小组提出学习问题,并梳理本节课的核心问题。

活动1:自主阅读教师提供的学习材料,结合生活经验思考你对"水变溶液"有怎样的疑问。

活动2:小组内交流,互助答疑解惑,将没有解决的问题汇总到黑板上。

活动3:从定义(是何?)、性质(如何?)、用途(至何?)等角度将问题归类及排序。

任务二:了解什么是溶液,探究水变成溶液后,性质有哪些改变。

活动1:根据导学单,结合教师提供的实验仪器和药品,小组合作设计实验方案,交流完善。

活动2:各小组做好分工,进行实验探究,记录实验现象(实验过程中,小组同学根据组内探究及合作情况,进行自评)。

任务三:思考水溶液的这些性质在生产生活中有怎样的应用。

活动:结合自己的生活经验,谈谈溶液性质在生产生活中的应用。

【汇报评议师精导】

1.梳理出本节课的核心问题及问题链

(1)什么是溶液?

(2)水变成溶液有哪些性质改变?(核心问题)

(3)这些性质有哪些应用?

2.追问:是不是所有的水溶液都可以导电?为什么呢?(引导学生从初中已有知识分析原因;再提供资料卡片,让学生从高中知识的角度进行初步了解,学会自主学习)

学科方法提炼:

(1)探究实验的一般过程与方法:提出问题——查阅资料——猜想与假设——设计实验——进行实验并观察记录现象——分析并得出结论——交流反思。

(2)控制变量法:设计对比实验必须控制变量。

3.开阔视野:微课《水溶液的广泛应用》

学科思维:分析"性质""用途"之间的逻辑关系。

4.学生汇报时,教师引导学生根据评价量表进行自评、互评,并及时进行师评。

过程表现	标准 A	标准 B	标准 C	标准 D	自评	互评	师评
实验设计与实施	实验设计能力较强;实验操作技能熟练;能够科学地完成实验并做好记录。	有一定的实验设计能力;掌握实验操作技能;能完成实验并做好记录。	需要在帮助下完成实验设计;实验操作技能不熟练;勉强完成实验。	不会设计实验;实验操作不正确;不能完成实验。			
交流表达	逻辑清晰,层次分明;讲解准确;有感染力。	逻辑清晰,层次分明;讲解准确;有一定感染力。	逻辑清晰,层次比较分明;讲解基本准确。	逻辑不清晰,层次不分明;讲解不准确。			

过程表现	标准 A	标准 B	标准 C	标准 D	自评	互评	师评
分工合作	分工明确;合作意识很强;合作效果很好。	分工比较明确;合作意识比较强;合作效果比较好。	分工比较明确;合作意识一般;合作效果不佳。	没有分工合作意识。			
反思能力	反思深刻,有改进思路,借鉴性很高。	反思较深刻,有一定借鉴性。	有反思,对他人没有借鉴性。	没有反思意识。			
创新意识	实验设计、问题的提出或解决有创新突破。	实验设计、问题的提出或解决有一定创新思维。	实验设计、问题的提出或解决有创新意识,但思维一般。	没有创新意识。			

【练习巩固结纲要】

1.2024 年 3 月 22 日是第 33 届"世界水日",联合国确定 2024 年"世界水日"的主题为"Water for peace"(以水促和平)。下列有关水的说法错误的是(　　)

A.判断日常生活中的饮用水是硬水还是软水,可用肥皂水

B.不是所有的水溶液都可以导电

C.过滤可以除去水中的钙、镁化合物,使水软化

D.水是由氢元素和氧元素组成的

2.神奇的水在自然界中可以以多种形式存在,它有时能化作朵朵白云,有时能化为绵绵细雨。下列过程中,你认为水分子发生了变化的是(　　)

A.水蒸气遇冷凝结成水　　　　　　B.蔗糖和水混合后成为糖水

C.水通电变成氢气和氧气　　　　　D.多级闪急蒸馏法淡化海水

3.水是生命之源、万物之基,是人类宝贵的自然资源,在生产生活中有着极为广泛的作用。

(1)医院里输液用 0.9% 的生理盐水,它的溶质是_____,溶剂是_____;

(2)自来水厂常利用_____的吸附性除去水中的_____;

(3)农业上常采用_____的方式灌溉农田,主要是为了_____;

(4)生活中,常采用_____的方法使硬水软化,同时还能起到_____的作用;

(5)在进行电解水实验时,通常需要向水中加入少量硫酸钠,目的是_____;除此之外,实验室中还经常会用到水,请你再举一例:_____;

(6)北方的冬天,经常因大雪覆盖路面而影响人们出行。为了使雪快速融化,可以撒适量的_____,其原理是_____;但如果过量使用会腐蚀路

面、影响植物生长、污染地下水。

板书设计:核心知识与学科思想方法

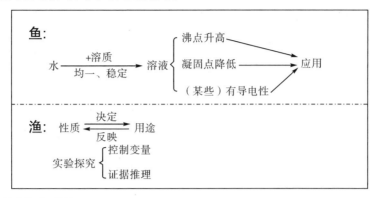

【反馈拓展步步高】

开阔视野:视频介绍非物质文化遗产"扎染"工艺。

创新实践:尝试自制植物水培液。

三、实践反思

1.亮点总结

(1)素养为本:设计教学目标

新课标强调,实践活动要以学生的兴趣为出发点,围绕学生的真问题设计探究情境。核心素养导向下的"基于大概念的单元教学"设计,更是要求教师建立好学科核心素养与学科核心内容之间的关系,选择适当的情境素材,设计有效的实践活动。让学生在探究中验证猜想,在差异中产生疑问,在思考中获得真知,不仅收获知识,还进一步学会提出问题和解决问题,更使得学科思维品质得到逐步提升。

基于以上理解,我们对课程标准、学业质量标准、各版本教材、学情等综合分析后设计单元教学目标,聚焦化学核心素养并全面落实,实现"素养为本"的教育目标,培养学生在真实情境中灵活运用知识和技能的关键能力。

(2)加强整合:教学资源重构

新课标明确指出课程资源包括课堂教学资源和课外学习资源,而且还指出教师要有强烈的资源意识,开发各地区的自然、社会、人文等多种课程资源。学校要积极创造条件,教师也要高度重视课程资源的开发和利用。作为一线教师,我们若想更好地落实跨学科实践活动,就要对这些资源有充分掌握和了解,注意对资源的合理开发和利用,从学生及教学条件的实际情况出发,创造性地开展各种实践活动,多方面提高学生的能力。

设计的单元教学更突出对课程内容的结构化统整,结合新课程标准理念,搭建起知识间的深度联系并整合内容框架,突出课程内容的动态过程,并与学生生活相联系,最终建构单元知识体系。

（3）强化实践：发挥学生的主体性

充分发挥学生的主体性，这不是说对学生采取听之任之的态度，而是需要教师在学生活动出现各种问题时，及时巧妙地加以引导，帮助不同需求的学生都向前一步。教材是统一的，但用教材不单单是教教材，发展学生个性还需要看教师如何准确把握教材，如何使用教材资源，设计不同层次的学习活动，促进不同需求的学生都能学有所获。

本单元教学过程以学生的单元问题为出发点，认知水平为基础，精心设计贴近生活的实践活动，充分体现学生的主体性，由自主学习到合作探究再到交流讨论和评价，将课堂放手给学生，教师适当评价和补充，不断激发学生的学习兴趣和探究欲望。

（4）注重评价：多维度的统一

虽然多元评价已经不是一个新词，但多年来的落实情况也很不理想，教学只重视结果的情况仍很普遍。新课标的评价建议在以往的基础上又有了很大的改变，这就提醒我们教师，彻底改变陈旧的评价观念已经势在必行，要从注重结果转移到注重过程上来。更多地关注学生是如何积累材料、如何处理所收集的信息的，从活动过程中折射出学生怎样的态度和方法，从解决问题中学生收获了哪些知识和能力。还要通过小组互评促使学生明确努力方向，主动自改互改，取长补短，共同提高解决问题的能力。

在教学中我们尝试改变，积极进行生生评价、师生评价，制订过程性评价量表，更多地关注学生在学习活动中的表现，引导学生学会评价、参与评价；将课后作业的形式和内容进行创新，设置基础性、实践性、拓展性作业和评价量表，改进终结性评价；多方面、多维度地对学生学习情况进行考查，深化综合性评价并探索增值性评价，以此来促进学生全面而富有个性的发展。

2.策略提炼

（1）大任务激发深思考——探究水变成溶液后，性质有哪些改变。

教学的本质是思维，学习的关键是思考。教师利用大任务充分放手，让学生在探究中验证猜想，在差异中产生疑问，在思考中获得真知，不仅收获知识，还进一步学会了提出问题和解决问题，更使得学科思维品质得到逐步提升。

（2）大情境拓展宽视野——水溶液的性质在生活生产中的广泛用途。

学习的目的就是学以致用。教师从工农业生产、生活、科技等多方面启发引导，将知识的应用拓展到学生身边的点点滴滴，使学生意识到知识不仅是课本上的，更是实践中的，激发学生进一步了解知识的欲望，将自主学习延续。

（3）大单元唤醒强意识——激励学生关注水系研究的未来！

基于核心素养进行大单元教学，建构思维课堂，实现思维进阶是当前基础教育课程改革的要求。教师以核心素养为主线进行大单元设计，在开课之初进行点线面的铺展，呈现知识框架，明晰课时任务；在课堂结束之前，首尾圆合大单元主题，促进情知教育。情境真实化、主题统领化、活动进阶化、评价全面化、成果迁移化都达到了较好的学习效果。

3.不足与改进

(1)单元总任务的贯穿引领不足

在教学中让学生在真实的情境中发现并解决问题是培养学生化学核心素养的重要路径之一。整合后的单元设计尝试在真实情境中培养学生分析和解决问题的能力，但如果有单元大任务为引领，将各个课时切割成小任务并结合教学内容进行分析解决，在整体优化的基础上，以大概念为核心，在具体情境中进行知识的迁移和应用，则更能体现知识的生长力，帮助学生对知识的理解由浅入深地展开，也更利于学生核心素养的发展。

(2)单元规划与课时设计的连贯性与统一性不足

单元整体设计与每课时设计的教学目标、实践活动与评价目标应和谐统一。单元主题要清晰明确，每课时任务也应是由一条主线贯穿，才能更有利于培养学生学科思维，落实核心素养。若所设计的重组单元有点"大"，主任务与分课时任务线不够统一，则可以考虑将不同的核心任务划分成两个"小"单元，更进一步地明确"为什么学""学什么""怎么学""学到什么程度"。

这次大单元教学的设计与实施，让我们进一步明晰了如何基于"教—学—评"一体化进行"大概念"的整合式教学。未来，我们会继续深入学习和理解化学课程标准的"双新"理念，深入挖掘教材，充分考虑学情，整合多方面的资源设计并实施在大情境下的单元教学设计，拓宽学生视野，最终使情境真实化、主题统领化、活动进阶化、评价全面化、成果迁移化，使化学核心素养有效落实。

6.与无产阶级革命导师的跨时空交流

——初中历史"社会主义运动"大单元教学设计

大连高新区第一中学　　历史组:刘嘉羽　刘紫祎

一、设计理念

(一)课程分析

1.课程标准

历史新课程标准指出:"通过了解早期工人阶级的斗争,马克思、恩格斯的革命活动和《共产党宣言》的发表,理解马克思主义诞生的历史意义;通过了解第一国际成立、巴黎公社,理解马克思主义的传播和国际工人运动的发展;知道列宁领导的十月革命的背景与过程,理解十月革命胜利的重要历史意义。"

2.教材等课程资源

在"社会主义运动"这一大概念的统领下,教材资源包括统编版历史九年级上册第21课"马克思主义的诞生和国际共产主义运动的兴起"以及九年级下册第9课"列宁与十月革命"。

3.学情

通过近三年初中历史的学习,学生掌握了一定的历史基础知识、学习技巧以及自主探究学习的能力。不过,九年级的学生尚处于感性认识向理性认识过渡的阶段。因此,作为一名历史教师,引导初中学生"学习党的二十大精神"的最好途径,就是在课堂教学中上好"马克思主义的诞生和国际共产主义运动的兴起""列宁与十月革命"等课,立足立德树人的根本任务,引导学生感受无产阶级革命导师马克思、恩格斯、列宁为探索真理不懈奋斗的精神,树立实现共产主义的崇高理想。

(二)确定大概念

党的十八大以来,习近平总书记系统论述了"社会主义五百年,经历了从空想到科学、从理论到实践、从一国实践到多国发展的历程"。在理论实践层面,习近平总书记多次提出需要正确对待马克思主义、世界社会主义曲折发展等问题,坚持和发展中国特色社会主义,继续推进伟大的社会主义运动。在课标要求层面,新课程标准提出:"教师要根据大概念构建学习内容框架。"因此,本大单元教学设计以"社会主义运动"为大概念,使其成为教学的核心。

1.分析重难点

"社会主义运动"所涉及的内容的逻辑结构包含了两条线索、两个阶段和两种社会制度。其中,两条线索在本大单元教学中较为清晰地呈现,即"马克思主义的诞生使得社会主义由空想变为科学""俄国十月革命的胜利使得社会主义由理想变为现实"。因此,马克思主义的诞生与十月革命这两大事件的历史影响是本大单元教学的重点与难点。

2.资源整合

"社会主义运动"大单元教学设计打破九年级上下两册教材的限制,由两课构成。第一课时为"从空想到科学——马克思主义的诞生和国际共产主义运动的兴起",对应九年级上册第21课"马克思主义的诞生和国际共产主义运动的兴起";第二课时为"从科学理论到成功实践——列宁与十月革命",对应九年级下册第9课"列宁与十月革命"。

3.确定学习内容

本大单元教学拟从"理论"与"实践"两个层面,带领学生理解"社会主义运动"。第一,理解社会主义运动的理论,即马克思主义;第二,理解社会主义运动的实践,包括以十月革命为代表的社会主义革命,以及以苏联、中国为代表的社会主义国家。

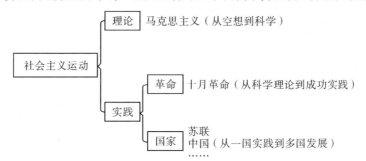

（三）规划教学过程

1.厘定学习目标

第一,立足时空观念、史料实证,通过了解社会主义运动的重要历史人物、历史事件、历史现象,提升大单元主题教学中梳理时空线索与提取历史要素的能力。

第二,立足历史解释、唯物史观,通过对历史人物的评价、历史事件的分析、历史现象的解读,掌握大单元主题教学的多种历史方法。

第三,立足家国情怀,通过了解社会主义运动的历史进程,认识社会主义制度的建立是历史发展的必然,思考其给中国特色社会主义建设带来的启示。

2.设计核心问题

以学生问题为起点,聚焦大单元核心问题,即"社会主义对世界有何影响",统领两个课时的核心问题;以课时核心问题的完成对大单元核心问题进行深挖与延展。课时核心问题分别是"什么是马克思主义"以及"十月革命对社会主义的发展有何贡献"。

课堂教学是探索真知、促发思维的训练场,问题则是叩开学生心灵、点燃学生探究激情的工具。大问题的设置,有利于学生形成"理论源于实践,又指导实践"的理性认识。

3.表现性任务

教师在各课时均设计大任务,以此统领整个学习过程。第一课时"阅读教材,根据无产阶级革命导师马克思、恩格斯的信件,以小组为单位,自选形式,梳理马克思与恩格斯的革命活动,分析马克思主义思想的诞生背景、内容及影响";第二课时"依据教材文本与资料夹中无产阶级革命导师列宁的文章,自选形式,梳理二月革命、十月革命、苏维埃政权的建立三个历史事件的基本史实及其之间的关系"。

通过两个课时的学习,学生以小组为单位,呈现了两份形式自选的汇报成果,如思维导图、时间轴、大事年表、历史地图等。学生可以根据教师提供的主题框架,将汇报成果整合为"社会主义运动"的历史知识结构图,这样避免了课时知识的碎片化,优化了学生探究历史的方法和路径,拓宽了学生认识历史的视野。

(四)嵌入式评价

1.诊断性评价

在课堂教学中,将历史学科评价量表发放到学生手中,学生能够对自己及所在小组的学习行为进行适时调整,从而用量表指导并规范课堂学习,将评价嵌入学习活动过程中。

分数等级	拟定观点	材料运用与论述
5	明确,有新意或有思想深度,表述情感充沛	能紧扣自己提炼的历史观点加以论述,史论结合,逻辑清晰,用史料支撑情感
4	明确,有新意或有思想深度	能紧扣自己提炼的历史观点加以论述,史论结合,逻辑清晰
3	明确	能够围绕观点论述,运用史实,但不够充分、不够典型,条理基本清楚
2	不够明确	有论述或说明,但材料不充分,或史论结合不充分
1	没有提炼出观点	观点、论述与材料无关,或仅仅重复材料中的史料

2.形成性评价

学生依据评价量表的标准,对其他小组的表现进行打分,并出示打分牌。引导学生在互评的过程中学会自我反思和自我改进,以便发挥评价促进学习的功能。

二、设计与实施过程

"社会主义运动"第一课时教学设计

——马克思主义的诞生和国际共产主义运动的兴起

(一)温故创境明目标

1.创设情境

师生交流"你的理想是什么"这一问题,创设"与马克思跨时空交流"这一情境,引领学生追随无产阶级革命导师马克思的脚步,了解马克思的思想。通过马克思 17 岁时的作文《青年在选择职业时的考虑》,完成师生与马克思的第一次跨时空交流,进行德育渗透。

2.明确目标

第一,立足时空观念、史料实证,通过了解早期工人阶级的斗争、《共产党宣言》的发表、第一国际的成立、巴黎公社成立等史实,梳理马克思、恩格斯的革命活动。

第二,立足历史解释、唯物史观,通过对史料的分析、线索的梳理,理解马克思主义诞生的背景、内容及历史意义。

第三,立足家国情怀,通过感悟马克思、恩格斯坚持真理,为人类进步事业勇于探索献身的高尚情操,树立正确的人生观、价值观和世界观。

（二）自主合作共探讨

1.自主提出问题

通过课前预习,学生提出新问题。以学生问题为起点,师生齐力梳理大单元核心问题及本课时核心问题,形成大单元问题系统。

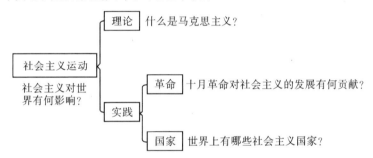

其中,大单元核心问题为"社会主义对世界有何影响",本课时核心问题为"什么是马克思主义"。大单元核心问题是对核心概念的聚焦,对课时问题的统领;课时核心问题是对大单元核心问题的深挖与延展。

2.合作解决问题

在学生自主阅读教材的基础上,根据教师提供的马克思、恩格斯的信件,以小组为单位,自选形式,梳理马克思与恩格斯的革命活动,分析马克思主义诞生的背景及其影响。

小组合作中,学生收到"来自马克思、恩格斯的信件",师生完成与马克思、恩格斯的第二次跨时空交流。

亲爱的同学们:

见字如晤。

我出生于工业革命的时代,看到了资本主义生产的高度发展。与此同时,一系列棘手的社会问题也浮出水面。我想:"一方面扩大自己财富,但贫困现象又不见减少,这种社会体制内部,一定有某种腐朽的东西。"

伴随着资本主义经济的发展,无产阶级的队伍也越发壮大起来。无产阶级自诞生那日起,就与资产阶级进行斗争。以欧洲三大工人运动为例,它们遭到镇压,留下深刻的教训。

工业革命酝酿着社会革命,新兴的工人阶级急需科学理论的指导。

卡尔·马克思

亲爱的同学们:

见字如晤。

我与马克思相识于 1844 年,我们发现彼此的哲学观在理论层面完全一致,从此结下了亲密的友谊,携手开始了理论研究工作与革命实践活动。

理论研究上,我们学习研究了德意志的古典哲学、英国的古典政治经济学和英法的空想社会主义,批判继承了其中的合理部分,以 1848 年《共产党宣言》的发表为标志,创立了马克思主义理论。

当然,我们的工作并没有局限在理论研究上,我们也积极参加实践活动。例如,我们在英国的工厂调查工人阶级的工作状况,马克思还被工人亲切地称为"马克思老爹"。我们参与创立"第一国际",呼吁"全世界无产者,联合起来"。我们关注、研究巴黎公社,马克思写了几百封信给各国的国际工人协会支部,号召大家支持巴黎人民的革命事业。

弗里德里希·恩格斯

(三)汇报评议师精导

1.学生汇报

基于学生的主体地位,学生以小组为单位上台汇报本组学习成果。立足时空观念,学生通过时间轴等形式构建时空框架,自主梳理、汇报马克思与恩格斯生平,做到对史实准确掌握。立足历史解释,在分析马克思主义诞生的背景及影响时,学生以"思维导图"为抓手,在史实的基础上,辩证、客观地描述历史,解释历史背后的深层因果关系。立足史料实证,学生从马克思、恩格斯的信件中获取史料。以"信件"为媒介,学会对史料的收集和解读。

2.教师精导

在学生自行梳理、整合、交流"马克思与恩格斯的革命活动"以及"马克思主义的背景以及影响"等史实的基础上,教师追问"为何马克思主义是科学的、人民的、实践的、不断发展的开放的理论",立足唯物史观,引导学生运用史实进行分析。然后,教师引导学生阅读《共产党宣言》的节选内容:

一个幽灵,共产主义的幽灵,在欧洲游荡。

至今的一切社会都是建立在压迫阶级和被压迫阶级的对立之上的。

在资产阶级社会里,资本具有独立性和个性,而活动着的个人却没有独立性和个性。

在那里(社会主义社会),每个人的自由发展是一切人的自由发展的条件。

对所有儿童实行公共的和免费的教育。取消现在这种形式的儿童的工厂劳动。把教育同物质生产结合起来。

共产党人的最近目的是和其他一切无产阶级政党的最近目的一样的:使无产阶级形成为阶级,推翻资产阶级的统治,由无产阶级夺取政权。

让统治阶级在共产主义革命面前发抖吧。无产者在这个革命中失去的只是锁链。他们获得的将是整个世界。全世界无产者,联合起来!

3.生生互评、教师评价

在小组汇报的过程中,学生与学生之间以核心素养为标准进行生生互评。在教师精导的过程中,教师通过学生汇报的情况,进行知识上的更正、思维上的引导。通过生生互评、教师评价,达成"教学评一体化"的效果。

(四)练习巩固结纲要

教师通过板书,带领学生回顾本课主要内容。

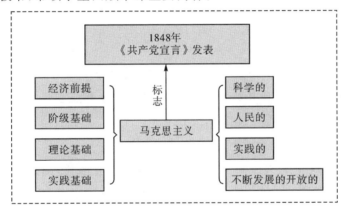

(五)反馈拓展步步高

教师提出设问:"如果你能给马克思与恩格斯写一封回信,你会对他们说些什么?"通过回信,完成师生与马克思、恩格斯的第三次跨时空交流。立足家国情怀,从"国家富强""实现中华民族伟大复兴"的角度,引导学生思考马克思主义对中国的影响,培养学生的人文情怀和现实关怀。在此,师生共同完成史实的梳理、情感的升华。

"社会主义运动"第二课时教学设计

——列宁与十月革命

(一)温故创境明目标

1.创设情境

教师简要介绍无产阶级革命导师列宁的生平活动:列宁不仅是俄国布尔什维克党和共产国际的领袖人物,也是一名出色的党报主编。从列宁的党报文章中,能够了解伟人的政治思想,走近俄国的历史进程,从而创设"与列宁的跨时空交流"这一情境。

师生以列宁在第一份党报——《火星报》创刊号上发表的文章《我们运动的迫切任务》为载体,共同品读伟人的革命理想,完成与列宁的第一次跨时空交流。

俄国应该实现的任务是：

组织一个和自发工人运动有紧密联系的革命政党……同专制政府和整个资本主义社会进行坚决的斗争。不这样组织起来……工人阶级永远不能完成自己所肩负的伟大历史任务：使自己和全体俄国人民摆脱政治上和经济上的奴隶地位。

——列宁《我们运动的迫切任务》

2.明确目标

第一，立足时空观念、史料实证，通过梳理二月革命、十月革命、苏维埃政权的建立等史实，理解十月革命的重大意义和影响。

第二，立足历史解释、唯物史观，通过对史料的分析、线索的梳理，理解十月革命对马克思主义理论的实践。

第三，立足家国情怀，通过了解俄国十月革命的曲折性和复杂性，认识社会主义制度的建立是历史发展的必然；通过了解列宁在十月革命中发挥的巨大作用，感悟领袖人物的革命首创精神。

（二）自主合作共探讨

1.自主提出问题

采用问题化学习的方式：学生通过课前预习，提出关于本课的新问题，丰富大单元问题系统。在课堂上，由学生提炼出本课最具思维含量和反思性的课时核心问题，即十月革命对社会主义的发展有何贡献。

2.合作解决问题

各小组依据教材文本与资料夹中列宁的文章，自选形式，梳理二月革命、十月革命、苏维埃政权的建立三个历史事件的基本史实及其之间的关系，通过完成这一学习任务，解决本课时的核心问题。

在小组合作的过程中，学生通过翻阅列宁在《真理报》上发表的多篇文章，完成与列宁的第二次跨时空交流。文章包括《新政府和无产阶级》《布尔什维克必须夺取政权》《告工人、农民和士兵书》《和平法令》《土地法令》。

（三）汇报评议师精导

1.学生汇报

基于学生的主体地位，学生以小组为单位上台汇报本组学习成果。立足时空观念，学生以思维导图的形式构建时空框架，梳理二月革命、十月革命、苏维埃政权建立的史实，从而准确理解历史事件。立足史料实证，学生从列宁的党报文章中获取史料，以文章为媒介，在学习和探究活动中，学会对史料的收集和解读。立足历史解释，学生能够在史实的基础上，辩证、客观地解释历史背后深层次的因果关系，把握三个事件之间的历史联系。

2.教师精导

在学生汇报完毕的基础上，教师追问"十月革命如何实践马克思主义理论"，引导学生依据九年级上册教材P100《共产党宣言》的节选内容,立足唯物史观,运用社会形态学说、阶级分析法等基本方法论证"十月革命成功实践了马克思主义这一科学理论"。同时建构了大单元教学上挂下联的知识体系,学生实现了承上启下、由浅入深的思维过程。

《共产党宣言》节选:

人类进入资本主义时代,整个社会日益分裂为两大对立阶级:资产阶级和无产阶级。资本主义社会必将被没有阶级剥削和压迫的共产主义社会所取代。

肯定资产阶级在历史上曾起到非常革命的作用。"资产阶级在它的不到一百年的阶级统治中所创造的生产力,比过去一切世代创造的全部生产力还要多,还要大。"

工人变成赤贫者,贫困比人口和财富增长得还要快。由此可以明显地看出,资产阶级再不能做社会的统治阶级了,再不能把自己阶级的生存条件当做支配一切的规律强加于社会了。

号召工人阶级组织起来,建立无产阶级自己的政党,即共产党,用暴力推翻资产阶级统治,进行无产阶级革命。

剥夺地产,把地租用于国家支出。

通过拥有国家资本和独享垄断权的国家银行,把信贷集中在国家手里。

3.生生互评、教师评价

在小组汇报的过程中,学生与学生之间以核心素养为标准进行生生互评。在教师精导的过程中,教师通过学生汇报的情况,进行知识上的更正、思维上的引领、方法上的指导。通过生生互评、教师评价,达到"教学评一体化"的效果。

(四)练习巩固结纲要

1.练习巩固

教师出示列宁在《火星报》创刊号上发表的另一篇文章《对华战争》,向学生表明列宁领导十月革命的同时也在密切关注着同一时期中国人民的命运。由此引导学生回顾八年级上册所学内容,思考分析并告诉列宁十月革命对中国产生了什么影响,从而完成与列宁的第三次跨时空交流,进而实现中国史和世界史的有效融合。

中国人民也同样遭到俄国人民所遭到的苦难,他们遭受到向饥饿农民横征暴敛和用武力压制一切自由愿望的亚洲式政府的压迫,遭受到侵入中华帝国的资本的压迫。

——列宁《对华战争》

2.形成纲要

教师通过板书,带领学生回顾本课主要内容,明确"十月革命对社会主义发展的贡献",解决本课核心问题,进而对大单元核心问题进行深挖与延展。

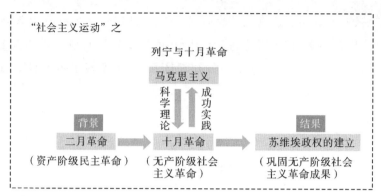

（五）反馈拓展步步高

教师出示习近平总书记的重要讲话，引导学生认识：十月革命后社会主义运动实现了从一国实践到多国发展，中国在十月革命的影响下，历经革命、建设与改革的百年历程，发展至 21 世纪的今天，中国特色社会主义已然成为世界社会主义发展的中流砥柱。立足家国情怀，激励学生为建设中国特色社会主义勇担青春使命。在此，实现情感的升华，实现育人目的。

正如列宁在纪念十月革命 4 周年时深刻指出的，"这第一次胜利还不是最终的胜利"，但"我们已经开始了这一事业……"

…… ……

中国特色社会主义正成为 21 世纪科学社会主义发展的旗帜，成为振兴世界社会主义的中流砥柱……

——习近平《坚持和发展中国特色社会主义要一以贯之》

三、实践反思

（一）大单元设计

基于对"社会主义运动"的深入理解，我认为本大单元教学设计未能将中国实践与苏联实践有机结合在九年级学生的学习之中。因此，可以将大单元设计扩充为四个课时，加入苏联历史、中国近代史与中国现代史的相关内容。具体整合思路如下：

世界 近代史	第一课时 从空想到科学 ——马克思主义的诞生和国际共产主义运动的兴起	世 界 史
世界 现代史	第二课时 从科学理论到成功实践 ——列宁与十月革命	
	第三课时 从一国实践到多国发展（1） ——苏联社会主义建设的曲折探索	
中国近 现代史	第四课时 从一国实践到多国发展（2） ——马克思主义中国化的伟大飞跃	中 国 史

上述设计充分考虑历史事件的时间顺序和地理因素，尝试构建历史事件、历史人物、历史现象之间的相互关联，细致展现思想与实践的相互作用。相信学生可以借此理解"社会主义运动"的产生、延续、变迁和进步，对史实有更加深刻的理解。

（二）第一课时

本课在五育融合上仍有待提高。第一，教师在"自主合作共探讨"环节中，循环播放《国际歌》，以此渗透美育。但本课处理的疏漏之处在于，对《国际歌》的播放流于形式，欠缺对史实的补充。教师应在此处介绍《国际歌》诞生的历史背景，方能达到用音乐震撼人心的效果。在补充历史细节的基础上，通过音乐的播放，实现情感的升华，增强学生对为追求自由和权利而奋斗牺牲的精神的理解和共鸣。

第二，未能做到劳育渗透也是本课的遗憾之一。马克思主义是本课的核心内容，而"人民群众是物质生产的主要承担者和历史的创造者"也是马克思主义的重要内容之一。本课对学生进行劳动教育的契机有很多，例如：工人阶级的历史功绩、马克思与恩格斯的革命实践等。通过对上述知识的处理，可以潜移默化地对学生进行劳育渗透。

（三）第二课时

本课课堂教学内容的深度略显欠缺。"社会主义运动"在人类历史发展进程中具有里程碑意义。十月革命又是第一个成功的实践，不仅对俄国、中国，乃至对全世界的影响都很重要。本课主要将重点放在对俄国本国以及中国的影响的探讨上，对于世界的影响没有提及。如此看来，还要推动课堂向纵深发展。教师可以通过补充相关史料，引导学生认识十月革命的胜利使得资本主义一统天下的局面被打破，社会主义从此作为一种社会制度与资本主义制度并存，成为世界格局的重要特征之一。

7.与国同行 "情""核"共舞

——以"腾飞中国"为例谈大单元教学重构设计

大连高新区第一中学 地理组:郑璇 王彬 代妍 张挥航 李佳鑫

一、设计理念

（一）课程分析

1.课程标准

（1）核心素养目标

①区域认知:能够运用多种地理工具在"中国"这个尺度下,获取不同类型的区域信息,认识区域特征、区域差异和区域联系。增进热爱祖国的情感。

②综合思维:能够通过观察、比较、分析等方法,认识地理事物的自然、人文特征及时空变化特点,初步形成从地理综合的视角看待和分析问题的意识和能力。

③地理实践:初步掌握地理实验、社会调查、野外考察等地理实践活动的基本方法;能够在校内外的真实环境下,运用所学知识和地理工具,通过地理实践活动,观察和感悟地理环境及人们生产生活的状态,尝试解决实际地理问题,增强信息运用、实践操作等行动力。

④人地观念:能够初步认识地理环境是人类生存的基础,人类活动深刻影响着地理环境,协调人地关系是人类社会可持续发展的必然选择;能够立足家乡、胸怀祖国、放眼世界,初步树立人与自然和谐共生的观念。

（2）内容要求

①借助地图和相关资料,举例描述中国农业、工业等生产活动的分布,并用实例说明科学技术在产业发展中的重要作用。

②运用地图和相关资料,说明中国交通运输线的分布特征以及高速公路、高速铁路的快速发展对人们生产生活的影响。

（3）学业要求

①能够运用地图或其他地理工具,从网络、书籍及生活体验中获取并运用有关中国地理的信息资料,表达热爱祖国的情感。

②能够比较区域差异,以区域的视角说明人类活动与自然环境的关系,初步形成因地制宜的发展观念。

③能够观察、描述、解释家乡生产生活中的地理事物和现象,表现出学习及探究问题的意识和能力。

2.教材等课程资源

（1）教材章节地位

大单元构建选取的是人教版地理八年级上册第四章《中国的经济发展》内容,包括交通运输、农业、工业。中国交通、农业和工业的地区分布差异很大,而其形成的原因既有自然环境方面的,也有社会、文化等方面的。通过大单元的学习,学生不仅可以认识到中国在交通、农业和工业方面的地理分布特点和差异,进一步提高读图分析能力,而且能够深刻体会人类活动与自然环境的相互影响的关系,逐步形成综合思维的核心素养和因地制宜的发展理念。本章对于前面学习的地理知识起了更加综合、更加完善的构建作用,对后面中国区域地理的学习也起了良好的铺垫作用。

（2）课内外教学资源

在挖掘整合地理教材内容的同时,利用课前开展的"智慧出行""舌尖上的中国""关于食物的记忆"等地理实践活动来丰富课堂教学,同时借助创设真实情境和资料袋帮助学生更好地开展自主与合作学习,理解和应用地理知识,提高课堂学习效率。

3.学情分析

（1）已有知识和技能储备

八年级学生基于一年多的学科学习,具备了一定的分析和解决问题的能力和方法。比如,能说出中国地形、气候、资源等自然地理环境的分布特点;能够通过判读地图总结出地理事物的分布特点。这为本单元的学习奠定了基础。

（2）仍存在的学习探究点

学生虽然积累了学习能力和方法,但是分析地理事物分布原因的综合思维是需要逐渐培育的,所以,本单元每课时的问题设置都给学生提供分析的空间,让学生形成多要素、多时空、多批判的思维。

学生在生活中虽然与交通运输、农业和工业生产有着密切的联系,但很难与经济发展联系起来,至于国家在这些方面的发展成就关心较少。

八年级学生已经初步具有地理思维能力,可以尝试从比较大的区域宏观分析地理事物,同时为下学期的中考服务,培养综合分析、归纳和迁移的能力。

（二）确定单元大概念

1.明确单元大概念

基于对中国交通、农业、工业的发展和分布的探究,构建各地理要素之间的联系,形成综合思维的素养,树立正确的人地观念。

2.分析重难点

教学重点:感受中国的快速发展;说出中国交通、农业、工业的分布特点,并分析原因。

教学难点:构建各地理要素之间的联系,形成综合思维的素养,树立正确的人地观念。

3.资源整合

学科整合
- 历史——交通发展史、农业发展史、工业发展史
- 生物——农作物品种
- 信息——科技兴农、科技促交、科技促工

课内外整合——课前地理实践活动与课堂教学整合

4.内容确定

原教材编写章节：	重组后章节：
第四章　中国的经济发展 第一节　交通运输 第二节　农业 第三节　工业	"腾飞中国" 第一课时　奔跑吧"先行官"——交通 第二课时　端稳中国饭碗之大国"粮"仓——农业1 第三课时　端稳中国饭碗之大国"粮"策——农业2 第四课时　让世界爱上中国造——工业

（三）规划教学过程

1.厘定学习目标

(1)认识我国经济的快速发展,祖国的强大。

(2)掌握运用资料、地图描述某类地理事物的空间分布特点的能力。

(3)通过情境,分析影响其合理布局的因素,培养人地协调观念,增强社会责任感。

2.设计核心问题

设计源起:今日之中国傲然屹立于世界的东方,腾飞速度之快、气势之猛让我们每个人感到骄傲和自豪,那么我们腾飞的底气在哪里呢?

问题任务:探究"腾飞中国"的底气在哪里。

3.表现性任务

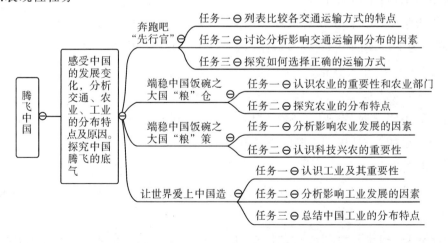

（四）嵌入式评价

1.预评估

教师在课前安排学生开展社会性地理实践调查,提前了解学生学习新知识之前在知识和技能方面的储备情况以及学习的态度和困惑,根据学生不同的水平、兴趣及需求,设计教学内容和形式。

2.形成性评价

形成性评价也称过程性评价,在整个学习过程中通过学生的自评和互评,使教师及时了解学生的学习情况,以便随时调整教学计划和改进教学方法。

3.诊断性评价

发挥作业的评价功能,检验学生是否达到学习目标的要求,检验教师是否完成教学目标的任务,从而指明后续的学习和教学方向。

(1)单元作业设计:

课型	课时内容	核心素养	课时作业目标	学习水平	完成时长	作业来源	作业类型
新授	第一课时 交通	综合思维	通过列表比较,明确掌握各类交通运输方式的特点。掌握我国交通分布的特点及影响因素	Ⅰ认识了解 Ⅱ理解应用	1 min	选编	基础性
		区域认知、地理实践力、综合思维	结合生活实例或真实情境,选择恰当的交通运输方式	Ⅱ理解应用 Ⅲ综合分析	5 min	创编	实践性
		人地协调观	感受祖国交通事业的发展变化,增强爱国热情	Ⅱ理解应用 Ⅲ综合分析	2 min	创编	拓展性
新授	第二课时 农业1	区域认知	运用图文资料,认识我国农业的发展现状及农业的重要性	Ⅰ认识了解	1 min	创编	基础性
		区域认知、综合思维、地理实践力、人地协调观	通过读图和资料,说出我国农业在地区分布上的差异,并简单分析造成这种差异的影响因素	Ⅱ理解应用 Ⅲ综合分析	5 min	创编	提升性
		区域认知	感受祖国、家乡农业的发展变化,增强爱家乡、爱祖国的热情	Ⅲ综合分析	3 min	创编	拓展性

课型	课时内容	核心素养	课时作业目标	学习水平	完成时长	作业来源	作业类型
新授	第三课时 农业 2	人地协调观	通过实例分析因地制宜发展农业的必要性	Ⅱ理解应用	1 min	选编	基础性
		区域认知 地理实践力 综合思维	分析影响农业区位分布的因素	Ⅱ理解应用 Ⅲ综合分析	5 min	创编	提升性
		人地协调观	举例说明科学技术在发展农业中的重要作用;树立科技才能兴农的意识	Ⅰ认识了解	1 min	选编	基础性
		区域认知	感受祖国农业的发展变化,增强爱国热情	Ⅰ认识了解	5 min	创编	实践性
新授	第四课时 工业	综合思维 区域认知	知道工业的含义、分类及在国民经济中的作用	Ⅰ认识了解	1 min	选编	基础性
		综合思维 地理实践力 人地协调观	运用资料和地图,说出我国工业分布的特点,分析影响工业区位分布的因素	Ⅱ理解应用	1 min	选编	提升性
		综合思维 区域认知	了解我国高新技术产业的分布和发展成就	Ⅱ理解应用 Ⅲ综合分析	1 min	选编	基础性
		区域认知	感受祖国工业的发展变化,增强爱国热情	Ⅲ综合分析	3 min	创编	拓展性

(2)作业评价量表:

作业类型	★等级	★★等级	★★★等级	★★★★等级	自评	互评	师评
基础性作业	不能按时完成规定内容	能按时完成规定内容,但有答错情况	能按时完成规定内容,且全部回答正确	能按时完成规定内容,且全部回答正确。有纠错意识			

作业类型	★等级	★★等级	★★★等级	★★★★等级	自评	互评	师评
提升性作业	缺少综合分析思考的能力,无法独立解决规定内容	具备一定综合分析思考的能力,只能独立解决部分规定内容	具备较强的综合分析思考的能力,能独立解决全部规定内容	具备较强的综合分析思考的能力,能独立解决全部规定内容。具有"举一反三"的迁移能力			
实践性作业	基本能参与合作,主要依靠他人完成实践任务	主动参与合作,按要求完成实践任务	积极参与合作,敢于表达沟通	积极参与合作,敢于表达沟通,善于思考,能发现并解决问题			
拓展性作业	能主动思考,但没有自己的观点和成果	能主动思考,有自己的观点和成果	能主动思考,有自己的观点和成果,并能与他人分享交流	能主动思考,有自己独特的观点和成果,并能与他人分享交流			

二、设计与实施过程

第一课时 奔跑吧"先行官"——交通运输

主备人 代妍

教学目标:

1.通过列表比较,明确各类交通运输方式的特点。(核心素养:区域认知、地理实践力)

2.结合生活实例或真实情境,选择恰当的交通运输方式。(核心素养:区域认知、综合思维、地理实践力)

3.用图文资料,说明我国交通运输线的特点,并分析其原因。(核心素养:区域认知、综合思维、人地协调观)

4.感受祖国交通发展变化,增强爱国热情。(核心素养:人地协调观、地理实践力)

教学过程:

【入情入境】

用一张"起飞的大飞机"图片和《交通四十年变迁史》视频导入新课。

设计意图:

主要是做"大单元设计介绍",感受祖国的交通发展变化,引出本课学习内容。

【互动交流】

任务一:比较各种交通运输方式的特点

学生活动:阅读教材,找出现代交通运输方式和主要运输工具都有哪些。从运量、运费、运速上考虑各种交通运输方式的特点,并进行汇报。

设计意图:

以表格的形式整理出各种交通运输方式的特点,突显比较的学习方法。通过举例和追问环节,渗透地理与生活实际相结合的学习观念。

任务二:分析影响交通分布的因素

学生活动:读中国交通线路图并结合中国地形图、中国人口分布图、中国工业分布图,说出我国交通的分布特点和影响因素。

设计意图:

通过结合人教版八年级上册地理教材中的中国地形、人口和工业的分布图,对影响交通分布的因素进行补充,培养综合思维的核心素养。

【练习巩固】

任务三:探究如何选择合适的运输方式

学生活动:结合生活中客运和货运的真实情境,参考不同交通运输方式的特点,选择合适的交通运输方式,尝试总结选择合适运输方式的原则。

设计意图:

选择贴近生活实际的交通方式,培养学生地理实践力、区域认知及综合思维的核心素养。

【实践探究】

师生活动:分享、展示、点评课前实践小调查。

智慧出行——交通出行小调查

交通与我们的生活息息相关,中华人民共和国成立以来,几代人逢山开路,遇水架桥,建成了交通大国。如今,智慧化已经成为我们出行的一大亮点,极大地方便了人们的出行需求。请同学们结合下面的表格,开展交通出行小调查。

1.积极思考回忆,完成下列表格。

	出发地	目的地	出行目的 (购物、游玩、探亲、上学等)	出行时间 (假期、周末、日常)	出行方式、工具及用时 (汽车、飞机、火车、船舶、步行)
1					
2					
印象深刻的交通经历				出行证据(票据、照片等)	

2.通过本次调查,你如何看待交通与我们生活的关系?

设计意图:

利用课前时间让学生走出校园,通过回忆亲身体验,感受生活中的地理,增长知识,培养能力,提高素质,落实培养地理实践力这一核心素养。同时,肯定学生参与设计的出行方案,为后续的反馈拓展的路线设计做良好的铺垫。

【反馈拓展】

祖国河山大好,我也想去看看,趁着假期,从大连出发,去新疆走走,顺便感受一下我国修建的世界首条环沙漠铁路南段——和若铁路的壮丽景色,请你为我设计一条出行路线并说明理由。

设计意图:

通过为教师设计旅行线路,让学生进入真实情境,认识我国主要的铁路线路的同时,开拓思维,提高创新能力,提高地图阅读能力,提高合作分析、解决问题的能力,落实核心素养的提高。

板书设计:

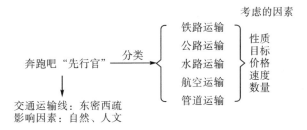

作业评价量表:

作业类型	★等级	★★等级	★★★等级	★★★★等级	自评	互评	师评
基础性作业	不能按时完成规定内容	能按时完成规定内容,但有答错情况	能按时完成规定内容,且全部回答正确	能按时完成规定内容,且全部回答正确。有纠错意识			
拓展性作业	能主动思考,但没有自己的观点和成果	能主动思考,有自己的观点和成果	能主动思考,有自己的观点和成果,并能与他人分享交流	能主动思考,有自己独特的观点和成果,并能与他人分享交流			
实践性作业	基本能参与合作,主要依靠他人完成实践任务	主动参与合作,按要求完成实践任务	积极参与合作,敢于表达沟通	积极参与合作,敢于表达沟通,善于思考,能发现并解决问题			

第二课时　端稳中国饭碗之大国"粮"仓——农业 1

主备人　张挥航

教学目标：

1.运用图文资料,认识我国农业的发展现状及农业的重要性。（核心素养:区域认知、地理实践力）

2.通过读图和资料说出我国农业在地区分布上的差异,并简单分析造成这种差异的影响因素。（核心素养:区域认知、综合思维、人地协调观、地理实践力）

3.感受祖国农业的发展变化,增强爱国情感。（核心素养:人地协调观）

教学过程：

【入情入境】

中华人民共和国成立初期与现在农业图片对比,感受我国农业的发展变化。

设计意图：

做"大单元"衔接;体会农业的重要性,增强民族责任心和自豪感。点明农业是国民经济的基础,以习近平总书记的话引出"端稳中国饭碗"。

【互动交流】

任务一:认识农业的重要性和农业部门

学生活动:观看课前学生在超市开展小调查的视频,并判断调查和拍摄的农业商品所属的农业部门。

设计意图：

走出课堂,通过实践调查,感受我国的物产丰富、农业强大,落实地理实践力,培养德育、体育素养。用学生自己调查的成果作为课堂学习的素材,激发学生的学习兴趣,有效促进其学习的主动性。

任务二:探究农业的分布特点

学生活动:根据各组资料袋内材料,挑选合适的农产品卡片,派代表贴到黑板上中国地图的合适位置,并分析地形、气候、河流等方面的影响因素。

设计意图：

通过小组集体讨论,共同完成任务挑战,在合作过程中提升合作交流能力和综合分析、合理表述的能力。在汇报中生生互评、师评,通过评价提升学生的综合思维能力,体现"教—学—评"一致性。

【练习巩固】

党的十八大以来,习近平总书记多次赴祖国各地考察,为各省、自治区、直辖市建设社会主义现代化国家指明方向。沿着习近平总书记的足迹,完成下列小题。

1."敕勒川,阴山下。天似穹庐,笼盖四野。天苍苍,野茫茫,风吹草低见牛羊。"描述的景观应该是习近平总书记到过的_____地,该地的主要农业部门是_____。

2.习近平总书记到三亚市考察,走进海南省崖州湾种子实验室,了解海南支持种业创新情况,海南省农作物的熟制主要是_____。

3.习近平总书记在黑龙江省北大荒精准农业农机中心考察粮食生产和收获情况时,捧起一碗米说:"中国粮食,_____。"

4.为确保国家安全,北大荒的建设者们历经三代,进行了艰苦卓绝的奋斗,把昔日"天苍苍,野茫茫,一片衰草枯苇塘"的"北大荒"变成繁荣富庶、欣欣向荣的"北大仓"。但随着人口人才外流,电商发展不完善,东北粮食基地没有发挥出最大的价值,你认为应该如何振兴东北农业?

设计意图:

通过创编的紧跟时事热点的练习题,一方面帮助学生消化理解巩固本课的重点知识,另一方面也让学生从练习的情境中感受国家在发展战略上对农业的重视,以及近年来我国农业的发展变化,增进爱国热情。

【反馈拓展】

文明,是大连最深厚的城市底蕴。当前,正值大连市争创文明典范城市、奋力夺取全国文明城市"七连冠"的关键阶段,文明的行动随处可见、文明的理念深入人心,760多万大连人民以共同的自觉,共担使命、共同奋进,以文明为底色,绘就幸福大连的美好画卷。依据本节课所学农业部门和农产品的分布,并结合生活经验,绘制一张大连美食名片,为文明助力。

设计意图:

结合本课所学,为家乡设计美食名片,助力文明大连的建设,是让学生从身边出发,将课堂与生活紧密地联系起来,将知识与家乡的发展紧密地联系起来,培养爱祖国、爱家乡的情感,提升学生的责任意识,培养人地和谐的核心素养,践行美育。

【实践探究】

舌尖上的中国——超市中农业相关产品小调查

《史记》有书:农,天下之本,务莫大焉。农业是我们的衣食之源,生存之本。生活中,哪些方面需要农业呢? 哪些产品来自农业呢? 这些商品来自祖国的哪里,又为何产在那里呢? 让我们去超市逛一逛,调查我国的农业相关产品吧!

一、逛超市,拍照去!

前期准备:阅读教材P90—94,看看农业产品及农业加工产品包括哪些方面。

注意:(以家长陪同或知晓为前提去实践)

①有包装的产品,正反面拍清晰,拍出商品正面图、背面成分和产地;

②拿完商品注意放回原位,不要喧哗,注意个人素质,注意安全。

调查人：	地点：	时间：
米面粮油区	乳畜区(肉蛋奶)	水产区
（照片或录像）	（照片或录像）	（照片或录像）
果蔬区	其他区(棉毛皮、书本、家具等)	
（照片或录像）	（照片或录像）	

二、看着琳琅满目的农业相关产品,你是否体会到了农业的重要? 是否感叹我国农业的繁荣昌盛? 写下你的感受吧。

设计意图：

利用课余时间让学生走出校园,走进社会,通过亲身体验,感受生活中的地理,增长知识,培养能力,提高素质,落实地理实践力这一核心素养的培养。同时,在调查中通过了解物品的原料、产地,思考现实生活与课堂地理知识的联系,让学生学习生活中的地理,学习对终身发展有用的地理。

课前社会实践调查评价量表：

作业类型	★等级	★★等级	★★★等级	★★★★等级	自评	互评	师评
调查内容	不能完成地理调查	能够找到部分所负责类别的农业相关产品,简要记录	能够较为全面地调查所负责类别的农产品,拍下产品图、成分、产地等,并进行统计	能够将农业相关产品分类,并分析其主要原料的产地,抒发对我国农业繁荣昌盛的感想			
小组合作	不愿参与小组调查	能够参与小组调查,完成分配的调查内容	积极参与小组调查,调查任务完成度高,并能协助组员	统筹安排地理调查时间、地点、组员任务分配,具备组织能力			

板书设计：

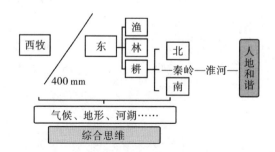

第三课时　端稳中国饭碗之大国"粮"策——农业2

主备人　李佳鑫

教学目标：

1.通过实例分析因地制宜发展农业的必要性；知道如何才能因地制宜发展农业。（核心素养：区域认知、地理实践力）

2.举例说明科学技术在发展农业中的重要作用；树立科技才能兴农的意识。（核心素养：区域认知、综合思维、地理实践力）

3.感受祖国农业的发展变化，增强爱国热情。（核心素养：人地协调观）

教学过程：

【入情入境】

用美食视频导入新课，感受今日的幸福生活。

设计意图：

对视频的内容提问，做"大单元"内容衔接。创设新的问题情境，引出本课学习内容。

【互动交流】

任务一：分析影响农业发展的因素

学生活动1：根据资料袋，先自主阅读，后小组合作，找出影响农业发展的因素，完成活动表格。

设计意图：

以表格的形式整理影响农业发展的因素，巩固比较的学习方法。

学生活动2：以小组为单位开展"农业公司招标大会"。

项目内容：种植业、林业、畜牧业、渔业。

项目要求：

1.以公司团队形式参与，公司地点任选，既可以建设家乡大连，也可以在祖国的其他地区实现各自梦想。

2.方案更详细者，中标几率更大。

设计意图：

影响农业发展的因素中，既有上一节课学习的自然因素，又有难以理解的社会经济条件。设置招标大会，一方面帮助学生理解并应用上一节课的自然因素，另一方面可以突破学生接触较少的社会经济条件这一难点。

学生活动3：分享交流课前实践小调查的成果。

【实践探究】

食物的记忆——三代人饮食状况小调查

有一句话叫"民以食为天"，可以说人们将"食"作为生活的最低标准的同时，也将"食"作为生活的最高追求和享受。从"食"的发展变化中，可以反映出一个社会的贫富盛衰,可以体味社会历史的变迁。请同学们结合下面的表格,开展家庭祖孙三代人饮食状况的小调查。

一、积极和家人沟通,完成下面表格。

三代人	温饱问题	食物种类
爷爷奶奶/姥姥姥爷		
爸爸妈妈		
自己		

二、请结合自己的经历,讲讲你们的故事。

设计意图:

利用课前时间让学生深入家庭,通过开展三代人饮食状况的调查,一方面增加与家人的交流沟通,增进家庭成员之间的情感;另一方面,充分感受我国农业日新月异的发展变化,增强祖国强大我自豪的荣誉感。在落实地理实践力、人地协调观等核心素养的同时,学生也逐渐形成了保护环境、珍惜粮食的意识。

任务二:认识科技兴农的重要性

学生活动:根据资料袋,请同学们分享科技兴农的例子;观看《科技兴农》的视频。

设计意图:

鼓励学生关心国家的发展变化,通过视频素材的补充,渗透科技才能兴农的意识。

【练习巩固】

1.下列做法符合"绿水青山就是金山银山"理念的是(　　　　)

A.内蒙古高原地区退耕还林、还草

B.山东丘陵地区大面积种植柑橘树

C.青藏高原地区增加放牧牲畜的数量

D.长江中下游平原地区大力发展林业生产

2.我国海南海水稻试种成功,亩产超过 2 000 千克,说明(　　　　)

A.粮食产量下降

B.农业人口数量增加

C.科技助农兴农

D.大力开发土地

3.湖南花垣县双龙镇十八洞村(因有十八个溶洞而得名),平均海拔 700 米。在习近平总书记"精准扶贫"战略思想的指导下,当地建设了精品猕猴桃示范基地,开展特色种植、养殖,打造乡村旅游和电商扶贫。十八洞村实现了自我"造血"功能,顺利完成脱贫摘帽。

我喜欢湿润——15 ℃-18.5 ℃的环境。我作为有机猕猴桃,对生态要求较高,不能有水质、土壤污染。

请用今天所学的知识,解释十八洞村发生转变的原因。

设计意图:

与时俱进的题干信息既可以达到巩固重点知识的作用,也可以让学生了解国家的战略发展。生态建设、科技兴农、扶贫攻坚都是关乎全中国人民的大事,学生作为未来的建设者和接班人更应该了解,从而增强民族自豪感和国家认同感。

【反馈拓展】

请你为十八洞村今后的发展献言献策。

设计意图:

在讨论中培养学生热爱祖国、热爱家乡的意识,在举一反三、学以致用中提升素质和本领,增强自身的责任意识,勇于担当历史使命。

板书设计:

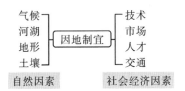

作业评价量表:

作业类型	★等级	★★等级	★★★等级	★★★★等级	自评	互评	师评
基础性作业	不能按时完成规定内容	能按时完成规定内容,但有答错情况	能按时完成规定内容,且全部回答正确	能按时完成规定内容,且全部回答正确。有纠错意识			
提升性作业	缺少综合分析思考的能力,无法独立解决规定内容	具备一定综合分析思考的能力,只能独立解决部分规定内容	具备较强的综合分析思考的能力,能独立解决全部规定内容	具备较强的综合分析思考的能力,能独立解决全部规定内容。具有"举一反三"的迁移能力			

作业类型	★等级	★★等级	★★★等级	★★★★等级	自评	互评	师评
实践性作业	基本能参与合作,主要依靠他人完成实践任务	主动参与合作,按要求完成实践任务	积极参与合作,敢于表达沟通	积极参与合作,敢于表达沟通,善于思考,能发现并解决问题			

第四课时　让世界爱上中国造——工业

主备人　王彬

教学目标:

1.知道工业的含义及其在国民经济中的作用。(核心素养:综合思维)

2.运用资料,读图说出我国工业分布的特点,分析影响工业区位分布的因素。(核心素养:区域认知、综合思维、地理实践力)

3.了解我国高新技术产业的分布和发展成就。(核心素养:区域认知)

4.感受祖国工业的发展变化,增强爱国热情。(核心素养:人地协调观)

教学过程:

【入情入境】

播放《了不起我的国》视频。

设计意图:

通过观看视频,认识我国工业的发展变化,感受祖国的伟大,激发爱国热情。衔接“大单元”内容。

【互动交流】

任务一:认识工业及其重要性

学生活动:先自主阅读,后小组合作,举例说明什么是工业以及工业的重要性。

设计意图:

从教材出发,在阅读中思考,在比较中寻求问题答案。

任务二:分析影响工业分布的因素

学生活动:以小组为单位组建八支工业考察团,结合教师提供的不同资料,选择工厂建在哪些地区能获得最大的收益? 请说明你们的理由。

设计意图:

通过任务挑战,落实综合思维、区域认知、人地协调观和地理实践力的核心素养。扮演角色,拉近课堂教学与现实生活的距离,渗透学习生活中地理的观念。“大单元”思维链接——交通、农业、工业的分布都考虑到了自然与人文的因素。

评价量表：

★等级	★★等级	★★★等级	★★★★等级	自评	互评	师评
不能按时完成合作内容，没有小组的观点见解	能按时完成合作内容，有自己小组独特的见解	能按时完成合作内容，有自己小组独特的见解。并勇于和他人分享	能按时完成合作内容，有自己小组独特的见解。并勇于和他人分享。观点明确，分析有理有据，表达清晰有序			

任务三：总结我国工业的分布特点

学生活动：读图,分析总结中国的工业具有怎样的分布特点

设计意图：

通过追问,引导学生关心国家的发展变化,激发爱国热情,落实核心素养。在回忆对比之前知识内容的同时,构建单元知识。"大单元"思维链接——交通、农业、工业的分布特点是相似的。

【练习巩固】

1.与农业一样,工业也是基本的物质生产部门,下列属于工业生产活动的是(　　)

A.饲养牲畜　　　　B.人工养殖　　　　C.冶炼钢铁　　　　D.汽车运输

2.我国四大工业基地分布的共同特点是(　　)

A.沿海分布　　　　　　　　B.沿长江分布

C.沿黄河分布　　　　　　　D.沿京广铁路分布

3.我国最大的综合性工业基地是(　　)

A.辽中南工业基地　　　　　B.京津唐工业基地

C.长江三角洲工业基地　　　D.珠江三角洲工业基地

4.我国最早建立的国家级高新技术产业开发区位于哪个工业基地(　　)

A.辽中南工业基地　　　　　B.京津唐工业基地

C.长江三角洲工业基地　　　D.珠江三角洲工业基地

【反馈拓展】

你心目中的现代化强国是什么样子?

设计意图：

作为这个"大单元"的收官课,必须和第一课有首尾呼应的环节,未来中国的建设者会对现代化强国有怎样的期待呢? 可以说有怎样的期待就有怎样的动力,在分享中树立学生的责任意识、担当意识。

板书设计：

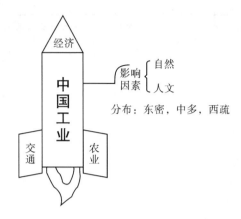

三、实践反思

《腾飞中国》这个"大单元"是继《小黄鸭奇遇记》之后的第二次比较有成效和进步的科研成果。经过一年的学习和研究，整个教研组在"大单元"的实施上都有了明显的进步，不再是"摸着石头过河"，大家更得心应手。组内全体教师在次次参与中履践致远，在每每思考中砥砺深耕。主要有以下几方面的亮点：

1.单元设计合理。本次比赛的单元设计是一个教材编写的自然单元，在学习中国交通、农业和工业生产活动的分布，并分析归纳其影响因素的同时，了解其对人们生产生活的影响，同时感受祖国经济飞速的发展变化，增强爱国热情。与去年的《小黄鸭奇遇记》相比，情感渗透方面更深，更符合主旋律。

2.和合共振突出。整个单元的四节课，对地理的四大核心素养体现得非常明显，尤其对"人地协调观"的渗透更是深入，通过单元整体设计，课堂环节设计体现为课课有，处处有，时时有；学科整合有体现，不仅在地理学科内部有整合体现，比如跨教材的知识联系与运用，与其他学科的整合也非常明显，比如信息技术的应用等。

3.实践力落地。地理实践力是地理核心素养中相对不易落实的方面，本次"大单元"设计，我们尝试在课前结合课堂主题，全年级开展了"智慧出行""舌尖上的中国""关于食物的记忆"的社会实践，学生以图片、调查问卷表、实地考察和采访视频等多种方式在课堂进行了汇报。实现了"知识—生活—知识"的完美认知过程。

4.薪火传承闪光。本次"大单元"的实施中有三名老师是工作不足三年的年轻教师，他们在不断的磨合中逐渐成熟，在坚持学习中提高本领。作为一个团队，地理组可以说是成功的，老教师精气十足，青年教师谦虚上进，真正做到了"薪火相传守初心，凝心聚力担使命"。

不足之处及未来设想：

1."大单元"实践相比之前虽有所进步，但仍有许多地方尚待改进，尤其对年轻教师来说，"大单元"的理解和运用比较生涩。今后，在集备和教研活动中，要关注对年轻教师的培养，指导他们深入研究和挖掘教材，培养语言的组织和表达能力，注重对学生学情的分析。

2."大单元"教学的整体配合虽相对顺利,但教师的个性化不够突出,教学环节设计、思路设计,尤其是细节设计都明显不足。今后,教研组将从备课、赛课、公开课等方面,多放手,多给机会,增加年轻教师的教学经验。

面对"双减"政策的深入落实,辽宁省新中考的改革,以及"大单元"教学模式的推广和"'教—学—评'一体化"的研究,无论有经验的教师,还是年轻教师,都将面临全新的挑战。我们能做的就是认真反复学习新课标,做好核心素养的落实工作,守住立德树人的教育初心,做好踏入教育新征程的准备,努力为办好人民满意的教育尽自己的责任和义务。

第二章 "单丝"也成线

——试创核心素养下的单课教学设计

"核心素养"在新课程改革中突显着绝对的价值与意义，它不仅是"整合"的灵魂，也是"教—学—评"一体化的标准。

这一章里有体现单课内容（方法）的整合设计，也有体现"教—学—评"一体化的设计，都是以核心素养为核心、本质和标准的。

就单课设计来说，无论是内容还是方法的整合，都可以就核心素养的某一点链接开去，吸收过来，合成一个整体、一类现象，举一反三、融会贯通，以点连线、以线成面、以面立体。例如，英语课学习"刘翔的精神"，除了教材内容外，还为学生提供相关主题的学材，如介绍苏炳添的阅读语篇、展现奥运会运动史发展的视频。这样学生在熟悉教材的基础上，必定会拓宽视野，超于教材，提高思维能力和学习能力。语文课中现代诗歌的教学设计，以"锦诗献盛世"为主题，在学习现代诗歌写作过程中，通过整合诗歌内容、创作方法、课内外资源等，聚焦文学阅读与创意表达任务群，促进学生语文核心素养的发展。凡此种种，不一而足。

单课中的"教—学—评"一体化同样立足于学科核心素养。做到"教什么""学什么""评什么"在核心素养教学目标统摄下的一致性和一体化；以终为始，以评定学、以评促教，避免了教、学、评的分离和课堂低效。这里的"教—学—评"一体化设计，有四个维度的目标，即初级的知识目标、中级的学科思想、高级的学科素养和最高级的育人导向，这就是教、学、评统一。

核心素养，让课堂教学有了神。课有神则清，人有神则明。

顾伟利

8.破思维之窠臼　享创意之无限

——整合课内外现代诗之文学阅读与创意表达学案设计

大连高新园区第一中学　　　语文组:暴俊民

一、设计理念

(一)课程分析

1.课程标准

新课标指出,"文学阅读与创意表达"任务群要引导学生在语文实践活动中,通过整体感知、联想想象,感受文学语言和形象的独特魅力,获得个性化的审美体验,提升审美品位。观察、感受自然与社会,表达自己独特的体验与思考,尝试创作文学作品。

第四学段(7～9年级)要求:阅读表现人与社会、人与他人的古今优秀诗歌、散文、小说、戏剧等文学作品,学习欣赏、品味作品的语言、形象等,交流审美感受,体会作品的情感和思想内涵;尝试写诗歌、小小说等。

2.课程资源

立足学生核心素养发展,充分发挥语文课程育人功能。现代诗,是促进学生语文核心素养发展的重要载体,借助诗歌这一工具性、人文性完美融合的体裁,能充分促进学生的语言运用、思维能力、审美创造等核心素养的发展,促使学生增强民族文化认同感,树立民族文化自信。

构建语文学习任务群,以"锦诗献盛世"为主题,在指导学生学习现代诗歌写作的过程中,通过整合诗歌内容、创作方法、课内外资源等要素的方式,聚焦文学阅读与创意表达任务群,促进学生语文核心素养的发展。

重视课堂评价的导向性,建立两个课堂评价量表,让学生在自主创作、小组交流等诗歌创作过程中,自主学习并强化学习效果。这是对"教—学—评"一体化的具体落实与尝试。

3.学情分析

学写现代诗,对于刚刚步入初二的学生来说,是一种挑战,亦是一次提升。挑战,在于教材还未涉及现代诗,学生缺少对现代诗歌知识的深入掌握,对现代诗的分节、分行技巧,意象及意象群的特点,表现技法,语言风格等还不能全面纯熟地驾驭;提升,是指学生可以在古典诗歌的基础上,进行比较迁移,初步理解现代诗歌与古典诗歌的区别,现代诗歌重在表达时代心声,展现时代主题,展示主体意识,征于声,发于心,自由抒发,大胆创造,即新人抒心声。

搭建学写现代诗歌的任务群。首先,进行现代诗歌与古典诗歌比较阅读。从诗歌形式、取材范围、意象群特点、思想感情等方面进行比较,初步了解现代诗歌的特点。其次,赏析现代诗歌。重点分析诗歌意象群特点与诗歌所抒发的情感之间的关联,训练整体性思维,避免理解碎片化、片面化。最后,才进入学写现代诗歌环节。

（二）确定大概念

1.分析重难点

"锦诗献盛世",是学写现代诗的重点、难点,其包含"锦诗"与"盛世"两个要素。"锦诗",强调现代诗写作追求如锦绣一般精美凝练的辞藻,富于诗意。故学习过程强调依据情感的需要,选好抒情意象,注意意象群的整体一致性。"盛世",强调现代诗歌抒发时代旋律,讴歌幸福美好生活,表现民族自豪感。

2.资源整合

选择《祖国啊,我亲爱的祖国》《我爱这土地》《七子之歌·台湾》这些现代诗歌,突出诗歌选择的时代性、典范性,重视社会主义先进文化、革命文化对学生思想情感的熏陶感染作用,在潜移默化中引导学生的价值取向。

3.确定学习内容

在现代诗歌创作过程中,以"锦诗献盛世"为主题,为中华人民共和国 75 周年华诞献礼,抒发家国情怀,讴歌家乡变迁,体现课程实施的情境性、实践性,在实践活动中提升语文核心素养。

在《祖国啊,我亲爱的祖国》《我爱这土地》的比较阅读中,归纳意象密码、语言密码之规律;依据写作情境,运用表格,选择意象,构建整体意象群,分析意象群与所表达的情感的一致性。

（三）规划教学过程

1.确定教学目标

(1)语言目标

①品味诗歌意象,赏析诗歌语言,理解诗歌情感。

②能够根据抒发情感的需要,选择恰当的意象,运用诗化的语言,创作一首现代小诗。

(2)思维目标

①归纳现代诗歌的一般写作策略,在诗歌意象、语言等方面发现创作规律。

②能够运用联想想象、形象思维等思维方式,构建形象的艺术世界,抒发自己的真情实感。

(3)价值目标

①深情诵读、写作实践,感受现代诗的形式美和内在美,获得美的熏陶。

②通过"锦诗献盛世"主题写作实践,为中华人民共和国 75 周年华诞献礼,抒发家国情怀,讴歌家乡变化,增强民族自豪感。

2.设计核心问题

围绕"锦诗献盛世"主题实践活动,学写现代诗,并深情朗诵,抒发家国情怀,增强民族自豪感。

3.表现性任务

任务一:解析意象密码。

任务二:解析语言密码。

任务三:精选意象,创作小诗。

（四）嵌入式评价

1.诊断性评价

课堂通过问卷调查等方式了解学生学情,实施教学。

2.形成性评价

在教学过程中进行各种评价,如提问、反馈、同伴评价、自我评价等。

3.终结性评价

在创作小诗环节设计了"意象密码评价量表"和"语言密码评价量表"。

二、设计与实施过程

1.学习任务一:解析意象密码

诵读现代诗《祖国啊,我亲爱的祖国》《我爱这土地》,提取诗歌中的意象,分析意象特点与诗歌所抒发情感之间的关系。

学生活动1:参照《祖国啊,我亲爱的祖国》意象特点与所抒发情感之间的关系示例表格,完成第三、四诗节对应内容的填写。

《祖国啊,我亲爱的祖国》"意象密码"评价量表

诗节	意象	意象特点		抒发的情感
		提取修饰词	意象群特点	
一	破旧的老水车 熏黑的矿灯 干瘪的稻穗 失修的路基 淤滩上的驳船	破旧的 熏黑的 干瘪的 失修的 淤滩上的	残破老旧 毫无生机	悲痛压抑
二	花朵	千百年来 未落到地面的	有希望,但还未实现	痛苦与希望
三				
四				

学生活动 2:自主完成《我爱这土地》意象特点与所抒发情感之间的关系表格。

《我爱这土地》"意象密码"评价量表

诗节	意象	意象特点		抒发的情感
		提取修饰词	意象群特点	
一				
二				

学生活动 3:

总结意象密码:_____

2.学习任务二:解析语言密码

依据"学习小贴士"提供的学习支架,探究富于诗意的语句,归纳出诗意语言创作的主要方法——语言表达陌生化,并赏析表达效果。

【学习小贴士】

所谓语言表达陌生化,就是在特定的文学语境中,突破语言常规、语法规则,灵活搭配词句,形成令人耳目一新、审美价值突显的语言艺术效果。

常见的语言表达陌生化的方法:主谓反常搭配、动宾反常搭配、词类活用、量词混搭、名词并置、词语错位、修辞陌生化、句式陌生化等。

学生活动 1:围绕语言表达陌生化,探究诗意语言背后的密码,并赏析表达效果。

富于诗意的语句	我是你河边上破旧的老水车,/数百年来纺着疲惫的歌
	我是你额上熏黑的矿灯,/照你在历史的隧洞里蜗行摸索
	这永远汹涌着我们的悲愤的河流,/这无止息地吹刮着的激怒的风,/和那来自林间的无比温柔的黎明
语言陌生化的方法	
表达效果	

学生活动 2:

总结语言密码:_____

学生活动 3:诗意表达,反常搭配训练。

(1)请在下面句子的横线上填写一个反常规的量词,使语言富于诗意。

示例:一篮春光

(2)请在下面句子的横线上填写一个超常规的动词,使语言富于诗意。

示例:采撷一篮春光

3.学习任务三:精选意象,创作小诗

学生活动 1:金秋十月,中华人民共和国迎来 75 周年华诞。学校文学社将开展"锦诗献盛世"主题活动。请你选择恰当的意象,创作一首现代小诗,抒发你对祖国、家乡的热爱之情,并深情朗诵。

意象	意象特点		抒发的情感
	意象修饰词	意象群特点	

学生活动2:运用"意象密码""语言密码"评价量表(附评价量表),相互交流点评。

"意象密码"评价量表

评价维度	等级	评价标准
新颖独特	优秀	①新奇动人 ②特点突出 ③与情感相契合
传统常规	良好	①平俗典型 ②特点集中 ③与情感较为契合
杂乱无章	一般	①散乱无序 ②浅显干瘪,词不达意

"语言密码"评价量表

评价维度	等级	评价标准
诗意美	优秀	①词语搭配陌生化 ②句式结构陌生化 ③修辞陌生化
形象美	良好	①形象丰富 ②常规表达 ③流畅通顺
苍白无味	一般	①生涩不通 ②索然无味

学生活动3:运用"意象密码""语言密码"评价量表,点评教师提供的"拙作",提出修改建议,并展示升格小诗。教师深情朗读,增强诗歌感染力。

意象	意象特点		抒发的情感
	意象修饰词	意象群特点	
基隆港的椰风 日月潭的眼眸 鹅銮鼻的灯塔	唤着乡音 泪光粼粼 闪烁灯光	幽静	渴望回归的台湾人民 殷切的期盼之情

教师示范：

仿七子之歌·台湾，回家

母亲！

我已在路上，母亲——

　基隆港的椰风，深情唤着乡音

　日月潭的眼眸，噙着泪光粼粼

　团圆，跨越山海

　闪烁着鹅銮鼻灯塔不灭的信念

　骊歌的琴弦，奏响回家的凯乐

　母亲！

我已在路上，母亲——

不会再让你伤心！

三、实践反思

本节课从整体上来说是成功的。第一，教师依据学情，适当铺垫，使学生实现了由陌生到熟悉、由忐忑到欢悦的学习情感的转变，爱上诗歌，爱上现代诗，用诗意的语言表达情感，抒发心声，讴歌时代。第二，运用新课改理念设计学案，学生能在自主、合作、探究的过程中，发挥个人主动性、创造性，使课堂灵感迸发，美句显现，实现师生良性互动。

本节课的不足之处在于缺少对"教—学—评"一体化的合理运用。在学习过程中，教师评价的导向性、增值性、时机性还有待提高。适时引导、文以载道、以文化人的教育功能，还不能尽如人意。

9.层层剥笋 循序渐进

——以《藤野先生》第一课时教学设计为例体会情感滤镜下的"伟大"

大连高新区第一中学 语文组:曹正华

一、设计理念

(一)课程分析

1.课程标准

语文新课程标准中着重体现的就是核心素养,语文核心素养包括文化自信、语言运用、思维能力、审美创造。在语文课程中,学生的思维能力、审美创造、文化自信都是以语言运用为基础,并在学生个体语言经验发展过程中得以体现的。

初中阶段的阅读与鉴赏部分要求:阅读叙事性作品,了解故事梗概,能简单描述印象最深的人物、情节等并说出自己的感受;在阅读中了解文章的表达顺序,体会作者的思想感情,初步领略文章的表达方法。

2.课程资源

(1)助读系统提示

单元导读中指出,本单元的人文主题是展现人物的品格与精神,有助于学生了解别样的人生,丰富自己的学习体验;语文素养方面要求学生了解回忆性散文的特点,比如内容真实、事件典型、注重细节描写等,还可以从中学习刻画人物的方法,品味风格多样的语言,提高文学鉴赏能力。

预习提示有两个层面的任务:第一个任务是就文章写作对象而言的,本文写的是鲁迅的老师藤野先生,要求学生思考藤野先生是一个怎样的人,他为什么"最使我感激";第二个任务是就文章的写作语言而言的,鲁迅的语言简洁幽默,富于感情色彩,耐人寻味,要求学生多读并细细体会。

根据思考教材中探究题目对应的问题和"知识补白"部分提到的内容,可以梳理出本课文章的主要教学内容:根据文章线索梳理内容,概括事例;分析人物形象,归纳人物品质;梳理作者的情感变化,理解作者的人生选择,探究文章主旨;揣摩文章独特的语言风格。

(2)文本解读

本文是写人叙事类的散文,这类文章一般有两条主线,即叙事线索和情感线索。叙事线索常常是围绕人物来展开的,基本可以说是结合事例来塑造人物形象。情感线索则是作者对所写事件及人物内在的情感变化,由此反映文章主题。所以写人叙事类散文的文体教学要实现一课一得的话,可以尝试分成两课时教学,第一课时沿着叙事主线,概括事例,分析人物形象;第二课时沿着情感主线,梳理情感,探究课文主旨。

3.学情分析

八年级的学生处于自我意识觉醒、青春懵懂的时期,虽阅历尚浅,但已形成一定的自我认知。鲁迅的文章对他们而言,有一定难度,尤其是这种回忆性散文,学生对文章人物形象和情感主旨的理解会有一定的偏差。所以教师在授课时要从多角度品读,并引导学生思考探究,让学生形成正确的认知。

（二）规划教学过程

1.确定教学目标

(1)梳理课文内容,能概括文章事例。（语言运用）

(2)能分析、归纳藤野先生伟大的人物形象特点,感受其高尚的人格魅力。（审美创造）

(3)提炼本课塑造人物形象的方法,初步了解其妙处。（思维能力）

2.设计核心问题

问题起源:从小到大,同学们遇见过很多老师,可能也在作文中写过自己的老师,如果让你用一两个词或者一两句话评价你最难忘的老师,你会怎么说呢?关爱学生、治学严谨、科学求真,这些似乎应该是合格教师必备的品格,那为何鲁迅先生给予藤野先生"伟大"这样的高度评价呢?

问题梳理:以学生问题为起点,以学科问题为基础,以教师问题为引导,梳理出本课问题链。

(1)他是谁? 是教作者什么的? ——人物名片制作

(2)他是不是非常具有个人魅力? ——外在形象勾勒

(3)课文写了与他相关的哪些事件?作者对他的评价是什么? ——借助事例分析人物的内在品质

3.表现性任务

任务一:人物名片制作。

任务二:外在形象勾勒。

任务三:人物内在品质归纳。

（三）嵌入式评价

1.诊断性评价

课堂通过问卷调查方式了解学生是否知晓对鲁迅先生影响深远的两位老师,以及这两位老师的形象特点,以此了解学生对名著《朝花夕拾》的记忆和掌握程度。

2.形成性评价

在教学过程中进行各种评价,如提问、反馈、同伴评价、自我评价等。

3.终结性评价

运用今天所学的写人方法,写一个 100 字左右的片段,要求写出人物的精神和品质。再以"抓住特征写外在""多种事例塑品质""精当议论评人物"作为评价标准,指导学生进行自评、互评。

二、设计与实施过程

（一）温故创境明目标

问题导入,创境激趣:

关爱学生、治学严谨、科学求真,这些似乎应该是合格老师的必备品格,那为何鲁迅先生给予藤野先生"伟大"这样的高度评价呢?

我们一起来学习选自《朝花夕拾》的回忆性散文《藤野先生》。

（二）自主合作共探讨

1.外在形象归纳

（1）人物名片制作

姓名	
职业	
工作单位	
工作内容	

（2）外在形象勾勒

请精读课文第 6～10 段,并归纳藤野先生的外在形象特点,完成下面的表格。

外貌	
举止	
声调	
穿着	

2.内在品质归纳

（1）归纳事例

本文用了大量的事例来塑造人物形象。接下来,我们试着归纳一下课文写了哪些事例。文中事例很多,我们先把课文分出层次,这篇文章总共涉及三个地点,分别是东京、仙台和北京,而事件就是在这三个不同的地点展开的。请试着填写下面的表格。

地点	段落	人物	事件
东京	第1~3段		东京的见闻和感受
仙台	第4~5段		
	第6~10段		初识藤野先生
	第11~23段		与藤野先生相处
	第24~28段		
	第29~31段	日本学生	
	第32~35段		
北京	第36~38段		

（2）分析形象

①典型事例

请精读课文第11~23段,并归纳藤野先生的性格品质特点,完成下面的练习。

参考格式:从_____事件中,我们可以看出藤野先生_____的品质。

②其他事例

接下来,我们来分析其他没有直接写藤野先生的事例,这些看似无关的事件是不是可以删掉呢？这些事例是不是能为藤野先生的"伟大"做解释呢？

【资料补充】

材料1:鲁迅到日本去的时候,日本的国力正逐渐强盛,独霸东亚的野心也日渐膨胀,又刚刚在甲午海战中歼灭了中国的北洋水师,举国上下都弥漫着一股鄙视中国人的风气。因此,鲁迅便不可避免地受到种种歧视。他走在东京的大街上,常遭受日本少年的辱骂。

材料2:周君来的时候是中日战争(1894—1895)之后,又过了相当的年数,很可悲的是,当时日本人还骂中国人做猪头三。在有这恶骂风气的时候,所以同级生之中也有这样的一群,动不动就对周君加以白眼,另眼看待。(藤野严九郎《谨忆周树人君》)

③精当议论

请精读文章的结尾部分(第36~38段),找到作者对藤野先生所做的直接总结与评价,进一步理解藤野先生的伟大之处。

（三）练习巩固结纲要

纲要生成:本课我们通过梳理课文内容,概括文章事例,分析、归纳了藤野先生伟大的人物形象特点,感受了他高尚的人格魅力,同时也学习了三种塑造人物形象的写作方法:

①抓住特征写外在;

②多种事例塑品质;

③精当议论评人物。

（四）反馈拓展步步高

反馈拓展：试分析朱德《回忆我的母亲》一文中作者采用了哪些塑造人物形象的写作方法。

（五）作业分层设计

①必做：一位优秀的教师，就像一盏不灭的明灯，给人以精神力量。那么，有没有一位给过你精神力量的老师呢？请运用今天所学的写人方法，选择对你影响最深的一位老师，写一个 100 字左右的片段，要求写出人物的精神和品质。

②选做：请为藤野先生设计一个书签，正面是藤野先生的名片（或素描肖像），反面可以写一段评价藤野先生的话。

三、实践反思

本课教学体现了追求"真"的境界。首先是"学真"，教师为学生量身打造学习内容和学习方式，体现学生的主体地位，让学生学有所得。在之前人物类散文学习的基础上，抓住典型事例，把握人物形象，分析人物情感。其次是"真学"，学习的过程要真，要实现真情感的体验和真思维的碰撞。《藤野先生》这篇文章较长，加上时代和个体差异，学生在情感理解方面会有一定难度，他们对藤野先生的理解是零碎的、割裂的，因此教师主动引导学生进入深度学习，为其提供一定的助读学习资料。但在推动学生学习情趣上，本课的教学仍存在不足，可以再调整，可以运用新课程标准里所提到的创设真实情境和任务式教学等方式，通过让学生多参与活动和实践来调动其积极性。

10.情境现乘方　实践出真知

——《有理数的乘方》的教学设计

大连高新区第一中学　　数学组:陈红莲

一、设计理念

(一)课程分析

1.课程标准

(1)课标要求

①正确理解有理数乘方及指数、底数等概念,会进行有理数的乘方运算。

②通过对乘方意义的理解,学会观察、比较、分析、归纳、概括,渗透转化思想。

③熟练进行有理数的乘方运算,可用相关知识解决实际问题。

④体会有理数乘方在生活中的应用。

(2)学业要求

①能举例说明有理数乘方的广泛应用及作用。

②能利用有理数乘方的知识解决实际问题。

③能基于真实的问题情境,依据有理数乘方的性质与应用,分析和解决相关的综合问题。

2.教材等课程资源

一方面深入挖掘教材内容,另一方面利用导学案为学生提供充分的学材——乘方在日常生活中的应用。学生经过预习,不仅可以熟悉学习内容,打开视野,还可以独立思考,形成问题思维,提高学习效率。

3.学情

(1)已有知识与技能储备

①学生的知识技能基础:通过前几节课的教学,学生已掌握了有理数的乘法运算及运算律知识,学会了用运算的方法解决简单的实际问题,具备了学习有理数乘方的知识技能基础,并且有了一定的思考问题的经验和类比的思想意识,为本节课的学习提供了知识和方法上的储备。

②学生的活动经验基础:在相关知识的学习过程中,学生已经历了探索解决一些实际问题的过程,从而获得了较为丰富的数学活动经验,具有了合作和探索的意识。

(2)仍存在的学习探究难点

①有个别学生学习时,乘法与乘方容易弄混。

②缺乏将实际问题转化为数学问题的能力。

③缺乏学科研究联系的社会责任意识。

（二）确立本节概念

本节的主要内容是有理数的乘方运算。采用从具体到抽象的方法,引导学生理解有理数乘方的意义,通过例题和练习使学生熟练进行乘方运算,同时和有理数混合运算、乘法的运算法则相结合,明确概念的意义和相互关系。

1.分析重难点

（1）重点

学生从自主探索、动手操作、合作交流中体会有理数乘方的特点。

（2）难点

从活动中发现规律,并应用到实际生活中。

2.资源整合

在教材内容的基础上,将学生日常生活中的实践活动加以整合,并结合教材摘取同类内容,作为本节课的情境应用和应用分析练习。

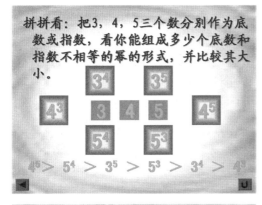

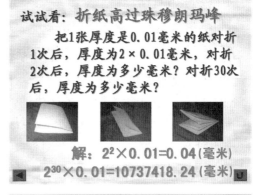

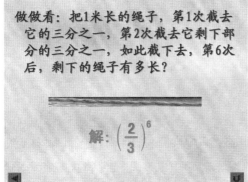

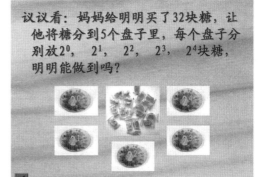

3.确定学习内容

（1）问题起源

如何定义有理数乘方的概念——幂?

（2）问题梳理

以学生问题为起点,学科问题为基础,教师追问为引导,梳理本节课的知识系统。

（3）问题引领——收集并梳理学生问题

学生不讲卫生拉肚子现象时常发生，通过课前的预习提问，让学生复习已掌握知识，同时快速掌握学生的困惑点和兴趣点。

（4）合核聚焦——核心素养

结合教材内容和课标要求梳理出学生的主要问题，完善数学知识体系；挖掘核心素养，促进数学思维进阶。

（5）任务驱动——设计真实的学习情境

设计真实的课堂学习情境和任务，发展学生多角度分析和解决实际问题、合作、实践、创新等能力，逐步培养数学核心素养。

（6）评价导向——重视反思提质学科思维

设计多维评价。引导学生不仅关注核心知识，还要注重辩证能力、发散思维和实践能力的具体表现，完善学生对核心素养养成的认识。

（三）规划教学过程

1.厘定学习目标

（1）学生从具体情境中推导出幂的表达式并灵活应用到实际生活中。

（2）通过观察、想象、推理、探索、交流、动手操作等过程培养学生的创新精神。

（3）学生自主探索，教师指导，激发学生学习的主动性，深化学法训练。

（4）在教学中，学生体验探索，体验成功，体会乐趣，体会数学与美的和谐统一，学生学习数学的主动性提高，自信力提升，从而养成良好的心理品质和社会责任感。

2.设计核心问题

有理数乘方的运算法则。

3.表现性任务

（1）内容

①如何定义有理数的乘方——幂。

②如何应用幂。

③幂的作用及应用。

（2）知识、核心素养落实

数学教学的重要目的是发展学生智力，提高能力，培养核心素养，促进学生发展。课堂提高学生能力的核心是发展学生的思维能力，教学中既要注重逻辑推理能力的培养，又要注重观察、归纳、推理等能力的培养。

学生是课堂学习的主人，把课堂时间还给学生，把思维空间让给学生，从学生已有的生活经验出发，创设有助于学生自主学习的情境，把有理数乘方与生活中的折纸、学生不讲卫生拉肚子等实际问题联系起来，学生在学习中扮演主动角色，充分感受数学来源于生活，又应用于生活。

（四）嵌入式课程评价

1.诊断性评价

（1）明确有理数乘方的概念和意义（1分）

（2）会利用有理数乘方进行运算（1分）

（3）学会归纳总结提炼方法（1分）

（4）感悟转化思想在有理数乘方中的作用（1分）

（5）学会理论联系实际及应用（1分）

2.形成性评价（核心素养）

核心素养	评价标准	评价等级
抽象能力	优秀:能用幂的知识准确计算相关练习	优秀 3 分
	合格:基本会用幂的知识准确计算相关练习	合格 2 分
	待提高:不能熟练运用幂的知识准确计算相关练习	待提高 1 分
几何直观	优秀:通过图形能很快用幂的知识准确解决问题	优秀 3 分
	合格:通过图形基本能很快用幂的知识准确解决问题	合格 2 分
	待提高:通过图形不能用幂的知识准确解决问题	待提高 1 分
推理能力	优秀:能够独立完成所有练习的推理归纳	优秀 3 分
	合格:基本能够独立完成所有练习的推理归纳	合格 2 分
	待提高:不能独立完成所有练习的推理归纳	待提高 1 分
创新意识	优秀:能用多种方法解决相关练习	优秀 3 分
	合格:基本能用多种方法解决相关练习	合格 2 分
	待提高:不能用多种方法解决相关练习	待提高 1 分
应用意识	优秀:能把有理数乘方的知识应用于生活解决问题	优秀 3 分
	合格:基本能把有理数乘方的知识应用于生活解决问题	合格 2 分
	待提高:不能把有理数乘方的知识应用于生活解决问题	待提高 1 分

二、设计与实施过程

为了让学生体验到数学活动充满着探索性和创造性,特设计教学过程如下:

（一）温故创境明目标（提出问题）

从学生周围的具体实例入手,进行引课,让学生身临其境。

具体情境如下:

设计导语:"亲爱的同学们,我们都应该养成讲卫生的好习惯,否则就易生病——拉肚子。这是为什么呢?"通过细菌分裂图来构建数学问题,并给出条件,求细菌分裂的数量。

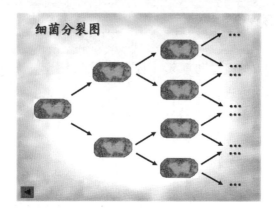

[教师]

问题1:这种细菌由1个分裂成2个需要30分钟,那么经过4小时,1个细菌能分裂成多少个呢?用算式怎样表示?经过30小时、90小时、n小时,用算式又怎样表示呢?

问题2:这样的乘法算式太长了! 能用更简洁的式子表示吗?请同学们设计方案,看谁设计出来的方案最好。

让学生集思广益,畅所欲言,自由探究。

（二）自主合作共探讨（激情入境,导入新课）

学生活动一:

学生经过自由探究、大胆猜想、合作交流,最终得出最佳方案:相同因数相乘时,只写一个因数,并在它的右上角写上相同因数的个数,就得到了幂的表达式,由此激情入境,导入新课。

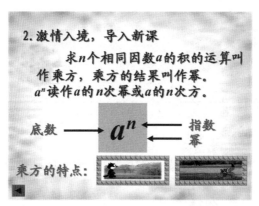

学生活动二:

有理数乘方的定义、有理数乘方的特点均由学生观察、讨论、归纳得出。

设计意图:问题情境的设计给学生营造与实际生活紧密相关的、主动求知的宽松学习氛围,激发学生的学习兴趣。

（三）汇报评议师精导，练习巩固结纲要（自由探究，灵活运用）

1.计算：

(1) 5^3 (2) $(-3)^4$ (3) $\left(-\dfrac{1}{2}\right)^3$

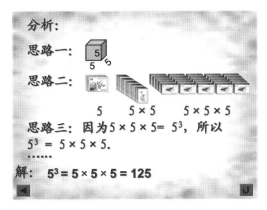

2.计算：

(1) $10^2,10^3,10^4$

(2) $(-10)^2,(-10)^3,(-10)^4$

学生活动：

自由探究，发现规律，总结规律。

这一环节的设计目的在于培养学生学习的主动性，让学生体验探索，体验成功，体会学习数学的乐趣。

（四）反馈拓展步步高（拼、试、做、议，合作交流）

1.拼拼看：把 3，4，5 三个数分别作为底数或指数，看你能组成多少个底数和指数不相等的幂的形式，并比较其大小。

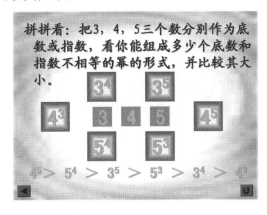

学生活动：

观察探索，排列组合，作出判断。

2.试试看：折纸高过珠穆朗玛峰。

把 1 张厚度是 0.01 毫米的纸对折 1 次后，厚度为 2×0.01 毫米，对折 2 次后，厚度为多少毫米？对折 30 次后，厚度为多少毫米？

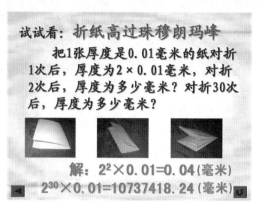

学生活动：

经过计算，比较高度，得出结论。

3.做做看：把 1 米长的绳子，第 1 次截去它的三分之一，第 2 次截去它剩下部分的三分之一，如此截下去，第 6 次后，剩下的绳子有多长？

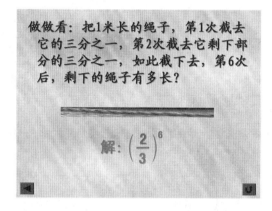

学生活动：

开拓思维，动手操作，并求剩余长度。

4.议议看：妈妈给明明买了 32 块糖，让他将糖分到 5 个盘子里，每个盘子分别放 2^0，2^1，2^2，2^3，2^4 块糖，明明能做到吗？

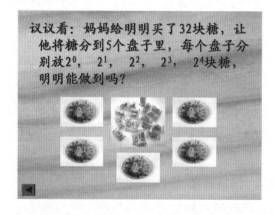

学生活动：

计算，比较。

这一环节是落实教学的中心环节，例题的解题思路和方法均由学生根据有理数乘方的特点自由探究，从探究中总结规律，充分发挥学生的主体作用。在"做做看"中培养学生的动手操作能力，通过计算求绳子剩余长度，让学生体会到探索与成功的喜悦。在"议议看"中把学生带到实际生活中，让学生了解有理数乘方在实际生活中的应用。

通过"拼、试、做、议"四个环节的设计，让学生真正体会到数学与美的和谐统一，数学来源于生活，真正做到学为所用！

5.预期效果

通过由特殊到一般的认知过程，使学生总结出其中的规律，体会到成功的喜悦，可有效地激发学生的主动与合作精神、强烈的求知欲和积极的思维内驱力，使教学气氛很快进入高潮，不同的学生在不同的程度上都有进步。学生体验探索，体验成功，体会乐趣，体会数学与美的和谐统一，学习数学的主动性提高、自信力提升，养成了良好的心理品质和社会责任感。

作业设计

【固本培元强根基】

填空：

(1)$(-1)^{2n}=$ _____；$(-4)^3=$ _____。

(2)$-1^2=$ _____；$-\dfrac{3^2}{4}=$ _____。

(3)若$x^2=9$，则x的值是_____；若$a^3=-8$，则a的值是_____。

【百尺竿头进一步】

1.$(-1)^3$等于（　　　　）

A.-1 　　　　B.1 　　　　C.-3 　　　　D.3

2.一个数的平方等于它本身，则这个数一定是（　　　　）

A.0 　　　　B.1 　　　　C.0或1 　　　　D.±1

3.一个数的立方等于它本身，则这个数是（　　　　）

A.1或-1 　　　　B.-1或0 　　　　C.0或1 　　　　D.1或-1或0

4.对任意实数a，下列各式一定不成立的是（　　　　）

A.$a^2=(-a)^2$ 　　　　B.$a^3=(-a)^3$ 　　　　C.$|a|=|-a|$ 　　　　D.$a^2\geqslant0$

【自主拓展明高低】

1.若a，b互为相反数，c，d互为倒数，且$a\neq0$，则$(a+b)^{2007}+(cd)^{2008}-\left(\dfrac{a}{b}\right)^{2009}=$

_____。

2.若$|m-n|=n-m$,且$|m|=4$,$|n|=3$,求$(m+n)^2$的值。

自我评价及反思：＿＿＿＿＿＿＿＿＿＿＿＿＿＿＿＿＿＿＿＿＿＿＿＿

教师评语及期望：＿＿＿＿＿＿＿＿＿＿＿＿＿＿＿＿＿＿＿＿＿＿＿＿

三、实践反思

这节课的优点在于通过观察、想象、推理、探索、交流、动手操作等过程培养学生的创新精神。同时根据学生的心理特点——七年级学生对疑难问题缺乏自信,容易胆怯,培养学生的自信力,使学生养成良好的心理品质。在教学中,让学生体验探索,体验成功,体会乐趣,体会数学与美的和谐统一,培养学生学习数学的主动性。

1.温故创境明目标

这一环节的教学达到了预想的效果。课堂教学开始,因为创设和学生已有的知识、经验相适应的问题情境,激发学生的参与欲望,使学生迅速沉浸于自主探究中,从而为课堂教学的成功奠定良好的基础。问题情境放在学生跳起来够得着的"最近发展区",达到让学生在力所能及的范围内跳起来主动"摘果"的目的。

2.自主合作共探讨

围绕问题情境,能够做到给学生充足的时间和空间,放手让学生自主探究,充分调动学生的感觉器官和思维器官,让学生经历和体验知识的形成过程和问题的解决过程,从而在过程中开发学生的智力,展示学生主体的个性、创造性、能动性,提高学生的素质。但在高效方面还要下功夫,要思考如何更好地给学生设计问题,如何去分工,如何在小组讨论时适时适当地参与其中并给予恰当的指导。

3.汇报评议师精导

各小组同学的汇报比较成功。在学生上台展示汇总的成果时,各小组争相陈述自己的观点,并不时地评价别人。学生相互质疑,相互激发,为课堂教学的成功奠定了良好的基础。但在高效方面,还要多思考如何让学生更快地拔高一个层次,如何在学生观点错误时给予引导和帮助,如何在学生思路混乱时给予引导和帮助,如何在学生小组合作交流争执时给予引导和帮助,如何在学生理解肤浅、就事论事时给予引导和帮助,如何在学生思路偏离、南辕北辙时给予引导和帮助,如何在学生思维局限、难以拓展时给予引导和帮助等。

4.练习巩固结纲要

这一环节完成得比较好。在让学生熟练掌握有理数乘方法则的基础上,同时激发学生探究新知的热情,让学生体会建模、化归的数学思想。

5.反馈拓展步步高

这一环节完成得比较好,达到了预期的效果。新知识的运用与拓展,能让学生在知识运用与创新中体悟、总结运用知识解决问题的方法与规律,以发展学生的创新思维能力,让学生在其中体验成功,感受创新的快乐。引导学生:你是如何想出来的? 你的根据是什么？还有别的方法吗？哪个方法更好？从而进一步培养学生的创新能力。

　　总之，要倾听学生，做学生的知音，要相信学生能做好，让学生做，让学生敢想、善思、有识，敢于标新立异。教师要引导发现，凡是学生能做的不要包办代替，放下教师的"架子"和学生交朋友，尝试换位思考，让学生当"老师"；教学上把握好"度"，及时指导学生的学习方法；培养学生举一反三的能力；加强课堂教学的灵活性，用书要源于教材又不拘于教材，要服务于学生又要不拘一格；加强课堂教学中的寻求规律的教学，这样，使学生不仅学到知识，而且探究规律的科学精神和创新精神得到进一步提高，真正落实核心素养的培养。

11.任务驱动　素养导向

——以"等腰三角形"为例的几何课例实践

大连高新区第一中学　　　数学组:陈顺莲

一、设计理念

(一)课程分析

1.课程标准

理解等腰三角形的概念,探索并证明等腰三角形的性质定理:等腰三角形的两个底角相等;底边上的高线、中线及顶角平分线重合。

2.教材等课程资源

深入理解新课程标准,做到"三个坚持":坚持目标导向,坚持问题导向,坚持创新导向。确立核心素养导向下的课程目标,落实"三会":会用数学的眼光观察现实世界,会用数学的思维思考现实世界,会用数学的语言表达现实世界。深入挖掘教材,搜集与等腰三角形相关的数学史材料,借助几何画板的计算功能录制动图,帮助学生理解等腰三角形的性质。

3.学情

本节课是在学生已经学习了三角形的基本概念、全等三角形和轴对称知识的基础上,进一步探究特殊的三角形——等腰三角形。通过全等三角形这一章的实验探究,学生已经能够理解实验几何是发现命题和定理的有效途径。通过角平分线和线段的垂直平分线性质的探究和证明,学生已经初步掌握学习图形性质的一般流程,对于全等三角形判定的应用,已经能够进行一些推理证明。但是,由于学生添加辅助线的经验不足,对于何时需要添加辅助线、如何添加辅助线仍缺乏基本的判断,也常常会发出"为什么这样添加辅助线"的疑问。由于认知经验的不足,学生对等腰三角形性质2的理解容易出现错误,影响性质2的应用。

(二)确定大概念

学习完三角形的全等和轴对称的知识后,等腰三角形作为一种简单的轴对称图形,是不是有什么不同于普通三角形的性质呢?所以确定接下来几节课的大概念为:等腰三角形的性质和判定。这个大概念包含五个课时:等腰三角形的性质、等腰三角形的判定、等边三角形的性质和判定、直角三角形的性质、等腰三角形习题课。本课是这个大概念的起始课:等腰三角形的性质。

1.分析重难点

等腰三角形的性质为证明两个角相等、两条线段相等、两条直线垂直提供了方法，也是后续学习等边三角形、菱形、正方形、圆等内容的基础。等腰三角形性质的探索是通过轴对称进行的，借助轴对称发现性质，得到添加辅助线的方法。因此，确定本课的教学重点：探索并证明等腰三角形的性质。基于对上面学情的分析，确定本课的难点：性质1证明中辅助线的添加和对性质2的理解。

2.资源整合

将等腰三角形、等边三角形、直角三角形这几种特殊三角形的性质和判定整合在一起，从内容上来看，都是将实验几何和论证几何有机结合，将图形的变化与图形的性质有机整合，利用图形的变化得到图形的性质，再通过推理证明这些结论，使学生经历了一个观察、实验、探究、归纳、推理、证明的认识图形的全过程，完成由实验几何到论证几何的过渡。

3.确定学习内容

等腰三角形的性质、等腰三角形的判定、等边三角形的性质和判定、直角三角形的性质、等腰三角形习题课。

（三）规划教学过程

1.厘定学习目标

基于以上学情分析，结合新课程标准对于落实核心素养的要求，确定如下学习目标：

（1）通过观察、实验、测量等活动，发现并归纳等腰三角形的两个性质，发展几何直观和抽象能力。

（2）经历用逻辑推理方法证明等腰三角形两底角相等的性质，体会实验几何和论证几何这两种方法的联系和区别，感受化归、类比等数学思想。

（3）结合等腰三角形性质的探索与证明过程，体会轴对称在研究几何问题中的作用。

（4）能运用等腰三角形的性质解决有关的几何问题，发展逻辑推理能力。

（5）体会数学来源于生活又服务于生活的道理，感悟数学的文化价值。

2.设计核心问题

如何利用水准仪测量一条直线是否水平？

3.表现性任务

（1）利用水准仪测量黑板下边框是否水平。

（2）借助PPT图片，解释利用水准仪测山高的过程。

（四）嵌入式评价

评价量表		
核心素养	评价标准	评价等级
抽象能力	优秀:能够熟练地用符号语言表达等腰三角形的两个性质并能进行推理证明。 合格:基本会用符号语言并能进行简单的证明。 待提高:不能熟练地将性质的文字表达转化为符号语言。	优秀　☐ 合格　☐ 待提高☐
几何直观	优秀:通过图形能很快发现数量或位置关系。 合格:通过讲解能发现图形的数量或位置关系。 待提高:很难有发现。	优秀　☐ 合格　☐ 待提高☐
推理能力	优秀:能够独立完成所有命题和习题的推理证明。 合格:大部分能独立完成,其他经过讲解后能完成。 待提高:自己不能独立完成,同伴讲后也不会。	优秀　☐ 合格　☐ 待提高☐
创新意识	优秀:能够用多种方法证明命题1和练习题。 合格:能够用一种方法证明命题1和练习题。 待提高:现在依然不会命题1或练习题的证明。	优秀　☐ 合格　☐ 待提高☐
应用意识	优秀:理解水准仪的原理并能描述测山高的过程。 合格:能理解水准仪的原理。 待提高:不理解水准仪的原理。	优秀　☐ 合格　☐ 待提高☐
姓名:		
评价任务得分:		
核心素养得分:		
总得分(满分15分):		

注:优秀3分,合格2分,待提高1分。

二、设计与实施过程

（一）温故创境明目标

引入:左图为一位古罗马人的墓碑,墓碑上显示的图形为他生前工作的工具——水准仪,这里老师也效仿古人制作了一个简易的水准仪,你能发现是什么几何图形吗?右图为利用水准仪测量山高的过程,你能明白其中的奥妙吗?相信通过本课的学习,你可以感受到古人的智慧。

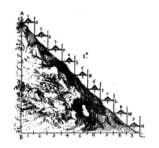

下面来看一下本节课的学习目标(见本书143页)

设计意图:通过图片展示引入等腰三角形的概念,通过介绍数学史激发学生学习本课的兴趣和求知欲。

（二）自主合作共探讨

任务一:通过适当的方式折叠等腰三角形,找出所有重合的线段和角,猜想等腰三角形的性质。[对应学习目标(1)(3)]

活动一:你能用长方形纸片、圆规、直尺、剪刀等工具剪出一个等腰三角形吗?

设计意图:不限制学生得到等腰三角形的方式,发散思维。

活动二:将等腰三角形沿适当的线折叠,写出所有重合的角和线段,由此你能得到等腰三角形的哪些性质猜想?

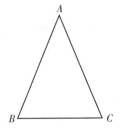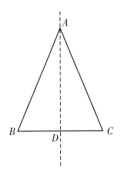

重合的角:＿＿＿＿＿＿＿＿＿＿＿＿＿;重合的边:＿＿＿＿＿＿＿＿＿＿＿＿。

性质1猜想:＿＿＿＿＿＿＿＿＿＿＿＿＿＿＿＿＿＿＿＿＿＿＿＿＿＿＿＿＿。

性质2猜想:＿＿＿＿＿＿＿＿＿＿＿＿＿＿＿＿＿＿＿＿＿＿＿＿＿＿＿＿＿。

①若 AD 为＿＿＿＿＿＿＿＿＿＿＿＿,则 AD 为＿＿＿＿＿＿＿＿＿＿＿。

②若 AD 为＿＿＿＿＿＿＿＿＿＿＿＿,则 AD 为＿＿＿＿＿＿＿＿＿＿＿。

③若 AD 为＿＿＿＿＿＿＿＿＿＿＿＿,则 AD 为＿＿＿＿＿＿＿＿＿＿＿。

师生活动:学生尝试不同的折叠方式,找到最合适的折叠方法。寻找所有重合的线段或角。学生得到猜想后交流沟通。得到性质1的猜想后,教师引导学生回答折痕是三角形的什么,学生不同的回答引发思考,得出"三线合一"的猜想。这里教师运用几何画板展示,三角形在变为等腰三角形时"三线"逐渐"合一"的过程。教师重点引导学生分析"三线合一"的含义,从而得到三个命题。

设计意图:学生从研究一个等腰三角形得出特征,进而猜想性质,到全班同学都得到类似的猜想,体会从特殊到一般的数学思想,同时培养学生的抽象概括能力。几何画板演示可以通过几何的动态变化,加强学生几何直观,让其体会"三线合一"的内容实质。

任务二:构造不同的辅助线证明性质1。[对应学习目标(2)]

活动:对几何命题进行证明的一般流程是什么?你能完成以下证明吗?(写出其中一种证明方法,另外两种作出辅助线,进行说理即可)

命题1:＿＿＿＿＿＿＿＿＿＿＿＿＿＿＿＿＿＿＿＿＿＿＿＿。

已知:＿＿＿＿＿＿＿＿＿＿＿＿＿＿＿＿＿＿＿＿＿＿＿＿；

求证:＿＿＿＿＿＿＿＿＿＿＿＿＿＿＿＿＿＿＿＿＿＿＿＿。

证明1	证明2	证明3

符号语言:＿＿＿＿＿＿＿＿；

＿＿＿＿＿＿＿＿(＿＿＿＿＿＿＿＿＿＿＿＿＿＿)。

师生活动:通过问题,学生回忆命题证明的一般过程,教师引导学生说出证明角相等的方法是把目标角放在两个全等三角形中,通过构造相应的辅助线实现。小组合作探讨不同的辅助线。学生尝试证明,教师巡视,寻找三种不同的证明方法(辅助线分别为:底边的中线,顶角的平分线,底边的高),生成黑板板书。

设计意图:让学生经历完整的命题证明过程,从操作实验中发现辅助线的添加方法,运用不同的方法证明性质1,提高思维的深刻性和广阔性,体现了化归的数学思想,也为后续"三线合一"的证明提供基础。

任务三:能够借助性质1的三种证明方法通过说理的方式证明性质2的三个命题,并能写出三个命题的符号语言,体会"折痕"的作用。[对应学习目标(3)]

符号语言:

① ∵ ＿＿＿＿＿＿＿＿＿＿＿＿＿；

∴ ＿＿＿＿＿＿＿＿＿＿＿＿＿。

② ∵ ＿＿＿＿＿＿＿＿＿＿＿＿＿；

∴ ＿＿＿＿＿＿＿＿＿＿＿＿＿。

③ ∵ ＿＿＿＿＿＿＿＿＿＿＿＿＿；

∴ ＿＿＿＿＿＿＿＿＿＿＿＿＿。

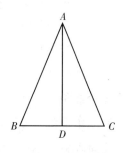

师生活动:根据三个文字命题,教师引导学生联想三个命题中的条件 AD 分别对应着命题1中的三条辅助线,让学生逐一进行说理证明。写出三个命题的符号语言,

生成黑板板书。

设计意图:能用符号语言简洁表达性质 2 的含义,会进行文字语言、符号语言、图形语言的转化。

(三)汇报评议师精导

师生活动:学生对学案中的内容以小组的形式进行汇报,教师补充,强调数学思想方法,落实核心素养目标。

设计意图:以学生为主体,教师为引导,培养学生的几何表达与逻辑思维。

追问 1:在等腰三角形性质的探索过程中,"折痕"发挥了非常大的作用,你能发现等腰三角形具有什么样的整体特征吗?

师生活动:学生回答,等腰三角形是轴对称图形,折痕(底边上的高、底边上的中线、顶角的平分线)所在的直线是等腰三角形的对称轴。

设计意图:让学生理解等腰三角形的轴对称性,并体会对称轴在探索等腰三角形性质的过程中的重要作用。

追问 2:等腰三角形的性质可以用来证明哪些问题?

师生活动:学生回答,可以用来证明两个角相等、两条线相等以及线段的垂直关系。

设计意图:进一步理解等腰三角形性质的作用,启发学生建立知识之间的联系。

(四)练习巩固结纲要

任务四:完成练习 1、练习 2 及反馈题。[对应学习目标(4)]

练习 1:对照图 1,小组同学以接龙的方式完成今天四个命题及其符号语言的描述,一名同学说某个性质的文字表达,指定下一名同学说出相应的符号语言,没接上的同学经组员提示后需再进行一次接龙,直到完成全部性质。(限时 2 分钟)

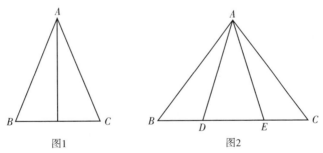

图1   图2

练习 2:如图 2,点 D,E 在 △ABC 的边 BC 上,$AB = AC$,$AD = AE$。求证:$BD = CE$。

师生活动:练习 1 学生口答,练习 2 笔答。教师巡视,寻找不同的解答方法,找学生板演。

设计意图:通过不同的辅助线练习,帮助学生灵活运用两个性质。

（五）反馈拓展步步高

反馈：

（1）如图1，在△ABC中，AB＝AC，∠A＝36°，则∠B＝_____。

（2）如图2，在△ABC中，AB＝AC，∠B＝50°，则∠A＝_____。

（3）已知等腰三角形的一个内角为70°，则它的另外两个内角的度数分别是_____。

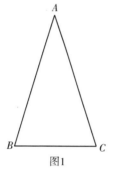

图1

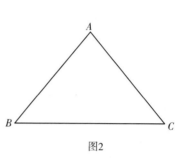

图2

任务五：完成拓展题。[对应学习目标（5）]

拓展：

（1）描述水准仪的作用及工作原理。

（2）描述用水准仪测量山高的过程。

设计意图：反馈部分巩固等腰三角形等边对等角的性质；拓展（1）帮助学生深刻理解"三线合一"的性质定理，感受数学的应用价值；拓展（2）回到起点，解决课前抛出的问题。

三、实践反思

首先从创设情境方面，由古罗马人的墓碑和古埃及人用水准仪测高的图片引入，教师制作的简易水准仪，能够激发学生的好奇心，让学生带着对新课的求知欲开始本课的学习。在探究性质的过程中，凸显学生的主体性，全程由学生自主探究、合作讨论、汇报成果，教师作为"主持人"必要时进行补充、强调、归纳方法。在练习方面，教师能够从内容出发，抓住学生的薄弱点，针对"三线合一"的理解进行强调，并能够在后续练习中让学生以小组接龙的形式进行符号语言与文字表达的相互转化，攻克难点。

本课是采用"'教—学—评'一体化"的授课模式进行的，将教学评价的顺序安排在教学活动前面，使教学评价能够对教学活动的安排起到指导作用，使评价任务能够融入教学过程中，最终实现教、学、评三方面一致。学生在任务驱动下能够良好地完成教学目标。但由于本课内容较多，部分学生还是不能熟练地进行等腰三角形性质的应用，这还需要在后续课堂上继续训练。惭愧的是，"'教—学—评'一体化"的授课模式虽然已经被研究很多年了，但是笔者才开始认真学习并尝试将其应用于课堂，由于时间有限，可能还有很多不足之处，我会继续学习探索。

12.路径之谜:情境下的"教与学"

——以"最短路径问题"为例的教学设计与实践

大连高新区第一中学 数学组:祝小童

一、设计理念

(一)课程分析

1.课程标准

数学新课程标准指出,数学建模是对实际问题进行数学抽象,用数学语言表达问题、用数学方法构建模型解决问题的素养。数学建模过程主要包括:"在实际情境从数学的视角发现问题、提出问题、分析问题、建立模型,确定参数、计算求解、检验成果,最终解决实际问题。"通过数学建模活动,学生能有意识地用数学语言表达现实世界,发现和提出问题,感悟数学与现实世界的关联,学会用数学模型来解决实际问题。积累数学实践的经验,提升实践能力,增强创新意识和科学精神。

初中数学的最短路径问题,无论是哪一个版本的教材都会从"两点之间,线段最短"开始,贯穿于七、八、九年级的几何教学之中,在七年级的《平面直角坐标系》、八年级的《三角形》《轴对称》《勾股定理》《平行四边形》《一次函数》、九年级的《二次函数》《圆》等章节得到较为复杂和灵活的运用。

2.教材等课程资源

"最短路径问题"教学设计秉持新课标教学理念,以核心素养为导向,将教学内容进行结构化整合,以层层递进的问题链串联起已学和待学的相关知识,引导学生从具体情境中抽象出数学问题,开展有情境的数学教学,带领学生经历数学建模的过程,将数学世界与现实世界建立起联系,让学生充分感知数学来源于生活,也应用于生活。让学生在贯通知识、掌握方法的同时,感受数学的美和价值。课堂活动设计以学生为主体,利用多媒体教学,激发学生主动参与、主动思考的学习热情。

除了深入挖掘教材内容,还利用导学案为学生提供丰富的学材,学生经过预习,不仅可以熟悉学习内容,打开视野,更便于独立思考,形成问题思维,提高学习效率。

此外,利用信息技术创造有效的学习环境,使信息技术与数学学科更好地融合,发挥信息技术对数学课程教学的提升作用,借助几何画板进行直观验证,增强学生的几何直观能力,培养学生的数学核心素养。

3.学情分析

（1）已有知识与技能储备

初二的学生具有一定的数学建模意识，能将实际问题抽象成数学问题，并且已掌握了"两点之间，线段最短"和"三角形两边的和大于第三边"的基本事实。

（2）仍存在的学习探究难点

最短路径问题，从本质上说是最值问题，作为初二学生，在此前很少接触最值问题，解决这方面问题的数学经验尚显不足，特别是面对具有实际背景的最值问题，更会感到陌生，无从下手。

当两点在直线同侧时，如何在直线上找到一点使得距离和最小，需要将其转化为直线异侧的两点与直线上的点的线段和最小问题。为什么需要这样转化？怎样通过轴对称实现转化？一些学生会存在理解上和操作上的困难。

在证明最短路径时需要在直线上任取一点（与所求的点不重合），证明所连线段和大于所求作的线段和，这种思路和方法有些学生想不到。

（二）确定大概念

最短路径问题在现实生活中经常遇到，初中阶段主要以"两点之间，线段最短""连接直线外一点与直线上各点的所有线段中，垂线段最短"为知识基础进行研究。

本节课通过情境教学开展对最短路径问题的课题研究，让学生经历将实际问题抽象为数学的线段和最小问题，再利用轴对称将线段和最小问题转化为"两点之间，线段最短"或"三角形两边的和大于第三边"问题。

1.分析重难点

本节课是在学习了"两点之间，线段最短"和轴对称的性质、图形的平移的基础上，引导学生探究如何综合运用知识解决最短路径问题。它既是轴对称、三角形知识运用的延续，又能培养学生自主探究、学会思考的能力，在知识与能力转化上起到桥梁作用。

基于以上分析，确定本节课的教学重难点：

重点：利用轴对称将最短路径问题转化为"两点之间，线段最短"问题，学会从知识内容中提炼出数学模型和数学思想方法。

难点：从复杂的图形中抽象出最短路径问题的基本数学模型，找出本质问题。

2.确定学习内容

根据实际的问题情境抽象出数学模型，运用轴对称的性质及"两点之间，线段最短"探究最短路径问题。具体表现：

（1）能根据问题情境抽象出数学模型。

（2）分析题意，作图找到最短路径。

（3）能利用所学知识对所画图形进行说理验证。

（4）经历操作、猜想、验证、总结这一过程，提高学生的逻辑思维能力。

（三）规划教学过程

1.学习目标

（1）能根据实际情境抽象出数学模型,运用轴对称的性质及"两点之间,线段最短"探究最短路径问题。

（2）能说明最短路径选址问题中的道理,体会图形的变化在解决最值中的作用,培养几何直观和推理能力。

（3）会用数学的思维思考现实世界,感悟转化思想在最值中的应用,提升逻辑思维能力。

达成目标的标志:学生能把实际问题抽象为数学问题中求线段和最小问题;能利用轴对称将线段和最小问题转化为"两点之间,线段最短"问题;能通过逻辑推理证明所求距离最短;在探索最短路径的过程中,体会轴对称的桥梁作用,感悟转化思想。

2.核心问题

运用轴对称的性质及"两点之间,线段最短"解决最短路径问题。

3.表现性任务

基于学科融合,以"官渡之战"为背景,创设不同的故事情境,形成问题链,设置三个学习任务,鼓励学生将经典的数学问题一一破解。

（四）嵌入式评价

学生"参与情况"评价记录表

项目	指标	评价等级	自评	互评	师评
积极参与数学活动	能全程参加学习活动	A:积极 B:一般 C:不积极			
	能发表自己的意见				
	能发现、提出问题				
自信并具有毅力	敢于提出和别人不一样的问题	A:经常 B:一般 C:很少			
	大胆尝试并表达自己的想法				
	坚持自己的观点,并能寻求解决办法				
乐意与同伴交流	愿意参加小组内活动	A:能 B:不能 C:很少			
	认真倾听别人的意见				
	积极参与讨论和交流				

学生"倾听情况"评价记录表

优秀	良好	待提高
□听他人说话时,能看着对方的眼睛,专注倾听,不做小动作。 □不插话,不打断对方。 □能主动记录并理解对方表达的意思。	□听他人说话时,基本注视着对方,基本不做小动作。 □基本上不插话,不打断对方。 □能基本理解对方表达的意思。	□听他人说话时,目光游离,注意力在自己手中的材料上或其他事情上。 □插话,打断对方的话。 □对方表达的内容倾听不全,导致无法理解。

二、课程设计与实施

(一)温故创境明目标

师生活动:回顾"官渡之战"历史故事

官渡之战,是东汉末年"三大战役"之一,也是中国历史上著名的以弱胜强的战役之一。建安五年(200年),曹操军与袁绍军相持于官渡(今河南中牟东北),在此展开战略决战。曹操奇袭袁军在乌巢(今河南延津境内)的粮仓,继而击溃袁军主力。此战奠定了曹操统一北方的基础。

本节课以此为背景,设置不同的学习任务,鼓励学生一一破解。

创设新的问题情境:曹军遣队趁夜到河对岸的袁军营地附近做好埋伏(如图1),应该怎样走路线最短?

图1

设计意图:复习"两点之间,线段最短"。学生独立操作,确定路线。

(二)自主合作共探讨

任务一:曹军在攻占袁军营地后,需分设营地和马场两个驻扎点(如图2),为了给战士和马匹提供饮水,计划在河边修建水站,为减小挖渠的工作量,水站应选在何处?

作＿＿＿＿＿＿＿＿＿＿＿。

连＿＿＿＿＿＿＿＿＿＿＿。

结论:＿＿＿＿＿＿＿＿＿＿。

验证:＿＿＿＿＿＿＿＿＿＿。

图2

设计意图:随着历史故事情境变化,进一步激发学生的探究欲望,通过已有知识,将两点在直线同侧的问题转化为两点在直线异侧的问题,把问题由陌生向熟悉转化,感悟转化思想,提升逻辑思维能力。

任务二:为巩固战果,曹军修建了两条防御工事,在其内部修建了一座粮仓(如图3),为提高运送效率,准备在粮仓和两条防御工事间修三条通道,以方便运送粮草,怎样设计能使路径最短?

作 _____。

连 _____。

结论:_____。

验证:_____。

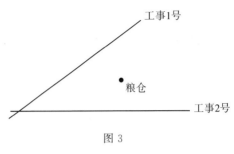

图3

设计意图:情境再次变化,发展空间想象力,利用知识的类比、迁移,进一步体会轴对称的桥梁作用,丰富数学活动。

整合:将一个点作两次关于直线的轴对称,和"两点之间,线段最短"结合起来。

任务三:侦察兵申请在两条防御工事内各修建一个瞭望塔,并已规划好士兵侦察路线,即从兵营出发,先去1号瞭望塔再去2号瞭望塔侦察,侦察完毕回将军营汇报侦察结果。如图4,要怎样设计两个瞭望塔的位置,才能使士兵走的路程最短?

作 _____。

连 _____。

结论:_____。

验证:_____。

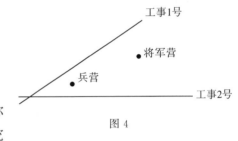

图4

设计意图:情境不断变化,充分体会轴对称的桥梁作用;利用知识的迁移,进一步巩固探究最短路径问题的基本策略和方法,提升分析问题、解决问题的能力。

整合:将复杂背景中的问题与抽象的两个点作两次关于直线的轴对称结合起来,将直觉猜想和验证结合起来,培养学生严谨的思考习惯。

(三)汇报评议师精导

学生代表汇报并板演,其他同学补充评价。

任务一:

1.数学建模:从实际问题中抽象出数学模型,并画出图形。

2.画出最短路径。

如图5,作点 A 关于直线 l 的对称点 A';

连接 $A'B$ 交直线 l 于点 P,连接 AP,PB;

$AP+PB=A'P+PB=A'B$。

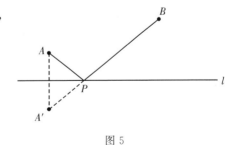

图5

3.进行说理验证。

如图6,在直线 l 上任取一点 P',连接 AP',BP',$A'P'$;

在△ $A'P'B$ 中,$A'P'+BP'>A'B$;

即 $AP'+BP'>AP+PB$。

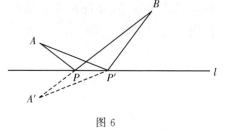

图6

4.几何画板动态演示。

设计意图:让学生进一步体会作图方法的正确性,提高逻辑思维能力。

任务二:

1.数学建模:从实际问题中抽象出数学模型,并画出图形。

2.画出最短路径。

如图7,分别作点 C 关于直线 a,b 的对称点 C',C'';

连接 $C'C''$ 交直线 a 于点 A,交直线 b 于点 B,连接 CA,CB;

$CA+AB+BC=C'A+AB+BC''=C'C''$。

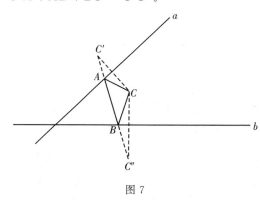

图7

3.进行说理验证。

如图8,在直线 a 上任取一点 A',连接 $C'A'$,CA',$A'B$;

在△ $C'A'B$ 中,$C'A'+A'B>C'B$;

即 $CA'+A'B+BC>CA+AB+BC$。

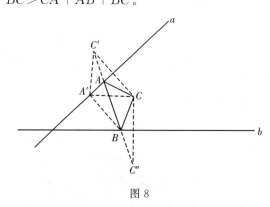

图8

4.几何画板动态演示(如图 9)。

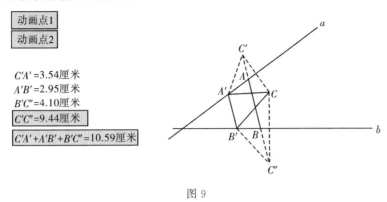

图 9

设计意图:让学生进一步体会作图方法的正确性,提高逻辑思维能力。

任务三:

1.数学建模:从实际问题中抽象出数学模型,并画出图形。

2.画出最短路径。

如图 10,作点 A 关于直线 l_1 的对称点 A';

作点 B 关于直线 l_2 的对称点 B';

连接 $A'B'$ 交直线 l_1 于点 P,交直线 l_2 于点 Q,连接 AP,PQ,QB;

$AP+PQ+QB=A'P+PQ+QB'=A'B'$。

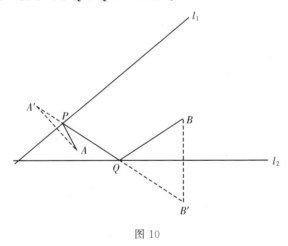

图 10

3.能进行说理验证。

4.几何画板动态演示(如图11)。

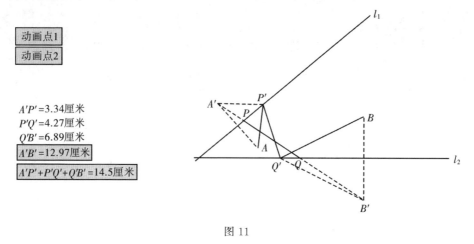

图 11

设计意图:让学生进一步体会作图方法的正确性,提高逻辑思维能力。

总结:在解决最短路径问题时,通常运用轴对称的性质及"两点之间,线段最短"将未知问题转化为已知问题,从而选出最短路径。

设计意图:归纳总结,让学生养成反思的好习惯,积累解决问题的方法,再次体会转化的数学思想。

(四)练习巩固结纲要

【链接中考】如图 12,在 Rt △ACB 中,∠C = 90°,∠ABC = 75°,AB = 5,点 E 为边 AC 上的动点,F 是边 AB 上的动点,则线段 FE + EB 的最小值是(   )

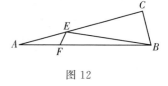

图 12

A. $\dfrac{5\sqrt{3}}{2}$ B. $\dfrac{5}{2}$ C. $\sqrt{5}$ D. $\sqrt{3}$

设计意图:本题取材于"任务一",只是在利用轴对称的知识转化后,还需利用"垂线段最短"求最值,综合性更强。

(五)反馈拓展步步高

1.如图,点 A,B 分别为∠MON 边上的定点,分别在∠MON 的两边 OM,ON 上找两点 P,Q,使 AP + PQ + QB 最小。(保留作图痕迹,不要求写作法)

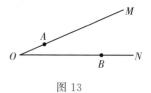

图 13

设计意图:设计与学习目标相匹配的练习巩固题目,让学生经历独立解题的过程,检测其学习目标的达成情况。

2.如图,A 与 B 两地在一条河的两岸,现要在河上建一座桥 MN。桥建在何处可使从 A 地到 B 地的路径 AMNB 最短?(假设河的两岸是平行的直线,桥要与河垂直)

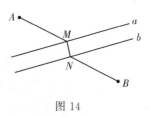

图 14

设计意图:"造桥选址"问题有着非常好的实际背景,情境贴近生活。利用转化思想进行推理,探索最短路径问题的数学本质,实现思维进阶。

整合:将平移作图和求最短路径结合起来。

板书设计:

13.4 最短路径问题

轴对称的性质──→最短路径 　　　　汇报1:　　　汇报2:　　　汇报3:

两点之间,线段最短

三角形两边的和大于第三边──→说理验证 　　　　小组代表板演示范
其他同学补充评价

化未知为已知──→转化思想

作业设计

【固本培元强根基】

1.如图 15,∠AOB=30°,点 P 为∠AOB 内部一点,OP=10.点 M,N 分别在 OA,OB 上,求△PMN 周长的最小值。

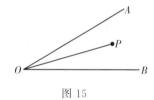

图 15

【自主拓展明高低】

2.如图 16,在四边形 $ABCD$ 中,∠BAD=130°,∠B=∠D=90°,点 E,F 分别是线段 BC,DC 上的动点。当△AEF 的周长最小时,求∠EAF 的度数。

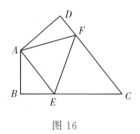

图 16

【多样实践悟原理】

3.如图 17,在长方形 $ABCD$ 中,AB=3,AD=4,E,F 分别为 BC,CD 两边上的动点,且 DF=BE,试求 AF+DE 的最小值。(提示:在直角三角形中,两条直角边的平方和等于斜边的平方)

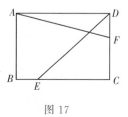

图 17

设计意图:通过设计三个不同层次的、与学习目标相匹配的作业检测题目,让学生经历独立解题的过程,检测其学习目标的达成情况。第 3 题的综合性较强,既利用了三角形全等找最短路径,也用到了勾股定理求最值,实现了知识的上挂下联。

三、实践反思

本节课通过情境教学开展对最短路径问题的课题研究,基于学科融合,以"官渡之战"为背景,创设不同的故事情境,让学生在实际情境中感知数学与生活的联系,通过建立数学模型来解决实际问题,发展学生的数学抽象、数学建模、几何直观及推理能力。借助轴对称的性质及"两点之间,线段最短"研究最短路径问题,进一步理解转化思想在数学中的应用。针对本课内容,从以下两方面进行反思总结:

（一）发现优点，肯定自己

1.凸显学生主体

本节课设置了三个进阶式的学习任务,尽最大努力实现了:学生带着任务走向自己,学生带着任务走向同学,学生带着任务走向老师。

2.注重情境教学

本节课通过不同的故事情境,激发了学生的学习兴趣,迅速把学生引入本节课的教学活动中,学生在具体情境中培养学数学、用数学的能力,感悟数学的思想方法,真正体现了新课标理念中数学活动的深入有效开展。

3.丰富课堂教学手段

新技术手段和软件环境、网络环境应当更好地服务于师生,问题的呈现引发了学生的观察和验证、教师点拨和学生之间的互动,力求形象直观、生动准确地还原问题和概念。本节课借助几何画板进行验证,增强几何直观。

4.渗透数学思想

新课标中明确提到数学思想方法的显性要求。平时的教学中经常侧重于解题训练,而忽略新内容学习中数学思想方法的训练,这仅靠多做题是无法实现的,学生往往学得又累又不得法。本节课数学思想方法的挖掘与呈现主要体现为:能够将新旧知识进行有效联系;学生能将一个复杂的问题转化为若干个简单的问题;教师在教学过程中经常渗透思想方法;在教师的引导下,学生基本能够独立完成新内容的学习。

（二）改进不足，提高自己

1.任务与活动的关系处理得不够好

学习任务是教师根据学习目标确定的学习内容和学习要求;学习活动是教师组织学生进行学习的具体方式。通俗地说,如果任务是目的,那么活动就是路径、是手段。总之,任务需要通过活动来完成。

因此,本课应该这样设计:

首先,根据核心素养下的学习目标设定三个进阶化的学习任务。然后,在每一个

学习任务下都有学生的自主活动和小组活动。具体表现为:

(1)学生根据每一个具体情境抽离出数学模型并动手标记。

(2)学生利用轴对称的性质和"两点之间,线段最短"尝试画出具体路径。

(3)学生利用尺子、皮筋、细绳等工具对所画图形进行测量。

(4)学生通过严谨的推理证明验证猜想,得出结论。

学生通过动脑思考、动手操作,把自己的所做所思进行组内讨论分享,让每一名学生都有参与感,有表现的机会。学生在经历操作、猜想、验证、总结这一系列活动后,能够掌握"如何找最短路径"并能进行说理验证。

通过以上的学习活动,学生能够自信地表达自己的想法。在课堂上进行汇报评议,补充评价。在师生间的纵向交流和生生间的横向交流中形成网络化的连锁反应,实现课堂教学的信息传递,力求打造高效课堂。

2.课堂评价没有掌握好时机,教师的评价语言较为单一

评价在"教—学—评"中起调控主导作用,评价应围绕核心素养,形成定标、达标、验标的过程。评什么,应从学生的知识、思想、方法和育人这四个维度来展开。评价的内容要简洁清晰,提炼要点。在本课的设计中,有学生的过程性评价和终结性评价,但是教师评价的语言较为单一,评价的时机掌握得不是很好。因此这节课我应该这样做:

(1)加强小组合作学习的评价,小组成员在合作学习中任务分工、努力程度、学习成果的表达等方面差异性比较大,要通过对每个小组成员进行过程性评价引导每个成员都发挥自己的作用。

(2)加强学习分享,分享是表现学习成果的一种重要方式,有利于学生相互交流,取长补短,积累学习经验;激发学生发现问题、提出问题、分析问题、解决问题的能力,使学生养成"学、问、思、辨、行"的好习惯。

13.式以类聚　合合共美

——《整式的加减》第一课时教学设计

大连高新区第一中学　　　数学组：王兵

一、设计理念

"整式的加减"是运算由数到式的首次跨越，本教学设计以五环课堂为基础，融入了"'教—学—评'一体化"的理念，以"长方形面积"为桥梁让学生对合并同类项有初步的直观认识，以三大递进式任务为驱动实现学习过程的进阶，进而使学生掌握整式加减运算的关键——合并同类项，提升数学运算的素养。

（一）课程分析

1.课程标准

掌握合并同类项法则，能进行简单的整式加减运算。

2.教材等课程资源

整式的加减运算在人教版《数学》七年级上册第四章第二节的第一部分，是"数与代数"领域中最基本的运算，它是今后学习整式的乘除、因式分解、分式和根式运算、方程及函数等知识的重要基础。同类项及合并同类项的法则是学习整式的加减运算和一元一次方程的直接基础。整式的运算与数的运算具有一致性，可以类比数的运算来学习式的运算，用数的运算法则和运算律对式子进行变形和化简。这充分体现了"数式通性"及由数到式、由特殊（具体）到一般（抽象）的数学思想。

3.学情

在前面的学习中，学生已经掌握了有理数的运算，了解了字母表示数的意义，这些知识对本课的学习起铺垫作用。七年级学生的认知水平、抽象概括能力和迁移能力都有待逐步提高。在进行整式的加减运算时，对于如何判断同类项、为什么可以把同类项进行合并、如何合并同类项，学生理解和运用起来还是有困难的，还需要教师引导学生进行"数"与"式"的类比，分析含有字母的式子的结构。教学中需要多展示找同类项及合并同类项的过程，积累感性经验，丰富学习体验，逐步达到对"式"的运算的理解。

（二）确定大概念

本节内容属于代数系统，代数是数学的一个分支，主要研究代数式、方程和不等式等内容。初中数学需要学生了解代数式的组成、运算和化简方法，以及基本的方程和不等式的解法。本节的主要内容正是学习代数式的运算和化简方法。同时，合并同类项是建立在数的运算基础上的，在合并同类项的过程中要运用数的运算，因此它是有理数加减运算的延伸与拓展。合并同类项也是今后学习整式加减、解方程、解不等式的基础,所以本课内容起着承上启下的作用。

1.分析重难点

教学重点:同类项的概念及合并同类项的法则,感受"数式通性"和类比的思想。

教学难点:正确判断同类项,准确合并同类项,感受合并同类项的必要性。

2.资源整合

本节课首先引入杭州亚运会的情境素材,让学生通过具体情境中图形面积的计算,感受合并同类项的必要性。接着基于教材展开本节课的主体内容,引入实例探究同类项的定义,类比数的运算探究合并同类项的法则,最后在习题中实践利用法则进行合并同类项的运算,发展数学抽象、运算的素养。

3.确定学习内容

合并同类项的概念,合并同类项的法则。

(三)规划教学过程

1.厘定学习目标

(1)通过事例概括得出同类项的概念,会在具体情况下识别同类项,发展数学抽象能力。

(2)通过类比数的运算,概括得出合并同类项的法则,感受类比的思想,发展数学抽象能力。

(3)通过练习,能熟练进行合并同类项的运算,化简多项式及求值,发展数学运算能力。

(4)通过中国杭州亚运会情境的创设,体会数学应用意识及民族自豪感。

2.设计核心问题

(1)什么是同类项?

(2)怎样进行合并同类项?

3.表现性任务

(1)完成任务一,利用情境素材和实例探究同类项的定义,达成学习目标(1)。

(2)合作完成任务二,类比数的运算探究合并同类项的法则,达成学习目标(2)。

(3)合作完成任务三,利用法则进行合并同类项的运算,发展数学抽象、运算的素养,达成学习目标(3)。

二、设计与实施过程

(一)温故创境明目标

【创境】亚运会的入场顺序

大型运动会开幕式各个国家运动员入场的顺序是如何确定的呢?

【任务前置】求亚运村公寓面积

参加亚运会的选手们回到亚运村后,对亚运村的环境一致好评,下图是运动员公寓的户型图。根据图中的数据(单位:m),用含 x,y 的式子表示房间总面积。

（二）自主合作共探讨　汇报评议师精导

阅读教材第 62—64 页的内容,完成以下任务。

任务一:探究同类项的定义[指向学习目标(1)]

学习活动一:问题思考

在 $8n$ 和 $5n$,$3x^2$ 和 $\frac{1}{3}x^2$,$3ab^2$ 和 $-4ab^2$ 中,每组整式的字母有什么特点?字母的指数有什么特点?

学习活动二:明晰同类项定义

所含_____相同,并且_____也相同的项叫作同类项。

特别地,_____也是同类项,如 0 和 -5 是同类项。

【学习提示】先自己独立思考,然后再讨论交流,小组之间互相补充,归纳每组两个单项式的共同特点,并尝试用自己的语言表达出来,锻炼自己的抽象概括能力。通过完成学习活动二,检验对同类项定义的理解,进一步体会哪些是同类项的本质特征,哪些不是同类项的本质特征。

评价任务	得分点	分数
任务一	1.理解同类项的概念(1分)	
	2.掌握同类项的判定方法(1分)	

任务二:探究合并同类项法则[指向学习目标(2)]

学习活动一:问题思考

在西宁到拉萨路段,列车在冻土地段、非冻土地段的行驶速度分别是 100 km/h 和 120 km/h,通过非冻土地段所需时间是通过冻土地段所需时间的 2.1 倍,如果通过冻土地段需要 2 h,怎样列式表示这段铁路的全长?如果通过冻土地段需要 t h,能用含 t 的式子表示这段铁路的全长吗?类比数的运算如何对含 t 的式子进行化简呢?

分析

$100 \times 2 + 120 \times 2.1 \times 2 = 100 \times 2 + 252 \times 2 =$ _____ $=$ _____,

(依据:_____)

类比数的计算方法简化式子。

$100t + 252t =$ _____ $=$ _____。

学习活动二:明晰合并同类项的概念

把多项式中的_____合并成_____,叫作合并同类项。这种运算的依据是

_____。

学习活动三:归纳合并同类项法则

合并同类项后,所得项的系数是合并前各同类项的系数的_____,字母连同它

的指数_____。

学习活动四:小试牛刀

合并同类项:

(1)$8n + 5n$

(2)$-4a^2b + 3a^2b$

评价任务	得分点	分数
任务二	1.理解合并同类项的概念(1分)	
	2.归纳出合并同类项法则(1分)	
	3.运用法则准确进行同类项的合并(1分)	

任务三:利用合并同类项化简多项式并求值[指向学习目标(3)]

学习活动一:问题思考

找出多项式 $4x^2 + 2x + 7 + 3x - 8x^2 - 2$ 中的同类项,并进行合并。

$4x^2 + 2x + 7 + 3x - 8x^2 - 2 =$ _____

化简多项式的一般步骤:_____

学习活动二:

求代数式 $2x^2 - 5x + x^2 + 4x - 3x^2 - 2$ 的值,其中 $x = \dfrac{1}{2}$。

评价任务	得分点	分数
任务三	1.能找出多项式中的同类项(1分)	
	2.运用运算律结合同类项(1分)	
	3.正确合并同类项(1分)	
	4.正确书写结果(1分)	

(三)练习巩固结纲要

1.用相同的符号标记出下列代数式中的同类项[检测学习目标(1)]

(1)$-\dfrac{1}{3}a^2b^3$ (2)$4xy^2$ (3)-5 (4)$\dfrac{1}{3}a^2b^3c$

(5)$-y^2x$ (6)a^2b^3 (7)$\dfrac{2}{3}x^2y$ (8)$\dfrac{1}{5}$

2.如果$-2a^{m-2}b^4$与$3ab^{n+2}$是同类项,那么$m=$_____,$n=$_____。[检测学习目标(1)]

3.求代数式的值:[检测学习目标(2)(3)]

$8p-7q+6+6q-7p-7$,其中$p=3,q=-2$。

（四）反馈拓展步步高

反馈:

1.下列各式中,计算正确的是(　　　)

A.$-a+3a=2$　　　　　　　B.$x^2-2x^2=-x$

C.$2x+x=3x$　　　　　　　D.$3a+2b=5ab$

2.合并同类项:$-a^2b-ab^2+a^2b+ab^2$。

拓展:

杭州亚运村的环境受到了国内外的一致好评,下图是运动员公寓的户型图。根据图中的数据(单位:m),用含x,y的式子表示房间总面积。

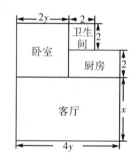

核心素养	得分点	分数
抽象能力	通过事例概括得出同类项的概念(1分)	
	类比数的运算,概括得出合并同类项的法则(1分)	
运算能力	能根据合并同类项的法则口答两项合并的结果(1分)	
	能运用合并同类项的法则对多项式进行化简(1分)	
	能正确化简多项式并求值(1分)	
模型观念	能根据实际情境列出多项式(1分)	

姓名_____

评价任务得分_____

核心素养得分_____

总得分(满分15分):_____

等级_____

（13分及以上"优秀",9分及以上"合格",9分以下"待提高"）

三、实践反思

这节课以五环为基,融入了"'教—学—评'一体化"的思想,体现了新课标的理念,按照五环的基本模式并以三个主要任务展开教学,营造了一种民主、宽松、和谐的教学氛围,使课堂生机勃勃。

本节课以学生自主探究、合作学习的课堂模式展开教学活动,核心环节均由学生在动手、动脑与小组交流中顺利达到教学目标,学生在探索与合作的过程中体验了认识事物、寻求规律与解决问题的过程,在掌握知识、发展能力的同时促进了积极情感的形成。

本节课注重引导学生在课堂活动过程中感悟知识的生成、发展和变化,每个问题的设计都以问题链的形式前后联系,由浅入深,从具体到抽象,再通过探索、交流、反思、归纳,形成一个完整的思考过程,使学生学会探索规律的方法。这样的安排符合掌握知识与发展思维、能力相统一的原则,符合教师的主导作用与学生的主体作用相结合的原则,有利于顺利地完成教学任务。

同时,本节课将评价融入教学任务与活动中,有明确的出发点和落脚点,明确的目标和达成目标的步骤和方法,使得学生的学习过程有监控和评价措施,并帮助学生发现学习中的问题,有效地开展学习。

14.文化碰撞与核心素养的交融

——以八年级上册 M1U1 为例谈听说课教学设计

大连高新区第一中学   英语组:薛琳

一、设计理念

(一)课程分析

1.课程标准

(1)在听语速适中、句式简单的音频资料中,能识别日常熟悉事物的单词。

(2)能对获取的语篇信息进行简单的分类、识别、提炼,概括语篇的主要内容。

(3)感知与体验文化多样性,能在理解的基础上进行初步比较。

(4)能围绕习俗的主题,运用情态动词表达不同的习俗和规定,尊重文化多样性和差异性。

2.教材等课程资源

What:本单元话题为谈论生活方式。本节课是本模块的听说部分,学生要用情态动词谈论不同地方的文化差异。在《义务教育教科书英语七年级上册》(外研社版)第八模块,学生已经学过关于"礼物"的话题,知道怎么根据个人喜好选择不同礼物。在七年级下册第二模块,学生掌握了如何运用情态动词"can"描述某人的能力;在第十一模块,学会了如何运用祈使句给出规则和指令。本节课我们在原来所学的基础上,了解文化差异有哪些,学习如何运用情态动词的"许可"属性来谈论不同地方的文化差异。

How:这是发生在四个学生之间的对话,他们在谈论给玲玲选择生日礼物的同时,谈论到不同地域对于打开礼物和接受礼物的不同习惯,进而两个外国学生想了解更多的中国传统文化,所以对话的材料编写内容有两部分:礼物和春节习俗(虽然学生在七年级上册第十模块学过春节话题,但本节课扩充了更多内容),他们应了解当有文化差异时该怎样应对。

Why:本话题贴近日常生活,有利于提升学生的学习兴趣,同时也有利于开展口语练习,能够让学生了解更多不同地区的文化,尊重文化差异。同时,继承和发扬中国传统文化,引发学生思考:为什么会有这些文化差异?

3.学情

八年级的学生已经学过如何根据喜好选择礼物,使用情态动词"can/can't"表达能力,以及如何谈论规则。教师了解每个学生接受新事物的能力,学生也能理解教师的课堂指令,熟悉教师的教学方法。教师将学生分为 8 组,便于他们相互合作和竞争,学生对不同的文化差异有着强烈的好奇心,另外,他们也愿意分享彼此关于文化习俗差异的不同观点。

（二）确定主题概念

根据新版课程标准,本单元主题为"人与社会"语境下的"跨文化沟通、包容与合作"这一子主题。本单元所探讨的核心话题为"文化差异",呈现的主要内容包括:听力语篇(In China,we open a gift later.)为不同国家的中学生对中西方生活方式差异的讨论。阅读语篇一(*My experiences in England*)为关于英国生活方式的习惯与禁忌。阅读语篇二(*Culture differences*)为来自世界各地的学生在网络论坛针对文化差异进行的讨论。这些语篇都是以中西方生活方式为依托,围绕"中西方文化差异"这一核心话题进行探讨的。在主题意义"文化差异"的引领下,分别向学生呈现了中国与以英美为代表的西方国家及其他国家间生活方式的差异。每一课时均从中西方有哪些文化差异现象(what),到文化差异原因(why),再到面对文化差异时的相应做法(how)进行讨论,彼此间相互铺垫与补充。随着单元学习内容的展开,对本单元主题意义的探究也完成了从现象到本质的推进,学生对跨文化沟通、包容与合作有了更加深入的理解。

1.分析重难点

过生日这个话题非常贴合日常生活,结合教材和学习目标分析本课重点为谈论礼物、中西方文化对于打开礼物时礼节的不同以及谈论春节的习俗。句式中涉及情态动词,难点为情态动词在语境中的正确应用。

2.整合资源

在教材基础上对教材 1、2 部分利用外研优学 app 做课前预习,只处理发音得分较低的词汇。习题 3、4 整合为思维导图。

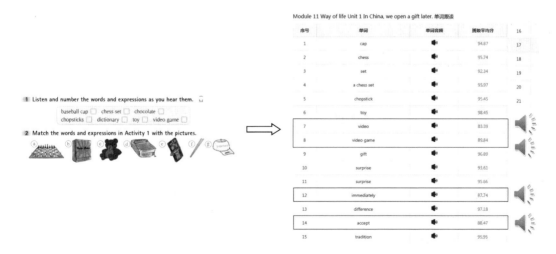

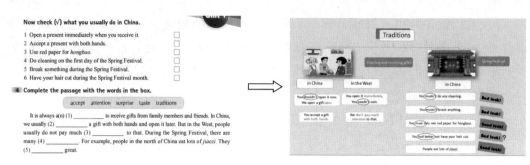

Now check (√) what you usually do in China.

1 Open a present immediately when you receive it. ☐
2 Accept a present with both hands. ☐
3 Use red paper for *hongbao*. ☐
4 Do cleaning on the first day of the Spring Festival. ☐
5 Break something during the Spring Festival. ☐
6 Have your hair cut during the Spring Festival month. ☐

4 Complete the passage with the words in the box.

| accept | attention | surprise | taste | traditions |

It is always a(n) (1) _____ to receive gifts from family members and friends. In China, we usually (2) _____ a gift with both hands and open it later. But in the West, people usually do not pay much (3) _____ to that. During the Spring Festival, there are many (4) _____. For example, people in the north of China eat lots of *jiaozi*. They (5) _____ great.

3.确定学习内容

从教材中有关介绍玲玲过生日的语篇提取并学习理解语篇中关于习俗的关键信息及情态动词在语境中的应用;延伸至中西方文化的其他习俗;利用所学句式和情态动词,对其他情境进行规则或习俗的口头描述,拓展创新。

(三)规划教学过程

1.厘定教学目标

教学目标的确定遵循活动观的三个实施路径:

(1)通过听、说获取材料大意以及在礼物方面的细节信息;通过阅读、梳理和归纳,理解对话并感知情态动词的含义。(语言能力,学习能力)

(2)借助情态动词对不同习俗和生活方式进行口头描述。(语言能力,学习能力,应用实践)

(3)通过扩展更多生活方式的不同,以小组合作的方式完成口头介绍,正确认识中西方文化差异,理解并尊重文化的差异性。(迁移创新,文化意识)

上述目标与三个活动一一对应。本课依托我校的"情动五环"教学模式,以核心素养为导向设计教学目标,处处体现育人价值,即帮助学生领会礼物的含义,理解所学语篇中的中华传统文化,感悟中国伟大的历史,培养学生国家认同感和文化自信,弘扬中国传统文化;了解外国文化,尊重并理解文化差异性,做文明的游客,培养学生正确的价值观和社会责任感。

2.设计核心问题

问题起源:在什么情境下我们会送礼物,如果你收到礼物你有什么感觉?

问题梳理:由浅入深,层层递进。

(1)What gift did they buy for Lingling? How did Lingling feel after she got a gift?

(2)What are they talking about on Lingling's birthday?

(3)Chinese culture or Western culture, which one do you think is better?

Main question: How did we talk about different customs?

文本归纳为三类子问题:

(1)提取听力中生日礼物的基本信息;

(2)找出对话中涉及传统习俗的句子;

(3)分析为何会有这些差异。

根据问题化学习,确定核心问题为:我们如何谈论习俗的不同?

3.表现性任务

任务 1:获取对话的大意,并梳理关键词。

任务 2:理解对话中关于习俗的细节信息,感知情态动词。

任务 3:感悟中西方文化的不同,弘扬中国传统文化,尊重并理解习俗的差异性。

(四)嵌入式评价

1.诊断性评价:课前通过外研优学 app 等进行预习和口语评价,然后进行教学实施。

2.形成性评价:在教学过程中进行的各种评价,如提问、反馈、同伴评价、自我评价等。

3.终结性评价:检查学生的学习效果,如课堂练习和小组汇报等形式,以达到检验学习重点的目的。

课堂小组项目展示自评和互评效果评价表。

Assessment for Listeners 听力自评 OK ★ Good ★★ Great ★★★	
Make sure of questions and predict 明确问题并做听力预设	
Keep quiet and listen carefully 保持安静,认真聆听	
Understand the listening material 理解听力材料	

Assessment for Speakers 口语自评 OK ★ Good ★★ Great ★★★	
Pronounce correctly 发音准确	
Speak aloud 声音洪亮	
Speak fluently 朗读流利	
Speak with emotions 富有感情地朗读	

Presentation Evaluation Form 展示汇报互评表		
Content 内容	How many kinds of modal verbs can you use? 你会用多少个情态动词? fewer than three ★ three to five ★★ all ★★★ （少于 3 个） （3—5 个） （全部）	
	How many sentences can you make with modal verbs? 你能用情态动词造几个句子? fewer than five(少于 5 句) ★ five to eight(5—8 句) ★★ more than eight(多于 8 句) ★★★	
	Correct ★ Logical ★★ Creative ★★★ （无语法错误） （符合逻辑） （有创意）	

Presentation Evaluation Form 展示汇报互评表		
Design 设计	Clear ★　　　Neat ★★　　　Beautiful ★★★ （清晰）　　（工整）　　　（美观）	
Expression 表达	Speak correctly and clearly ★ （表达准确且清晰） Express fluently and aloud ★★ （表达流利且声音洪亮）	
	Act members 一个参与者一星，此项不设限	
	Face class and act naturally（面向同学且自然不紧张）★ Have good manners（大方有礼）★★ Be confident（自信）★★★	

二、设计与实施过程

教学活动设计与实践遵循英语活动观的三个实施路径，即学习理解、应用实践、迁移创新，依托我校的情动五环教学模式，以核心素养为导向设计。具体实施过程如下：

课前：

检查口语作业，并纠正发音。

【设计意图】

提高课堂效率，真正落实预习作业，对学生预习和口语的作业给予及时反馈。

读前：

活动 1：独立思考问题并自由谈论。

学生观看高新一中的入学礼和今年教师节的相关图片，并回答问题。

【设计意图】

图片导入，激发学生兴趣，贴近学生生活，情境设置真实，让学生有话可说。在谈论礼物的基础上达到育人的目的，思考礼物的意义是什么。

活动 2：获取材料大意以及在礼物方面的细节信息。

学生带着问题听并回答问题。

Q1：What gift did they buy for Lingling?

Q2：How did Lingling feel after she got a gift?

　　A. Surprised.　　　　B. Relaxed.　　　　C. Sad.

【设计意图】

学生能在听力中初步了解文本的大意，带着任务去听便于获取文本材料的关键词，为下面分析材料做铺垫。实现教学目标1。

读中：

活动3：以小组形式分角色朗读对话。

活动4：读完对话后，思考并提取文本的中心词。

【设计意图】

分角色朗读锻炼口语表达能力，并在表述中再次理解材料的具体内容，先读完的小组可思考提取文本中的中心词，让完成活动3的学生还有任务可做，为后期问题的深入做铺垫。根据评价量表指导学生听力方法和口语表达技巧，进而实现教学目标1。

活动5：画出表达传统习俗的句子，并完成结构图。

①学生可根据结构图找到表达习俗的两大类材料：礼物和春节。

②在完成结构图后，找到句子中出现的情态动词，感知情态动词的不同含义。引发深层思考：

Deep thinking：

Q：Chinese culture or Western culture，which one do you think is better?

【设计意图】

此环节分为两部分：第一部分在读的基础上梳理归纳关于习俗传统的重点句式，并整合成可视化板书，使学生更容易理解并掌握文章的结构；第二部分在此基础上找到文中出现的情态动词，初步感知其含义，理解在什么情境下使用以及文本中如何使用，为练习巩固和后续实践应用打下基础。引发学生思考，习俗没有好坏之分，之所以产生差异是因为历史文化背景和地域性的不同，实现教学目标1和2。

读后：

活动6：能用情态动词谈论图片中出现的不同习俗，并思考我们在什么情境下使用情态动词，我们应该如何正确地使用它们，让学生懂得入乡随俗。

【设计意图】

看图说话并举例子，为下面的活动降低难度，做好铺垫。针对学生对文化多元性的认识以及文化引导手册的完成情况，教师采用小组互评的形式。学生首先在小组中讨论自己对文化多元性的产生原因、评判与正确做法的认识；然后在全班范围内进行分析，从而意识到理解习俗差异的重要性，实现教学目标2和3。

活动7：小组合作讨论在某一情境下能做什么和不能做什么事情，梳理、归纳并汇报。学生可根据教师所给的场景进行讨论，也可自己选择想讨论的其他场景。

【设计意图】

引导学生从教材走向生活。小组合作时，组长分工明确，让每个组员都参与其中，不同程度的学生有不同的任务，提升他们的成就感与参与感。同时，在小组展示过程中，其他小组需要从语言准确性、内容丰富性、思考深刻性与设计创新性四方面为展示小组进行星级评价，并说明理由，完成小组间的互评与相互学习。在汇报的同时，教师可对不同情境添加适当的育人评价，比如去动物园参观要做礼貌的参观者或观光者，教学目标 3 也得到了有效落实。

三、实践反思

1.单元整体教学要注重围绕主题意义的问题引领。根据新版课程标准,教师在围绕主题意义进行教学活动时,应当"善于提出从理解到应用、从分析到评价等有层次的问题,引导学生的思维由低阶向高阶稳步发展",这就要求教师在进行单元整体教学时应注重提问环节,提出能够帮助学生提升思维层次的问题。本节课中,教师对问题的深度关注不足,问题多针对文本细节,缺乏对学生思维的引导。因此,应当在引导学生了解了"what",即在文化现象的基础上进行追问,挖掘文化表象背后所隐藏的原因。比如"Why do Western people use one hand to accept the gifts?"让学生对比方式的不同,并思考选取不同方式背后的原因,进而加深对文化现象与主题意义的理解。

2.单元整体教学要充分落实教学评价。新版课程标准指出,单元整体教学应该是"教学评一体"的过程。教师应引导学生"完成以评价目标为导向的多种评价活动,达到以评促学、以评促教"的目的。本单元教师的评价活动还有提升空间,例如最后的评价,多少个句子算是"rich",怎么判断是有逻辑性的?虽然给学生留了充足的展示与点评时间,但是评价的标准较为模糊,点评的维度不够统一,导致部分学生缺乏对自己作品的客观认识,不利于自我的改进与提升。因此,在改进过程中,可以在本单元融入第四课时,在课前与学生共同商定评价标准,并要求学生在评价标准的引导下对自己的作品进行调整与修改,这样既保证评价的专业性,同时也有利于学生的进一步自我提升。

单元整体教学是充分实现英语课堂价值的载体,其所承载的主题意义一方面有助于实现英语课堂的育人价值,另一方面也能够助力学生核心素养的发展。作为英语教育者,应在今后的教育教学工作中,以主题意义为引领,致力于设计多层次、多角度、相互关联以及彼此依托的教学活动,借助单元整体教学助力学生的全面发展。

15.耕读写之花 落素养果实

——以八年级上册 M5U2 为例谈初中读写课教学设计

大连高新区第一中学 英语组:刘佳宁

一、设计理念

(一)课程分析

1.课程标准

(1)英语学习活动观

英语学习活动观是指学生在主题意义引领下,以语篇为依托,整合性地学习语言知识和文化知识,通过学习理解、应用实践、迁移创新等一系列促进语言、文化、思维融合发展的活动,帮助学生以主动、合作、探究的学习方式,运用所学语言知识和听、说、读、写等语言技能,以及多种学习策略,获取文化知识、理解文化内涵、比较文化异同、汲取文化精华,同时发展逻辑思维、辩证思维和创新思维,涵养内在精神,指向知行合一。

英语学习活动观的三个基本特征为:第一,学习活动目标指向学科核心素养发展(语言能力、学习能力、思维品质、文化意识);第二,重视课程内容的整合性学习,设计综合性学习活动;第三,体现认知和运用维度:学习理解——应用实践——迁移创新。因此,本课在进行学习活动设计时充分考虑这三个特征。

(2)课程要求

①语言技能目标:

(四级——读)能根据上下文猜测生词的意思。

(五级——读)能根据不同的阅读目的运用简单的阅读策略获取信息。

②语言知识目标:

(五级——话题)围绕本级别所列话题恰当理解与运用相关的语言表达形式。

③情感态度目标:

(五级)对祖国文化能有更深刻的了解,具有初步的国际理解意识。

④文化意识目标:

(五级)关注中外文化异同,加深对中国文化的理解。

2.教材等课程资源

本节课的教学内容选自《义务教育教科书英语八年级上册》(外研社版)第五模块 Unit 2 "It describes the changes in Chinese society."。本模块主题属于"人与社会"范畴,为戏剧和电影,话题为老舍茶馆。本课以介绍戏剧《茶馆》、作家老舍和老舍茶馆为主要内容。本课为模块读写课。

(1)What:语篇主题和内容分析(表层信息——语篇明线):

本篇阅读文本分为三个段落,但是没有标题,教材中使用了三个小标题:The story of *Teahouse*、Lao She、Lao She Teahouse。还原到文本的三个段落中,第一段介绍了老舍的戏剧《茶馆》的故事大意;第二段是老舍先生的生平简介;第三段介绍了北京老舍茶馆里人们的活动及茶馆现状。三个语段独立存在,看似关联性不大,但实则不然。

(2)Why:语篇深层含义和价值取向分析(深层含义——语篇暗线):

深入研读语篇会发现语篇中的三个语段有着深刻而紧密的联系。在第一段中,戏剧《茶馆》展现了十九世纪末至二十世纪中叶中国普通大众的生活,描写了中国社会五十多年的社会变迁。通过观看影视片段,学生能够直观地感受到旧社会普通百姓生活的艰辛,从而更加珍惜当今来之不易的幸福生活。在第二段中,通过深入分析老舍先生的经历,不难发现老舍十四岁开始学习教书,十九岁开始正式教书,二十五岁远赴重洋教外国人汉语,即使是在现在通讯、交通如此发达的时代,对一个年轻人而言,这依然需要极大的勇气。三十岁归国后的老舍用文字记录下了当时旧社会普通百姓的生活,真实反映出了普通百姓的心声。舍我为民,舍小我立大志,老舍用文字诠释出"舍予"的真正内涵,真正做到了人如其名,无愧于"人民艺术家"的称号。在第三段中,通过品茶、吃北京美食、看京剧、看魔术表演等活动以及观看老舍茶馆宣传视频,学生可以感受到中国文化的魅力,而语段的最后一句话也暗含着老舍茶馆已经成为传播中国文化的窗口的重要意义。

(3)How:语篇文体特征和内容结构分析:

为了解决主线问题,我们采用了很多策略。比如,通过段首句可以提炼出本段的中心思想。再比如,如果要对人物进行评价或表达自己的思想感情,可以按照时间轴将年代和人物发生的事情或历史背景串联起来。最后,我们需要通过本课对学生进行文化德育的渗透和核心素养的培养,通过文章原句"Teahouse gives a warm welcome to everyone from all over the world."以及教师的拓展"So does an American writer Mark Twain describes the common people...",将中西方文化进行对比,并引导学生感受中国传统文化博大精深的同时,产生一种将中国文化传向世界的责任感和使命感,增强文化自信以及民族自豪感。

3.学情

八年级学生曾经在七年级语文课堂上学过老舍的作品《骆驼祥子》,对作家老舍及其作品有着比较全面且深刻的了解。因此,在学习本文时,学生能够激活并调动已有知识储备,对作家老舍畅所欲言,并且能够很快进入到阅读文本中,获取表层信息。因此,在进行语段分析过程中设计了老舍茶馆戏剧视频导入环节,引导学生有效进行知识链接,为后续的学习打下基础。

(二)确定主题概念

对比老舍的《茶馆》与马克·吐温的作品,能够感知、认识、学习并汲取优秀文化。了解不同国家的优秀文明成果,比较中外文化的异同,形成健康向上的审美情趣和正确的价值观,加深对中国文化的理解和认同,树立国际视野,坚定文化自信。

1.分析重难点

教学重点:

(1)通过段首句获取段落大意。

(2)了解《茶馆》的故事大意、老舍生平及北京老舍茶馆的现状。

教学难点:

通过了解老舍先生的生平及分析其作品《茶馆》的故事大意,感受旧社会普通百姓生活的艰辛,体会老舍先生不愧为"人民艺术家"的精神内涵。

2.整合资源

调整一:教材活动4(见图1)让学生用方框内的单词补全段落,旨在让学生加深对重点单词、短语以及文章内容的理解。考虑到本题考查学生对文章大意的总结,因此将此题调整为读后根据语义结构图对文章进行重述,句子呈现形式为没有备选单词的填空,这样做增加了阅读的难度,同时也充分发挥了此题的总结归纳作用。

4 **Complete the passage with the words in the box.**

> century   common   if   magic   society   writers

Lao She's play, *Teahouse*, has three acts. It describes the life of Wang Lifa and the changes to the lives of (1) _____ people in Chinese (2) _____ in the first half of the twentieth (3) _____.

Lao She went to a teacher's school in Beijing, taught in London and later returned to China. He is one of China's greatest (4) _____.

Come to Lao She Teahouse in Beijing (5) _____ you like the Beijing Opera, traditional music or (6) _____ shows.

图 1

调整二:教材活动5(见图2)主要考查学生对文本举一反三的能力,即能将第一段戏剧《茶馆》的介绍形式迁移到介绍自己最喜爱的戏剧或电影上。授课教师将此表拆分为两部分使用:表格左半部分用于对第一段《茶馆》作品的分析以及阅读策略与结构的提炼,为读后的话题迁移任务做好铺垫;表格右半部分用于读后话题迁移和课后作业。

5 **Complete the table.**

	Teahouse	Your favourite play or film
Where does the story take place?		
When does the story take place?		
What is the story's main idea?		
Why is it good?		

图 2

调整三：教材活动6(见图3)是将介绍戏剧《茶馆》的语段写出来，旨在以读促写，锻炼学生获取信息并重组后的输出能力。考虑到本节课为阅读的第一课时，教学的重点在于"读"文本上，因此将该题改成了口头输出的形式，这样更容易使学生建立信心，完成该任务。

6 Write sentences about *Teahouse* with the information in Activity 5. Use the passage in Activity 2 to help you.

The story of Teahouse *takes place in Beijing.*

Now join the sentences. Write a passage about *Teahouse*.

图3

3.确定学习内容

本篇阅读文本分为三个段落，但是没有标题，教材中使用了三个小标题：The story of *Teahouse*、Lao She、Lao She Teahouse。还原到文本的三个段落中，第一段介绍了戏剧《茶馆》的主要内容以及它被称为一部好作品的原因——它描述了十九世纪末至二十世纪中叶中国社会普通老百姓的生活；第二段介绍了作家老舍在创作《茶馆》前的经历及其在文坛的重要地位——人民艺术家；第三段介绍了老舍茶馆为人们提供了喝茶、品北京美食、欣赏京剧以及其他中国传统曲艺表演的场所，俨然已经成为传播中国文化的窗口——热烈欢迎来自世界各地的人们。

纵观本文，可以看出三个小标题是本模块话题"Lao She Teahouse"的拆分和重组：Lao She、Teahouse、Lao She Teahouse。三个文段看似各自独立、没有关联，实则彼此间有着紧密的联系。可以说，如果没有老舍先生跌宕起伏的人生经历，就不会诞生《茶馆》这部伟大的文学作品；如果没有《茶馆》这部轰动世界的文学作品，就不会有今天代表着京腔京韵、传播中国文化的老舍茶馆。

（三）规划教学过程

1.厘定学习目标

教学目标的确定遵循活动观的三个实施路径：

（1）能够在语境中理解并会使用 describe，society，teahouse，novel，name，common people，magic shows 等词汇。（语言能力）

（2）能够根据段落首句或关键词判断段落大意。（学习能力）

（3）能够获取语段表层信息，并对语段进行深层分析，提升思维品质。（思维品质）

（4）能够借助语义结构图复述课文。（语言能力、学习能力）

（5）加深对中国文化的理解与认识，培养跨文化交际意识。（文化意识）

上述目标与英语学习活动观的层次一致。本课依托我校的"情动五环"教学模式和问题化学习方式，以核心素养为导向设计教学目标，体现育人价值。

2.设计核心问题

(1)问题起源:对于作家老舍,你对他及他的作品有哪些了解呢?

(2)问题梳理:为什么《茶馆》是一部好的戏剧? 为什么老舍是一位伟大的作家? 人们能在老舍茶馆做什么? 我们通过什么方式获取的信息?

Why is *Teahouse* a good play? Why is Lao She a great writer?

What can people do at Lao She Teahouse?

How do we know that?

Main question:What can we learn from Lao She *Teahouse* and the Beijing Lao She Teahouse?

本文可归纳为三类子问题:

Why 类问题(为何):为什么《茶馆》是一部好的戏剧? 为什么老舍是一位伟大的作家?

What 类问题(是何):人们能在老舍茶馆做什么?

How 类问题(如何):我们通过什么样的策略或方式在文本中获取的信息?

核心问题:从戏剧《茶馆》及北京老舍茶馆中我们学到了什么?

3.表现性任务

任务 1:梳理问题,构建问题链。

任务 2:整合文章内容和结构,介绍戏剧《茶馆》,完成阅读文本的应用实践和迁移创新。

任务 3:明确老舍茶馆的文化地位,增进中国和世界的相互理解,有利于我们传播中国的文化。

(四)嵌入式评价

1.诊断性评价:在教学过程中进行的各种评价,如提问、反馈、同伴评价、自我评价等。

2.终结性评价:检查学生的学习成效,如随堂检验等,以达到复习学习重点的目的。

课时评价标准	评价等级	学生评价	小组互评	教师评价
Can you talk about *Teahouse*,Lao She and Lao She Teahouse?				
Can you use the timeline to describe one's experience?				
Can you compare different cultures and write about your favourite plays or books?				

课时评价标准	评价等级	学生评价	小组互评	教师评价
C＝能说出关于《茶馆》剧本、作家老舍及老舍茶馆的相关信息；具备获取和梳理语篇的主旨要义和关键细节的能力。 B＝能运用时间轴去描述某人的经历。具备梳理语篇的脉络、梗概，提取关键信息，归纳内容要点的能力。 A＝能够对比中西方文化，传播本民族文化并且以书面形式仿照语篇结构进行主题写作。				

二、设计与实施过程

（一）读前：导入话题，创设情境，激活已知

教师围绕主题创设情境，激活学生已有的知识和经验，铺垫必要的语言和文化背景，引出要解决的问题。

1.情境导入，感知注意，激活已知信息

在第一单元的学习中，我们了解到 Betty 去老舍茶馆看京剧，借助本单元标题中的代词"It"的指代对象这一问题，让学生猜测 it 指代的到底是模块话题中的老舍茶馆还是戏剧《茶馆》，从而引出本单元话题——老舍茶馆。

T：What does "It" refer to? It refers to Lao She Teahouse or the play *Teahouse*?

设计意图：教师借助代词的指代作用，引入话题，围绕主题创设情境。通过让学生猜测代词的指代含义，用问题的形式自然地将学生带入话题中，消除学生的紧张情绪，随着问题的层层推进，激发学生的学习兴趣与热情，激活学生的背景知识，提醒学生对所学话题进行感知与注意。

2.视频激活，三大问题主线贯穿，构建结构化体系

介绍完本节课的教学目标后，播放戏剧《茶馆》的视频，激发学生兴趣，从而引出老舍茶馆、作家老舍及戏剧《茶馆》之间的关系，并重点谈论老舍的代表作《茶馆》。引出本课贯穿全文的三大问题：Why is *Teahouse* a good play? Why is Lao She a great writer? What can people do at Lao She Teahouse?

T：Boys and girls，I know you have learnt something about Lao She and his works from your Chinese class...

设计意图：《茶馆》的视频已经引起学生对这部戏剧的强烈兴趣，再通过在语文课堂上对老舍及其作品的了解引起学生对于阅读文本的期待。读前交代给学生三大问题，这三个问题分别对应文章的三个段落，让学生带着问题去阅读，目的在于培养学生透过文本信息进行深入思考的能力，提升思维品质。结构化体系的提出能够在最初就让学生建构知识体系，从而在本节课的结尾形成完整的知识框架。

（二）读中：学习理解，应用实践，文化拓展

读中阶段主要在学习理解的基础上，教师引导学生围绕主题和所形成的新知识结

构开展描述、阐释、分析、判断等交流活动,逐步实现对语言知识和文化知识的内化,巩固新的知识结构,促进语言运用的自动化。

1.感知大意,获取阅读策略

阅读完成教材活动 2 内容,搭配小标题与段落,引导学生总结出阅读策略一。

T：Please read the passage quietly and match the headings with the paragraphs.

设计意图:第一遍整体阅读,感知文本大意,并将小标题与文本段落相匹配。由于小标题体现了段落大意,所以在反馈答案时教师追问学生获得 main idea 的方法,引导学生通过真实的阅读体验自己总结出"通过关键词"或"通过段落首句"识别并提取段落的主要信息,从而向学生渗透阅读策略意识。完成教学目标"能够根据每段的第一句或关键词判断段落主题"。

2.梳理主线问题一

仔细阅读第一段,探寻主线问题一"Why is *Teahouse* a good play?",引导学生总结出阅读策略二。

T：Please listen and read Paragraph 1, and then underline the important information in the passage. Then finish the table on your book.

设计意图:第一,仔细阅读第一段,探寻主线问题一:Why is *Teahouse* a good play? 这不是一个浅层问题,需要对文段进行深层分析。首先,通过阅读填表,获取文段表层信息;其次,通过分析回答表格中前三个问题,最终获得主线问题一的答案。整个过程是一个由表及里的深度阅读体验。第二,通过回答表格中的四个问题,获取谈论戏剧《茶馆》的四个方面;通过知识迁移,在谈论最喜爱的戏剧或电影时,也可以从这四个方面入手。

3.进一步分析主线问题一

对主线问题一的答案"Because it shows the lives of common people in China."进行深入分析。通过答案关键词"common people"分析《茶馆》这部作品以及作家的伟大之处。不仅中国有这样一位作家,在九年级上册第七模块我们还要学到一位美国作家马克·吐温,他的作品也描述了 19 世纪美国当地普通人的日常生活,揭露了当时的社会现状。本节课将两位不同种族、不同文化背景的作家带来的同一时期的不同作品进行比较,发现这两者拥有相同的主题,因此这两位作者分别被誉为本国的"最伟大的艺术家"及"文学之父"。

T：Everyone, please pay attention to the phrase "common people". There is another writer writing about common people.

设计意图:通过抓住主线问题一答案中的关键词"common people",深挖作家作品的伟大之处。与即将在九年级上册第七模块学到的美国作家马克·吐温进行对比,完成文化导入,培养学生的跨文化意识和能力,为以后的学习奠定基础。

4.梳理主线问题二

学生阅读探寻主线问题二,阅读第二段关于老舍在创作《茶馆》前的人生经历,说明了老舍见证了中国社会十九世纪末至二十世纪中叶的巨大变迁,为探寻主线问题"老舍为什么是一位伟大的作家"作铺垫。并且引导学生总结出阅读策略三。

T：Please listen and read Paragraph 2 and find out Lao She's life experiences. Write his life experiences down on the paper.

设计意图:细读第二段,探寻文本主线问题二,即:为什么老舍是一位伟大的作家?通过阅读第二段,了解老舍在创作《茶馆》前的人生经历。正是因为有了丰富的人生经历并亲眼见证了中国社会从十九世纪末至二十世纪中叶的变化,老舍才能创作出《茶馆》里生动形象的人物,才能有意识地为底层百姓发声,为进一步分析老舍为什么是一位伟大的作家作铺垫。此项活动的目的在于让学生感知作家的经历和作品是紧密联系在一起的,因此在分析作品时要结合作家的经历。

5.进一步分析主线问题二

在获取第二段阅读信息的基础上,再次整合第二段课文信息,综合分析为什么老舍是一位伟大的作家。

T：Why is Lao She a great writer?

T：We know that the play *Teahouse* describes the changes in Chinese society from the end of the 19th century to the middle of the 20th century. So we can say that Lao She sees the changes in Chinese society.

设计意图:通过整合、提炼第二段阅读信息,进一步分析老舍为什么是一名伟大的作家。获取老舍的生平经历只是本段阅读要获取的表层信息,结合老舍的经历深层分析其伟大的原因才是本段阅读要达到的目的或解决的问题。完成了教学目标中的"能够获取语段表层信息,并对语段进行深层分析,提升学生思维品质"。

6.梳理主线问题三

学生阅读探寻主线问题三,探寻人们能够在老舍茶馆做什么。

T：Lao She Teahouse is a teahouse named after the famous writer Lao She and his play *Teahouse*.

What do you think people do at Lao She Teahouse? I will show you a video. Please read Paragraph 3 loudly and complete the table.

设计意图:第一,对语段进行表层分析。学生能够通过视频直观地了解老舍茶馆的样貌以及人们能够在里面做什么——喝茶,品地道的北京美食,看京剧、传统曲艺和魔术表演——这些都属于中国文化的一部分。其次,对语段进行深层分析。本段的最后一句话道出了老舍茶馆的价值和意义——传播中国文化。完成了教学目标中的"能够获取语段表层信息,并对语段进行深层分析,提升学生思维品质"。

（三）读后: 构建结构化知识完整体系, 整合重组, 巩固迁移, 以读促写

结构化知识是指"经过梳理、组织和整合文本信息后形成的概念结构,这一结构使

知识之间建立起了逻辑关联"。通常"形成结构化知识的方式使不同知识间互相关联"。简单地说,结构化知识体现了知识是怎样相互关联的。这个过程就像是绘制思维导图,每一个新概念都会自动与其他知识建立联系。迁移与创新活动能够加深学生对主题意义的理解,进而使学生在新的语境中,基于新的知识结构,通过自主、合作、探究的学习方式,综合运用语言技能,进行多元思维,创造性地解决陌生情境中的新问题,理性表达观点、情感和态度,体现正确的价值观,实现深度学习,促进能力转化为素养。读后环节设计了五个层次的活动:

1.构建结构化知识体系

根据读前提出的结构化体系,在读后深化结构化体系,使其完整。

T:After learning this passage in detail,let's complete the structurized form before.

设计意图:结构化知识是把所学的知识按其相互作用、相互联系的方式和秩序组合起来,使繁杂的知识得到凝练,帮助学生建立起知识之间的逻辑以及知识与语言之间的有机关联,为学生内化知识和实现连贯表达奠定基础。

2.重构文本,升华文章

根据语义结构图,对文本进行重组。

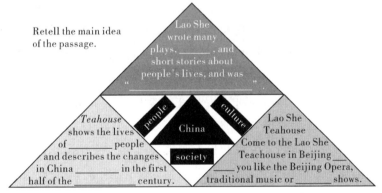

设计意图:由于本文共有三段且分别有各自的小标题,乍一看关联性并不大,但实则都含有共同的内核"中国"。老舍关注中国普通百姓的生活,《茶馆》描写了中国社会的变迁,老舍茶馆承载着传播中国文化的使命。完成了教学目标中的"能够借助语义结构图复述课文"。通过语义结构图的引领:第一,学生能够复习巩固文章大意、表层信息和重点词汇。第二,学生再次体悟各语段的深层含义,即通过阅读《茶馆》故事大意了解了旧中国老百姓的贫苦生活,从而珍惜我们当下来之不易的生活;通过阅读老舍先生的生平,了解了老舍舍己为民的精神;通过阅读老舍茶馆现状,了解了中国文化的魅力。第三,使学生能够明确文章"形散而神不散"的"三角形"结构,即三个语段的核心分别为中国社会、中国人民和中国文化,而三个语段共同的核心为"中国",当全文分析到此处,学生的民族自豪感和文化自信心便油然而生。此活动属于应用实践类活动中的描述与阐释、内化与运用以及迁移创新类活动中的推理与论证、批判与评价、想象与创造。

3.巩固迁移，以读促写

根据 5W 写出最喜欢的剧、书籍等。

T：After reading this passage, we know if we want to write about our favourite plays, books or films, we should pay attention to the key words such as name, writer, where, when, main idea, and why.

设计意图：通过将文本信息再次进行筛选整合，再次引导学生在写此类话题时，要根据 name、writer、where、when、main idea、why 的框架顺序进行介绍，完成本课的巩固、迁移和写作。

4.德育渗透，贯彻核心素养理念

核心素养是课程育人价值的集中体现，是学生通过课程学习逐步形成的适应个人终身发展和社会发展需要的正确价值观、必备品格和关键能力。英语课程要培养的学生核心素养包括语言能力、文化意识、思维品质和学习能力等方面。

T：Boys and girls, we should always know we are Chinese people. We are touched by our own culture. It tells us who we are, where we are and why we are different from other people. We have the responsibility to spread our culture to the world.

设计意图：通过对阅读文章的深层次理解，挖掘出文章所承载的文化内涵。语言学习对学生的发展具有多方面的价值。语言既是交流的工具，也是思维的工具，是知识、文化和价值观的载体。要通过英语课程促进学生的心智发展，引导学生认识不同的文化、体验不同的语言、了解多样的世界，在体验中外文化异同中形成跨文化意识，增进国际理解，了解和体会祖国文化的博大精深，使学生成长为既有民族尊严、又有国际意识的公民，为形成正确的人生观和价值观奠定基础。文化意识的培育有助于学生增强家国情怀和人类命运共同体意识，涵养品格，提升文明素养和社会责任感。

5.以评促学，以评促教

科学地运用评价手段与结果，针对学生学习表现及时提供反馈与帮助，反思教学行为和效果，教学相长。坚持形成性评价与终结性评价相结合，逐步建立主体多元、方式多样、素养导向的英语课程评价体系。

T：After this class, I hope you can choose a right grade for your own and then review what you are not good at.

设计意图："教学评一体化"设计坚持以评促学、以评促教，将评价贯穿英语课程教与学的全过程。发挥学生的主观能动性，引导学生成为各类评价活动的设计者、参与者和合作者，自觉运用评价结果改进学习。"教学评一体化"对提高教学质量、为学生提供积极的学习体验、落实学科核心素养具有重要意义。

6.作业设计

（1）复述课文内容。

（2）完成课堂作文练笔。

设计意图：此项作业的布置是课堂上复述课文环节和写作环节的延续。同时也落实了"双减"政策的需要，目的是针对不同层次的学生，在课后能够完善此环节。

三、实践反思

教师的成长＝经验＋反思。通过准备本单元阅读课，我收获颇多，我主要从教学设计中进行反思，主要有以下几个方面的内容：

亮点一：将新课标理念和单元结构化贯穿其中。

发挥了核心素养的统领作用，落实了立德树人的根本任务；以主题为引领选择和组织课程内容，以语篇为依托，融入语言知识、文化知识、语言技能和学习策略等学习要求；构建结构化知识体系，依据教学内容，帮助学生激活、梳理、建构基于主题的结构化知识，引导学生主动获取与主题相关的有效知识；践行学思结合、用创为本的英语学习活动观，在迁移中创新学习理念，参与到指向主题意义探究的学习理解活动中，引导学生在学习理解类活动中获取、梳理语言和文化知识，建立知识间的关联；注重"教学评一体化"设计，坚持以评促学、以评促教，将评价贯穿英语课程教与学的全过程；注重发挥学生的主观能动性，引导学生成为各类评价活动的设计者、参与者和合作者，自觉运用评价结果改进学习过程。

亮点二：重视课程内容的整合性学习，将知识结构化融入其中。

结构化知识是把所学的知识按其相互作用、相互联系的方式和秩序组合起来，使繁杂的知识得到凝练，帮助学生建立起知识之间的逻辑以及知识与语言之间的有机关联，为学生内化知识和实现连贯表达奠定基础。本文在预读部分提出的三个问题是结构化的第一环节"提出问题"；通过细读文章三个段落，可以找到每个问题的具体依据，是结构化的第二环节"分析问题"；在找问题依据的过程中我们采用了不同的方法，比如小标题需要看段落首句、根据时间线了解人的一生经历、对比不同文化和作者笔下体现的相同的作品主题；将民族文化传播到世界各地，是结构化的第三环节"解决问题"。这个过程更像是一个思维导图，使学生能够对文章内容加深理解。

当然，本节课也有不足之处。最初在教学设计过程中对文化意识的挖掘还比较浅显，原因在于，对于文本的分析只停留在表面，设计的题目只停留在获取表层信息层面。在基础教育阶段，英语教学中的文化教学至少应该包括两个方面的内容：一是文化意识的传授；二是跨文化意识与能力的培养。因此我开始思考，除了表层的本国传统文化的渗透外，如何结合本文的特点，进行跨文化意识的培养？于是做了后续的改进，第一段关于戏剧《茶馆》的故事介绍，从语段中的关键词"common people"入手，挖掘出《茶馆》这部作品之所以伟大，最主要的原因是它描述了中国普通老百姓的生活。

而在九年级上册第七模块我们还要学到一位美国作家马克·吐温,他的作品也描述了19世纪美国当地普通人的日常生活,揭露了当时的社会现状。本节课将两位不同种族、不同文化背景的作家带来的同一时期的不同作品进行比较,发现其作品拥有相同的主题,因此两位作者分别被誉为本国"最伟大的艺术家"及"文学之父"。最后借助第三个语段最后一句话"Lao She Teahouse gives a warm welcome to everyone from all over the world."对文章进行升华:老舍茶馆肩负着传播中国文化的使命。因此,在语段的深度分析上,充分体现出英语核心素养中两个层面的文化意识。

其次,对于新版课程标准还需要更加深入地研读,将大单元教学和知识结构化贯穿于每一堂课是我的目标。总之,英语作为一门外语,其重要性已渐渐为学生所认同。那么,如何帮助学生真正地掌握这一重要学科,更好地做好英语教学工作呢?作为一名教育工作者,我们需要付出更多,努力成为一名真正合格的英语教师。

16. "动"随"境"迁　核合与共

——以七年级上册M5U2为例谈教材阅读内容迁移拓展探究

大连高新区第一中学　　英语组：丁娈群

一、设计理念

随着课程改革研究的不断深入，初中英语教学的重点从"掌握语言的基本知识和基本技能"正逐步向"培养学生的学习兴趣，形成有效的英语学习策略"转变，同时培养学生的英语核心素养变得越来越重要。本文在研读新版课程标准的基础上，以培养学生英语核心素养为目标，结合我校"情动五环"教学模式及问题化学习，以夯实基本知识为依托，根据模块主题对教学内容进行迁移拓展。

（一）课程分析

1.课程标准

(1)在语境中运用所学语法知识进行叙述；

(2)理解书面语篇的整体意义和主要内容；

(3)围绕相关主题，用简短的表达方式进行口头交流，完成交际任务。

2.教材分析

本课的教材基础是《义务教育教科书英语七年级上册》(外研社版)第五模块 Unit 2 "We start work at nine o'clock."。情境属于"人与自我"主题范畴中"生活与学习"这一主题群，涉及子主题为"多彩、安全、有意义的学校生活"。

3.学情分析

本课是第五模块的第二单元，学生在前期的学习过程中对本模块下的话题内容及相关的语法要点已经有了基本的了解和掌握，能够完成简单的特定情境下的口语对话。但是学生对课文文本的依赖性较高，对基于教材内容的迁移拓展并不熟悉，小组合作中与他人的沟通合作能力也有待提高。

（二）确定大概念

1.分析重难点

(1)重点：能准确使用"and"和"then"连接两个简单句。

(2)难点：在理解、掌握课文内容的基础上，迁移拓展至某中学生的作息时间表，能谈论并发表自己的观点。

2.整合资源

教材文本为本迁移拓展课的基础,在学生熟练掌握相关词汇和文章结构的基础上,加入某中学学生的作息时间表,师生共创该视频的英语解说稿件。

3.确定学习内容

在掌握基础词汇和熟悉课文内容及结构的基础上,能准确使用表示前后关系的连词对课前给出的某中学视频进行英语解说。在进行解说的过程中,通过对比课文与某中学的时间表,引导学生思考:"为什么该中学的学生能屡获佳绩?"并引导其得出"人生是不断拼搏的过程,要设立目标,制订计划表,行动起来"的结论,把制作时间表升华为"为自己的未来规划、行动"。

(三)规划教学过程

1.厘定学习目标

KAPO模型指出教学过程中应该达到三个目标维度,即:知识与技能(Knowledge & skills);过程与方法(Process & steps);情感态度与价值观(Emotional attitude & values)。三个维度互为依托,不可割裂。本课的学习目标设定如下:

(1)To learn to use the proper conjunctions to make sentences connect smoothly.

(学会使用恰当的连词使句子连接顺畅。)

(2)To master the way of narrating with time by imitation and exercise.

(通过模仿、练习逐步掌握以时间为线索的叙事方法。)

(3)To be hard-working and fight for goals.

(刻苦奋进,拼搏向前。)

2.设计核心问题

观看某中学视频之后,结合已学知识,为此视频准备一份英语解说稿件。本视频以时间为线索,介绍了某中学学生充实忙碌的一天。解说稿的关键组成部分是什么?

Main Question: What are the "keys" of the commentary?

(Preview: Predict the questions according to the topic)

3.表现性任务

任务 1:针对视频中的生活轨迹的描述提出问题,小组合作整理出叙事的主要因素,归纳主要问题。

任务 2:基于刚刚认识到的叙事的核心关键,结合课文,总结方法,完成解说稿。

任务 3:在进行解说的过程中,通过对比课文与某中学的时间表,引导学生自发思考:为什么该中学的学生能屡获佳绩? 并引导其得出"人生是不断拼搏的过程,要设立目标,制订计划表,行动起来"的结论,把制作时间表升华为"为自己的未来规划、行动"。

(四)嵌入式评价

1.预评估:课前通过课堂小测和问卷调查对学生情况进行初判,调整教学节奏。

2.形成性评价:在教学过程中进行的各种评价,如提问、反馈、组内互评、组间评价等。

3.终结性评价:对基础巩固作业和拓展性作业进行评价。

作业评价量表:

作业类型	标准 A	标准 B	标准 C	标准 D	自评	师评
基础巩固作业	能按时、独立完成规定内容;书写工整,准确率高;有纠错或提问意识。	能按时、独立完成规定内容,书写工整。	能按时完成规定内容;书写不够工整,或只完成了部分内容。	没有按时完成规定内容。		
拓展性作业	前后内容逻辑严谨,表意完整,并生成额外信息。	语言内容逻辑稍有偏差,不影响整体内容。	内容缺乏逻辑性,中心不明确。	没有按时完成规定内容。		

二、设计与实施过程

基于以上的设计理念并结合我校"情动五环"教学模式,本课的设计思路及实施过程如下:

第一环:温故创境明目标

教师展示小视频"某中学学生作息时间表"引入本课主题,激发学生兴趣。

学生观看视频,抓住关键信息。

设计意图:把学生引入某中学学生的生活中,理解时间表的同时,具象化"奋斗"的情境。

第二环:自主合作共探讨

Task 1: Select/Conclude the main idea.

教师引导学生以小组为单位,对问题进行整合并提出本节课最想解决的问题,师生共同梳理问题结构。

学生针对视频中对生活轨迹的描述提出问题。小组讨论,查缺补漏,取长补短,共同完成任务。

设计意图:通过对学生问题的展示和整理,引导学生归纳出叙事的主要因素。

Task 2: Work in groups to find the key information.

教师通过问题的形式,激发学生主动思考,提升抓住核心关键的能力。

学生基于刚刚认识到的叙事的核心关键,参考本课课文,完成时间表。小组讨论,查缺补漏,取长补短,共同完成任务。

设计意图:用情境推关键,由关键理解课文,鼓励学生通过讨论来培养目标统一的团队合作精神,共同进步。

第三环：汇报评议师精导

Task 3：Present the table and retell the passage.

教师引导学生聚焦于本课主体以掌握叙事的关键"时间"和"行为"，并将下一个知识点"连接词"置于其中，让学生在完成任务的同时体会连接词的作用。

学生分段、分担完成课文中时间表的相关练习，并且通过班级全员交流来合力完善其内容。

设计意图：为下面的精导预热。

Task 4：Conclude the use of conjunction phrase "and then" and finish the exercise.

教师精讲连接词的作用，强调其使用方法，为连接词练习作铺垫。

第四环：练习巩固结纲要

Task 5：Complete the sentences with conjunctions.

1.They have lunch at 12 o'clock. They have a rest at 12:20. (and then)

_____

2.They get up at 5:40. They do morning exercise at 5:55. (15 minutes later)

_____

3.They read news at 7:10. They have evening classes at 7:15. (after 5 minutes)

_____

4.7:00－10:00 pm：have evening classes (from...to...)

_____

设计意图：在夯实时间、行为描述的基础上，让学生练习并巩固连词的用法。

纲要：

Timetable＋Conjunctions ——→Commentary

以上纲要为主问题 Prepare a commentary 确定理论方法。

第五环：反馈拓展步步高

Task 6：Complete the commentary according to the timetable & come to the front to introduce it.

Have a try！ 某中学学生一天的作息时间表

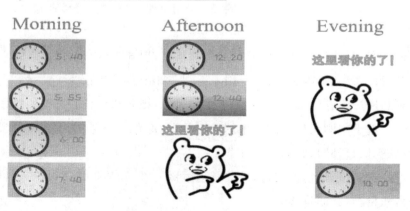

Morning	Afternoon	Evening

Task 7：Compare two timetables：Why could the students in the first School get high marks?

根据共同总结的纲要和内容提示，重回情境，提升兴趣，用刚学到的方法完成视频的解说活动。

在完成解说的过程中，通过对比课文与某中学的时间表，引导学生思考：为什么该中学的学生能屡获佳绩？

设计意图：在教师引导和小组讨论后得出"人生是不断拼搏的过程，要设立目标，制订计划表，行动起来"的结论，把制作时间表升华为"为自己的未来规划、行动"。

三、实践反思

虽然在备课的时候极力想让课程变得完美和圆满，但在实际上课的过程中总会发现一些意料之外的问题。每次我都会及时进行教学反思，以期下一次做得更好。

关于导入环节：

导入是课堂教学的起始环节，在导入这一环节中我选用的某中学视频语速较快，难以捕捉信息，这是需要改进的地方。选择素材需要考虑到学生初次观看，理解以及带入情境需要时间，可以直接点题并且引出本课主问题，或者创设悬念，抓住学生心弦，让学生产生探究新知的欲望。

关于问题化学习：

以问题开篇，用多种素材提示方法，烘托团队解决问题的氛围，引导学生解题的思路。从教课逐步转变为导课，围绕主问题设计相关子问题让学生动脑筋思考、动手操作、合作讨论，从而创造性地解决问题，获得新知，起到点拨、启发、引导、监督的作用。以探索性问题诱发学生探究，以启发性问题启迪学生思维。

"微言精义，愈探愈出，愈研愈入，愈往而不知其所穷。"我们正在经历百年未有之大变局，时代的迅速变化对教师的工作提出了更高的要求。路虽远，吾亦往矣！

17. "核""阅"交融　点亮"悦"读

——以九年级上册 M8U2 为例谈初中英语阅读教学设计

大连高新区第一中学　　英语组:安琪

一、设计理念

英语课程需围绕核心素养,核心素养是课程育人价值的集中体现,是学生通过课程学习逐步形成的适应个人终身发展和社会发展需要的正确价值观、必备品格和关键能力。英语核心素养主要包括语言能力、思维品质、文化意识和学习能力等方面。语言能力是英语学科核心素养的基础,包括语言知识、语言技能、语言理解和语言表达。思维品质是英语学科核心素养的心智特征,主要指个体在思维活动中智力特征上的差异,是衡量一个人思维发展水平的重要指标。文化意识是英语学科核心素养的价值取向,是对中外文化的理解和对优秀文化的鉴赏,是学生表现出的跨文化认知、态度和行为选择。学习能力是核心素养发展的关键要素,是有效运用学习方法与技巧的能力。

(一)课程分析

1.课程标准

(1)核心素养落实路径

英语教学中,阅读属于理解性技能,为培养学生英语学科核心素养提供了有效路径。然而很多教师对于阅读方面的教学实施路径及意义存在认识不足的现象。教师基于英语学习活动观对学生阅读技能提炼整合,在设计活动中关注语言的学习理解、应用实践、迁移创新,使得语言得到有效的综合运用。英语学习活动观聚焦在体验中学习、在实践中运用、在迁移中创新。因此,教师在理解英语核心素养的基础上,探究如何在课堂教学中落实英语学习活动观是当前的首要问题。

英语学习活动观是指学生在主题意义引领下,通过学习理解、应用实践、迁移创新等一系列体现综合性、关联性和实践性等特点的英语学习活动,使学生基于已有的知识,依托不同类型的语篇,在分析问题和解决问题的过程中,促进自身语言知识学习、语言技能发展、文化内涵理解、多元思维发展、价值取向判断和学习策略运用。据此,具体实施路径从学习理解、应用实践,到迁移创新,从而落实英语学科核心素养。

(2)课程内容要求

①读懂简单的体育报道或介绍体育明星的故事;

②理解一般过去时的被动语态在语篇中的应用;

③对参加体育活动的情况进行小结并发表简单评论;

④体会运动员顽强拼搏的精神。

2.教材等课程资源

根据新版课程标准中关于英语学习活动观的阐释,本文以初中三年级的一节英语阅读课的教学设计为例,具体阐释如何在初中阅读教学中落实英语学习活动观。教学内容为《义务教育教科书英语九年级上册》(外研社版)第八模块 Unit 2 "He was invited to competitions around the world."。本模块的主旨是以运动生活为话题,向学生介绍刘翔运动的一生和精神。这是一个既有意义又能贴合学生生活的话题,是对学生进行品质培养的良好素材。文本属于"人与社会"的主题语境下的"文学、艺术与体育"主题群,主题意义涉及对国家、社会有突出贡献的体育人物事迹及其精神。课文以一般过去时描述经历,尤其以被动语态强调刘翔获得成功的不易。过去时的被动语态的应用使得文章语言表达准确、客观,结构清晰。

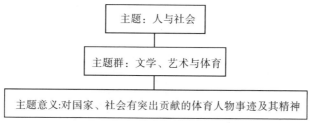

除了教材内容外,利用学案为学生提供相关主题的学习材料,如介绍苏炳添的阅读语篇和奥运会运动史视频。学生通过预习,在熟悉教材的基础上,拓宽视野,超越教材,提高思维能力和学习能力。

3.学情

学生已经有一定的语言基础,比如不同时态的运用,一般现在时的被动语态,运动相关的基础词汇表达等。同时,学生掌握了一定的英语阅读技巧,如略读概括主要内容,细读筛选关于运动人物的细节信息等。但对于阅读技巧的延伸应用仍比较困难,过去时的被动语态更是初次了解。在体育精神上能够运用所学谈论相关内容,但缺乏对于奥运背后中国精神映射在中国少年身上的责任感和担当意识的认识。

(二)确定大概念

大概念有助于核心素养目标的实现。大概念集中体现"学科本质性的思维方式和关键观点",可以将核心素养中的思维品质目标具体化。Erickson(1995)指出,大概念指向学科中的核心概念,是基于事实所抽象出的深层次的、可迁移的概念。学生认识事物、学习语言的规律是从具体到抽象,再从抽象到具体,这一系列过程需要概念以及大概念在其中穿针引线。本课的大概念是感悟国家杰出的体育人物事迹及其精神,从自身做起。结合本课重难点,通过对零散的单元内容进行分析与梳理,帮助学生在语篇学习中不断地深化对单元大概念的认知,完成对单元主题的探究与建构。

1.分析重难点

刘翔是学生所熟知的体育英雄,结合教材和学习目标分析本课重点为介绍体育英雄的成长成名经历,掌握语篇结构,并延伸应用相关阅读技巧,难点为过去时的被动语态在语境中的应用。

2.整合资源

在教材基础上将教材习题 2 和 3 整合为图表(图 1),并结合教材摘取同类语篇,作为被动语态语境应用和篇章结构分析的练习。

2 **Read the passage and choose the sentence which best expresses the main idea.** 🎧

a) Liu Xiang was helped by his sports school to win a gold medal. ☐
b) Liu Xiang will be a star and not a sports hero. ☐
c) Liu Xiang has trained for many years and won many gold medals. ☐

3 **Match the years with the notes to complete the timeline.**

2012	a) won his first international 110m hurdles race
2008	b) hurdling ability noticed
2004 — d	c) born in Shanghai
2001	d) won Olympic gold medal
1998	e) started training at a sports school
1993 (Grade 4)	f) returned to first place
1983	g) suffered from foot problem

Learning to learn

Notes usually include only the most important information from a passage. Further details and some words are left out as long as the meaning is clear.

Time	Events
On 13th July 1983	_____
In 1993 (Grade 4)	went to the Sports School of Shanghai and _____ to train as a high jumper
In 1998	his _____ in hurdling _____ by Sun Haiping
In 2001	a special programme _____ to help them and his races _____ "He _____ with the world's best sports stars and won his first International 110m hurdles race in Japan"
In 2004	"won _____ and _____ the Olympic Games record"
From 2008 on	_____ his foot problem
In 2012	_____ in the world 100m hurdles race

图 1

3.确定学习内容

教材中已有的介绍刘翔成长经历的语篇,用于学习理解语篇中的文体特征及一般过去时的被动语态在语境中的重点使用;课外类似体育报道的阅读语篇,用于相关结构化知识的内化实践;奥运会上体育明星的相关视频,用于促进学生高阶思维发展,拓展创新。

(三)规划教学过程

1.厘定学习目标

教学目标的确定遵循活动观的三个实施路径,设定如下:

(1)能够阅读理解有关运动英雄的生活的语篇并作汇报,同时掌握阅读技巧和主题语篇的结构。(思维品质,语言能力)

（2）能够通过阅读在真实语境中学会使用重点短语和过去时态的被动语态。（语言能力,学习能力）

（3）能够从体育英雄身上学到中国精神并在学习生活中实践。（文化意识）

上述目标与活动观的三个层次一致。本课依托我校的"情动五环"教学模式,遵循3P英语教学,以核心素养为导向设计教学目标,体现育人价值,即帮助学生领会所学语篇中的人文精神,感悟中国体育精神,培养其国家认同感和文化自信,正确的价值观和社会责任感,使其内化于心、外化于行。

2.设计核心问题

问题起源:刘翔作为体育明星,你对他有哪些了解呢? 还有哪些想知道的呢?

问题梳理:以学生问题为起点,学科问题为基础,教师问题为引导,梳理出本课问题链:

What is Liu Xiang's experience?

Why is he successful?

How does he influence us?

Main question：How did Liu Xiang become a sports hero?

文本六个段落归纳为三类子问题:

What 类问题(是何):提取刘翔经历的基本信息;

Why 类问题(为何):分析刘翔成功的原因;

How 类问题(如何):从不同角度说明刘翔如何影响着我们。

根据问题化学习,确定核心问题为:刘翔是如何成为一名体育英雄的?

3.表现性任务

任务 1:梳理问题,构建问题链。

任务 2:了解有关体育英雄的经历及语篇结构并应用实践。

任务 3:感悟体育英雄的品质和中国精神。

（四）嵌入式评价

1.诊断性评价:课前通过问卷调查等进行教学评价,然后进行教学实施。

2.形成性评价:在教学过程中进行的各种评价,如提问、反馈、同伴评价、自我评价等。

3.终结性评价:检查学生的学习成效,如随堂检验等,以达到复习、学习重点的目的。

课堂小组项目展示效果评价表如下表:

复述评价量表			
评价等级	10	8	5
Content(内容)	前后内容逻辑严谨,表意完整,并生成额外信息	语言内容逻辑稍有偏差,不影响整体理解	内容缺乏逻辑性,中心不明确
Language(语言)	语言准确,基本没有语法错误,用词恰当	语言基本准确,有二三处语法错误	语言表达不准确,语法错误较多

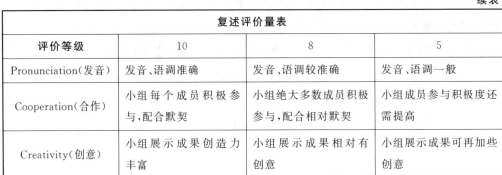

复述评价量表			
评价等级	10	8	5
Pronunciation（发音）	发音、语调准确	发音、语调较准确	发音、语调一般
Cooperation（合作）	小组每个成员积极参与，配合默契	小组绝大多数成员积极参与，配合相对默契	小组成员参与积极度还需提高
Creativity（创意）	小组展示成果创造力丰富	小组展示成果相对有创意	小组展示成果可再加些创意

二、设计与实施过程

教学活动设计与实践遵循英语学习活动观的三个实施路径，即学习理解、应用实践、迁移创新，依托我校的"情动五环"教学模式，遵循 3P 英语教学，以核心素养为导向设计。具体实施过程如下：

（一）读前：开展学习理解类教学活动

本案例的主题意义为：有突出贡献的体育人物事迹及其精神，因此教师基于此设计活动。

活动 1：温故创境，激活已知

学生观看刘翔夺冠视频，了解相关背景知识。

设计意图：刘翔相关的视频导入，激发学生兴趣，明确学习目标，并为后续阅读作铺垫。

活动 2：自主合作，分析问题

教师开展问题化学习，通过小组讨论归纳语篇主要信息并讨论预习产生的问题，引导学生排序、归类，形成问题链，并明确本课的核心问题：

Main Question：How did Liu Xiang become a sports hero?

设计意图：通过问题化学习，学生能进行独立思考，辨识推断刘翔成功的原因及影响等相关信息之间的逻辑关系并作出正确的价值判断。提升学生英语核心素养下的思维品质，为实现教学目标 1 创设情境作铺垫。

（二）读中：开展学习理解类和应用实践类教学活动

在学习理解的基础上，教师为加深学生对主题意义的理解，引导学生多样化阅读，小组合作汇报，逐个解答问题。

活动 3：整体略读，获取主旨

完成教材活动 2，选出文章主旨，引导学生掌握总结核心主旨的阅读策略。

设计意图：第一遍获取文本结构信息，整体理解、概括内容要点，并总结出"借助标题和图片明确主旨"的阅读策略，培养学生阅读学习策略意识。

活动 4:默读深读,解决问题

1.学生默读并完成表格,对标第一类子问题,提取刘翔经历的相关信息,如学习、训练、成就、困难等。同时,使学生关注核心词汇运用和过去时的被动语态在主题意义语境下的应用。

2.在完成基本信息后,再次深入细读文本并进行小组讨论,探讨解决 Why 和 How 类问题,进而解决主问题。探讨结果如下:

(1)Why is he successful?

Because he trained hard; he got some help; he has strong will.

(2)How does he influence us?

Courage and success; hard-working; never giving up …

设计意图:此环节分两个层次。第一个层次,在读的过程中围绕语篇内容记录重点信息,提取整合。目的在于引导学生对已有信息进行梳理、结合已知分析推断,在主题意义下重构文本。教师在学生梳理和推断的基础上概括与整合,产出可视化板书,形成更系统的知识结构,加深理解。第二个层次,关注具体词汇及过去时的被动语态结构,探求主题意义相关表达用语,为类似阅读积累素材。此活动将阅读技能培养和语法学习结合在一起,进而实现教学目标 1 和 2。

活动 5:练习巩固,内化运用

进行角色扮演。电视台播报员团队借助思维导图(图 2)和课文重点词汇结构句型复述课文,汇报刘翔的事迹及影响,并加入评价量表实现生生、师生互评。归纳介绍英雄人物的语篇特征,并应用数学学科趋势图帮助学生分析刘翔的成就与精神的发展趋势关系,进而挖掘课程背后的育人价值。

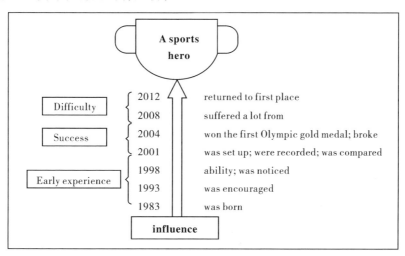

图 2

设计意图:课堂评价至关重要。角色扮演活动使学生对已理解的信息进行再加工。学生在主题意义的探究活动中有效内化所学,变碎片化的语言知识学习为课程内容的整合学习,并形成生生互评。同时,趋势图的展示旨在引导学生领悟中国体育精神,刘翔虽然中途失败但从未放弃,对于初三的学生来说,他们正值中考备战关键时期,也应如此。此外,学生还需进一步关注描写体育英雄的语篇结构特征,并应用在同主题的阅读语篇和写作中。实现教学目标2。

（三）读后：开展迁移创新类教学活动

由同类型阅读语篇练习反馈所学,并培养学生分析问题、批判评价、解决问题的能力,在探究主题意义的基础上,形成正确的价值观。同时,结合问题链的处理及学生对于英语学习的认知和运用特点提出高阶问题,引导其在新的语境中应用创新,进而实现学科育人。

活动6:完成介绍体育英雄苏炳添的阅读练习,并应用本课语篇特征分析同类型语篇结构

活动7:借助视频引导学生深入思考,为什么面对这么多困难,刘翔依然坚持努力不放弃（因为个人的意志力、共同的梦想、对祖国的爱）

设计意图:引导学生从教材走向生活,从刘翔到苏炳添,再到无数各个领域的英雄人物,思考当今的冬奥会、亚运会中体育健儿的顽强拼搏的表现,使得文本内容与现实生活建立联系。基于学生的认知情况和心理特征,激发学生思维,从奥运发展史的角度体会体育精神再到中国精神,引领学生感悟时代变迁中坚定不移的中国精神。落实有理想、有本领、有担当的时代新人培养要求,将中国体育精神有机融入课程和学生学习生活,增强课程的思想性。教学目标3也得到了有效落实。

三、实践反思

本节阅读课教学设计的理论依据为新版课程标准下的英语学习活动观,开展学习理解类、应用实践类、迁移创新类活动,从基于语篇、深入语篇,到超越语篇;通过评价量表开展"教学评一体化"设计与实施。问题化学习的结合使得整堂课学生在理解中学,做中学,创中学,学习体验和效果较好。

（一）设计的亮点

1.整节课问题化贯穿始终,由学生主导展开研究。以问题化学习将本课中的问题分类为 what—why—how 问题链,从而总结出主问题为"How did Liu Xiang become a sports hero?"。基于英语核心素养,使学生的语言能力、文化意识、思维品质、学习能力都得以发展,所以根据学情,明确本课重难点,有针对性地将重难点贯穿于各个教学活动中,如本课的重难点就是过去时的被动语态和该话题下相关的重点短语,在处理上,学生从读中筛查信息,明白过去时的被动语态的用法,再到读后拓展阅读练习时,应用被动语态的用法,加深了对难点的理解。

2.活动设计精心。在"汇报评议师精导"环节,结合学生已有知识,开展应用实践类活动,让学生小组合作分角色饰演刘翔一生中的各个阶段,在实践中体会刘翔体育

英雄的一生,并结合数学学科将其一生用趋势图表示出来,加深学生对于精神品质高于成功的理解,从而达到育人效果,面对即将迎来的中考,这期间生活即使有跌宕,都应该不放弃,继续拼搏获取最后成功。

3.结合当下时事,育人价值明确,课程有思想性,鼓励学生做一个有理想、有本领、有担当的时代新人。通过对比中国第一次参加奥运会到 2008 年举办奥运会,再到2021 年的东京奥运会、2022 年的冬奥会上运动健儿的精彩表现,让学生在真实情境中体会国家实力变强和中国体育精神。继而引发其思考:为什么会有如此多的"刘翔们"面对困难从不放弃? 从过去到现在,从体育英雄到各个领域的英雄,引发学生思考,进而更深入地理解社会责任感和为国效力的优良品质,培养其自强不息、追逐梦想的态度,增强家国情怀和文化自信。最后,学生自然就有了学习的积极性和动力。

（二）缺点及改进措施

文本还可以进行更深入的挖掘,在人文性的基础上,增加英语的教授,如重难点词汇的点拨讲解。在任务的设置上,应该尽可能简化指示语言。时间上有些活动可以合并处理,为后续任务留出时间。

英语教学活动观中三个层次的活动层层递进,由浅入深。从基于文本的信息输入,到深入文本的输出,再到超越文本的高阶输出,这种逻辑的进阶、发展、提升直至深度学习,从而使英语核心素养在课堂上得到有效落实。整堂课通过问题链搭建思维路径,指向文本核心问题,"教学评一体化"贯穿始终,培养学生的思维品质,提高学生的学习能力,增强学生的文化意识,进而在课堂上有效落实英语学科核心素养。

18.建立无现象反应模型　促进学科思维进阶化

——以《酸和碱的中和反应》第一课时为例的教学设计

大连高新区第一中学　　　化学组:刘可嘉

一、设计理念

（一）课程分析

1.课程标准

（1）课标要求

①初步学会根据某些性质检验和区分一些常见的物质;

②了解检验溶液酸碱性的基本方法,知道酸碱性对人体健康和农作物生长的影响;

③认识物质性质在生活、生产、科技等方面的广泛应用,体会科学地利用物质性质对提高人们的生活质量具有重要作用。

（2）学业要求

①能举例说明物质性质的广泛应用及性质与用途的关系;

②能利用常见物质的性质,分析、解释一些简单的化学现象和事实;

③能运用研究物质性质的一般思路与方法,从物质类别的视角,依据中和反应初步预测常见酸和碱的反应。

2.课程资源

本节课是人教版化学九年级下册第十单元课题 2 的内容,隶属于"物质的性质与应用"这一主题。本课注重引导学生通过实验探究,认识物质变化。从定性和定量两个角度,对中和反应的发生进行证明,还建立了"无现象反应"的验证模型,完成了从宏观变化到微观实质的认知转变,进一步建立学生的微粒观,使学生对酸和碱的认识更加完整。

3.学情分析

学生已经学习了常见的酸和碱以及它们的性质和用途,知道了酸碱具有相似化学性质的微观原因,但是对于酸碱之间的反应了解不够深入,微观变化过程认识不清。学生已经具有一定科学探究和类比分析的能力,能够进行小组合作,但是对于从定性到定量的研究方法掌握还不够。学生之前学习过的化学变化一般伴有明显的实验现象,对于"无明显现象"的化学反应仍存在疑惑。中和反应的应用与学生日常生活紧密联系,能增强学习体验感。

（二）确定大概念

本课时的大概念为物质的多样性：认识物质是多样的；认识依据物质的组成和性质可以对物质进行分类；知道物质具有独特的物理性质和化学性质，同类物质在性质上具有一定的相似性；知道物质具有广泛的应用价值，物质的性质决定用途。

1.分析重难点

重点：知道酸和碱之间发生了中和反应。

难点：了解中和反应的实质；中和反应在生活实践中的应用。

2.资源整合

教学资源：人教版化学九年级下册教材

实验用品：稀盐酸、稀硫酸、氢氧化钠溶液、氢氧化铜、硫酸铜、碳酸钠、镁条、酚酞溶液、石蕊溶液等

网络资源：PowerPoint、剪映、微课等

3.确定学习内容

任务驱动，设置真实的问题情境，从学生常见的有明显现象的化学反应入手，引发学生自主思考，利用转化法、类比法等教学方法，发展学生多角度分析和解决实际问题的能力，逐步培养学科核心素养。充分发挥学生实验的功能，给学生提供动手实践和动脑思考的机会，经历完整的探究过程；引导学生在反思和交流的基础上，提炼利用物质的性质解决具体问题的一般思路和方法。

（三）规划教学过程

1.厘定学习目标

(1)通过验证酸碱之间的反应，掌握科学探究的方法。

(2)通过微观示意图，理解中和反应的实质。

(3)通过阅读教材及查阅资料，知道中和反应的应用，并解决生活中的实际问题。

2.设计核心问题

化学反应无明显现象时，如何证明是否发生反应？

3.表现性任务

任务 1：总结证明反应发生的方法

任务 2：设计实验证明酸碱发生反应

任务 3：归纳中和反应定义，并总结其在生产生活中的应用

（四）嵌入式评价

1.诊断性评价：通过了解学生完成课堂练习和作业的情况反馈学习目标的达成度。

2.形成性评价：学生填写实验活动评价表现量表，进行多角度评价。

二、设计与实施过程

（一）教学过程

环节一：实验设疑，引出问题

【实验视频】氢氧化铜沉淀与稀硫酸混合，氢氧化钠溶液与稀盐酸混合

师：观察到的现象以及得出的结论是什么？

生：蓝色固体消失说明氢氧化铜和稀硫酸发生了反应；而氢氧化钠与稀盐酸混合后无现象，不能说明反应发生。

提出问题：化学反应无明显现象时，如何证明是否发生反应？

【设计意图】通过两组对比实验，从学生熟悉的有明显现象的化学变化入手，过渡到无明显现象的反应，引出本节课的关键问题，引发学生探究兴趣。

环节二：实验探究，建立模型

【类比法确定思路】

师：木炭还原氧化铜实验中，通过澄清石灰水变浑浊说明有二氧化碳生成，通过试管中黑色粉末变红说明碳和氧化铜消失。那么同学们能不能推测证明反应发生的思路？

生：可以证明有新物质生成或者反应物消失。

师：在检验的过程中，我们可以利用前面学过的酸和碱的化学性质，借助试剂产生明显现象，比如变色法、沉淀法、气体法等。我们以变色法为例，提到酸碱变色，大家能够想到什么？

生：酸碱指示剂。

【设计意图】通过类比法、转化法，化不可见为可见，建立"无现象反应"模型的验证方法，培养了学生的逻辑推理和类比分析的能力，逐步形成学科思维。

环节三：设计方案，分组实验

师：接下来，就请同学们根据老师提供的实验药品和仪器，设计实验来证明稀盐酸和氢氧化钠溶液是否发生了反应。请大家注意实验安全，记录好试剂加入的顺序及用量，为了方便观察现象，要逐滴滴加。

学生实验，教师巡视，解决出现的问题。

【设计意图】让学生体会探究的乐趣及解决问题的成就感，体现自主合作探究的学习方式与理念，培养学生动手操作的能力和合作交流的意识。

环节四：汇报评议，教师精导

学生分组汇报不同实验方案的操作、预期现象及结论。

生：可以先将酸碱混合，再滴加酚酞溶液。

生：可以向盐酸中滴加酚酞溶液，再逐滴加氢氧化钠溶液。

生：还可以向氢氧化钠溶液中加酚酞溶液，再逐滴加稀盐酸。

师：这三种方法都合理，都能够证明反应发生了。但是如果我们要做最优选择，会

选择最后一种,因为其操作最简便且现象唯一。根据实验室废液处理原则,我们要尽可能使其达到中性,所以在操作过程中要注意逐滴滴加稀盐酸,不断搅拌,恰好变色时停止滴加。

学生填写实验活动评价表现量表,进行多角度评价。

评价标准	自评	互评	师评
实验原理是否正确可行			
实验仪器是否选择正确			
实验操作是否安全合理			
实验步骤是否简单方便			
实验过程是否造成污染			

【设计意图】设计不同的实验方案,开拓思路。运用多维评价,引导学生不仅关注核心知识,同时注重辩证能力、综合思维及实践能力的提升。把环保意识渗透到教学中,培养学生的社会责任感。

环节五:开拓思路,同中求变

师:我们刚才是利用变色法证明了稀盐酸和氢氧化钠的反应,接下来,请同学们进行小组讨论,还有没有其他方法也可以证明反应的发生呢?

生:(方案一)向稀盐酸中加入一定量氢氧化钠溶液后,再加入少量碳酸钙粉末,观察现象。

生:(方案二)在烧杯中加入少量氢氧化钠溶液,再滴加稀盐酸,一段时间后再滴加硫酸铜溶液,观察现象。

生:(方案三)向稀盐酸中加入一定量氢氧化钠溶液后,再加入少量镁条,观察现象。

师:同学们的方案中用到了酸和碳酸盐、碱和盐、酸和活泼金属的反应。可以看出,设计实验方案的依据是酸或碱的化学性质。

【设计意图】教师评价方案并引导学生总结设计实验方案的依据,培养学生归纳总结的能力与实验创新意识。

环节六:总结定义,明晰概念

给出不同酸和碱发生反应的化学方程式,引导学生自主归纳中和反应的定义。

师:酸和碱作用生成盐和水的反应叫作中和反应。但是生成盐和水的反应一定是中和反应吗?

生:不是,比如氢氧化钠和二氧化碳反应,氧化铜和稀硫酸反应。

【设计意图】培养学生对信息的归纳、整理、概括加工的能力,同时排除学生易混淆的误区,使其对定义掌握更加精准。

环节七:微观探求,理解实质

展示中和反应微观示意图。

师:通过展示的两图的对比能够看出什么?

生:稀盐酸与氢氧化钠溶液混合后,酸中的氢离子与碱中的氢氧根离子结合形成了水分子,氯离子和钠离子继续在溶液中游离。

依据不同的化学方程式,找寻规律,总结中和反应微观实质。

【设计意图】利用中和反应微观示意图,帮助学生理解,有助于学生建立从宏观辨识到微观探析的转化。

环节八:联系生活,学以致用

【微课】中和反应在工农业及医疗卫生方面的应用

学生观看微课,并记录化学反应方程式。

【设计意图】认识化学来源于生活、服务于生活,提高学生的学习积极性。

环节九:知识巩固,小结提升

教师与学生共同总结本节课学习内容的知识纲要图和方法纲要图。

进行课堂练习,通过诊断性评价反馈教学目标的达成情况。

1.下列反应属于中和反应的是(　　　)

A.$CO_2 + 2NaOH \xlongequal{} Na_2CO_3 + H_2O$ 　　　B.$CuO + H_2SO_4 \xlongequal{} CuSO_4 + H_2O$

C.$KOH + HNO_3 \xlongequal{} KNO_3 + H_2O$ 　　　D.$Fe + 2HCl \xlongequal{} FeCl_2 + H_2\uparrow$

2.下列有关中和反应的说法,不正确的是(　　　)

A.中和反应一定是酸和碱的反应

B.凡是生成盐和水的化学反应都是中和反应

C.中和反应的实质是 H^+ 和 OH^- 结合生成水分子

D.中和反应一定生成盐和水

3.食用松花蛋时常感到有点涩,这是因为制作松花蛋的过程中用到了熟石灰和纯碱等原料。为了减轻涩的感觉,可在食用松花蛋时添加某种调味品,这种调味品最好是(　　　)

A.食盐　　　　　　B.食醋　　　　　　C.香油　　　　　　D.味精

【设计意图】理顺学生思路,加深理解,整合巩固本节课知识点,培养提炼能力。

（二）板书设计

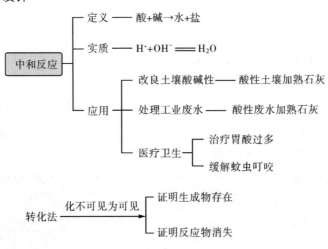

（三）作业设计

1.下列实际应用中,利用中和反应原理的是(　　)

①用生石灰作食品干燥剂;②用熟石灰和硫酸铜配制波尔多液;③施用熟石灰改良酸性土壤;④用氢氧化钠溶液处理泄漏的浓硫酸

A.①②　　　　　B.③④　　　　　C.①④　　　　　D.②③

2.某同学设计的以下实验方案,能够达到目的的是(　　)

A.用稀盐酸除去氧化铜中混有的少量碳粉

B.用氢氧化钠溶液除去二氧化碳中混有的少量氯化氢

C.用观察颜色的方法区分碳酸钙和氢氧化钠

D.用酸碱指示剂区分氯化钠溶液和稀盐酸

3.硫酸既是重要的化工产品,又是重要的化工原料,还是实验室重要的化学试剂。

(1)将浓硫酸滴到布条上,放置一会儿后,可以观察到布条变成_____色。

(2)浓硫酸运输过程中出现泄漏通常用熟石灰进行处理,反应的化学方程式为_____。

(3)浓硫酸能与金属铜反应,化学方程式为:$Cu + 2H_2SO_4(浓) \xrightarrow{\triangle} CuSO_4 + 2H_2O + X\uparrow$,则 X 的化学式为_____。

4.根据下图所示的实验回答问题。

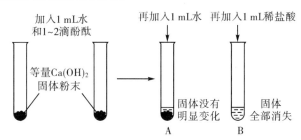

(1)上述实验能否证明酸和碱能够发生反应,为什么? 说出预期现象及结论。

(2)另外设计实验,证明氢氧化钙能与稀盐酸发生反应。

5.为了减少污染,排放的废水要尽可能接近中性。检验本小组废液缸中溶液的酸碱性,并设计实验方案使其达到排放标准。

三、实践反思

（一）设计优点

本节课用科学探究的方法证明酸碱之间能够发生反应,从对比实验入手,从定性到定量,从宏观到微观,是对学科本质、学科方法和学科思维由浅入深的提高过程,同时提高了学生的科学探究能力。

建立"无现象反应"的验证模型,即验证反应物消失或生成物存在,通过类比法、转化法,培养了学生的逻辑推理能力和类比分析能力,逐步形成学科思维。

本节课还体现了自主合作探究的学习方式与理念，最大限度地将课堂交给学生，发挥他们的创造力。将所学知识进行整合，设计不同的实验方案，开拓思路，冲破桎梏，亲身体验探究过程，实验验证自己的猜想，化抽象为具体。同时规范学生的实验基本操作，让学生获得知识，形成能力，充分调动学习的积极性。

从实验设计、操作到废水处理，各个环节都潜移默化地把节能减排、环保意识渗透到教学中，培养学生的社会责任感。采取多种形式，抓住时机、有机渗透，较好地把德育渗透到化学教育教学活动之中，有效地提高了学生的思想觉悟，养成了学生的优秀品质，健全了学生的品行与人格。

（二）不足与改进

在本节课的设计中，虽有评价理念，但是在实施过程中评价语言和形式仍然不够丰富，今后将继续加强，从情感和知识等多维角度对学生进行全方位的评价。

在中和反应应用部分，更多地强调了课内实例，对知识的应用还存在局限性，素材挖掘的深度、广度不够，没有很好地开阔学生的视野。今后的备课要更加细化，加强日常学科资料的收集整理，逐步建立学科资源库。

19.科学探究　去伪存真

——以《金属的化学性质》的教学设计为例

大连高新区第一中学　　　化学组：杨雅茹

一、设计理念

（一）课程分析

1.课程标准

（1）能结合实验事实，举例说明和描述常见金属的主要性质，并能用化学方程式表示。

（2）能利用常见金属的性质分析、解释一些简单的化学现象和事实。

（3）能运用研究物质性质的一般思路与方法，从物质类别的视角，依据金属活动性顺序，初步预测常见金属的主要性质；设计实验方案，分析、解释有关的实验现象，进行证据推理，得出合理的结论。

2.课程资源

根据《义务教育化学课程标准（2022年版）》中培养核心素养的相关内容，结合人教版化学九年级下册教材，对教材进行分析与归纳。化学观念包括：学习金属的性质、制备和应用等核心知识；科学思维包括：化学物质观和变化观，"性质决定用途"观念的形成；运用比较、分类、分析、综合、归纳等科学方法解决金属相关问题，基于实验事实进行证据推理、构建模型，初步建立运用物质性质解决具体问题的基本思路和方法；科学探究与实践包括：通过构建金属单元主题的知识结构，让学生经历完整的科学探究过程，增强实践能力，体会物质分类研究的基本思想，实现由"研究一种物质"向"研究一类物质"的转变；科学态度与责任包括：通过分析金属矿物的开发和金属材料的使用对环境、人体健康和社会发展带来的影响，促使学生权衡利弊，应用可持续发展的观念分析解决与材料相关的实际问题，表现出责任与担当。

同时分析了学业质量标准：

（1）能通过实验说明常见的金属的主要性质，并能用化学方程式表示；能举例说明物质性质的广泛应用及性质与用途的关系；能利用常见物质的性质，分析、解释一些简单的化学现象和事实。

（2）能运用研究物质性质的一般思路与方法，从物质类别的视角，依据金属活动性顺序，初步预测常见金属的主要性质；设计实验方案，分析、解释有关的实验现象，进行证据推理，得出合理的结论。

（3）能基于真实问题情境,依据常见物质的性质,初步分析和解决相关的综合问题;能基于物质的性质和用途,从辩证的角度,初步分析和评价物质的实际应用,对金属材料的使用与金属资源开发、低碳行动、资源回收、化学制品合理使用等社会性科学议题展开讨论,积极参与相关的综合实践活动。

3.学情分析

知识与技能储备方面:学生已经学习了上册的内容,具备一定的知识储备,对部分金属的性质有所了解,对身边的金属材料和金属的物理性质也有一定的了解。

仍存在的学习探究难点:学生基础知识掌握尚可,但是较为零散,缺少知识框架的建构。大部分学生存在学了知识但不会运用的问题,不能将已掌握的基础知识与题目结合来解决问题,读题、审题能力欠缺,缺少解答问题的思路和方法。

（二）确立大概念

学科大概念具有中心性、统摄性和持久性。它在大单元教学中起到提纲挈领的作用,它是通过现象与事实抽离出来的、经得起检验的理论。本节课把本学科的学科大概念拟定为"世界是物质的、物质是变化的"。明确了 4 个次级大概念:物质制备视角的转化观、物质分类视角的分类观、物质性质视角的结构观、物质使用视角的化学价值观。

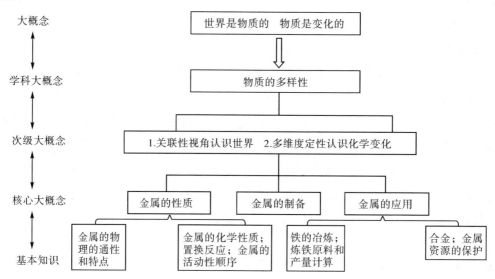

1.分析重难点

综合以上分析,本节课的教学重点为金属的化学性质和比较金属活动性的方法;教学难点为能利用金属活动性顺序解释一些与生活有关的化学问题。

2.确定学习内容

本节课的学习内容为:常见金属的主要性质及相关化学方程式表示;利用常见金属的性质分析、解释一些简单的化学现象和事实;运用研究物质性质的一般思路与方法,从物质类别的视角,依据金属活动性顺序,初步预测常见金属的主要性质,设计实验方案,分析、解释有关的实验现象,进行证据推理,得出合理的结论。

（三）规划教学过程

1.厘定学习目标

（1）能写出铁、铝、铜等常见金属与氧气反应的化学方程式。

（2）能写出常见金属与盐酸、稀硫酸及某些盐溶液反应的化学方程式,能用置换反应解决一些与日常生活有关的问题。

（3）能用金属活动性顺序对有关的置换反应进行简单的判断,并能利用金属活动性顺序解决一些与生活有关的化学问题。

（4）通过实验探究,培养学生基于证据的推理能力,提高科学探究能力,养成实事求是的科学精神和态度。

2.设计核心问题

问题梳理:以学生问题为起点,学科问题为基础,教师问题为引导,从而梳理出本课问题链:

> 如何辨别真假黄金?
> 它们的主要成分有什么?
> 金属具有哪些化学性质?
> 如何利用金属的化学性质设计实验验证真假黄金?

最后根据问题化学习,确定核心问题为:如何利用金属的化学性质设计实验验证真假黄金?

3.表现性任务

任务 1:梳理问题,构建问题链。

任务 2:绘制金属的物理、化学性质的思维导图,建构知识系统。

任务 3:进行"验证真假黄金"实验探究。

（四）嵌入式评价

1.诊断性评价:课前通过问卷调查等进行教学评价,诊断学生已有的知识经验。

2.过程性评价:在教学过程中进行嵌入评价,结合评价量表进行学生自评、学生互评、教师补充与评价,发挥过程性评价的指导与监控作用。

3.终结性评价:根据讨论中学生的参与度、汇报交流的情况进行评价。采用随堂检测、作业等方式检测学生掌握情况及学习目标的达成度。

以下是本课时的评价量表:

项目	评价标准	得分
内容	1.内容正确,无明显的知识性错误（3分） 2.全面涵盖主题的有关内容（3分） 3.主题突出,主干、支干清晰（2分）	
制作效果	1.色彩搭配合理（1分） 2.书写工整（1分）	

二、设计与实施过程

【学习任务一】能利用物理和化学性质鉴别金属

活动1:黄金市场常有仿品鱼目混珠,不法分子常以黄铜冒充黄金进行售卖,用物理或化学方法进行鉴别。

导入新课:通过生活中的真实事件引入新课,通过设疑,埋下伏笔,让学生感受生活处处有化学,激发学生的好奇心和求知欲。通过创设有序的层级问题,搭建探究平台,配以观察演示实验、小组实验等活动,收集证据,发展学生宏观辨析、证据推理、模型认知、实验探究和创新意识的素养。

多媒体播放"用火烧"的方法检验真假黄金,让学生写出假戒指变黑过程的化学方程式,进而引出金属能与氧气发生反应的知识。

转引:结合所学,我们知道铁在点燃的条件下才能与氧气发生化学反应,而镁、铝在常温条件下就能和氧气发生反应。

设计意图:体会对比、分析、归纳的学习方法,了解金属的活泼程度存在差异,进而学会比较金属活泼性的方法。

提问:想一想为什么铝在常温条件下就与氧气反应,却有很好的抗腐蚀性呢?

讲解:这是因为铝在空气中与氧气反应,其表面生成一层致密的氧化铝薄膜,从而阻止铝进一步氧化,因此具有很好的抗腐蚀性能。

设计意图:体会性质与用途之间的关系。

总结:大多数金属可以与氧气发生反应,但是反应条件不同。我们也可以根据金属与氧气发生反应条件的难易程度判断金属的活泼程度。

【学习任务二】知道金属能与酸性溶液反应

活动2:通过了解2008年北京奥运会祥云火炬上的图案制作过程,总结金属的化学性质。

转引:金属还能与哪些物质发生反应呢?

真实情境:以2008年北京奥运会祥云火炬上的图案制作过程为例,引出金属能与稀盐酸、稀硫酸发生反应。

设计意图:利用真实情境引出金属与稀盐酸、稀硫酸反应的化学方程式,同时对学生进行爱国主义教育。

实验探究:将打磨好的镁、锌、铁和铜分别加入稀盐酸和稀硫酸中,观察实验现象。

提示:镊子在使用前后要擦拭干净;金属在使用前要用砂纸打磨光亮;固体药品取用的规范操作:一横二放三慢竖。

分组实验:1、3、5、7组:镁条、锌粒、铁钉、铜片与稀盐酸的反应;2、4、6、8组:镁条、锌粒、铁钉、铜片与稀硫酸的反应。

提问:通过实验,可以观察到什么现象,哪个小组可以主动分享观察到的实验现象?

引导:参照实验室制氢气的化学方程式,请学生代表上黑板书写该实验中所涉及的化学方程式。

总结:通过上述实验,得出结论:在金属活动性顺序中,位于氢前面的金属可以置换出稀盐酸和稀硫酸中的氢。

追问:我们是否可以根据金属与酸反应的剧烈程度判断金属活泼程度?

强调:不能。不能控制变量!

小结:置换反应可表示为 A+BC=AC+B

设计意图:培养学生实验操作能力、观察能力及分析问题的能力。让学生体会实验探究的一般过程,体验探究学习的乐趣。

师生总结:可以根据金属能否与酸反应判断金属活动性的强弱。

【学习任务三】知道金属能与盐溶液反应

活动 3:将打磨后的铝丝浸入硫酸铜溶液,铁钉浸入硫酸铜溶液,铜丝分别浸入硝酸银和硫酸铝溶液中,观察实验现象。

探究实验:利用所给药品讨论、设计、完成实验,观察并记录实验现象。

提问:在各个试管中你能观察到什么现象? 进一步得出什么结论?

学生汇报:铝与硫酸铜溶液反应,铝片表面有红色固体析出,溶液由蓝色变为无色;铁钉浸入硫酸铜溶液,铁钉表面有红色固体析出,溶液由蓝色变成浅绿色;铜丝浸入硝酸银溶液中,铜丝表面有银白色固体析出,溶液由无色变成蓝色;铜丝浸入硫酸铝溶液中,无明显现象。

总结:通过上述实验可知,在金属活动性顺序中,位于前面的金属能将位于其后面的金属从它的盐溶液中置换出来。

设计意图:在实验探究活动中体验到互助及合作交流的乐趣,进一步培养学生科学探究能力,结合实验现象进行合理证据推理的能力。

师生总结:判断金属活动性的另一种方法即看某种金属是否能把另一种金属从它的盐溶液中置换出来。

总结:对整节课的知识进行梳理,建构思维导图,帮助学生在头脑中建构出整节课的知识网。

三、实践反思

1.情境化:本节课依托真实情境,利用贯穿于整节课程的真实情境培养学生在真实情境下解决问题的能力,利用知识的迁移性解决问题,进而使学生思维和能力得到提升。

2.活动化:本节课依据情境设置对应的学生任务,在任务下设置相应的学生活动,在解决真实的问题和任务驱动中提升学生核心素养。

3.本节课的教学、活动均围绕学生展开,体现学生主体性,同时注重师生评价、生生评价,多形式、多角度地对学生的学习情况进行考查,进一步促进"教—学—评"一体化。

4.本节课注重主题下的育人价值,培养学生对金属资源的爱护意识和社会责任感。

但是本教学设计也存在一定的不足,比如单元总任务的贯穿引领不足,引导学生和评价学生方面做得不够好;未能将评价和教学真正地融为一体,将学习引入高效和深层次;对于学生思维的引领不够;金属的物理性质和化学性质在生活中的应用的举例不够,未能拓宽学生的思维。

20.探燃烧条件　评教学相长

——以《燃烧和灭火》第一课时教学设计为例

大连高新区第一中学　　化学组：周小暄

一、设计理念

（一）课程分析

1.课程标准

课标要求：

（1）通过实验探究认识燃烧的条件，理解燃烧和灭火的原理及其在生活中的应用；

（2）知道化学实验是进行科学探究的重要方式，具备基本的化学实验技能是学习化学和进行探究活动的基础和保证；

（3）初步学会在教师指导下根据实验需要选择实验试剂和仪器，并能安全操作；

（4）知道围绕实验目的设计实验步骤，实施实验并完成实验记录，基于实验事实得出结论；

（5）发展科学探究的好奇心、想象力与探究欲；

（6）通过探究活动，初步养成注重实证、严谨求实的科学态度。

学业要求：

（1）能设计简单的实验方案或实践活动方案；

（2）能运用控制变量的思想设计燃烧条件等实验探究方案；

（3）能独立或与他人合作开展化学实验，收集证据；

（4）能基于事实，分析证据与假设的关系，形成结论。

2.课程资源

化学课程资源包括实验室资源、文本资源、信息技术资源以及社会教育资源等。在大单元教学理念的背景下，整合可以是学科内相互关联知识的链接，也可以是跨学科之间的融汇；可以是课内知识的整合，也可以是课内外知识的结合。课程资源的选择应该贴近学生的生活实际，并与学习主题紧密相连。不同课程资源相互补充，互为促进。通过整合课程资源能够为学生提供丰富的教学素材与学习途径，帮助学生增强对课堂知识的深入理解。本课所涵盖的课程资源如下：

文本资源：《义务教育化学课程标准（2022年版）》《化学九年级上册教师用书》《义务教育教科书化学》九年级上册。

实验室资源：火柴、酒精灯、打火机、石块、蜡烛、木条、烧杯、纸团、玻璃棒、镊子、水。

信息技术资源:PowerPoint、剪映、平板电脑。

3.学情分析

本章节是九年级化学上册教材的第七单元第1课时,学生已经掌握了一定的化学学科知识和实验技能,具有一定的探究能力。对"化学来源于生活,应用于生活"有了一定的认识。学生通过《走进化学世界》的学习,初步掌握了化学核心理念、实验操作技能及设计简单实验时控制变量的思想。学生比较适应和喜欢教师通过引导探究法传授新知识。因此,本课时的设计意在使学生在建构知识体系的过程中,通过变化的视角分析、解决与化学相关的实际问题。将真实问题的解决与科学探究活动有机融合,设计项目式学习活动,优化活动设计,提高学生参与的深度和广度,真正实现全体学生投入到课堂中来。

(二)确定大概念

新课标中,"燃烧和灭火"这一内容所在的学习主题是"物质的化学变化",涉及的大概念为"物质的变化与转化",引导学生从变化的视角认识物质世界。

1.分析重难点

重点:运用燃烧的相关知识解决与生活生产实际相关的问题。

难点:

(1)学生对燃烧条件和灭火原理有所了解,但应用其解决具体问题或解释某些现象时却常常不知如何运用,找不到或找不全关键现象。

(2)学生初步具有控制变量的意识,具有一定的科学探究能力,但在解决实际问题时容易忽略控制变量。

(3)学生能运用所学知识、方法解决部分学科问题,但缺乏将生活生产中的实际问题与学科研究相联系的社会责任意识。

2.资源整合

除了教材已有内容外,还利用了导学案为学生提供充足的学习材料。课堂练习题包括成语中的相关知识,与语文学科相融合;还包括了三国演义中的知识,与历史学科相融合;介绍了水火相容在冬奥火炬传递中的应用;宇宙飞船的返回舱利用了"烧蚀防热"的方法进行自我保护;利用题目中的情境开拓学生的视野。

3.确定学习内容

通过实验探究认识燃烧的条件和灭火的原理,建构模型认知反应规律的探究思路与方法。能设计简单的实验方案,具有控制实验条件和对比的意识。能根据实验需要选择实验药品和仪器,获取证据并综合运用学科知识进行分析,基于事实和逻辑进行独立思考判断,得出结论解决问题。发展对世界的好奇心、想象力和探究欲,保持对化学学科和科学探究的浓厚兴趣;对化学学科促进人类文明和社会可持续发展的重要价值具有积极的认识。

（三）规划教学过程

1.厘定学习目标

（1）了解燃烧的定义，认识燃烧的条件并知道灭火的原理；

（2）强化对比思想，能够运用控制变量法设计实验；

（3）能运用所学知识解决生活中的实际问题。

2.设计核心问题

问题1：燃烧有哪些条件？

问题2：灭火方法及灭火的原理有哪些？

问题3：合理控制燃烧的条件，对生产生活有哪些重要意义？

3.表现性任务

任务1：小组设计实验方案并开展实验。

任务2：汇报实验并进行自评及互评。

任务3：以趣味比赛的形式，利用所学知识让木条燃烧时间更长。

（四）嵌入式评价

1.诊断性评价

利用分层作业的全面性以及针对性，在反馈中实现课程内容的终结性评价。

2.形成性评价

注重学生在实践活动中的表现以及学习过程中关键能力的养成，引导学生学会运用评价量表进行自评和小组内的互评。

二、设计与实施过程

依据我校情动五环教学模式，以核心素养为导向，具体教学过程如下：

（一）温故创境明目标

教师和学生共同完成魔术"火焰掌"，创设实验情境。之后，给出本节课的学习目标如下：

1.了解燃烧的定义，认识燃烧的条件并知道灭火的原理；

2.强化对比思想，能够运用控制变量法设计实验；

3.能运用所学知识解决生活中的实际问题。

【设计意图】

通过魔术"火焰掌"这一颠覆学生认知的现象，激发学生认知冲突，引起内在学习动机，将目光迅速聚焦到燃烧的相关学习中。自然地引出了本节课学习目标，学生能根据所给目标了解本节课重难点，更加有针对性地掌握将要学习的知识。

（二）自主合作共探讨

学生阅读教材P128－130内容，结合提供的实验器材，独立思考后小组合作探究以下问题：

1.设计实验探究燃烧必须满足哪些条件？

2.以蜡烛为例探究可以用哪些方法灭火？并尝试归纳这些灭火方法的原理是什么。

3.合理控制燃烧的条件,对生产生活有哪些意义？

【设计意图】

将学习任务分解为学生活动,学生根据课前预习教材及独立思考的情况,带着问题进行小组合作探究。将思维与实践相融合,进行探究性学习,进一步培养科学探究能力和创新意识。在设计实验以及实验操作时引导学生注意"对比"和"控制变量",落实科学思维、科学探究与实践的核心素养。

（三）汇报评议师精导

各小组汇报探究结果,鼓励学生质疑,并相互解答。

1.燃烧的条件：

可燃物

与氧气接触　　缺一不可

温度达到着火点

2.灭火的原理：

清除可燃物

隔绝氧气　　　破坏其一

降温至着火点以下

3.学生举例说明运用"燃烧的条件",可以解决哪些实际问题。

再依据评价量表引导学生进行自评以及互评,教师适时反馈与评价。

评价量表：

评价维度	评分标准(满分10分)	自评	互评	师评
方案设计与实施	选择正确的药品(1分) 方案具有科学性(1分) 操作正确规范(1分) 得出正确的结论(1分)			
交流表达	声音洪亮(1分) 逻辑清晰(1分) 语言流畅(1分)			
小组合作	分工明确(1分)			
创新意识	提出有价值的问题(1分) 展示形式多样(1分)			

【设计意图】

汇报环节,实现思维间的碰撞。评价环节,学生从敢评到会评,培养高阶能力。教师适时反馈与评价,实现"教—学—评"一体化。

（四）练习巩固结纲要

教师和学生以结纲要的形式共同梳理本课核心学科知识与方法,接下来进行习题的练习,习题中适当进行拓展延伸。

练习1:小小成语大道理

从燃烧条件以及灭火原理的角度解释下列成语:

(1)釜底抽薪;(2)抱薪救火;(3)煽风点火;(4)水火不容。

播放视频:水火相容,如何理解?

拓展:水下火炬传递。2022年2月2日,在北京冬奥公园举行的冬奥火炬传递活动中,我国研制的机器人实现奥运史上首次机器人水下火炬传递!专家称难度堪比太空舱对接!

练习2:化学走进历史

《三国演义》中的"赤壁之战",曹操率领百万水师乘船横渡长江,声势浩大,却被周瑜的火攻和孔明"借"来的东风弄得大败而逃。用燃烧三要素回答以下问题:

(1)周瑜使用了"火箭"射进曹军的连环木船上,"火箭"能使木船着火的原因是什么?

(2)起火后曹军的部分船只逃脱,这些船没有被烧的原因是什么?

(3)孔明"借"来的东风不仅使火势吹向曹营,还为燃烧提供了什么使火烧得更旺?

拓展:宇宙飞船返回舱保护。返回舱与大气发生剧烈摩擦变成一个火球,有一种重要降温方式就是"烧蚀防热"。在飞船返回舱表面涂一层高分子固体材料,利用这些材料在与空气摩擦时熔化、汽化并吸收大量的热量,从而降低返回舱表面的温度。

练习3:"火焰掌"大揭秘

呼应课前实验:你能否从燃烧的条件角度解释为何掌起火而手无恙?

资料卡片:"火焰掌"的实验步骤为用水槽装水,加入洗洁精,用手摇匀起泡,充入丁烷(易燃气体,且不溶于水),水面出现很多充盈着丁烷气体的泡泡,用浸湿的手捧起一堆丁烷气泡,用点火器点燃。

【设计意图】

通过结纲要来回顾重点知识,查缺补漏。练习题横向拓展、纵向掘深,问题难度逐步由低阶向高阶过渡,培养学生对真实情境中问题的解决能力,进一步提高知识迁移能力。

（五）反馈拓展步步高

拓展环节以一个趣味比赛的形式展开,小组同学同时点燃一根相同的木条,比比谁的木条燃烧得更久。比赛结束后再利用燃烧的相关知识进行解释,启发学生:想要获得成功,除了靠运气之外,更重要的是要靠知识,知识能够改变命运!最后介绍消防员伟大事迹,号召学生增强防火意识。

【设计意图】

加深学生对于燃烧知识的理解与应用,利用已具备的化学学科核心素养,提升在新情境中解决问题的能力。通过介绍消防员事迹,增强学生的防火意识,端正科学态度并落实社会责任,由化学教育走向化学育人。

作业设计

1.下列物质中允许旅客带上列车的是( )

A.酒精 B.白糖 C.汽油 D.白磷

2.某同学用右图所示装置探究可燃物燃烧的条件,得到以下实验事实:①不通空气时,冷水中的白磷不燃烧;②通空气时,冷水中的白磷不燃烧;③不通空气时,热水中的白磷不燃烧;④通空气时,热水中的白磷燃烧。能证明可燃物必须达到一定温度(着火点)才能燃烧起来的实验事实是( )

A.①② B.②④ C.①④ D.③④

3.生煤炉火时,需先引燃纸和木柴,纸比煤易点燃的原因是( )

A.纸比煤跟空气的接触面积大 B.纸比煤着火点高

C.纸比煤着火点低 D.纸比煤密度小

4.烧木柴时,通常把木柴架空一些火会更旺,这是因为( )

A.木柴是可燃物 B.温度已达到着火点

C.散热快 D.使木柴和空气充分接触

5.阻燃剂氢氧化铝受热分解时吸收热量,同时生成耐高温的氧化铝和水蒸气,可起到防火作用。下列关于该阻燃剂防火原因的叙述中错误的是( )

A.反应吸热,降低了可燃物的着火点

B.生成的氧化铝覆盖在可燃物表面,隔绝空气

C.生成大量水蒸气,降低可燃物周围氧气的浓度

D.反应能够降低温度,可燃物不易达到着火点

6.春暖花开的季节,小明一家人到郊外野炊。

(1)生火时,小明用枯草引燃木柴,目的是使木柴的温度达到_____。

(2)野炊结束后,小明用沙土盖灭余火,灭火原理是_____。

7.2008年5月12日,一列载有500 t燃油的火车途经宝成铁路109隧道时起火。消防队员迅速将隧道两端封口,并不停地向隧道里注水。由于方法得当,终于成功灭火。请分析他们的灭火方法所依据的原理:_____。

8.运用所学知识,分析下列事实中的原理:野炊时,小明使用了篝火。将木柴架空后洒上少许汽油,用火柴点燃,汽油先燃烧,木材后被点燃,开始时木材燃烧较弱,过一会儿越烧越旺,一段时间后火焰又变弱,最后覆盖沙土熄灭火焰。

9.酒精广泛应用于生产、生活等多个领域。实验室常用酒精灯作为加热仪器,对

酒精灯进行适当改进,可提高其火焰的温度,以下是两种改进方法的示意图。

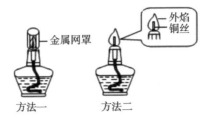

方法一　　　方法二

(1)对比分析:方法一添加金属网罩能提高温度的原因是＿＿＿＿＿＿＿＿＿；方法二将铜丝的两端插入酒精灯的灯芯处,从燃烧条件上看,插入铜丝的作用是＿＿＿＿＿＿＿＿。加热完成后,用镊子取下金属网罩或铜丝,盖上灯帽,火焰熄灭的原理是＿＿＿＿＿＿＿＿＿＿＿。

(2)查阅资料:酒精蒸气在空气中的爆炸极限(体积分数)为 $3.28\%\sim18.95\%$;浓度为 75% 的酒精溶液能有效杀菌消毒。结合资料分析,夏天在家用汽车内喷洒酒精溶液消毒比冬天更易引发爆燃危险,这是因为＿＿＿＿＿＿＿。消毒时,为避免这一隐患,你的一个合理建议是＿＿＿＿＿＿＿＿＿＿＿＿＿。

10.如图所示,将两小块白磷放在a、b处,将b处浸泡在 30 ℃ 热水中,然后通入氧气,观察到:a、b处很快都自燃了,且b处比a处先燃烧。运用所学知识解释产生上述现象的原因。

复习巩固防火相关知识,思考在不同场所,例如家庭、学校、电影院和商场等处起火时应该如何自救及灭火,以宣传海报、实践报告或宣传短片的形式提交。

作业评价量表:

评价方式	评价标准	等级
自评	自主独立完成(1分) 做题过程有思考(1分) 比上次作业准确率提高(1分)	A 等级:7~9分
互评	字迹工整(1分) 积极参与小组讨论(1分) 做题有痕迹有思考(1分)	B 等级:4~6分
教师评价	语言表述规范准确(1分) 完成选做模块且有条理(1分) 准确率高,有适当的标注(1分)	C 等级:1~3分

三、实践反思

（一）亮点总结

1.凸显学生主体：相较于直接给出实验方案，本课的实验任务均是由学生自己设计实验方案，教师点拨补充，充分体现了学生主体、教师主导。

2.核心素养落实：重视学科思维的培养，比如对信息的筛选归纳能力，对实验现象的观察记录以及分析能力，小组合作交流探究能力。

3."教—学—评"一体化：对每个小组的实验设计都进行了比较与评价，自评、互评、师评，环环相扣，不仅让学生学会多维度评价，更提高了学生的评价意识。

4.课堂德育渗透：从燃烧的应用中体现了事物的两面性，火利用得好，则为我们带来了很多便利，一旦失控便会造成巨大的损失。培养学生学会辩证地看待同一事物的不同方面，多角度思考问题。

从燃烧三要素引出"生活中要认真对待每一件事，不能松懈"。又以此延伸出在学业上取得胜利的三要素：坚定的目标、正确的方法以及不懈的努力。

练习题水火相容的应用中，介绍了我国首次实现机器人水下火炬传递，激发学生的民族自豪感。练习题从三国演义中的化学拓展到宇宙飞船返回舱的保护，渗透了"从古至今国与国之间比拼的从来都不是简单的人力和物力，而是科技水平"的思想。

趣味比赛环节，通过解密木条燃烧时间的长短所蕴含的燃烧相关知识，让学生懂得：想要取得成功靠的不仅仅是运气，最主要的是知识。

通过介绍消防员的伟大事迹，号召学生增强安全意识，从小事做起，提高社会责任感。

（二）策略提炼

1.选择颠覆学生认知的小魔术，吸引学生学习的兴趣，巧设教学情境。通过学习本课内容后再解密魔术背后的知识，使学生学习更加深入透彻。

2.充分发挥学生必做实验的功能，给学生提供充分的动手实践和动脑思考的机会，让其经历完整的探究过程。

3.整合相关知识和试题，与语文、历史等学科相融合。练习完每一道题后再进行拓展提升，开阔学生视野。课后习题分层设计，全面且有针对性。

4.在教学中尊重学生已有知识，营造民主、自由的学习氛围，给学生充分合作探究的机会，试着让学生总结概括重要概念及结论。

5.充分发挥多媒体、演示实验的重要作用，课堂上鼓励学生从不同角度思考再给出答案，开展多元化评价以及奖励机制。

（三）学生收获

本节课以"火"为主线，包括了"识火""用火""灭火""防火"四个方面，重点培养了学生的变化观念、证据推理素养，建构了燃烧模型。从燃烧定义的获得中，回顾了第二单元氧气的相关性质,学生的知识构建更加完整。对燃烧的深入了解也为接下来学习燃料的燃烧做了铺垫。

在整个课时的学习过程中,学生不仅收获了知识,逐步建构了知识体系,还强化了控制变量这一学科方法,使学科思维进阶化,培养了解决问题的关键能力,提升了学科核心素养。

在汇报评议环节,通过对发言小组进行打分,锻炼了评价能力。依据评价量表,学生由自评到互评,又由敢评到会评,对其他小组进行评价的过程也是自我反思的重要途径。

(四)不足与改进

1.作业设计:一部分学困生选择完成高层级作业,而一部分学优生选择完成低层级作业,加大了"两极分化",作业的层级设计没有起到应有的作用。

改进:布置作业前让学生明确自己适合的层级,每一层重在提升哪一方面,同时也鼓励学生在原有基础上挑战高层级作业。在作业设计的预设上,充分考虑学生的实际情况以及学生感兴趣的知识,留给他们更多的时间来自主提升。

2.教—学—评之"评":评价还是有些停留在表面,不同小组按照评价量表打分后没有找到每一个扣分点究竟扣在哪里,也不知道应该如何做到不扣分。

改进:不应该顾虑这个环节用时较多,在平日的课堂中应该经常锻炼学生的评价能力。

很多学生还是根据自己的感觉给分,教师应引导其按照评价量表中的评分标准进行准确打分。学生不止可以有理有据地评价其他小组的表现,还应多提问发言的小组自评打分是如何考量的。评价不是这一环节的结束,大家一起找到问题所在,并给出解决措施才是完整的评价过程。除了说出扣分的点,还可以从"我学到了什么"的角度进行评价,在自评、互评结束后再由老师高屋建瓴式地总结升华。

3.问题化学习:整体教学过程缺少问题化引领,很多问题是由教师提出的。

改进:可以通过本节课的学习目标驱动课堂问题的生成。教师引导学生以小组为单位,对问题进行整合并提出本节课最想解决的问题,师生共同梳理问题链。学生基于已有知识经验,在真实情境中整合信息,独立思考,交流汇报,将目标问题化。

21.气体制备实践应用　学科方法迁移创新

——以《二氧化碳制取的研究》教学设计为例

大连高新区第一中学　　　化学组:李曼齐

一、设计理念

（一）课程分析

1.课程标准

(1)初步学习运用简单的装置和方法制取二氧化碳;

(2)初步学习二氧化碳的实验室制法,归纳实验室制取气体的一般思路与方法。

2.课程资源

本课题主要研究实验室中如何制取二氧化碳,学生在学习实验室制取氧气之后,可以迁移氧气的制取思路和方法来研究新物质。教师提供的学习材料包括材料一:实验室制取气体的药品选取的一般原则;材料二:科学家研究发现,凡是含碳酸根离子(CO_3^{2-})的化合物都能与稀盐酸(HCl)或稀硫酸(H_2SO_4)等在常温下反应生成CO_2气体,CO_2密度比空气大、能溶于水。生产生活中常见的石灰石、大理石、蛋壳、贝壳、水垢等的主要成分都是碳酸钙($CaCO_3$),纯碱是碳酸钠(Na_2CO_3)。

3.学情分析

本章节是人教版化学九年级上册教材第六单元课题3,学生已经掌握了一定的化学学科知识和实验技能,具有一定的探究能力。学生通过实验室制取氧气的学习,初步掌握了化学核心理念、实验操作技能,已具备了研究如何制取二氧化碳的先决条件。"通过分组实验探究制取二氧化碳的药品、装置的选择、操作的步骤以及检验和验满的方法,并利用教师提供的药品和装置制取一瓶二氧化碳气体"这一教学目标是能够实现的。

（二）确定大概念

大概念是指抽象概括出来具有联系整合作用并能广泛迁移的概念。本节课的大概念是"物质的多样性",对应的具体学习内容是"归纳实验室制取气体的一般思路与方法"。

1.分析重难点

重点:探究实验室制取二氧化碳的药品、反应原理和实验装置的选择。

难点:实验室制取气体的实验设计的合理性、科学性。

2.资源整合

本节课实验室制取二氧化碳与第二单元课题3制取氧气和第七单元课题2制取氢气都归属于实验室常见气体的制备。通过实验探究使学生初步学会运用简单的装置和方法制取气体,并能通过氧气和二氧化碳的制取,整合出实验室制取气体的一般思路与方法,使相关知识结构化。

3.确定学习内容

在教材中已有的知识内容基础上,引导学生结合教师提供的材料一、二进行自主学习,判断出实验室制取二氧化碳的反应原理;利用教师提供的药品和仪器,小组合作探究制取二氧化碳,并归纳出实验室制取气体的一般思路与方法;了解制取二氧化碳的反应在日常生活中的应用,引发学生高阶思维,拓展实践。

(三)规划教学过程

1.厘定学习目标

(1)通过对实验室制取二氧化碳实验药品及原理的探究,掌握装置选择的依据。

(2)通过类比氧气的实验室制法,初步学会实验室制取二氧化碳的操作、收集及检验方法,总结归纳出实验室制取气体的一般思路和方法。

(3)激发学生科学探究的好奇心、想象力和探究欲,通过探究活动养成注重实证、严谨求学的科学态度;学习用辩证的眼光看待事物的两面性,对化学学科促进人类文明和社会可持续发展的重要价值具有积极的认识。

2.设计核心任务

小组合作探究尝试制取 CO_2,并提炼出实验室制取 CO_2 的方法。

3.表现性任务

任务1:结合材料,自主判断确定制取 CO_2 的反应原理。

任务2:小组汇报制取 CO_2 的实验装置、操作步骤、检验和验满的方法。

任务3:了解 CO_2 制取反应在日常生活中的应用。

(四)嵌入式评价

1.诊断性评价:课前通过学案中的知识回顾进行教学评价,然后进行教学实施。

2.形成性评价:教学过程中进行各种评价,如提问、反馈、自我评价、组间互评等。

3.终结性评价:检查学生的学习情况,如随堂练习和课后作业等,以达到复习学习重点的目的。

二、设计与实施过程

教学活动设计与实践遵循化学活动观的三个实施路径,即学习理解、应用实践、迁移创新,依托我校的情动五环教学模式,以核心素养为导向进行设计。具体实施过程如下:

(一)温故创境明目标

利用魔术"干冰"创设问题情境。干冰是固态的二氧化碳,二氧化碳具有广泛的应用,那么这些二氧化碳是如何制取出来的呢?

【设计意图】

创设实验情境,激发学生兴趣,引起学生内在学习动机,明确学习目标,为后续学习作铺垫。

（二）自主合作共探讨

活动1(学习理解):课前思考可以产生二氧化碳的途径有哪些,并结合材料一、二分析以上产生二氧化碳的途径,寻找适合用来实验室制取二氧化碳的药品和原理。

教师开展问题化学习,学生需课前预习教材并独立思考问题,学会带着问题结合材料进行分析。

【设计意图】

通过问题化学习引导学生进行独立思考,并结合材料进行自主判断。

活动2(应用实践):阅读教材 P113－115 内容,类比实验室制取氧气的思路和方法,通过教师提供的实验仪器、药品,小组合作探究尝试收集一瓶 CO_2,并提炼出实验室制取 CO_2 的方法。

【设计意图】

通过小组合作完成自主探究实验,既锻炼了学生动手操作的能力,同时也提高了学生设计化学实验的能力。渗透由一般到特殊的学科思想,学会比较制取氧气和二氧化碳的联系与区别。

（三）汇报评议师精导

活动3:上台进行汇报,展示实验探究成果,小组之间相互补充,并利用评价量表进行自评、互评、师评。

1.实验原理

碳酸盐与酸反应生成 CO_2。

2.实验装置

发生装置的选择依据:反应物状态和反应条件。

收集装置的选择依据:气体的密度和溶解性。

比较各发生装置的优缺点。

3.操作步骤:

检查装置气密性 —————→ 装药品 —————→ 收集 —————→ 验满

　　（方法）　　　　　　（顺序）　　（方法、原因）　　（方法）

4.检验、验满

检验方法:将气体通入澄清石灰水中,石灰水变浑浊,说明该气体是二氧化碳。

验满方法:将燃烧的木条放在集气瓶口,木条熄灭,说明二氧化碳已收集满。

5.学生归纳实验室制取二氧化碳的一般思路和方法。

小组汇报展示效果评价表

评价等级	3分	2分	1分
实验设计与实施	实验设计能力较强;实验操作技能熟练;能够科学地完成实验并做好记录	有一定的实验设计能力;掌握实验操作技能;能完成实验并做好记录	需要在帮助下完成实验设计;实验操作技能不熟练;勉强完成实验
交流表达	逻辑清晰,层次分明;讲解准确;有感染力	逻辑清晰,层次分明;讲解准确;有一定感染力	逻辑不清晰,层次不分明;讲解不准确
合作分工	分工明确;合作意识很强;合作效果很好	分工比较明确;合作意识比较强;合作效果比较好	分工比较明确;合作意识一般;合作效果不佳
反思能力	反思深刻,有改进思路,借鉴性很高	反思较深刻,有一定借鉴性	有反思,对他人没有借鉴性
创新	实验设计、问题的提出或解决有创新突破	实验设计、问题的提出或解决有一定创新思维	实验设计、问题的提出或解决有创新意识,但思维一般

【设计意图】

各小组汇报展示学习成果,其他组补充;鼓励学生质疑,并相互解答。教师适时反馈与评价,学生利用评价量表对小组汇报效果进行评价打分,实现"教—学—评"一体化。

（四）练习巩固结纲要

【练习巩固】（迁移创新）

1.实验室制取二氧化碳需要用的一组药品是（　　　）

A.大理石和稀盐酸　　　　　　B.蜡烛和氧气

C.木炭和氧气　　　　　　　　D.木炭和氧化铜

2.二氧化碳只能用向上排空气法收集的原因是（　　　）

A.密度比空气大　　　　　　　B.密度比空气小

C.难溶于水　　　　　　　　　D.能溶于水且密度比空气大

3.已知 H_2S 是一种易溶于水,密度比空气大的有毒气体,实验室制取 H_2S 用块状的 FeS 和稀硫酸反应。

（1）发生装置应选_____,收集装置应选_____。

（2）选用上述正确的发生装置还存在的一个缺点是_____

_____,可以这样改进:_____。

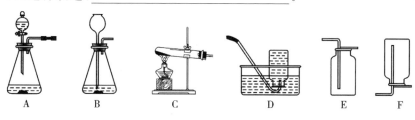

A　　　　　B　　　　　C　　　　　D　　　　　E　　　　F

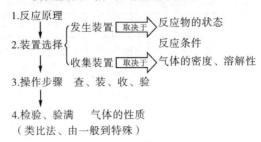

实验室制取气体的一般思路和方法

【设计意图】

学生自己总结所学知识和方法;教师展示思维导图小结。将学到的知识迁移应用,培养学生分析问题、解决问题的能力,让学生体会成功快乐的同时,感受化学学科的无限魅力!提示学生在实验过程中要有环境保护的意识,从我做起,从现在做起!

(五)反馈拓展步步高

拓宽视野:哪种药品更适合实验室制取 CO_2?理由是什么?CO_2制取的反应在日常生活中有哪些应用?

追问:二氧化碳有什么用途?空气中二氧化碳的含量是不是越多越好?

【设计意图】

引导学生树立从正反两方面辩证地看待问题的思想,渗透好好学习掌握知识、学会理论联系实际、善于利用化学知识解决生活中的问题,造福人类的良好学习品质。

【作业设计】

崭露头角

1.检验二氧化碳气体的最简单的方法是(　　)

A.用点燃的木条伸入气体中　　　　B.观察气体的颜色状态

C.将气体通入澄清石灰水中　　　　D.将带火星的木条放于瓶口

2.下列气体中只能采用向上排气法收集的是(　　)

A.H_2　　　　　　　　　　　B.O_2

C.CO_2　　　　　　　　　　D.O_2和CO_2

3.能检验出集气瓶中已充满二氧化碳的方法是(　　)

A.倒入澄清石灰水并振荡

B.将蘸有石灰水的玻璃棒放在集气瓶口

C.将点燃的木条插入集气瓶

D.将点燃的木条放在集气瓶口

4.实验室制取二氧化碳用不到的仪器是(　　)

A.长颈漏斗　　　　　　　　　B.集气瓶

C.锥形瓶　　　　　　　　　　D.酒精灯

5.关于双氧水和二氧化锰制取氧气与石灰石和稀盐酸制取二氧化碳,下列说法错误的是(　　)

A.反应都不需要加热　　　　　　B.都是分解反应

C.都是固体和液体的反应　　　　D.都可以用向上排空气法收集

6.用排空气法收集气体,该气体的密度(　　)

A.一定比空气的大

B.一定比空气的小

C.可能比空气的大也可能比空气的小

D.应与空气的密度接近

7.在实验室里利用下列装置制取和收集气体。

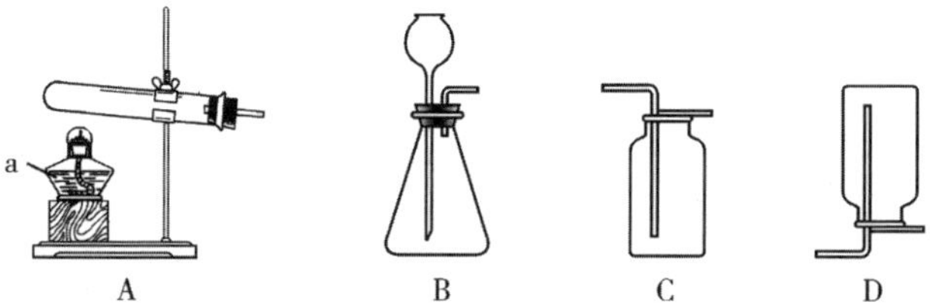

(1)仪器 a 的名称是_____,用高锰酸钾制氧气的化学方程式为_____,选择的收集装置是_____(填字母序号)。

(2)用大理石和稀盐酸制二氧化碳的化学方程式为_____,选择的发生装置是_____(填字母序号);用装置 C 收集二氧化碳时,可用_____验满。

脱颖而出

1.如图是实验室制取和收集气体的常用装置,请根据所给的装置图回答下列问题。

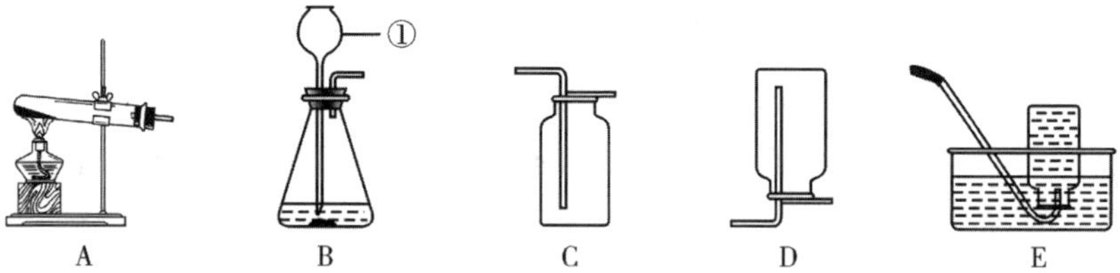

(1)请写出装置图 B 中标号①的仪器名称:_____。

(2)实验室既能制取氧气,也能制取二氧化碳的发生装置为_____(填字母序号),请写出用该装置制取二氧化碳的化学方程式:_____。

(3)实验室常用氯化铵固体和熟石灰固体混合加热制取极易溶于水的氨气,请根据以上装置图选择,在实验室制取氨气时的发生装置和收集装置为_____(填字母序号)。

2.某同学将装置甲改进为装置乙,如图所示。请回答下列问题。

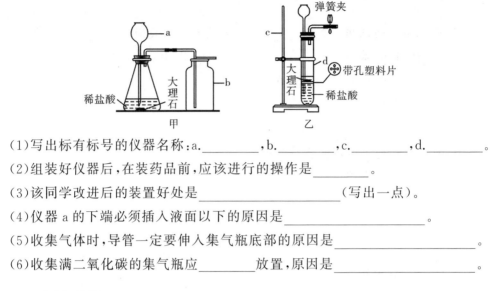

(1)写出标有标号的仪器名称:a._____,b._____,c._____,d._____。

(2)组装好仪器后,在装药品前,应该进行的操作是_____。

(3)该同学改进后的装置好处是_____(写出一点)。

(4)仪器 a 的下端必须插入液面以下的原因是_____。

(5)收集气体时,导管一定要伸入集气瓶底部的原因是_____。

(6)收集满二氧化碳的集气瓶应_____放置,原因是_____。

三、实践反思

本节课教学设计的理论依据为"建构主义学习观"。建构主义学习理论认为:学习是获取知识的过程,学习是在一定的情境下,借助他人的帮助而实现的意义建构过程。本节课围绕二氧化碳的实验室制法将探究式学习与问题化学习相结合,开展小组自主合作探究制取二氧化碳的活动;通过评价量表开展"教—学—评"一体化设计与实施。

（一）亮点

1.课堂充分发挥学生主体性,整节课用问题化贯穿始终,由学生主导展开独立思考、小组合作探究,让学生自己设计实验方案,教师适时点拨补充。

2.学生分组进行汇报时,利用评价量表对每个小组的实验设计都进行了比较与评价,采用自评、互评、师评等多种评价方式相结合。将评价作为一个连续、动态的过程,与教学相互结合,达到以评促教、以评促学的目的,不仅让学生学会多维度评价,更提高了学生的评价意识。

3.理论联系实际,让学生了解制取二氧化碳的反应在日常生活中有哪些应用,引导学生利用化学知识解决生活中的问题,培养学生形成化学观念,发展辩证唯物主义世界观。

（二）不足及改进措施

1.不同层次的学生动手操作实验能力差异较大,导致一部分学生在实验探究活动中参与度不高,还需要教师多进行引导,平时多给予学生练习的机会,培养学生的实验操作能力。

2.学生的评价主要停留在表面,按照评价量表进行互评打分时,大部分学生找不到准确扣分的原因,导致时间消耗过多,因此在课堂中应该经常锻炼学生的评价能力,使学生学会评价、习惯评价,善于运用评价找到自己的不足之处,并作出改进。

22.以"情"为基 健全"人格"

——以七年级下册第四课第二框"情绪的管理"为例

大连高新区第一中学 道德与法治组：王全华

一、设计理念

基于社会发展和学生成长的需要，提升学生的思想政治素质、道德修养和人格修养。

（一）课程分析

1.课程标准

能够自主调控自身情绪波动，具有良好的沟通能力，主动建立良好的人际关系。

2.教材等课程资源

"情绪的管理"是统编版道德与法治七年级下册第二单元"做情绪情感的主人"第四课"揭开情绪的面纱"的第二框。它是第四课第一框"青春的情绪"的逻辑发展，是第四课的落脚点，也是第二单元的一个教学重点。本框题有两目，分别是"情绪表达""情绪调节"。

3.学情分析

众所周知，伴随着青春期的心理发育，中学生认知能力得到发展，自我意识不断增强，情绪上也会出现波动，平常小事在他们那里也可能引起强烈的反应。他们有时情绪高涨、热情洋溢，有时又消极低沉、孤独压抑。为了帮助他们顺利度过青春期，保持积极乐观的心态，本课依据青春期情绪发展的特点，聚焦学生在成长过程中所遭遇的相关生活事件及困惑，帮助学生了解情绪的多样性、影响情绪的因素以及情绪对个人的影响。本框题结合青春期情绪的特点，帮助学生掌握调节情绪的方法和技能，使学生在与人交往中，能够恰当表达自己的情绪，积极应对青春生活，同时能够感染或帮助他人改善情绪。

（二）确定大概念

帮助学生认识自我、发展品格、健全人格是道德与法治课程的目标之一。本课接续青春生命成长的主题，聚焦中学生在身心发展关键期的情绪特点，以"做自我情绪的管理者"为大概念，帮助学生学会以恰当的方式表达情绪，掌握调节情绪的方法，合理地调节情绪，从而形成健康的心理，树立正确的价值观。

1.分析重难点

根据教学目标，结合本节课内容，以社会主义核心价值观为导向，以中学生逐步扩展的生活为基础,引导学生在认识、体验与践行中过积极健康的生活,保持积极乐观的心态。因此本框题的教学重点为情绪的调节,教学难点为情绪的表达。

2.整合资源

在心理教育的过程中融入道德与价值观教育,以青春期情绪的自我觉察、认知为基础,融入社会主义核心价值观(友善、文明、和谐等)的引导,将情绪管理从心理学意义上的自我调节扩展到人际交往中具有伦理学意味的情绪表达、情绪感染。

3.确定学习内容

让学生在明白"情绪会相互感染,要学会以恰当的方式表达出来"的基础上,运用调节情绪的方法排解生活中遇到的不良情绪,积极应对青春生活,同时能够感染或帮助他人改善情绪。

(三)规划教学过程

1.厘定学习目标

本课依托我校的"情动五环"教学模式,以核心素养为导向设计教学目标,体现育人价值,帮助学生既能够掌握调节情绪的方法和技能,在与人交往中,学会恰当表达自己的情绪,积极应对青春生活,也能够感染或帮助他人改善情绪。

道德修养:掌握一些调节情绪的方法,培养自我调适、自我控制的能力,能够理智地控制自己的情绪。

法治观念:充分认识调节情绪对个人行为的重要性。

健全人格:自觉掌握一些调节情绪的有效方法,合理宣泄不良情绪。

责任意识:感受调节情绪对于个人行为和生活的重要性。体会情绪表达对人际关系的影响,感悟友善、和谐、文明等社会主义核心价值观;有意识地加强情绪的修养,保持积极乐观的情绪。

2.设计核心问题

进入青春期,伴随着身心的发展,学生的情绪也表现出一定的特点。在人际交往中,学生需要了解自身的情绪,学会以恰当的方式表达情绪,学会调节情绪的方法,合理地调节情绪,做情绪的主人。根据问题化学习,确立本节课的核心问题是怎样成为情绪的主人。

3.表现性任务

任务1:体会情绪表达对人际关系的影响。

任务2:掌握调节情绪的方法,学会合理调节自己的情绪。

任务3:运用调节情绪的方法帮助他人改善情绪。

二、设计与实践过程

根据我校"情动五环"教学模式,开展教学活动。具体过程如下:

(一)视频导入,引出课题

播放《踢猫效应》,你有什么感悟?

人与人之间的情绪会相互感染,我们应该如何面对生活中的负面情绪呢?让我们一起走进"情绪的管理",学习做情绪的主人。

设计意图:依托视频和提问,激发学生学习的兴趣。

(二)故事展示,初步感悟

展示故事:(1)自习课上,老师发放今天的英语试卷,小莫得了98分,她高兴极了,大声嚷起来,而小莫的同桌先是默默地坐着,然后趴在桌子上……她的试卷上写着"58"。

(2)半夜一点,小球迷王刚盼望的足球赛终于开始了……"好球! 太棒了!"他兴奋地叫着、跳着……周围的邻居都被吵醒了。

提出问题:他们的情绪表达合适吗? 为什么? 既然情绪会相互感染,那么我们在表达情绪时要注意什么?

设计意图:通过这两个故事,让学生明白在人际交往中,我们需要了解自己的情绪,接受它们,并学会以恰当的方式表达出来。

(三)案例分析,加深感悟

出示视频案例:哥哥和弟弟面对同一件事时的不同反应。

提出问题:(1)视频中的哥哥和弟弟分别是哪一种心态? 不同的心态分别会产生什么样的结果? (2)这告诉我们什么道理?

设计意图:通过分析案例,让学生加深情感体验,保持积极的心态,享受喜悦和快乐,让他们的青春生活更加美好。

(四)事例引导,明确方向

展示耶克斯—多德森定律和林黛玉的事例,说明适度的负面情绪可以帮助我们适应突发事件,但持续地处于负面情绪状态,则可能危害我们的身心健康。

设计意图:落实教学目标中的"感受调控情绪对于个人行为和生活的重要性",激发学生"想要调控不良情绪"的欲望。通过实例加深情感追求,使下一环节的学习更有针对性和目的性。

(五)实例操练,突出重点

在学生有了"调控不良情绪"的欲望之后,教师通过以下活动使学生掌握调控情绪的具体方法。

活动:让学生找出最近烦恼的一件事,小组讨论如何调节情绪、消除烦恼。学生在讨论中找到调节情绪的方法,教师再进行补充,共同归纳总结出调控情绪的方法,即改变认知评价、转移注意、合理宣泄和放松训练等。这个过程中,教师的点拨要有详有略,同时根据学生的自身经历来讲解调控情绪的方法。教师进而提出问题:究竟哪种方法好?

设计意图:将七年级学生的典型情绪问题展示出来,有利于激发学习兴趣,引起情感共鸣,落实教学目标;通过学生分析问题与解决问题,突出教学重点。

（六）资源整合，深入探讨

事例：课间，张宾不小心把李斯的作业本碰掉在地上，李斯认为张宾是故意的。一怒之下，打了张宾一拳，结果造成张宾右眼失明。

事例说明愤怒是负面情绪中比较常见且表现比较突出的情绪状态，告诉学生当愤怒情绪产生时要提醒自己，避免情绪失控，进而归纳管理愤怒的几种方法。

接下来设计情境，如果你遇到这种情况，你会怎么做？归纳几种安慰他人的方法。

设计意图：通过对教学资源的整合，巧妙地设计问题，引导学生分析、思考问题，使学生提高认识。我们不仅要做一个可以和别人分享快乐、分担痛苦的人，还应做一个会关爱他人的人，赠人玫瑰，手有余香，关爱他人，收获快乐！至此，主题升华。

（七）知识梳理，践行感悟

请学生简要地回顾知识，教师进行梳理总结。播放《快乐崇拜》，在歌声中，将快乐的情绪延续到课后。学生真情感悟，学习这些方法，更重要的是把它们运用到实际生活中，从而使自己保持更好的情绪状态，做一个心理健康、乐观向上的人，做情绪的主人，同时还可以帮助同学、家人改善情绪，使他们保持积极乐观的心态。

设计意图：对知识进行概括能培养学生的归纳能力，快乐的歌曲让学生享受学习的乐趣，教师的期盼督促学生课后践行，最终巩固教学成果，达到育人目标。

评价量表

评价维度	评价内容	评价标准	分数	建议
互评师评	课堂知识	理解和掌握课堂所学知识（5分）		
	课堂表现	认真听课，小组合作参与度高，语言表达准确，逻辑清晰，声音洪亮（5分）		
	实践能力	运用所学知识，解决实际问题（5分）		

三、实践反思

情绪问题是人们生活中常遇到的现实问题，根据七年级学生的情绪特点与认知水平，我在教学中运用故事、案例来创设情境，并且用和学生生活接近的事例开展活动，让学生产生情感共鸣，心灵受到震撼，道德得以提升，最终实现教学目标。课堂教学中，我尽量做到讲解清晰化、条理化，课堂语言力求情感化、生动化，教学思路做到线索清晰、层次分明，在课堂上特别注意调动学生的积极性，加强师生交流，充分体现学生的主体作用，适时恰当地评价学生，让学生学得容易、学得轻松、学得愉快。教学过程中，我补充了大量事例，丰富了教学资源，从成语到对联，从名言到警句，从事例到歌曲，这些素材能激发学生的学习兴趣，通俗易懂，使学生易于接受，学生参与较积极，课堂气氛较好，教室里几次出现了笑声。这节课的不足之处是落实新课程标准、突出学生的主体意识还有所欠缺，时间安排还不够合理。

"强而勿抑，开而勿达，异而勿牵。"教和学是一个学生感知、感受、感悟的过程。这个重要的过程属于学生,也属于教师。在这个过程中,学生应该处于主体地位,但这个主体地位不是教师给予的,而是教师应该尊重的;在这个过程中,教师应该发挥主导作用,但这个主导作用的发挥必须围绕学生主体得到发展这个中心。在今后的教学中,我要在不断的实践反思、再实践再反思中,争取更大的进步。

23.以生活化教学健全学生人格的实效性研究

——以七年级上册第九课第二框"增强生命的韧性"为例

大连高新区第一中学　　道德与法治组:佟亚明

一、设计理念

（一）生活化教学

课堂教学"生活化",是指教师不仅要把传递知识作为自己的使命,还应该注重对学生人格的培养和心灵的唤醒,使学生发自内心地去体验和感悟生活的价值和意义。课堂教学"生活化"让学生在学习中体验、感悟,满足学生的审美和精神生活要求,其实质是生成性思维,要求教学过程从"以知识为中心"转移到"以学生为中心",不把教学过程作为事实来看待,而要作为价值来实现,与传统的教学相比,"生成性"是认识活动的基础。

课堂"生活化"教学策略研究,意在纠正传统教学中脱离学生生活、教学过程中无学生、为知识而进行知识教学的倾向,特别是纠正为应试而进行知识教学、知识训练的问题,树立一种新的教学理念,培养学生的创新素质和创新能力,尤其为学生的今后生活打下基础。

（二）课程分析

1.课程标准

（1）正确看待生活中的挫折;

（2）理解挫折的积极影响和消极影响;

（3）掌握战胜挫折的方法,增强抗挫折能力。

2.教材等课程资源

本文以"增强生命的韧性"这一话题的教学设计为例,具体阐释如何在初中道德与法治教学中落实"生活化"教学策略。本节课的主旨是寻找应对挫折的方法,培养克服困难的勇气。这是一个贴合学生生活的话题,是培养道德修养和健全人格的重要内容。教材从记忆中"不愉快的事"出发,引发学生真实的感受,并通过爱迪生的故事提供正面素材;除了教材内容外,为学生收集相关主题的学材,如介绍奥运精神、志愿者等,从多角度选择丰富的课程资源;正确处理好课堂"生活化"的预设与生成的关系,把握课堂中的意外,充分开发和利用师生自身的课程资源,为课堂教学所用。

3.学情分析

初中阶段是学生形成健全人格的重要时期,培养学生勇于战胜挫折的意志品质,是培养学生健全人格的重要组成部分。在现实生活中,不少学生遇到挫折,不敢面对,意志薄弱,承受挫折的能力不强。本课通过介绍相关的资料和组织学生开展活动,引导学生明白挫折是难免的,要用积极的态度战胜它,发掘生命的力量。

（三）确定大概念

人生就是不断跌倒和爬起的过程,生命的力量就在一次次的跌倒爬起中绽放光彩。本框题以"在逆境中自强不息"为大概念,教会学生有效调节自己的情绪并直面生活中的冲突,培养坚强的意志,进而发掘生命的力量,从而形成科学的生命价值观,实现知情意行的全面发展。

1.分析重难点

结合教材和学习目标,确定本课的重难点:

重点:学会正确对待挫折,发掘自身的力量;

难点:培养面对挫折的勇气和智慧,养成勇于克服困难的人生态度。

2.整合资源

三个议题分别是:坚定信念——"如何认识挫折"、体味挫折——"如何面对挫折"、挑战自我——"如何战胜挫折"。通过展示教材中的插图"学生的生活经历",使学生感悟到人生难免有挫折,用于第一个议题;通过阐述奥运精神及全红婵的经历,启发学生勇于直面挫折的影响,用于第二个议题;结合学生生活中的瞬间,让他们完成"解忧清单"中总结战胜挫折的方法,用于第三个议题。

（四）规划教学过程

1.厘定学习目标

道德修养:体会挫折的意义,学会调控情绪。

责任意识:学会分析自己人生道路上的各种挫折,提升直面挫折的勇气。

健全人格:树立坚强的人生态度,具有战胜挫折和困难的能力。

2.设计核心问题

课前同学们都进行了预习,各组长也收集了组内想要解决的问题,请各组长将本组问题呈现出来,依据目标将提出的问题进行归类。

什么是挫折?（是什么）

挫折有什么影响?（为什么）

如何战胜挫折?（怎么办）

3.表现性任务

任务 1:梳理问题,构建问题链。

任务 2:小组完成自由辩论——挫折是不是成功路上的垫脚石。

任务 3:根据同学遇到的挫折,小组合作探究,分析填写"解忧清单"。

（五）嵌入式评价

1.诊断性评价:课前通过问卷调查等进行教学评价,然后进行教学实施。

2.形成性评价:在教学过程中进行的各种评价,如同伴评价、教师评价、组间评价等。

3.终结性评价:通过知识检测,评价学习效果。

二、设计与实施过程

（一）导入新课

活动1:人物竞猜,激发兴趣。

播放爱迪生、霍金、贝多芬、屠呦呦的事迹。

【设计意图】通过归纳这些人物的共同点,引发学生思考:成功的道路从来就不是一帆风顺的,这些优秀人物用坚定的信念成就了不平凡的人生,激发学生探究"增强生命的韧性"的兴致。

活动2:小组合作,梳理问题。

引导学生排序归类,形成问题链,并明确本课的核心问题:如何增强生命的韧性?

【设计意图】通过问题化学习,引发学生独立思考,加深学生对战胜挫折的认识,从而更好地落实学科素养。

（二）讲授新课

目标导学一:挫折的含义

议题一:坚定信念——"如何认识挫折"

教师提问:在你的成长记忆里,你经历过挫折吗? 你认为什么是挫折?

【设计意图】学生通过回忆自己的经历,感受人生难免有挫折,走进生活,提升个人感悟。

教师过渡:生活的道路并不总是平坦的。在我们怀揣美好的愿望、目标、期待去努力的过程中,难免会遇到一些阻碍、失利乃至失败,这些阻碍、失利、失败,就是人们常说的挫折。

目标导学二:挫折的影响

议题二:体味挫折——"如何面对挫折"

教师过渡:遇到的挫折都是坏事吗? 有的人认为挫折是成功路上的垫脚石,有的人认为挫折是成功路上的绊脚石。你们小组支持哪一方?

活动3:自由辩论,观点自明。

正方:挫折是成功路上的垫脚石。

反方:挫折是成功路上的绊脚石。

【设计意图】通过观点辨析以及活动设置,使学生深度理解挫折对人的影响是不一样的,关键在于个人面对挫折的态度。

教师过渡:通过同学们的发言,我们发现挫折既有积极影响也有消极影响,如果遇到挫折就一蹶不振,你的一生会一无所成,而这些伟大人物之所以能够成功,就是因为他们把挫折当成了垫脚石。挫折并不可怕,关键在于我们对挫折的态度。

PPT展示视频:跳水冠军全红婵面对网络压力的采访视频。

【设计意图】通过学习榜样的力量,引领学生认识遇到挫折时,要改变态度,增强战胜挫折的信心与力量。

教师过渡:挫折给全红婵带来了什么影响?是什么力量让她更加努力训练获得亚运会冠军的?她用行动告诉我们:一个人信念不倒,意志坚定,定会无往不胜!

目标导学三:战胜挫折的方法

议题三:挑战自我——"如何战胜挫折"

活动4:解忧行动,挑战自我。

老师收集了七年级个别同学遇到的挫折,装在解忧信封里,每个信封里都有任务。给大家5分钟时间进行小组合作探究,帮助他们战胜挫折。

【设计意图】通过帮助身边同学解决实际困难,探究战胜挫折的方法,增强面对挫折自强不息的勇气。

教师过渡:针对这个"解忧清单",同学们各抒己见,接下来我们跟随老师的微课一起总结战胜挫折的方法。(播放微课视频)

【设计意图】微课更加全面地总结战胜挫折的方法,提升课堂实效。

教师过渡:是不是突然发现,战胜挫折也没有我们想象的那么难?下面老师给大家介绍一个身边的榜样,我们看看他是怎样战胜挫折的。

PPT展示视频:一个大连小伙儿,疫情防控期间被迫滞留武汉,却在武汉做起了志愿者,成为全国的榜样。他在迷茫的时候,得到了偶像的问候,增强了战胜困难的信心和动力。

教师过渡:当你遇到挫折,感到迷茫、无助甚至绝望时,不要忘了看看身边的人是如何坚强起来的,特别是老师、家长,他们的知识和经验都是可以借鉴的。

(三)课堂小结

同学们,没有谁的人生是一帆风顺的。希望通过这节课的学习,同学们能增强必胜的信心,遇到困难时,勇敢地握起拳头为自己加油,增强生命的韧性。

罗曼·罗兰曾说过:"只有一种英雄主义,就是在认清生活真相之后依然热爱生活!"希望同学们能用生命的韧性创造属于自己的传奇。

(四)板书设计

（五）课堂练习

从古至今，永不言弃、自强不息的精神始终烙印在我们中国人民的心中，你们知道哪些关于战胜挫折的诗句？

三、实践反思

陶行知先生说："生活即教育，社会即学校，没有生活做中心的教育是死教育。"本节课努力发掘生活中的素材，唤醒学生的生活体验，把社会生活中的题材引入课堂教学，将知识与学生的生活实际紧密联系起来。在实践过程中，个人感觉较有成效的方面有：

1.构建问题系统，理清课堂思路。根据道德与法治学科特点，围绕"是什么""为什么""怎么办"三大问题，让学生判断自己的问题属于哪一类问题，从而引领学生透过现象看本质。通过归纳总结，让学生理清问题系统，从而确立本课的核心问题。

2.追求以情启智，提升课堂魅力。在本课中，捕捉生活中和道德与法治学科相关的社会热点和焦点问题，将德育、时政融入教学，通过课前的人物竞猜环节、讲述奥运冠军全红婵和大连小伙子的事迹，激发学生的学习热情和兴趣，增强学生的时代使命感和社会责任感，引领学生树立正确的价值观，及时进行德育渗透，培养学生的家国情怀。

3.把握细节设计，实现五育并举。板书、PPT 背景、案例和练习题都努力贴近本课的主题，从各个角度体现五育。

4.培养核心素养，体现学科特点。辩论环节培养了学生的理性精神；小组合作探究战胜挫折的方法培养了学生的公共参与意识；大连小伙子抗击疫情的视频培养了学生的政治认同素养，有利于弘扬和践行社会主义核心价值观。

今后还需要改进的方面有：教学素材的选取要更有广度和深度，可以选取更多、更全面的材料，通过各种途径让学生充分感受、体验和经历，进而得出结论；"情"要更加突出，教师授课时的情感和力量需要再丰满一些，用思政教师的光芒引领学生、感染学生、赢得学生。

道德与法治课堂教学"从生活中来，到生活中去"，立足于以人为本、以学生为本的主体性思想；立足于课内外结合，课堂与生活联系，坚持知情意行统一的整体性思想；立足于培养学生社会活动的实践性思想的合理教学思路。这也是建立在学生生活经验基础上的，根据学生生理、心理发展的内在规律安排道德与法治教育活动的开放性教学。唯有如此，才能使道德与法治课真正成为学生喜欢的、真实有效的生活课程，也才能构建充满活力的道德与法治课堂。我深知上好道德与法治课任重而道远，因此，我也会继续虚心学习，不断地反思自己的不足，认真改进和完善自我，和学生一起成长。

24.健全人格 "情""知"共进

——以七年级上册第四课第二框"深深浅浅话友谊"为例

大连高新区第一中学 道德与法治组:姜璐

一、设计理念

(一)课程分析

1.课程标准

道德与法治课程标准中写道:"学生具有理性平和的心态,能够建立良好的同伴关系,树立正确的合作与竞争观念,具有团队意识和互助精神。"

2.教材等课程资源

统编版《道德与法治》七年级上册教材于 2018 年秋季正式投入使用。与以往相比,《道德与法治》教材注重创设并利用丰富的教育情境,引导和帮助学生亲身经历与感悟,在获得情感体验的同时深化思想认识。

"深深浅浅话友谊"是该书第二单元第四课第二框的内容。本框围绕生命安全与健康教育的主题,在学生对朋友及友谊有了初步了解的基础上,对友谊中的一些问题和困惑进行辨析和澄清。

3.学情分析

七年级学生正处于青春期,活力充沛却缺乏自律和反思,对友谊有渴望有困惑。本框内容与学生的生活联系紧密,同时也提出了学生交友中的困惑,因此需要教师引导学生真实表达自己的观点。针对学生特点,在课堂教学中设计"演员海选"的活动,围绕"友谊的小船翻不翻"这一核心问题,让学生积极参与、主动探究、讨论归纳,在此基础上引导、帮助学生树立正确的交友观,并且注意提升学生的表达能力。

(二)确定大概念

新课标 7~9 年级学段目标中提出"认识青春期的身心特点,建立同学间的友谊,把握异性交往的尺度",这是核心素养中"健全人格"的要求。基于此,本课的大概念确定为"关于友谊的是与非"。

1.分析重难点

教学重点:友谊的特质。

教学难点:竞争并不必然伤害友谊;友谊不能没有原则。

通过解决情境中展现的冲突,帮助学生感悟友谊的特质和正确认识友谊,从而把握交友原则,正确处理与朋友间的关系,树立正确的交友观。

2.整合资源

播放热门网络视频《友谊的小船》,通过对三种情境的分析,讨论"友谊的小船翻不翻",澄清友谊的误区,了解友谊的特质,并在其中渗透中华优秀传统文化关于"友谊"的内容,激发学生学习中华优秀传统文化的热情。

（三）规划教学过程

1.厘定学习目标

根据新课程标准总目标和学段目标的要求,本课的学习目标如下。

（1）道德修养:能认同友谊的一些重要特质,能接受友谊的改变,能体悟到竞争本身不会伤害友谊,能认同友谊必须坚持原则,提高道德修养。

（2）健全人格:采用自主学习和小组交流、活动参与、表演的形式进行合作学习,总结友谊的特质,澄清对友谊的认识,提高辨别能力,培养健全人格。

2.设计核心问题

问题起源:你是怎样认识友谊的? 对于交友中的困惑,你是如何解决的?

问题梳理:以学生问题为起点,以学科问题为基础,以教师问题为引导,梳理出本课问题链——

友谊的特质有哪些?

朋友之间要求回报吗?

竞争必然伤害友谊吗?

友谊要遵循什么原则?

本课内容可归纳为两类子问题:

（1）是何:友谊有哪些特质? （2）如何:交友过程中如何澄清误解? 根据问题化学习,确定核心问题为友谊的小船该不该翻。

3.表现性任务

任务 1:梳理问题,构建问题链。

任务 2:在情境中体验友谊的特质。

任务 3:澄清对友谊的认识。

（四）嵌入式评价

1.诊断性评价:课前通过问卷调查的形式进行教学评价,然后实施教学。

2.形成性评价:在教学过程中进行的各种评价,如提问、反馈、同伴评价、自我评价等。

3.终结性评价:检查学生的学习成效,如随堂测验等,以达到复习重点知识的目的。

课堂小组项目展示效果评价表

终结性评价量表			
评价等级 评价维度	三星	二星	一星
学习内容	内容逻辑严谨,表意完整,声音洪亮	内容逻辑稍有偏差,不影响整体,声音能听到	内容缺乏逻辑性,中心不明确,音量小
自主探究	独立思考,能自主提出问题并高质量解决问题	能听取别人意见,合作解决问题	被动参与,不能独立解决问题
合作交流	小组每个成员积极参与,有分工,配合默契	小组绝大多数成员积极参与,能共享观点,配合相对默契	小组成员参与积极性还需提高,参与度不高
创新情况	小组展示成果创造力丰富	小组展示成果相对有创意	小组展示成果可再加些创意

二、设计与实施过程

(一)温故创境明目标

师:如果说我们的人生像大海,那么这里一定少不了"友谊的小船"这样独特的风景。最近,一系列漫画走红网络,老师将它改编成动画,我们一起来看看。(演示动画)你们知道这组漫画主要展示了什么吗?

生:(齐说)友谊的小船说翻就翻。

师:那么我问问大家,友谊的小船什么时候应该翻,什么时候不应该翻呢?当然,这需要具体的情境。现在我们就围绕着"友谊的小船"开始本课的学习。

师:我们一起来看本课的学习目标(展示学习目标),大家一起朗读。

生:(齐读学习目标)

师:在这些学习目标中,你认为哪一个对大家来说有难度?

生:澄清对友谊的认识,提高辨别能力。

师:那我们就将学习重点放在这一目标上。

(二)自主合作共探讨

师:在刚才的动画片制作中,我有个遗憾。大家发现了吗?

生:没有人物。

师:所以我想找演员重新拍摄一部小电影。现在招募演员,大家有兴趣吗?

生:有。

师:那我要组织一个面试,请大家踊跃参加。请大家阅读教材44~48页,我们要分别在下面三个情境中具体讨论。

（三）汇报评议师精导

情境一：当朋友拒绝给我讲题时

（请几组同学表演教材 45 页"探究与分享"剧本）

师：请说说"我"的心理前后有什么变化。

生：我帮助了同学，交到了朋友，心里很高兴。但是，在我需要帮助的时候，朋友拒绝了我。我心里很难过，很失望。

师：在友谊中，我们需要一些美好的特质，让友谊的小船越行越平稳。这些特质都是什么呢？

生：友谊需要和谐地相处。

生：友谊需要互相帮助。我帮了你，你也应该帮助我。

师：友谊是平等的，是双向的。

生：友谊需要有共同的兴趣。

师：志趣相投。

师：我们的校训中说"文质彬彬，然后君子"。什么样的人可以称得上君子呢？

生：有道德和品行高尚的人。

师：我们再来看看，中国往圣先贤对友谊是如何认识的。"投我以木桃，报之以琼瑶。匪报也，永以为好也"和"君子之交淡如水"体现的友谊特质是什么？

生：友谊是"滴水之恩当涌泉相报"。友谊是平等的，同时也是友好的。

师：君子之交淡如水，强调君子之间的友谊像水一样淡吗？不是，而是强调品德高尚的人之间的友谊是纯粹的，是不掺杂任何其他东西的。

生：我们不会因为要他讲题而交朋友，我们追求的友谊不是功利的。

师：有了这些美好的特质，友谊的小船才会平稳运行。

【设计意图】

此环节分两个层次：第一个层次，在角色扮演过程中回顾友谊有哪些美好特质，提取整合。其目的在于引导学生对教材文本进行充分理解和讨论，概括总结自己的认知过程。教师在学生概括的基础上进行整合，使学生对友谊特质的认识实现从感性到理性的飞跃。第二个层次，关注中华优秀传统文化中描写友谊的诗句，加强传统文化和德育的渗透。此活动体现道德修养目标。

情境二：当朋友和我成为竞争对手时

师：当我和朋友成为竞争对手时，友谊的小船会翻吗？我们一起来玩个游戏，同时也考察一下大家对友谊的认识。（小组为单位，两两对决）

师：我想问一下，三个失败的小组，会对获胜的同学说什么呢？

生：你好幸运啊！

别骄傲，下次我也能行。

师：这话好像不太好说出口，这种心情也是复杂的。带着这种心情，我们一起思

考:竞争必然伤害友谊吗？（播放谷爱凌和竞争对手的友谊视频）

生:俗话说"不打不相识",有时候竞争会促进彼此向上发展。

师:说得非常好,还有补充吗?

师:其实我们的说法和古人不谋而合,古人云"仁者如射,射者正己而后发;发而不中,不怨胜己者,反求诸己而已矣"。输的人不埋怨别人,而是从自身找原因。刚才在游戏中输的同学,你何不真诚地祝贺获胜的同学呢?这样会显得你更大度,也会赢得更多的朋友。

【设计意图】

活动体验至关重要。通过组织游戏和竞赛,学生在比赛中体验输赢。在比赛结束后,让输的同学向赢的同学说一句心里话。在真实的竞争中,输的一方在表达对朋友的祝贺时,都会有一些尴尬。这就再现了真实生活中,我们内心对友谊最真实的情感体验。在体验活动中展示最真实的自我,会产生一些内心深处最真实的触动,同时也有利于传统文化和德育渗透,培养健全人格。

情境三:当朋友约我一起去"教训"别人时

师:我们先来做一个调查。因为涉及个人隐私,有的同学可能不想让别人知道。下面请大家趴在桌子上,把眼睛闭上,然后听我说。

朋友要你帮他去打架,你遇到过这样的情况吗? 请举手。

你打算去或者你已经去帮他打过架了,请举手。

那么,这样做的后果会有多严重呢? 请大家看一段演讲。（播放视频）

师:如果把有些人的想法付诸实践,会带来很多严重的后果。但庆幸的是,大多数同学做出了正确的选择。我想问你们,什么样的朋友才是真正的朋友?

生:真正的朋友会让你分辨什么是对的,什么是错的。

师:友谊中我们要坚持自己的原则。因此由于各种原因,我们的友谊会有变化。

【设计意图】

引导学生从教材走向生活,从调查入手,使文本内容与现实生活建立联系。基于学生的认知情况和心理特征,引导学生思考"什么样的朋友才是真正的朋友"。落实有理想、有道德、有担当的时代新人培养要求,增强课程的思想性。道德修养和健全人格得到了有效落实。

（四）练习巩固结纲要

1.诗经中有"投桃报李"的诗句,这个成语启示我们（   ）

A.只看朋友优点,不看朋友缺点　　B.友谊是平等的、双向的

C.交朋友需要不断付出　　　　　　D.对待朋友要算计得清清楚楚

2.罗斯福曾在海军中任要职。一天,朋友问他关于在小岛上建立潜艇基地的秘密计划。罗斯福对他说:"你能保守秘密吗?"朋友说"能",他笑着说:"我也能。"这个故事对我们的启示是与朋友交往要（   ）

A.坚持原则　　　B.保守秘密　　　　C.自私说谎　　　　D.宽容朋友

结纲要：

1.友谊的特质：友谊是亲密的、平等的、双向的，是心灵的相遇。

2.友谊的澄清：友谊不是一成不变的，竞争并不必然伤害友谊，友谊不能没有原则。

（五）反馈拓展步步高

师：经过一节课的活动，我已经确定了自己心目中的演员人选，但还缺少点什么呢？

生：主题曲。

师：因为能力所限，我只写出一部分歌词，希望大家帮我补充完整。（播放歌曲《友谊地久天长》）

生：友情不是一幕短暂的烟火，而是一幅真心的画卷；友情不是一段长久的相识，而是一份交心的相知。

生：友情不是一堆华丽的辞藻，而是一句热心的问候。

生：友情不是一个敷衍的拥抱，而是一个会心的眼神。

生：友谊需要用忠诚去播种，用热情去灌溉，用原则去培养，用谅解去护理。在我的心海里，友谊的小船始终扬着风帆！

师：这节课我们一起乘坐友谊的小船，了解了友谊的特质，澄清了对友谊的认识。这样，我们就可以在人生的大海上乘风破浪，愿我们的友谊地久天长！

三、实践反思

本课以情知教学理论为指导，结合"教学评"一体化的实践要求，从学生的情感认知出发，寓情于境，情境交融，使情感升华到理论。回顾本课有以下亮点：

（一）以情创境

教材中创设的大量情境是课堂教学的重要"抓手"，是激发学生情感体验的重要引擎。教师应该尽可能地结合文化资源和学生生活经验，创设具有鲜明地域文化特色、富有丰富情感因素、具有探究价值的教学情境，以活化教材、活化课堂教学。情感教学策略也提出在诱发环节上，可以通过认知匹配和形式匹配策略等将情感在课堂导入中的优势作用充分发挥出来。首先，在导入环节通过播放"友谊的小船"动画创设情境，提出本课讨论的核心话题"友谊的小船什么时候该翻，什么时候不能翻"。这样将社会热点和学生感兴趣的话题引入课堂，激发学生探寻未知的欲望。其次，在动画制作中留下悬念，可以引导学生带着问题进入探究环节。最后，通过时间调控，让课堂导入环节高效发挥作用。

（二）以情带动

活动教学着眼于一个人生命的多方面发展，注重学生在能力、情感、价值观和行为方式上的整体性发展。活动教学提出的"以活动促发展"的主张,是针对以认知为目标的偏向,回归到人的全面的、整体的发展上来。在探究友谊的特质时,我设计了角色扮演活动,让学生在扮演过程中揣摩人物的内心,感受友谊的特质。道德是人的一种品质,不是一种认知,单纯的理论讲解和说教容易将道德知识化,从而让道德与法治课变得生硬僵化,脱离学生情感生活的实际。

（三）以情化思

以情化思,以思促学。南宋朱熹说:"读书无疑者须教有疑,有疑者却要无疑,到这里方是长进。"有疑就是要善于发现问题、提出问题,解疑就是要善于探求解决问题的方式方法。引导学生面对现实世界的问题和矛盾,探求解决问题和矛盾的方式方法,增强提出问题、分析问题、解决问题的能力,培养学生创新精神的必然要求,是学生自我成长的内在要求。

在探究友谊的特质时,我引入了中华优秀传统文化中关于友谊的两个描述。"投我以木桃,报之以琼瑶。匪报也,永以为好也"和"君子之交淡如水",与学生一起探究关于友谊的话题。在探究中,通过追问,我们步步深化对友谊的看法,同时也让中华优秀传统文化植根于学生的内心,潜移默化地影响他们的生活方式、交往方式、行为方式、思维方式和价值观念。

当然,本课也存在不足:如评价环节的量表使用和有效度方面,需要进一步提高等。人类社会发展的历史表明,对一个民族、一个国家来说,最持久、最深层的力量是全社会共同认可的价值观。社会主义核心价值观教育,不是生硬灌输、死记硬背,而是文化滋养、春风化雨的过程。教育教学方法的改进,我们一直在路上!

25.打开情绪之窗　健全学生人格

——以七年级下册第四课第一框"青春的情绪"为例

大连高新区第一中学　　道德与法治组:姜薇

一、设计理念

（一）体验式教学

道德与法治新课程标准指出,要积极探索体验式等多种教学方法,引导学生参与体验,促进感悟与构建。要采取热点分析、角色扮演、情境体验、模拟活动等方式,引导学生开展自主探究与合作探究。体验式教学是指学生作为学习主体,亲自参与或置身某种情境、活动,通过感受、实践、体验等获得知识、技能、情感的教学方式,有利于激发学生的学习兴趣,凸显学生的主体地位,培养学生的核心素养。

（二）课程分析

1.课程标准

本课所依据的新课程标准是生命安全与健康教育中的"了解青春期的生理和心理变化,体会青春期的美好,学会克服青春期烦恼;客观认识和对待自己,形成正确的自我认同,提高自我管理能力"。

核心素养是健全人格,对应的学段课程目标是"能够自主调控自身的情绪波动,具有良好的沟通能力"及"正确认识自己,保持乐观的态度"。

2.课程资源

（1）教材内容;

（2）近期时事新闻;

（3）有关情绪的成语、诗词;

（4）孙膑、歌德和范进的事例。

3.学情分析

七年级的学生刚刚进入青春期,自我意识不断增强,情绪情感也更加丰富,但同时也会对这些变化感到迷茫和困惑。在本节课中,学生可以了解情绪的相关知识,正确认识和学会对待自己的情绪,保持积极乐观的心态,这有利于学生顺利度过青春期,健康成长,同时为第二框"情绪的管理"的学习奠定基础。

（三）确定大概念

本单元"做情绪情感的主人"由第四课"揭开情绪的面纱"和第五课"品出情感的韵味"组成,从情绪和情感两个角度促进学生的心理成长。第四课分为两框,第一框"青春的情绪",主要探究情绪"是什么"的问题,引导学生了解情绪的丰富性、复杂性,感受情绪的变化以及情绪给自己带来的影响,理解青春期的情绪特点。第二框"情绪的管理"则聚焦"为什么"和"怎么做"的问题,引导学生正确看待负面情绪的作用,掌握一些调节情绪的方法,并能够运用这些方法帮助他人改善情绪。由此确定,本框的大概念是"情绪"。

1.分析重难点

重点:情绪的分类、影响情绪的因素、情绪的作用。

难点:青春期情绪的特点、如何正确对待情绪。

2.整合资源

在教学过程中融入心理健康教育,帮助学生在客观了解情绪的同时,也学会觉察自己的情绪,知道青春期的情绪起伏大,具有闭锁性、细腻性等特点是正常的,使学生能够自我调节情绪,明确情绪是没有好坏之分的,帮助学生正确看待情绪。

3.确定学习内容

通过课堂活动,学生能够知道情绪的分类,根据案例分析影响情绪的因素,总结情绪的作用,结合生活实际理解青春期的情绪特点,知道情绪没有好坏之分,能够正确看待正面情绪和负面情绪。

（四）规划教学过程

1.厘定学习目标

核心素养目标:健全人格。

(1)通过时事新闻和成语诗词比拼,感知并了解基本情绪和复杂情绪。

(2)通过分析小敏的情绪和经历,归纳影响情绪的因素。

(3)通过对比默默和小冲面对考试的不同反应,总结情绪的作用。

(4)通过分享自己和名人的事例,理解青春期的情绪特点,学会正确对待正面情绪和负面情绪。

2.设计核心问题

以学生问题为起点,以学科问题为基础,以教师问题为引导,梳理出本课问题链。

核心问题:如何认识情绪?

子问题:

(1)情绪有哪些分类?

(2)情绪有什么作用?

(3)青春期的情绪有何特点?

(4)如何正确面对青春期的情绪?

3.表现性任务

任务 1:了解情绪的分类。

任务 2:归纳影响情绪的因素。

任务 3:总结情绪的作用。

任务 4:理解青春期的情绪特点,学会正确对待正面情绪和负面情绪。

(五)嵌入式评价

1.诊断性评价:课前通过问卷调查的形式进行教学评价,然后实施教学。

2.形成性评价:在教学过程中进行的各种评价,如提问、反馈、同伴评价、自我评价等。

3.终结性评价:检查学生的学习成效,如随堂测验等,以达到复习重点知识的目的。

课堂小组项目展示效果评价表

评价维度	评价内容及标准	分值
课堂知识 实践行动 (自评)	能举例说明常见的情绪,并准确说出情绪的分类	5
	能结合事例分析影响情绪的因素	5
	能结合生活实际理解青春期的情绪特点,并在生活中正确对待正面情绪和负面情绪	5
合作探究 (自评、互评)	主动参与小组合作,积极发表自己的意见,认真倾听其他组员的建议	5

二、设计与实施过程

【导入新课】

1.游戏:你来比划我来猜。〔游戏规则〕每组派出两名同学,一名同学根据教师给出的词语做出动作和神态,但是不能通过语言表达,另一名同学猜,猜出正确答案加一分,分数最高组获胜。(参考词语:手舞足蹈、痛哭流涕、暴跳如雷、不寒而栗……)

2.教师设问:这些词语都是形容什么的?

3.教师总结:不论是高兴、悲伤,还是愤怒、恐惧等,都是我们的情绪。那你了解自己的情绪吗? 该如何把握自己的情绪? 这节课就让我们共同来了解情绪,做情绪的主人。

设计意图:通过游戏的形式导入,最大限度激发孩子的学习兴趣,使课堂氛围活跃融洽,同时自然地引出本节课的主题。

【讲授新课】

议学环节一:情绪的分类

1.展示近期时事新闻图片:杭州亚运会上全红婵在跳水比赛中获得 7 个满分;2023 年 10 月 8 日晚,巴以新一轮冲突导致死亡人数超 1 100 人;某小学生遭受严重的校园霸凌……

设问:看到这些新闻,你的情绪是怎样的? 可以分成哪几类?

2.教师总结:人的情绪是复杂多样的,除了常见的喜、怒、哀、惧等基本情绪,还有害羞、焦虑、厌恶和内疚等复杂情绪。正是各种各样的情绪丰富了我们的生活。

3.活动:成语诗词大比拼。[规则]以小组为单位,一分钟内在纸上写出表达喜、怒、哀、惧四类情绪的成语和诗词,一个有效词加一分,能表达两种以上情绪的成语和诗词,一个有效词加两分。

4.教师补充:兴高采烈、眉开眼笑、七窍生烟、怒发冲冠、咬牙切齿、肝肠寸断、泪如雨下、毛骨悚然、提心吊胆、胆战心惊、风声鹤唳、草木皆兵、漫卷诗书喜欲狂……

设计意图:这个环节让学生说出与情绪有关的成语或诗词,再次感受基本情绪和复杂情绪,既运用了学生的已有经验和所学知识,又融合了语文学科知识,有利于传承中华优秀传统文化。

议学环节二:影响情绪的因素

1.材料:周末,刚参加完中考百日誓师大会的小敏(14岁)回到家,就收到了一部期待已久的手机,小敏非常开心。温暖的阳光照在小敏的脸上,她的心情更加愉悦,但一照镜子小敏就发现脸上长了一颗青春痘,小敏顿时郁闷了起来。回到学校后,小敏和小刚一起去图书馆看书,正看得认真的时候,有同学小声议论,说他们早恋,小敏和小刚不在意继续看书,但同学们的声音越来越大,小刚和小敏越来越生气,于是跟议论的同学吵了起来。后来经过老师的调解,几个人又和好如初。

设问:根据材料概括,小敏有哪些情绪表现?影响小敏情绪的因素有哪些?

2.教师总结:我们的情绪受多方面因素的影响,例如,个人的生理周期、对某件事情的预期、周围的舆论氛围、自然环境等。随着周围情况的变化,我们的情绪也经常发生变化。

设计意图:此环节用小敏的经历创设情境,能够贴近学生的生活,引起学生共鸣。通过案例分析,引导学生总结出影响情绪的因素。

议学环节三:情绪的作用

1.出示两则材料,让学生思考以下问题。

材料一:默默在一次考试中,把本是强项的数学考砸了,试卷发下来之后,她冷静地分析自己出错的原因。没等老师讲评,她就把错题改正并写在作业本上,心里感到舒坦多了。之后的几天她吃得好、睡得香,精力充沛,学习劲头儿更足了。

材料二:语文考试时,小冲因为紧张导致许多原本会做的题目做不出来,他一怒之下把试卷撕了,哭着离开了考场。之后的几天他吃不下饭、睡不着觉,精神恍惚,生病了。

设问:说说默默和小冲面对考试的情绪有什么不同,并说明情绪有什么作用。

2.教师总结:情绪影响着我们的观念和行动,既有积极影响也有消极影响。它可能激励我们克服困难、努力向上,也可能让我们因为某个小小的挫败而止步不前。

议学环节四:青春期情绪的特点

1.设问:进入青春期后,你发现自己的情绪体现出什么特点?请举例说说。

2.教师总结:进入青春期,随着身体发育加快和生活经验不断丰富,同学们的情绪体验和情绪表现也在发生着变化,表现出青春期的情绪特点——情绪反应强烈;情绪波动与固执;情绪的细腻性;情绪的闭锁性;情绪的表现性。

设计意图:学生通过分享自己的经历和感受,归纳出青春期情绪的特点,更能产生共鸣。当然,也有一些学生可能不愿意交流,而这种行为其实恰恰体现了情绪的闭锁性和细腻性。教师需要引导学生正确看待并接纳自己的情绪。

议学环节五:正确看待情绪

1.设问:有人认为,四种基本情绪中,喜只有积极影响,而哀、怒、惧就只有消极影响,这种说法对吗? 请同学们结合自己或名人的事例,谈谈想法。

2.出示孙膑、歌德和范进的事例。

3.教师总结:情绪并没有好坏之分,关键是我们如何去看待它们、应对它们。善于激发正面的情绪感受,可以让我们的生活更加绚烂多彩。学习积极面对负面情绪,同样是我们成长过程中需要经历的。

设计意图:引导学生结合自己的亲身经历或名人事例,反思情绪没有绝对的好坏之分,因此要发挥情绪的积极作用,正确对待积极情绪和消极情绪,这有利于落实健全人格的核心素养,同时为第二课时讲解"如何调节情绪"打下基础。

【课堂总结】

1.齐声朗读,感悟升华。

你不能左右天气,但你可以改变心情;你不能控制他人,但你可以掌握自己;你不能预知明天,但你可以利用今天;你不能样样顺心,但你可以事事尽心!

2.教师总结:拿破仑曾经说过,能控制好自己情绪的人,比能拿下一座城池的将军更加伟大! 希望每一位同学都能正确看待自己的情绪,成为情绪的主人!

三、实践反思

新课标提出要以学生的真实生活为基础,坚持教师主导与学生主体相统一。因此在本节课中,我充分考虑学生的生活经验,通过设置议题,创设多样化的、与学生实际生活紧密联系的学习情境,突出学生的主体地位,引导学生开展自主、合作的探究和体验活动,使学生能够运用所学知识解决实际问题,启发学生将独立思考和积极实践相统一,落实健全人格的核心素养。

但是,在分享自己的经历和感受时,一些学生可能不愿意交流,而这种行为其实恰恰体现了青春期情绪特点中的闭锁性和细腻性。因此,教师需要注重营造民主和谐的课堂氛围,鼓励学生积极参与,在学生表达自己的真实想法时给予肯定,引导学生正确看待并接纳自己的情绪。

26.浅谈将法治观念熔铸于守法用法的实践策略

——以八年级上册第五课第二框、第三框"预防犯罪""善用法律"为例

大连高新区第一中学　　道德与法治组:吴娜

一、设计理念

(一)课程分析

1.课程标准

法治教育:认识未成年人违法犯罪的危害,培育和提高青少年自我保护的意识和能力,自觉抵制校园欺凌和违法犯罪行为。

生命安全与健康教育:理性维护社会公德,维护公共秩序,做文明的社会成员。

2.教材等课程资源

为了适应学生学习和发展需要,这两个框题不仅利用教材相关知识和案例,还广泛搜集各方资料。比如,播放电影《少年的你》,并对其中主要角色展开讨论,同时,又为学生提供与案例相关的法律条文,有助于学生结合电影角色,运用法律条文,归纳总结本课知识。

3.学情分析

一是针对青少年学生易受环境影响等心理特点及由此产生的不良行为。青少年学生易受环境的影响,想表现自己,又不能很好地约束自己,经常会"不拘小节""大错不犯,小错不断",极易产生某些不良行为。如果不及时提高认识,进行纠正,就有可能导致违法犯罪行为的发生。

二是针对学生对依法维权认识和行为方面的偏差。由于中学生涉世未深,缺少社会经验,当自己的合法权益受到侵害时,要么忍气吞声,要么私自报复。学生亟待了解运用法律武器保护自己的途径和方法,学习这些知识可以帮助学生维护自己的合法权益,保障他们的人格尊严等各种权利,使其健康快乐地成长。

基于以上考虑,这两个框题从"怎么做"角度,整合了"预防犯罪"和"善用法律"的相关内容,具有重要的现实意义,旨在帮助学生反省自身行为,远离不良行为,积极预防犯罪;认识法律救济的相关知识,增强依法维权的意识和能力。

(二)确定大概念

这两个框题立意于本单元"遵守社会规则"这一主题,根据第五课标题"做守法的公民",从"怎么做"的角度出发,提炼整合"预防犯罪"和"善用法律"两框题的相关内容。

1.分析重难点

重点:如何预防犯罪。

难点:遇到侵害如何依法求助。

2.整合资源

本课将教材第五课第二框"预防犯罪"中的"如何预防犯罪"和第五课第三框"善用法律"中的"遇到侵害如何依法求助"以及"未成年人如何应对违法犯罪"的内容进行了整合。

3.确定学习内容

在这两个框题中,通过对"校园霸凌"相关案例的分析,使学生认清犯罪、远离犯罪,当受到不法侵害时,能够运用法律手段维护自身合法权益。

（三）规划教学过程

1.厘定学习目标

核心素养目标:

法治观念:通过对校园霸凌案件的分析,认清犯罪的危害,加强自我防范意识,增强尊法学法守法用法的法治观念。

道德修养:通过分析被霸凌者的经历,杜绝不良行为,增强友好待人的道德修养。

2.设计核心问题

如何守法、用法?

（四）嵌入式评价

1.诊断性评价

评价量表				
评价维度	评价内容	评价标准	分数	建议
互评师评	课堂知识	理解教材知识,并且能够运用教材知识(5分)		
	小组合作	语言表达准确、逻辑清晰、声音洪亮、小组参与度高(5分)		
	实践能力	能够运用相关法条,具有一定法治观念(5分)		
		能够换位思考,具有友好待人的道德修养(5分)		

2.形成性评价

评价量表			
评价维度	评价标准	分数	建议
自评	知道犯罪的危害性,懂得不良行为和严重不良行为可能发展为违法犯罪(5分)		
	能够认识并改正自己的不良行为(5分)		
	遇到侵害时,能够依法求助,提高自我保护意识和能力(5分)		
	在现实生活中,能够善斗智斗违法犯罪行为(5分)		

二、设计与实施过程

（一）温故创境明目标

1.视频导入

观看电影《少年的你》宣传片,思考:以上视频反映了什么现象? 追问:这种现象属于什么类型的行为? 其中最严重的是哪种?

设计意图:播放电影《少年的你》宣传片,让学生了解校园霸凌事件的严重性和真实性,激发学生的学习兴趣。

2.学习目标

(1)通过对校园霸凌案件的分析,认清犯罪的危害,加强自我防范意识,增强尊法学法守法用法的法治观念。

(2)通过分析被霸凌者的经历,杜绝不良行为,增强友好待人的道德修养。

（二）自主合作共探讨

1.自主学习

(1)观看电影《少年的你》中的三个镜头,找出影片中出现的三类主要角色。

(2)阅读教材相关内容,根据法律条文,结合电影镜头,完成任务清单。

设计意图:培养学生自主发现问题、解决问题的能力。

2.合作探究

任务一:认识未成年人违法犯罪的危害。（对应课标要求）

活动:小组讨论角色对应问题,并进行汇报展示。

角色	霸凌者
电影片段简介	魏莱主动找到陈念道歉,称只是"玩过火了"。由于其言语刻薄,被陈念一气之下失手推下楼梯身亡
问题	1.霸凌者魏莱的行为产生了哪些不良影响? 2.如何避免成为霸凌者?

点拨拔高:针对课前搜集的不良行为,制定整改措施,填写在下表中。

不良行为	产生原因	整改措施

任务二:提高自我保护的意识和能力。（对应课标要求）

活动:小组讨论角色对应问题,并进行汇报展示。

角色	被霸凌者
电影片段简介	陈念因不相信警察和大人能帮助她,犯下悔恨终身的过错。错失了上名校的机会,也因过失杀人被判处有期徒刑 4 年
问题	1.如果你是陈念,你会怎么做? 2.维护权益最有效的途径是什么?

任务三:掌握抵制校园霸凌和违法犯罪行为的方法。(对应课标要求)

活动:小组讨论角色对应问题,并进行情景演绎。

角色	旁观者
电影片段简介	三名女同学对陈念实施校园霸凌,包括用球击打腹部、使绊子让其摔下楼梯、剪头发、拍照片等侮辱行为。旁观者中有人喝彩,有人惋惜……
问题	1.你是否赞同影片中旁观者的做法?为什么? 2.日常生活中,如果遇到侵害他人的行为,你会怎么做?(情境演绎:"放学你别走")

(三)汇报评议师精导

1.如何预防犯罪。

(1)小组汇报:霸凌者魏莱的行为产生了哪些不良影响?生活中如何避免成为霸凌者?

(2)教师点拨:能够认识到我们作为社会成员,要珍惜美好生活,认清犯罪危害,远离犯罪。预防犯罪,需要我们杜绝不良行为,增强法治观念,依法自律,从小事做起,防患于未然。

(3)小组互评,教师评价。

2.遇到侵害如何依法求助。

(1)小组汇报:如果你是陈念,你会怎么做?维护权益最有效的途径是什么?

(2)教师点拨:a.及时寻求法律救助,依靠法律维护自己的合法权益。b.可以通过法律服务机构维护合法权益。如法律服务所、律师事务所、公证处、法律援助中心等。受到非法侵害,可以寻求国家的法律救济。我们可以依法到公安机关、人民法院或人民检察院中的任何一个国家机关控告、举报,必要时可以直接向人民法院起诉。诉讼通常分为三种类型:民事诉讼、行政诉讼("民告官")、刑事诉讼。

(3)小组互评,教师评价。

3.未成年人如何与违法犯罪作斗争。

(1)小组汇报,情境演绎:你是否赞同影片中旁观者的做法?为什么?日常生活中,如果遇到侵害他人的行为,你会怎么做?(情境演绎:"放学你别走")

(2)教师点拨:面对违法犯罪,我们要善于斗争,在保全自己、减少伤害的前提下,巧妙地借助他人或者社会的力量,采取机智灵活的方式,同违法犯罪作斗争。

(3)教师追问:影片最后有一位身穿粉色衣服,手提老鼠笼子,与霸凌者一起追逐陈念的女孩。她虽然参与了霸凌,但并未实施霸凌行为,这属于违法行为吗?从中你能得到什么启示?

(4)小组互评,教师评价。

4.根据学生问卷调查结果,回归现实案例。

(四)练习巩固结纲要

课堂练习:

在日常生活中,你是否有权益受到侵害的时候?你是怎么做的?

例:在_____时候,我的_____权益受到了侵害,我是这样做的:_____。学了本课,我觉得可以这样做:_____

_____。

总结方法:多角度分析法、理论联系实际法。

板书设计:

(五)反馈拓展步步高

1.请运用本框题知识对以下案例进行分析。

时事热点:2023 年 10 月 16 日,成都市崇州市羊马街道一小区内,一名两岁女童被罗威纳犬撕咬致右肾挫裂伤。据了解,此犬并非流浪犬,其主人王某并未按照《中华人民共和国动物防疫法》对恶犬采取措施防止伤人,在案件发生后也未及时主动承担责任。事情发酵后,王某主动承担经济赔偿,他还可能面临刑事处罚。

2.终结性评价:对照终结性评价量表,进行自评。

三、实践反思

(一)教学亮点

本课时设计立足于新课程标准中的核心素养要求,即增强对违法行为及其法律责任的认识、理解犯罪的特征及后果、树立主动预防未成年人犯罪的法治观念;采用整合式教学方法,将一类问题加以整合学习;以《少年的你》电影为例,一案到底;以任务为驱动,增强知识体系性;评价任务指向核心素养,评价的内容以是否达成核心素养要求为标准,教师适时点拨拔高,体现"教学评"一体化;最后,通过情境演绎进行拓展提高,将本课所学落实到"怎么做"的具体行动中。

(二)不足之处

教师语言感染力还不足,做到情感饱满、言简意赅,是我今后要努力的方向;课堂活动还不够充分,应给学生充足的时间和资料进行课前准备,提高学生课堂主动性和参与度。

27.深化教学评价　铸牢法治观念

——以八年级上册第五课第一框"法不可违"教学为例

大连高新区第一中学　　　道德与法治组:孙浩铭

一、设计理念

（一）课程分析

1.课程标准

新课标锚定立德树人的根本任务,强化了课程的育人导向,而核心素养正是课程育人价值的集中体现。法治观念是道德与法治学科所要培养的核心素养之一,旨在帮助学生"形成法治信仰和维护公平正义的意识,做社会主义法治的忠实崇尚者、自觉遵守者、坚定捍卫者"。与之对应的法治教育是道德与法治课程在第四学段（7～9年级）设置的第二个学习主题,也是第四学段占比最大的内容。

本框是统编版道德与法治八年级上册第二单元所属内容,与之相对应的课标要求具体包括"运用实际案例说明与生活相关的法律规定""理解法律是实现和维护公平正义的基本途径""了解法律对个人生活、社会秩序和国家发展的作用""树立法治意识,养成守法用法的思维方式和行为习惯"等。

2.教材等课程资源

（1）教材:教材是课程标准的具体化,是"教"与"学"的主要依据,也是师生间相互作用的媒介。在本课的教学活动中,教材较为清晰地界定了本阶段学生所应掌握法治知识的广度和深度,为师生的教学活动提供了基本遵循。

（2）法治案例:教育部、司法部、全国普法办联合印发的《青少年法治教育大纲》指出,"必要时,可根据学生认知特点,将真实法治案例引入课堂教学,注重学生法治思维能力的培养"。本课以"高空抛物中的法律"为重点探究话题,将社会中真实的法治案例引入课堂,从而激发学生的学习兴趣、深化学生对知识的理解,引导学生关注社会现实、重视法治实践、培养责任意识。

3.学情分析

（1）一个必要前提:具备一定的知识基础和情感基础。

冷冉先生曾指出:"它（情绪基础）与知识基础一样,同是学习的基础。没有一定的情绪基础,如同没有一定的知识基础一样,任何新的学习便无法进行。"因此,本框题教学取得成功的一个必要前提就是学生"情""知"基础的储备。

在开始本框题学习之前,学生们已经在"知"的层面做好了准备:其一,是七年级下学期"走进法治天地"这一单元的学习;其二,是前几课对于除"法律"之外的诸如"诚信""礼"等规则的学习。学生在"情"的层面同样已具备两种铺垫:其一,是在上述课堂中,学生积累的情感体验与思想材料;其二,是我们高新一中"文质教育"在学生日常行为规范、师德师风等方面的建设为学生带来的积极引导与人文熏陶。

(2)一个重点关注:学生本身的"差异化"带来课堂需求的"多样化"。

结合此前法治教学经验可知,对于学优生而言,正确理解与运用课堂知识并非难事,较有挑战性和趣味性的是法治知识的现实应用以及情感上的共鸣与升华;而对于大多数学生而言,学习法治课程却并非易事,这种知识层面的挑战有时会使其产生畏难情绪,但是他们对现实的法治素材与活动式教学往往抱有相当大的兴趣,甚而会抱有相当大的激情参与其中。

针对这样一种矛盾,"情·知教学"可为我们提供一种颇有价值的启发:该理论认为"情"与"知"两种心理应是"相互促进"的,因此,对于大多数学生,我们应以情绪活动为"饵",激发其学习兴趣,从而引起其认知活动的活跃;而对于学优生,在其进行高速认知活动的同时,可多关注情绪情感的激发与加强,从而培育其稳定的性格。总而言之,我们可以在"情·知教学"理论的统摄下,兼顾学生多样化需求,从而使高效课堂得以真正的落实。

(3)一个情感"催化剂":学生对法治学习的兴趣。

一方面,对于八年级学生而言,由于其此前的思维发展尚不足以支撑起对法治知识的系统化理解,因此在其潜意识中,法律往往具有一种"神秘感",这种感觉在一定条件下可以转变为对法治学习的兴趣。学生会在掌握法治知识的同时,体验到更多的成就感和获得感。

另一方面,既往的教学实践告诉我们,学生对赋予社会人身份,模拟社会人活动兴致盎然,这符合学生在特定青春期时段的心理特性:社会参与感会为其自身成长提供自信与肯定。因此我们的法治教育可以迎合这样一种学生成长中的心理需要,将本学科课内资源与课外资源相整合,给学生提供触及社会、了解社会、思考社会、走向社会的窗口和途径。

（二）确定大概念

本框题内容始于由法律的重要性,说明"法不可违"的原因,其后详细阐释违法行为的概念与分类,最后又将"法不可违"的理论落实到实践层面上,通篇都紧密围绕着"法不可违"这一概念开展,因此可将"法不可违"确定为本课的大概念。

1.分析重难点

教学重点:对"违法行为"本身的认知与分类,既是本框题深层次学习的基础,也是教学重点所在。

教学难点:学生对违法行为的理论认知并不必然让他们会对"法不可违"产生深刻认同,因此对"法不可违"原因的探究是本框题产生现实价值的关键所在,也是教学难点所在。

2.整合资源

(1)遵循教材主体知识。

(2)结合生活化、热点化的社会问题,应用真实法治案例。

(3)适当摘录相关法律条文,并引入法律实践中的判决书。

3.确定学习内容

(1)可将教材中关于违法行为的概念及其分类、法不可违的原因、法不可违的实践要求等内容作为本框题的知识主体,结合高空抛物这一法律热点问题的立法进程加以探究与学习。

(2)活用教材多种情境,适当引入法律判决书等素材创作习题。

（三）规划教学过程

1.厘定学习目标

(1)通过"高空抛物"议题式探究,了解违法行为及其分类,进而理解法律是实现和维护公平正义的基本途径。

(2)通过"巧用比喻"活动,了解法律对个人生活、社会秩序和国家发展的作用。

(3)通过"法治宣讲"活动,树立法治意识,养成守法用法的思维方式和行为习惯。培养责任意识,提升对家庭、社会的责任感,增强担当精神和参与能力。

2.设计核心问题

3.表现性任务

任务 1	是什么？——违法行为的类型及区分
活动 1	问题探究式:高空抛物知类别
任务 2	为什么？——法不可违的原因/法律的作用
活动 2	问题探究式:巧用比喻明原因
任务 3	怎样做？——法不可违的实践要求
活动 3	主体体验式:法治宣讲懂践行

（四）嵌入式评价

评分量表				
评价类型	评价项目	评价标准	赋分	得分
过程性评价	活动1	材料阅读全面,答案填写完整	★	
		理由阐述清晰流畅,具有说服力	★	
		答案标准、正确	★	
		探究过程中能够提出有价值的法律问题	★	
		探究过程中能够解答他人的法律问题	★	
	活动2	对法律的比喻丰富、形象	★★	
		理由阐述清晰流畅,具有说服力	★★★	
	活动3	宣讲框架完整	★	
		方法有亮点、有创新	★★	
		感情充沛,打动人心,具有号召力	★★	
	练习1	材料阅读全面,答案填写完整	★	
		逻辑清晰、理由阐释充分	★★	
	练习2	答案正确	★	
		能够纠正、完善他人回答	★	
终结性评价	在课堂结束时,我将对本节课进行如下自我反思		是	否
	本节课,我是否充分利用在校时间认真听讲			
	本节课,我是否尊重老师和同学,避免闲谈、嬉闹等违纪行为			
	本节课,我是否举手发言、参与讨论,发表我的想法			
	本节课,我是否已掌握老师所讲授的全部知识			
	我还未掌握:_____ _____			
师生研教	老师,我认为我们本节课共同落实了下列核心素养		教师反馈	
	□政治认同　　□道德修养　　□法治观念 □健全人格　　□责任意识			
	老师,针对本节课教学,我还有如下建议、创意:			

二、设计与实施过程

（一）温故创境明目标

教师首先出示一组与高空抛物有关的图片,询问学生:"同学们,在既往的生活中,你是否做过或见过他人做过高空抛物的行为?"在得到部分学生的肯定回答后,进一步启发学生思考:"这样的行为会带来怎样的危害?"学生作答后,教师出示《人民日报》科普材料《高空抛物的危害》并进一步引导学生思考:"这种危害社会的行为能否依靠道德和礼仪来规范?"学生结合上节课所学内容作答,教师出示材料"我国高空抛物案件数据持续升高"并引导学生思考:"这给我们怎样的启示?"在此基础上,教师出示本框题学习目标。

【设计意图】

通过列举贴近生活的案例引出一连串的"问题",启发学生对旧知与新知进行接续、比较与思考,激发学生的学习兴趣。

(二)自主合作共探讨,汇报评议师精导

活动1:高空抛物知类别

步骤①:教师引导学生在一定时间内阅读教材原文(以教材P47为主),理清思维框架。

步骤②:出示一组与高空抛物相关的真实法治案例(可提供必要的法律集锦),指导学生依据教材内容以自主学习和小组合作的方式对三个法治案例的违法类型进行区分。

案例一: 2019年5月26日,七旬老人瘐某在位于广州杨箕的自家小区花园散步,经过黄某楼下时,正巧黄某从楼上扔下一瓶矿泉水,矿泉水瓶掉落在庚某身旁,导致其受到惊吓、摔倒,随后被送往医院进行治疗

案例二: 2023年6月14日,被告人王某在家中睡觉时被楼下多名老人的聊天声吵醒,王某为表达不满情绪,从家中厨房拿取一些玻璃杯、瓷碗、瓷碟向楼下老人抛掷。上述物体被抛掷到楼下后,虽未砸中老人,却砸中唐某停放在楼下的汽车,经鉴定,车辆严重受损

案例三: 在浙江北部县城从警20余年的陈警官告诉记者,在现实执法中,高空抛物面临的情形很复杂……"比如……一个人从六楼扔下一个玻璃杯子,但该杯子没有砸到任何人,也没损害公物,并且他在邻居抱怨中还赶紧下楼把玻璃碴子清除了,玻璃碴子也没扎到人……"

——摘自《新京报》2023-09-01

	是否违法	违法类型	适用法律	具体处罚
案例一				
案例二				
案例三				

步骤③:小组汇报展示、组间辩论,结合评价量表进行师生评议。

步骤④:教师精导。教师精导穿插于每个案例汇报、评议结束后,以进一步追问、引导思考和解答的方式进行,包括但不限于"民法调整的对象""高空抛物已有民法相关规定,还要设立刑法的原因""民事违法与刑事违法社会危害性比较""行政违法与刑

事违法社会危害性比较"等问题,引导学生进一步归纳出"一般违法行为"和"犯罪"的分类方式。

【设计意图】

运用三组实际案例,激发学生学习兴趣,帮助学生深入理解这三种违法行为;使学生意识到法律与我们的现实生活息息相关;采用议题式探讨方式,便于发挥学生主体性。

活动 2:巧用比喻明原因

步骤①:教师进一步追问——通过上述案例,你认为在我们的社会生活中法律所发挥的作用与哪些物品相像? 请分享你的答案并说明理由。

步骤②:学生说出自己的理解并阐述理由,结合评价量表进行师生评议。

步骤③:教师对学生的回答进行归类与提炼,得出教材中的关于法律作用的相关结论。

【设计意图】

学生在掌握违法行为的知识后,并不必然能够理解"法不可违"的原因,我们可运用"拟物"的方式,先引导学生将对法律的直观感受比照到天平、量尺、指示牌、棍棒等具体物品上,再进一步由这些物品的功能提炼出法律的作用,这样,"抽象→具象→抽象"的迁移过程,能够有效加深学生对相关知识的理解与记忆。

活动 3:法治宣讲懂践行

步骤①:出示任务。请以小组为单位,代表以下任一角色(也可自选其他角色),谈一谈杜绝高空抛物行为,我们可以做些什么。

商户	学校	网友
居民	共青团员	少先队员
公职人员	家长	……

宣讲稿

我们代表_____,

我们要高度重视高空抛物行为,理由是:_____。

对此,我们将采取以下措施/方法/行为:_____。

步骤②:小组讨论与展演,结合评价量表进行师生评议。

步骤③:结合教材内容,教师精导。

【设计意图】

通过引导学生带入不同角色来宣讲法律、解决社会法治问题,培养学生关心社会的态度以及发现和处理现实问题的能力。一方面,有助于学生树立法治意识,养成守法用法的思维方式和行为习惯;另一方面,可以培养学生的责任意识,提升其对家庭、社会的责任感,增强其担当意识。

（三）练习巩固结纲要

练习1：请从教材P47三个案例中任选一种违法现象，借助活动1表格对其进行分析。

练习2：[学看判决书]请根据下面判决书内容，推测出其违法类型与适用法律。

辽宁省庄河市人民法院××判决书(摘选)

　　本院认为，依法成立的合同受法律保护，合同双方均应依约履行合同义务……综上所述，对原告的诉讼请求，本院予以支持。依照《××》规定，判决如下：

　　被告王永刚于本判决发生法律效力后10日内给付原告唐正方借款人民币2万元。如果未在本判决指定的期间履行给付金钱义务，应加倍支付延迟履行期间的债务利息。

【设计意图】

教材为我们提供了丰富的生活化案例，可以在练习环节活用这些案例以达到巩固所学知识、开阔学生视野的目的。而对判决书这一法律文书的引进可以帮助学生架构起理论学习与现实实践的桥梁，增强学生课堂学习的获得感。

（四）反馈拓展步步高

(1)请依据本课所学内容，结合自身理想职业，谈一谈当这一理想成为现实后，应注意防范哪些可能发生的违法行为。

(2)基于理想职业，我们又可以为社会主义法治事业贡献些什么？

【设计意图】

展望理想，共鸣法治；进一步开阔学生视野，实现认知的迁移化，促进理论的实践化。

三、实践反思

1.本课可供借鉴之处主要包括以下几点：

(1)以科学高效的教育学理论建构教学设计。本课参照冷冉先生的"情知教学"理论，运用"教学评一体化"的教学策略，遵循我校"情动五环"的教学架构，将上述理论同本课知识加以整合，力求"知"与"情"相互促进，"德"与"能"相互滋养。

(2)以层层递进的问题化教学凸显学习主体。李晓东教授认为："道德与法治课程的价值并不是能给学生多么丰富的资源,而是能给学生多少思考后的积淀,这就需要依赖于问题的设计。"本课首先将教材繁杂的知识收束为"是什么""为什么""怎样做"三个大问题,在这样明晰的逻辑递进过程中又设置许多子问题,这些子问题或是服务于学生学习兴趣的激发,或是服务于教材知识的全面阐释,又或是服务于学生高尚情感的培养。在这样的问题化学习中,教师的主导地位与学生的主体地位同时得以确立,学生的思维能力在教学活动的有序推进中得以提升。

(3)以种类丰富的现实性素材指引社会实践。在道德与法治的教学活动中,"闭门造车""坐而论道"均是不可取的教学方式。我们应当以丰富而切实的社会素材辅助学生理解抽象理论,再指引学生将科学理论运用到现实实践之中,从而做到知行合一。

(4)以润物无声的探究式活动培养高尚情操。习近平总书记曾指出:"广大教师要做学生锤炼品格的引路人,做学生学习知识的引路人,做学生创新思维的引路人,做学生奉献祖国的引路人。"本课始于由高空抛物带来的社会危害,止于与理想职业相伴的法治追求,"育人"意识贯穿始终,培根铸魂、启智润心。

2.缺点及改进措施如下:

本课教材知识量较大,且知识点繁杂,即便通过活动方式加以整合,仍有可能出现教学时间不足的情况。一个可行且有效的解决办法是:由教师设计课前导学案,指导学生在课前充分预习本课相关知识,适当融汇七年级上册法治内容,并尝试将知识体系化、思维化,这样不仅能为课堂留出更为充裕的问题探究时间,也有助于培养学生良好的学习习惯。

28.锤炼"人格" 以"诚"为本

——以"诚实守信"为例谈"教—学—评"一体化的有效教学实践

大连高新区第一中学 道德与法治组:汤颖

一、设计理念

(一)课程分析

1.课程标准

理解诚信是做人的基本要求,做到言行一致;能够在日常生活中践行诚实守信这一基本的道德要求;形成初步的道德认知和判断,能够明辨是非善恶,形成良好的道德品质。

2.教材等课程资源

教学内容为统编版道德与法治八年级上册第四课的第三框题,教材中通过采用季布信守承诺的典故、列举《中华人民共和国民法典》法条,阐述了诚信对个人的价值;通过两个不同公司的做法对比,说明了诚信对企业的价值;通过吴恒忠诚信还钱的故事和"处理诚实与保护隐私"情境讨论,阐述了在生活中如何践行诚信。

3.学情分析

八年级的学生经过了一年的初中学习之后,能够对诚实守信有初步判断和了解,能够理解诚信是做人的基本要求。但是部分学生在生活中没有践行诚实守信原则,不能做到知行合一,对于在诚信两难中遵循诚信伦理原则和法律要求等,缺乏深入的认识和理解,不懂得诚信对经济社会发展和国家文明进步的作用。

(二)确定大概念

本课时立足于遵守社会规则,从社会生活讲道德出发,对学生的日常行为规范做出了要求,引导学生理解传统文化中有关诚信的核心理念,从而在生活中自觉践行诚信。因此,本课时的大概念确定为:做诚实守信好公民。

1.分析重难点

本节课的重点是诚实守信的价值,能说出诚信对个人、企业及国家的重要性;难点是践行诚实守信,能理解诚信是做人的基本要求,在日常生活中能养成诚实守信的好习惯。

2.整合资源

除了教材的资源,还通过学历案的形式为学生提供了丰富的学习资源。(见附件)

3.确定学习内容

(1)通过列举关于诚信的历史典故,了解诚信的含义;

（2）自学学历案中的三则材料，了解诚信对个人、企业、国家的价值。

谷哥直播间最大的成本是诚信 VS 薇娅因偷逃税被禁播；

洁柔直播间标错价格损失千万元 VS 某白酒直播间虚假宣传赠品，误导消费者；

美国拒不提供气候补偿资金 VS 中国兑现绿色亚运承诺。

（3）通过给镜头配旁白的形式了解如何在生活中自觉践行诚信。

（三）规划教学过程

1.厘定学习目标

（1）健全人格：通过典故讲解，能阐明诚信的含义，理解中华传统文化中孝悌忠信的荣辱观念，能自觉弘扬中华传统文化中守诚信的核心理念。

（2）政治认同：通过案例分析，能说出诚信对个人、企业及国家的重要性，在日常行为中能践行诚实的社会主义核心价值观。

（3）道德修养：通过情境探究，能理解诚信是做人的基本要求，在日常生活中能够做到言行一致，养成诚实守信的好习惯。

2.设计核心问题

本节课需要理论联系实际，最终指向学生的日常行为。本课的核心问题是：作为一名中学生，我们如何成为诚实守信的人？

3.表现性任务

任务 1：认识诚信，知含义。

任务 2：感悟诚信，明价值。

任务 3：践行诚信，懂要求。

（四）嵌入式评价

1.形成性评价

评价量表（总分 12 分）			
评价方式	评价内容	评价标准	分值
自评/组内互评 3分	合作探究能力	小组合作没有发表观点，但能认真倾听其他同学的想法（1分）	
		小组合作能积极发表意见，表达自己的想法（2分）	
		能主动提出有建设性的想法，认真倾听其他组员的建议，并主动承担汇报任务（3分）	
其他小组评价 6分	交流表达	声音适中，语言规范但不流畅（1分）	
		声音洪亮，语言规范且流畅（2分）	
	汇报内容	能基本表达清楚观点，内容较为完整（1分）	
		观点明确，逻辑清晰，内容完整（2分）	
	小组合作	小组有分工，具有基本的合作能力（1分）	
		小组分工明确，成员参与度较高，合作能力强（2分）	

续表

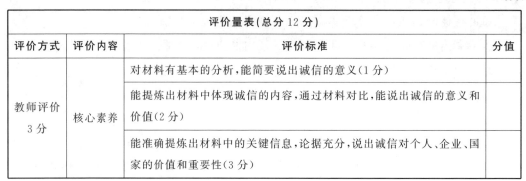

评价量表(总分 12 分)			
评价方式	评价内容	评价标准	分值
教师评价 3 分	核心素养	对材料有基本的分析,能简要说出诚信的意义(1 分)	
		能提炼出材料中体现诚信的内容,通过材料对比,能说出诚信的意义和价值(2 分)	
		能准确提炼出材料中的关键信息,论据充分,说出诚信对个人、企业、国家的价值和重要性(3 分)	

2.终结性评价

诚实守信课堂评价量表(总分 3 分)				
评价对象	评价方式	评价内容	评价标准	分值
学生	自评	知识掌握 核心素养	能简要阐明诚信的含义,基本懂得诚信的重要性,了解践行诚信的方法(1 分)	
			能说出诚信的含义、重要性,理解诚信是做人的基本要求,知道在生活中如何践行诚信(2 分)	
			能说出诚信在中华传统文化和现代社会中的具体体现,理解中华民族孝悌忠信的荣辱观念,能举例说明诚信的重要性,知道在生活中践行诚信的方法,做到言行一致(3 分)	

二、设计与实践过程

(一)温故创境明目标

1.导入新课

播放曾子杀猪的视频,提问:这对你有什么启示?

【设计意图】

视频导入,吸引学生注意力,引入新课。

2.学习目标

政治认同:通过案例分析和专题汇报,理解诚信的含义,能说出诚信对个人、企业及国家的重要性,在日常行为中能践行诚信的社会主义核心价值观。

道德修养:通过情境探究,理解诚信是做人的基本要求,在日常生活中能够自觉践行诚信,养成诚实守信的好习惯。

(二)自主合作共探讨

【总任务】能形成诚实守信的意识,在生活中积极践行诚信,做到言行一致。

【任务一】认识诚信,知含义

活动一:列出 1~2 个关于诚信的历史典故,简要概括其内容。

活动二:结合典故,总结诚信的含义。

【任务二】感悟诚信,明价值

活动一:自学"资料卡"中的三则材料,回答"思考"栏问题。

材料一:谷哥直播间最大的成本是诚信 VS 薇娅因偷逃税被禁播

思考:对比徐志新和薇娅的直播经历,你受到了什么启发?如果你是消费者,你会选择哪个直播间?

材料二:洁柔直播间标错价格损失千万元 VS 某白酒直播间虚假宣传赠品,误导消费者

思考:对比洁柔和某白酒直播间的做法,说一说诚信对企业有什么作用。如果你是消费者,你会选择哪个直播间?

材料三:美国拒不提供气候补偿资金 VS 中国兑现绿色亚运承诺

思考:对比中美两国在气候问题中的做法,谈一谈你的想法。

活动二:小组合作,选择其中一则材料合作探讨,形成组内共同答案,推荐1~2名代表上台展示汇报。

【设计意图】

以学生现实生活中熟悉的"直播间"形式展现案例材料,两两对比,培养学生的思辨能力;结合学生的回答,进一步启发、引导学生说出诚信的意义,明确诚信的价值。

【任务三】践行诚信,懂要求

活动一:小组合作,选择其中一组镜头,合作探讨,形成组内共同答案,推荐1~2名代表上台展示汇报。

【设计意图】

以情境带知识。展示学生生活中常见的情境,以配旁白的形式促使学生对情境主题进行剖析,从而掌握践行诚信的方法。

(三)汇报评议师精导

精导一:认识诚信,知含义

诚信就是诚实、守信用,是中华民族的传统美德,是社会主义核心价值观在公民个人层面的一个价值要求。

精导二:感悟诚信,明价值

1.对比徐志新和薇娅的直播经历,你受到了什么启发?如果你是消费者,你会选择哪个直播间?

诚信是一个人安身立命之本。诚信是我们融入社会的"通行证",一个人真诚老实、笃守诺言,无论走到哪里都能赢得信任。相反,如果弄虚作假、口是心非,就会处处碰壁,甚至无法立身处世。

2.对比洁柔和某白酒直播间的做法,说一说诚信对企业有什么作用。如果你是消费者,你会选择哪个直播间?

诚信是企业的无形资产。一个企业只有坚持诚信经营、诚信办事,才能塑造良好

的形象,赢得客户;才能收获持久的效益,长盛不衰。

3.对比中美两国在气候问题中的做法,谈一谈你的想法。

诚信促进社会文明、国家兴旺。国无信则衰,社会成员之间以诚相待、以信为本,能够增进社会互信,减少社会矛盾,净化社会风气,促进社会和谐;能够降低社会交往和市场交易成本,积累社会资本;能够提高国家的形象和声誉,增强国家的文化软实力。

精导三:践行诚信,懂要求

1.我们究竟如何做一个诚实守信的人?

树立诚信意识。我们要真诚待人,信守承诺,说老实话,办老实事,做老实人。我们不轻易许诺,许诺了就要做到,做不到要说明理由。如果我们的行为产生了不良影响,就应不逃避、不推脱,勇于承认过错,主动承担责任,争取他人的谅解。

2.我们在任何时候都需要讲求诚信吗?

运用诚信智慧。社会生活是复杂的,我们有时会面临两难的选择。在特定的生活情境中,有时需要我们说些"善意的谎言",这些善意的谎言并不是出于对自己的私利,而恰恰是为了维护对方的利益。当尊重他人隐私与对人诚实发生冲突时,我们应做到既恪守诚实的要求,又尊重他人隐私。

3."老赖"在生活中处处受限,这对你有什么警示作用?

珍惜个人的诚信记录。现代社会,个人诚信体系和社会信用体系日益受到重视,个人守信激励和失信惩戒机制不断完善,守信者处处受益,失信者处处受限。我们要大力弘扬诚信文化,共同营造"以诚实守信为荣、以见利忘义为耻"的良好社会风尚,提高全社会信用水平,营造社会诚信环境,努力促进社会发展和文明进步。

板书呈现:

（四）练习巩固结纲要

1.回顾本节课的知识点,呈现知识脉络图。

```
          ┌ 1.含义:诚实、守信用。(传统美德/行为准则)
          │         ┌ ①诚信是一个人安身立命之本
          │ 2.意义 ┤ ②诚信是企业的无形资产
诚实守信 ┤         └ ③诚信促进社会文明、国家兴旺
          │         ┌ ①树立诚信意识
          │ 3.如何践行 ┤ ②运用诚信智慧
          └         └ ③珍惜诚信记录
```

2.通过这节课,我们不仅可以学习理论知识,还可以学习思维方式。例如,我们可以从"个人—企业—国家"的角度和维度去思考问题,这也是一种能力的体现。

（五）反馈拓展步步高

习近平总书记说,诚信是结交天下的根本。政府无信,则权威不立;社会无信,则人人自危。作为一名青少年,你打算如何做一名诚实守信的人?请写出你的诚信宣言。

三、实践反思

1.对于课堂上的生成性问题要灵活处理且给予学生积极反馈,不必全部按照预设的流程来进行。

2.教学设计中涉及两难情境时,要加强双向引导,作出充分解释和说明。

附件

【任务二材料】

材料一:徐志新是湖北省罗田县骆驼坳镇燕窝湾村第一书记。作为助农主播"谷哥",他始终秉持"直播间最大的成本是信用"的理念,将诚信融于农产品销售的各个环节,他常说:"失信于人,人家踩坑了,就走了;产品好,讲信用,大家就会支持你走下去。"在谷哥的直播间里,损坏的商品一律迅速赔偿。鲜板栗如果有质量问题,就一颗坏损赔偿1元。他这种"把卖产品当作自家买产品"的诚信带货品质,在农村直播经济蓬勃发展的大形势下,打造了农村直播带货的"诚信样板",让农产品走得更远、更持久。2022年,徐志新被评为全国"诚信之星"。

作为电商直播行业的翘楚,薇娅曾被选为全国青联委员,入选《财富》中国最具影响力的商界女性,也曾被选为网络诚信代表出席2019年中国网络诚信大会。然而,事业如日中天的薇娅被爆出因偷逃税,被追缴并处罚款共计13.41亿元。薇娅的微博、抖音号、淘宝直播间相继被封禁。杭州市税务局稽查局答记者问时透露,薇娅团队曾多次收到税务机关的提醒督促,但一直整改不彻底,因此才对其进行立案,并开展了全面深入的税务检查。据税务机关透露,在2019—2020年仅一年中,薇娅的偷逃税款就高

达 6.43 亿,其他少缴税款 0.6 亿,总计 7.03 亿。

思考:结合学案,对比徐志新和薇娅的直播经历,你受到了什么启发?

材料二: 2023 年 9 月 17 日,洁柔在官方直播间推出了一款原价 56.9 元 1 箱的纸巾,但由于员工操作失误,将价格误设置为 10 元 6 箱,引发了大量用户的抢购。据悉,这次事件导致洁柔成交订单数超过 4 万单,损失金额超过千万元。事件发生后,洁柔公司紧急召开会议,一致认为虽然公司损失巨大,但诚信和用户是洁柔的根本。因此,洁柔向所有拍下此商品的用户承诺:所有订单,将正常发货。

北京加喜文化传媒有限公司在某平台进行直播带货,售卖金六福并以五粮液作为赠品,展示的赠品是市场价较高的浓香型"五粮液"白酒,而实际赠送的是市场价较低的"尊耀"白酒;在售卖"茅乡名家名作酒"商品时,多次故意遮挡"贵州茅台酒厂(集团)保健酒业有限公司"中的"保健酒业"字样,只显露厂家名称为"贵州茅台酒厂",让消费者误以为该款酒为贵州茅台酒厂生产。根据反不正当竞争法的规定,当事人被责令立即停止违法行为,并被罚款 95 万元。

思考:对比洁柔和某白酒直播间的做法,说一说诚信对企业有什么作用。如果你是消费者,你会选择哪个直播间?

材料三: 气候变化是全球性挑战,需要世界各国共同应对。《联合国气候变化框架公约》第 27 次缔约方大会(COP27)首次通过决议,要求发达国家设立"损失和损害"基金,为其历史排放给发展中国家带来的灾难性后果作出赔偿。然而,在一场国会听证会上,美国总统气候问题特使竟公开表态美国不会遵守 COP27 达成的气候赔偿机制,拒绝向遭受气候灾害重创的发展中国家提供气候补偿资金——"美国不会给钱,在任何情况下都不会"。

力争 2030 年前实现碳达峰,2060 年前实现碳中和,是党中央作出的重大战略决策,也是中国向世界作出的庄严承诺。因此,绿色亚运的理念,贯穿在杭州亚运会建设的每一项决策中。在绿色能源方面,杭州亚运会实现了两个"首次":第一个是首次实现全部场馆绿电供应;第二个是开幕式主火炬首次使用甲醇燃料。就连记者们每天用餐后的餐厨垃圾,也被要求按照"易腐垃圾""可回收垃圾"和"不可回收垃圾"进行简单处理。中国实现了绿色亚运的承诺,谱写了"绿色、智能、节俭、文明"的时代华章。

思考:对比中美两国在气候问题中的做法,谈一谈你的想法。

【任务三材料】

镜头一:教室里

小林一个人在教室里画着黑板报,看着外面的倾盆大雨,叹气道:"这么大的雨,小刚肯定不会来了!"这时,门口突然响起了匆忙的脚步声,小刚出现了,小林惊喜地说:"这么大雨你怎么来了?"小刚说:"我答应了你肯定要说到做到呀!"

镜头二:步道上

小明是小林的好朋友,因为家里发生一些事情,小明转学了。小刚问小林:"你和小明关系这么好,你知道他为什么转学吗?"小林说:"我知道,但是我不方便说,这是他的隐私。"小刚说:"你这样做感觉不够诚实啊!"

镜头三:考场中

英语考试中,小刚对着完形填空思考了半个小时,还是没有头绪……这时小董的答题卡显露出来,小刚抬起头刚要抄,猛然看到黑板上写的"诚信考场"四个字,他联想到了班级为每个人制定的诚信记录表,不能让它有黑点。于是他默默地对自己说:"作弊可耻,诚信为荣,分数再低也是真实的我。"

29.史料实证两岸情　历史解释话统一

——以"祖国'一点儿'也不能少"为例谈跨学科主题学习

大连高新区第一中学　　历史组：张政芳

一、设计理念

（一）课程分析

1.课程标准

历史新课程标准强调："为进一步发展学生核心素养，促进学生历史学习方式的转变，加强学生运用多学科知识与技能进行综合探究的能力，历史课程设计了跨学科主题学习活动。""在教学理念上以学生的学习与发展为本，注重学生的自主探究活动，调动和发挥学生学习历史的积极性、主动性和创造性。"据此，本课引导学生围绕"为什么说祖国'一点儿'也不能少？"这一探究问题，将历史与其他学科所学知识、技能、方法等结合起来，组织历史论证，开展深入探究、解决问题的综合实践活动。

2.教材等课程资源

习近平总书记在中国共产党第二十次全国代表大会上的报告中强调：解决台湾问题、实现祖国完全统一，是党矢志不渝的历史任务，是全体中华儿女的共同愿望，是实现中华民族伟大复兴的必然要求。本课从特定的问题意识出发，将分散在教材中的台湾历史相关内容连为一条教学线索，将 3 本教材、7 个单元、7 节课中有关台湾历史的内容重新整合，旨在引导学生在历史课程学习的基础上，对台湾问题进行梳理和研究。这不仅有助于学生学习历史，更有助于核心素养的落实。

此外，通过一系列课外学习材料，融合考古、生物、地理、美术、音乐、语文等学科知识，引导学生选择可信史料来判明历史事实，形成历史认识。发掘其中蕴含的具有培育核心素养意义的要素，从而发挥跨单元主题学习的教育效果。

3.学情

八年级的学生思维能力发展较快，自我意识增强，有较强的求知欲和表现欲，能够将重要的历史事件、人物、现象置于正确的时空中，较为准确地理解教材中的史料，有了初步的自主学习、合作探究能力。不过他们尚未理解历史叙述的内在含义，分析历史与评述历史的能力也有待提高。

（二）确定大概念

大概念是运用"少而重要"的思维方式来重构学习内容，它具有统摄性和生活价值。"祖国'一点儿'也不能少"作为本课的大概念，是整个学习过程所要围绕的核心和基石,且与时政相关,具有现实意义。根据大概念来建构学习内容的框架,可以避免知识碎片化,同时也能促进学生掌握探究历史的方法和路径。

1.分析重难点

本课的重点是整理、辨析史料,运用史料解释历史,难点是将史料展示与问题解决相结合。

2.资源整合

在整合教材中台湾历史的基础上,教师收集了大量课外史料,引导学生对史料进行分析、比较、综合、概括等,形成自己的看法。

三国时期	隋朝时期	元朝时期	明清时期	中华民国
吴国大将卫温率船队到达夷洲,这是大陆人民到达台湾的第一次明确记载	台湾被称作流求,大陆商人常到流求贸易	台湾被称作琉球,设置澎湖巡检司管辖。中央政府首次在台湾地区正式建立行政机构	明末,荷兰殖民者侵占台湾;1662年,郑成功收复台湾。清朝时期:1683年,台湾归入清朝版图;1684年,清朝设置台湾府,隶属福建省;1885年,台湾正式建省,成为中国的一个行省;1895年,甲午中日战争战败,清政府被迫割让台湾全岛及所有附属各岛屿、澎湖列岛给日本	1945年,抗日战争胜利,台湾回到祖国的怀抱;1949年,解放战争胜利,国民党残余势力退往台湾

（1）古遗址中的海峡两岸

大陆
地点:福建省明溪县
事件:福建明溪南山遗址出土人骨的体质人类学特征与"亮岛人"有不少相似之处。这对于史前闽台关系和台湾史前人类起源的研究,都具有重要意义。

台湾
地点:台湾省亮岛
事件:发现两具"亮岛人"遗骸,经测定,"亮岛人"是台湾发现的最早的新石器时代人类遗骸。

大陆:河姆渡文化（距今约7000年）
地点:浙江省余姚市

台湾:大坌（bèn）坑文化（距今约5000~6000年）
地点:台湾省新北市

猪纹陶钵　　箭镞　　炭化稻谷　　　陶器　　镞　　炭化稻谷

河姆渡人生活场景想象图　　　大坌坑人生活场景想象图

大坌坑文化与河姆渡文化有许多共同要素,故台湾的新石器时代文化,可以说是受中国大陆沿海文化传入之影响而形成的。

（2）文物中的海峡两岸

1925年,曾经是中国明清两代皇宫的紫禁城,被更名为故宫博物院。
1948年底,蒋介石欲退往台湾,将故宫文物运往台湾。为了保存和展示这批文物,1965年,在台北建立了故宫博物院。其收藏的艺术珍品,90%以上来源于北京的故宫博物院。

大陆
地点:杭州市 浙江省博物馆藏

《富春山居图卷一 剩山图卷》
纵31.8厘米,横51.4厘米

台湾
地点:台北市 台北故宫博物院藏

《富春山居图卷二 无用师卷》
纵33厘米,横636.9厘米

《富春山居图》是元代画家黄公望创作的绝世佳作。后传到明代被烧成两段,前半卷:剩山图卷,现收藏于浙江省博物馆;后半卷:无用师卷,现收藏于台北故宫博物院。

2011年6月,前后两段在台北故宫首度合璧展出,两岸同胞乐见其成。

（3）文字中的海峡两岸

中国文字的演变,以"中国"两字为例:

中国　中国　中国　中国　中国　大陆（推广简体字）
中国　台湾（保留繁体字）

甲骨文　金文　小篆　楷书

（4）贸易中的海峡两岸

（台湾）十三行遗址出土了200多件铜器,现在的证据显示,这些铜器都不可能是台湾本地生产制造的。此外,十三行遗址出土了九十几枚中国大陆的钱币,证明两岸间在古代时,就已存在着密切的交易。

——戚嘉林《台湾史》

3.确定学习内容

根据教材中已有的关于台湾历史的介绍,梳理海峡两岸往来的基本线索,初步养成历史时序意识和历史空间感;结合课外史料,初步理解史料的含义,尝试运用史料说明历史问题,拓宽学生认识历史的视野。

（三）规划教学过程

1.厘定学习目标

本课以核心素养为导向设计教学目标,并明确学习路径,对学生的学习起到实际的引领作用。

(1)能够知道台湾自古以来就是中国不可分割的一部分,了解海峡两岸往来的基本线索,初步养成历史时序意识和历史空间感。（唯物史观、时空观念）

(2)能够知道各类史料是了解和认识历史的证据,结合其他学科的学习,初步理解史料的含义,尝试运用史料说明历史问题。（史料实证、历史解释）

(3)能够通过海峡两岸的交往交流交融,感悟实现祖国完全统一,是全体中华儿女的共同愿望,是实现中华民族伟大复兴的必然要求。（家国情怀）

2.设计核心问题

学生观看视频,自主提出各种问题,教师引导学生持续追问,依托"三位一体"聚焦核心问题:为什么说台湾自古以来就是中国不可分割的一部分?

3.表现性任务

任务 1:自主阅读学历案,了解海峡两岸往来的基本线索。

任务 2:依据"海峡两岸资料夹",选择适当史料、自选形式（如思维导图、历史小报、时间轴、漫画等）,论证:为什么说台湾自古以来就是中国不可分割的一部分?

（四）嵌入式评价

1.形成性评价

在教学过程中进行的各种评价,如提问、反馈、同伴评价、自我评价等。

2.终结性评价

检查学生的学习成效,如随堂检验等,以达到复习学习重难点的目的。

课堂小组项目展示效果评价表

评价标准	分值设定
形式多样　富有创意	1
声音洪亮　举止大方	1
史论结合　逻辑清晰	2
有理有据　分析历史	2

二、设计与实施过程

（一）温故创境明目标

【创设情境】

时政导入,播放视频,以 2023 年 4 月蔡英文以"过境"为名窜美为时政背景。

聚焦核心问题:"为什么说台湾自古以来就是中国不可分割的一部分?"并提示思考方向。

设计意图:以时政导入,激发学生爱国情怀,引导学生聚焦"为什么说台湾自古以来就是中国不可分割的一部分"。

（二）自主合作共探讨

【自主阅读教材】

自主阅读教材中关于台湾问题的梳理,了解两岸关系发展过程中的重要历史事件。

【合作解决问题】

依据"海峡两岸资料夹",选择适当史料、自选形式(如思维导图、历史小报、时间轴、漫画等)论证:为什么说台湾自古以来就是中国不可分割的一部分?

要求:史论结合,逻辑清晰。

设计意图:此环节分为两个层次,第一个层次,在阅读的过程中了解重要的历史事件,从历史的角度了解海峡两岸的古今联系;第二个层次,自主选择相应史料论证核心问题,延伸问题化学习的思维路径。此任务将核心素养的培育作为出发点和落脚点,进而实现学习目标 1 和 2。

（三）汇报评议师精导

【汇报评议】

1.汇报成果

从地缘、政治、经济、文化等不同角度,选择相应史料,论证"台湾自古以来就是中国不可分割的一部分"。

2.组间互评补充

评价标准	分值设定
形式多样　富有创意	1
声音洪亮　举止大方	1
史论结合　逻辑清晰	2
有理有据　分析历史	2

【教师精导】

从中华民族认同感及国际的视角再次论证"台湾自古以来就是中国不可分割的一部分",历史清晰、事实清楚。

设计意图:教学和评价围绕学生学习这一中心展开,评价内容包括学生学习态度、学习内容掌握程度、核心素养的发展情况等。学生通过跨学科主题学习论证"台湾自古以来就是中国不可分割的一部分",增加感性认识,培养证据意识。教师从不同视角再次认识台湾历史,拓展学生历史视野,感悟实现祖国完全统一,是全体中华儿女的共同愿望,是实现中华民族伟大复兴的必然要求。实现学习目标3。

（四）练习巩固结纲要

【练习巩固】

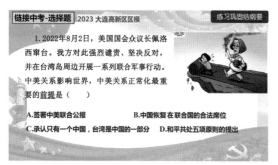

【形成纲要】

知识纲要＋方法纲要

设计意图:学生在学习过程中,完成大单元方法纲要(从基础知识到学习方法再到情感升华三个层次)的建构,形成一条历史大单元主题学习的完整路径,从而解释台湾自古以来就是中国不可分割的一部分。通过中考真题反馈,夯实本课学习内容,完成历史大单元主题学习的第一层建构。

（五）反馈拓展步步高

【反馈拓展】

反馈拓展 根据表中所示的大事年表,解答下列问题。

时间	事件
2005年	十届全国人大三次会议通过《反分裂国家法》
2005年	中国国民党主席连战率领"和平之旅"访问团访问中国大陆
2008年	两岸达成空运直航、海运直航、邮政合作等协议
2008年	台湾开放大陆居民赴台旅游
2011年	大陆居民赴台个人旅游正式启动
2015年	中共中央总书记、国家主席习近平同台湾地区领导人马英九在新加坡会晤
2023年	政府工作报告涉台表述体现三坚涵:对台大政方针成熟稳定、强调以和平方式解决台湾问题、继续深化两岸各领域融合发展
2023年	马英九率团来大陆祭祖、参访

评价量表

分值设定	评分标准
4	能够分析未来趋势,并用2-3个历史事件加以佐证
3	能够分析未来趋势,只有1个历史事件进行佐证
2	不能分析未来趋势,但能选取相关历史事件进行描述
1	只有未来趋势,没有佐证的历史事件

选择表格中的相关历史事件,分析海峡两岸关系发展的未来趋势。要结合表格中史料和所学知识,加以论述。

(要求:观点正确,史论结合,条理清楚)

【步步高】

解决台湾问题、实现祖国完全统一,是党矢志不渝的历史任务,是全体中华儿女的共同愿望,是实现中华民族伟大复兴的必然要求。

——习近平总书记在中国共产党第二十次全国代表大会上的报告

设计意图:运用本节课的历史学习方法(史料实证法、多重证据法、历史解释法)完成论述。在追溯历史和展望未来中,完成大单元学习的第二层建构。学生将大单元所学知识,与新情境相结合,将对海峡两岸未来发展的心愿诉诸笔端,达到情感升华,完成大单元学习的第三层建构。

三、实践反思

课堂上的种种斑驳与美好都被放大到了肉眼可见。回首来时路,反思本课的精彩与缺憾:

本课重构符合教学实际的新知识系统,我尝试跨学科跨教材跨单元跨课时的大单元教学,将各学科融合,基于新课标与教材,将 3 本教材、7 个单元、7 个课时的内容重新整合,充分延展大单元学习的认知结构,再从特定的问题意识出发,对教学内容进行较长时空的纵向整合和较广时空的横向整合,有助于学生形成通史意识,同时借助不同学科所学的知识和方法,培养学生多角度分析问题和解决问题的能力。与此同时,我也认识到自己仍不敢放手发动学生,究其原因,是对学生学习能力的怀疑,总担心离开教师的"教",学生可能学不了、学不好。殊不知,教师的"教"要融入、转化到学生的"学"之中,成为学生"学"的助力、支撑、导向。学习中心课堂的建立过程实际上就是"教"不断转化为"学"的过程,最终达到"教"为了不教的目的。构建学习中心课堂,任重而道远。

30.合学科素养　树情怀担当

——以"中国工农红军长征"的整合式教学为例

大连高新区第一中学　　历史组:孙久媛

1934 年至 1936 年的中国工农红军长征被誉为"地球上的红飘带"。在两万五千里的长征路上,红军战士们创造了世界战争史上的奇迹,也铸就了伟大的长征精神。学习长征的历史,不仅是为了缅怀先烈,更是为了继承伟大的长征精神,不断汲取支撑中华民族从历史走向未来的强大精神动力。

一、设计理念

(一)课程分析

1.课程标准

历史新课程标准中要求:"通过了解长征途中红军爬雪山过草地等艰难历程的史事,感悟长征精神。"故在本节课的讲授中,要着重强调长征的具体经过及伟大的长征精神,在具体、生动的史事中,升华、凝练情感。

2.教材等课程资源

中国历史八年级上册第 17 课"中国工农红军长征"中概括性地讲述了长征的原因、经过、意义。同时也涵盖了很多历史细节,如关于李德、陈树湘、泸定桥、萧华将军的史事与《长征组歌》的文字介绍,《中国工农红军长征路线示意图》,长征途经的重要地点如遵义会议会址、夹金山、水草地、泸定桥的历史照片,长征期间的历史人物如到达陕北后的毛泽东、红一方面军到达陕北吴起镇部分将士留影的历史照片。

八年级语文必读书目中,埃德加·斯诺的《红星照耀中国》是一部纪实类文学作品。斯诺以外国记者的身份进入西北革命根据地参观走访,同中国共产党的主要领导人及革命战士、根据地群众有过深入接触。这一作品可以作为研究 20 世纪 30 年代中国共产党历史的一手史料。

3.学情

在以往的语文学习中,学生通过《金色的鱼钩》《丰碑》《七律·长征》《红星照耀中国》等文章、诗词、著作,对长征历史具备一定的认知基础。且八年级学生已经经历了一学年的历史学习,在核心素养的不断渗透中,初步具备了一定的史料实证和历史解释能力。故提供丰富学材,将大任务集中下放具备可行性。但考虑到青少年学习心理的要求、新时代"五育并举"的人才培养需要,学材的文字阅读量不宜过大,形式、种类要尽可能丰富,大任务的设置必须指向明确。

（二）确定大概念

根据课程标准要求,结合课程资源,并参考学情,确定本节课的大概念为中国共产党人精神谱系中的"长征精神"。由于长征精神较为抽象,需要具体的史事进行铺垫,因此要在学习历史发展的过程中逐渐形成对伟大长征精神的认知。

1.分析重难点

围绕"长征精神"的大概念,设计本节课的教学重难点如下:

重点:长征途中的艰难历程（如遵义会议、爬雪山过草地等）。

难点:长征精神（感悟精神,理解内涵,汲取力量）。

2.资源整合

新时代教育的目标是培养全面发展的综合型人才,历史学科也具有综合性特征。这就要求我们的课堂要包罗万象,故教师要进行跨学科整合式教学,为学生提供简洁丰富的涉及多个学科领域的学习材料,呈现文学的、艺术的、地理的和历史的长征。

在文学的长征中,整合《中国工农红军长征》与《红星照耀中国》两大课程资源,由"文"入"史",以"史"证"文",使学生真正走进历史,理解著作。

在艺术的长征中,播放萧华的《长征组歌》,体现长征背景;通过湘江地区的民谣和红军过草地时传唱的歌谣,还有《强渡大渡河》的油画,生动呈现英雄的、乐观的伟大长征精神。

在地理的长征中,结合中国地形图以及地形剖面图,在长征路线中标注途中所经历的自然天险,让学生能够形象地感受到长征路上的艰难不只有敌人的围追堵截,还有自然险阻。

在历史的长征中,利用长征途中的珍贵文物——大渡河的渡船、泸定桥的铺桥木板、老红军王玉清的金色鱼钩、任弼时的半截腰带以及张耀祠的回忆录,呈现红军战士的坚强意志。

3.确定学习内容

为呈现生动、立体的长征历史画卷,教师将丰富的教学资源进行跨学科整合,根据本节课大概念"长征精神",围绕中国共产党人精神谱系中的长征精神展开教学,让学生在党的奋斗历程中感悟红色精神,铸就红色血脉。

（三）规划教学过程

1.厘定学习目标

教学目标的设计要清晰明确,精准落实历史学科五大核心素养。教师设置核心素养目标,将核心素养无形渗透于教学过程的每个环节,以核心素养为本课的出发点和落脚点,并根据教学目标凝练学习目标,使学生明确学习方向。

教学目标:

能够运用史料,分析长征的原因、遵义会议的历史地位。（史料实证）

能够结合地图,叙述长征路线及其过程中的重大事件。(时空观念、历史解释)

能够建立联系,总结长征的历史意义。(唯物史观)

能够讲述长征故事,体会先辈们不畏艰险、艰苦奋斗、勇于献身、追求崇高理想的伟大长征精神,热爱中国共产党。(家国情怀)

学习目标:知道红军长征的原因;结合历史地图,了解长征的路线及大致经过;感悟伟大长征精神。

2.设计核心问题

核心问题的设计要充实高效,有机整合长征史事与各学科知识。帮助学生在文学的、艺术的、地理的、历史的立体化长征历程中,感悟伟大长征精神。集中下放"大任务"——"这是一条_____的长征路"。思考核心问题——这是一条怎样的长征路?

3.表现性任务

学生以小组为单位,思考核心问题,自主确立主题,并在教师提供的史料包中寻找史料进行论证。可以根据自己的特长和爱好自由选择感兴趣的材料,拟定主题,描绘自己心中的长征路。形式不限,可以是绘画、海报、示意图、结构图,甚至现场表演等。

(四)嵌入式评价

1.预评估

例如,这是一条"百折不挠、艰苦卓绝"的长征路,绘出了长征途中的艰难曲折;这是一条"转危为安"的长征路,突出了遵义会议的生死攸关;这是一条"勇于探索"的长征路,串联起五四运动至长征时期新民主主义革命的光辉历程。

2.形成性评价

2023年5月,教育部办公厅印发《基础教育课程教学改革深化行动方案》,其中要求:"注重核心素养立意的教学评价,发挥评价的导向、诊断、反馈作用,丰富创新评价手段,注重过程性评价,实现以评促教、以评促学,促进学生全面发展。"

小组代表汇报展示心中的长征路,教师及时对学生汇报进行追问、引导和评价。引发学生进一步思考,推动思维的延伸。其他学生适时进行补充、质疑或评价。在"师教""生学""师评""生评"的交织中落实历史学科核心素养,培养历史的思维方法,如历史要素法、对比分析法、史料实证法、唯物史观法等。

3.诊断性评价

学生结束汇报后,由教师综合运用以上的核心素养、思维方法进行示范论述,并总结本节课所学内容。

在最后的课堂练习中,设置了几道基于历史的多学科综合运用题,巩固本节课所学内容。《长征组歌》融合音乐,考查长征背景;长征系列油画融合美术,考查长征经过;遵义市旅游标志融合地理,考查遵义会议的历史地位;《红星照耀中国》原文片段融合语文,考查长征的历史意义;党的二十大报告融合政治,考查长征的现实意义。在音乐、美术、地理、语文、道德与法治等学科的视角下,构建全面而立体的长征历史。

二、设计与实施过程

(一)温故创境明目标

学生回顾语文课上的长征,形成对长征的"初印象"(文学印象)。如《金色的鱼钩》《丰碑》《七律·长征》《红星照耀中国》等,代入历史情境,出示学习目标。

设计意图:由对长征的文学印象导入,创设历史情境,实现文史学科融合。学生明确本节课的学习目标,以便体现核心素养。

(二)自主合作共探讨

学生自主阅读教材 P83—86 及史料包中的材料。小组合作,以多种形式设计"这是一条_____的长征路",并探讨设计理由。(注意:提取关键词,做到论从史出、史论结合)

设计意图:培养学生"史料实证"的核心素养。鼓励思维发散、创新,提升审美力与创造力。与美术学科融合,进行美育渗透。

(三)汇报评议师精导

小组代表汇报展示"这是一条_____的长征路",并说明设计理由。其他学生质疑、补充;教师追问、引导。师生共同完善长征红色路线图。

设计意图:学生结合地图进行汇报,历史地理学科融合。培养学生的"历史解释"与"时空观念"的核心素养。以联系、发展的眼光看待历史,培养"唯物史观"的核心素养。在长征历程中,体会艰苦奋斗精神,进行劳育渗透,提升家国情怀。同时教师示范引领,上挂下联,从"历史的长征"引向"现实的长征",拓宽历史思维,渗透"唯物史观"。

(四)练习巩固结纲要

总结方法、素养:历史要素法、史料实证法、唯物史观法。

习题巩固

1.播放萧华的《长征组歌·告别》:这首歌曲调绵长,唱出了军民的鱼水情深。结合歌词,说说红军为什么要"上征途"。

2.展示刘国枢的油画:这幅画描绘了突击队员冒着枪林弹雨,抓住光溜溜的铁索匍匐前进的壮烈场面。请你试着给这幅油画命名。

3.出示遵义市旅游标志图:遵义,贵州省地级市,不仅风光秀美,还是首批国家历史文化名城,被称为"转折之城""会议之都"。请说明该标志的设计理念。

4.埃德加·斯诺在《红星照耀中国》中这样写道:"在漫长的艰苦的征途上,有成千上万的人倒下了,可是另外又有成千上万的人——农民、学徒、奴隶、国民党逃兵、工人、一切赤贫如洗的人们——参加进来充实了行列。"这说明这场"征途"具有什么历史意义?

习近平总书记在中国共产党第二十次全国代表大会上的报告中指出:"全党全军全国各族人民要紧密团结在党中央周围,牢记空谈误国、实干兴邦,坚定信心、同心同德,埋头苦干、奋勇前进,为全面建设社会主义现代化国家、全面推进中华民族伟大复兴而团结奋斗!"新时代长征路将通往何处?

设计意图:总结方法并运用核心素养。习题设计充分调动学生听觉、视觉感官,全面展现长征。由浅入深,层层推进,将历史知识应用于生活实际,并创新历史习题形式,将音乐、美术、地理、语文、道德与法治与历史学科相融合。

（五）反馈拓展步步高

播放革命先辈(长征亲历者)的采访视频,拉近历史距离,激起学生情感共鸣。引发思考:作为新时代的中国少年,如何继承和发扬伟大长征精神?

设计意图:通过让学生在红星卡片上写下青春誓言,升华情感,进行德育渗透。

三、实践反思

当然,在本节课的教学实践中也存在很多值得打磨的地方。如本节课为了充分发挥学生的主体性,在小组讨论环节耗时过长,可适当将教学任务前置,在课前充分阅读史料;学生展示环节略显"信马由缰",致使教学超时,教师应适时对学生汇报加以引导和规范;本节课虽然设置了"大任务",但并没有对"大任务"进行合理有效的分解,致使课程缺少教学层次,教师还需充分预设学情,灵活发挥课堂教学机智。

长征的历史激励我们,要想到达理想的彼岸,就必须沿着正确的道路不断前进。习近平总书记说:"每一代人都要走好自己的长征路。"作为新时代的青年教师,我必将继承弘扬伟大长征精神,不怕苦、不惧难,坚定走在教育改革的"长征路"上!

31.培家国情怀核心素养 盼海峡两岸早日统一

——以"祖国统一——海峡两岸的共同夙愿"为例

大连高新区第一中学 历史组:鲁婕

一、设计理念

(一)课程分析

1.课程标准

历史新课程标准提到"'一国两制'对实现祖国完全统一的意义"。"一国两制"最初针对台湾问题提出,海峡两岸的统一是极为重要的议题。为此,我们将七年级、八年级多节课时的内容以历史学科五大核心素养为导向进行整合,使其适应本课内容,尤其突出对学生家国情怀核心素养的培养。在学案中给出形式多样的史料,培养学生唯物史观、时空观念、史料实证、历史解释的核心素养。本课建构合理的历史知识结构,避免"碎片化""零散化"教学,拓宽学生认识历史的视野,使学生认识到台湾问题终将解决,海峡两岸必然实现统一。

2.教材等课程资源

统编版教材七年级上册、七年级下册、八年级上册、八年级下册,《为祝贺新年告前线将士和全国同胞书》、《反分裂国家法》、《台湾问题与新时代中国统一事业》白皮书、《党的二十大报告》、《七子之歌——台湾》、《望大陆》、《龙的传人》、台湾青年对台湾问题表态视频等。

3.学情

八年级学生学习历史已有一年多时间,有一定的历史知识储备,但认识问题比较感性,缺乏对史料的敏感度和概括度,教师需要注重对学生历史学习方法的指导和历史学习思维的培养。学生在进行大单元主题学习之后,理解为何海峡两岸有统一的共同夙愿,知道海峡两岸为此都做了哪些努力,并学会知识的迁移与运用,掌握探究历史的方法和路径。潜移默化地培养学生的爱国主义精神,维护祖国统一。

(二)确定大概念

依据新课标中的"'一国两制'对实现祖国完全统一的意义",确定大单元之大概念为"祖国统一"。包含《祖国统一——港澳的回归》与《祖国统一——海峡两岸的共同夙愿》两个课时。整合中国古代史、中国近代史、中国现代史相关内容,布置大任务,让学生论证祖国统一终将实现,培养学生的家国情怀。

1.分析重难点

重点:古代海峡两岸交往的史实、"和平统一、一国两制"基本方针、新时代推进祖国完全统一的方略。

难点:"和平统一、一国两制"基本方针、"九二共识"的重要影响。

2.资源整合

学科内整合:七年级上册第 16 课"三国鼎立"、七年级下册第 1 课"隋朝的统一与灭亡"、七年级下册第 10 课"蒙古族的兴起与元朝的建立"、七年级下册第 18 课"统一多民族国家的巩固和发展"、八年级上册第 5 课"甲午中日战争与列强瓜分中国狂潮"、八年级上册第 22 课"抗日战争的胜利"、八年级上册第 24 课"人民解放战争的胜利"、八年级下册第 14 课"海峡两岸的交往"。

跨学科整合:

语文:分小组阅读闻一多的《七子之歌——台湾》与于右任的《望大陆》,感受两岸同胞呼唤祖国早日统一的共同心愿。

音乐:小组合作共探讨时播放音乐《七子之歌——台湾》《龙的传人》。

3.确定学习内容

通过了解自古以来涉及海峡两岸交往的重要历史人物、历史事件、历史现象,提升大单元主题教学中梳理时空线索与提取历史要素的能力。以史料为依据,通过对历史人物的评价、历史事件的分析、历史现象的解读,掌握大单元主题学习多种历史方法。展望祖国的完全统一,增强学生民族自豪感,潜移默化地培养学生的爱国主义精神,维护祖国统一。

(三)规划教学过程

1.厘定学习目标

立足时空观念、史料实证,了解从古至今海峡两岸往来的基本线索,初步养成历史时序意识和历史空间感。

立足史料实证、历史解释,知道史料是历史研究的基石,初步理解史料的含义,尝试运用史料说明台湾历史问题。

立足家国情怀,通过海峡两岸的交往交流交融,感悟实现祖国完全统一,是全体中华儿女的共同夙愿,是实现中华民族伟大复兴的必然要求。

2.设计核心问题

各小组分别带入大陆与台湾身份,探究:为了实现祖国统一,大陆与台湾都做了哪些努力? 完成知识结构图的制作。

要求:

(1)以历史要素法汇报。

(2)汇报要论从史出、史论结合。

旨在引导学生理解大陆和台湾为了实现祖国统一所作的努力。在探究该问题的过程中,使学生认识到自古以来,海峡两岸同属于一个中国。一方面,大陆为推进祖国统一作出了重大贡献(古有郑成功收复台湾,今有"和平统一、一国两制"基本方针、"九二共识"、《反分裂国家法》等);另一方面,台湾方面为了维护祖国统一也作了很多努力(近代有反割台斗争,今有"九二共识"、连战访问大陆等)。海峡两岸共同推动交流合作。

作为新时代青少年,应坚定维护国家的统一和领土完整,努力推动两岸关系和平发展、融合发展,坚决粉碎"台独"分裂势力和外来干涉的图谋,团结广大台湾同胞共谋民族复兴和国家统一。

3.表现性任务

大任务:探究解决台湾问题,实现祖国完全统一的必然性。

在中华民族五千多年发展进程中,追求统一、反对分裂的主流价值观,深深融入民族的精神血脉。因此解决台湾问题,实现国家完全统一是中华民族伟大复兴的必然要求。

通过完成此任务,学生将认识到只有实现国家完全统一,才能彻底清除"台独"分裂隐患,使两岸同胞彻底摆脱内战的阴霾,为中华民族伟大复兴创造永久和平;才能彻底避免台湾再次被外国势力侵占或者控制的危险,并真正解除对我国国家安全和民族生存、发展、复兴的最大威胁;才能更好凝聚两岸同胞力量,建设共同家园,实现民族复兴。实现祖国完全统一,是由中华民族伟大复兴的时和势决定的。中国人民一定能在同心实现中华民族伟大复兴进程中完成祖国统一大业。

(四)嵌入式评价

1.预评估

(1)知识层面:学生基本能够梳理出为实现祖国统一,大陆与台湾作出的努力,但不具备深层次的历史分析能力。

(2)学习方式:小组内达成合作,组间合作较少。可能会出现小组内部分学生学习领先较多,部分学生学习困难的状况。需要教师进行分层帮助。

(3)学习方法:可能会运用史料分析法进行学习,但对史料剖析理解深度有限,需要教师进一步引导完成高层次目标。

2.诊断性评价

在教学过程中进行的各种评价,如提问、反馈、同伴评价、自我评价等。

3.终结性评价

检查学生的学习成效,可用于大汇报结束后与结纲要结合,以达到巩固学习重点的目的。

评价量表

分数等级	拟定观点	史料运用与论述
5	明确,有新意或有思想深度,表述情感充沛	能紧扣自己提炼的历史观点加以论述,史论结合,逻辑清晰,用史料支撑情感
4	明确,有新意或有思想深度	能紧扣自己提炼的历史观点加以论述,史论结合,逻辑清晰
3	明确	能够围绕观点论述,运用史事,但不够充分不够典型,条理基本清楚
2	不够明确	有论述或说明,但材料不充分,或史论结合不充分
1	没有拟定观点	观点、论述与材料无关,或仅重复材料中的史事

二、设计与实施过程

(一)温故创境明目标

【创设情境】

分小组阅读诗人闻一多的《七子之歌——台湾》与台湾诗人于右任的《望大陆》,感受两岸同胞呼唤祖国早日统一的共同心愿。

【明确目标】

1.了解从古至今海峡两岸往来的基本线索,初步养成历史时序意识和历史空间感。

2.知道史料是历史研究的基石,初步理解史料的含义,尝试运用史料说明台湾历史问题。

3.通过海峡两岸的交往交流交融,感悟实现祖国完全统一,是全体中华儿女的共同愿望,是实现中华民族伟大复兴的必然要求。

(二)自主合作共探讨

学习任务一:

梳理:解决台湾问题,实现祖国完全统一的必然性。

学习活动:

各小组分别带入大陆与台湾身份,探究:为了实现祖国统一,大陆与台湾都作了哪些努力? 完成知识结构图制作。

要求:以历史要素法汇报;汇报要论从史出、史论结合。

1.古代至近代的海峡两岸

据已学习的中国古代史、中国近代史知识可知:

【古代】

三国时期,吴国大将卫温率船队到达夷洲,这是大陆人民到达台湾的第一次明确记载;隋朝时期,台湾被称作流求,大陆商人常到流求贸易;元朝时期,台湾被称作琉球,设置澎湖巡检司管辖,这是中央政府首次在台湾地区正式建立的行政机构;明末,荷兰殖民者侵占台湾,1662 年,郑成功收复台湾;清朝时期,1683 年,台湾归入清朝版图,1684 年,设台湾府,隶属福建省。

【近代】

1885 年台湾正式建省,成为中国的一个行省;1895 年,清朝在甲午战争中战败,清政府被迫割让台湾全岛及所有附属各岛屿、澎湖列岛给日本;1945 年,抗日战争胜利,台湾回到祖国怀抱;1949 年,解放战争胜利,国民党残余势力退往台湾。

2.解决台湾问题的基本方针

材料一:中国人民解放军和中国人民在 1950 年的光荣战斗任务,就是解放台湾、海南岛和西藏,歼灭蒋介石匪帮的最后残余,完成统一中国的事业。

——1949 年 12 月 31 日《为祝贺新年告前线将士和全国同胞书》

材料二:我们都是中国人。三十六计,和为上计策。

——毛泽东

3.两岸关系的发展(20 世纪 70 年代—20 世纪 90 年代)

材料一:难道我们没有父母?而我们的父母是生是死,却不得而知。我们只要求,"生"让我们回去奉上一杯茶,"死"则让我们回去献上一炷香。这不是中国人基本的人性吗?

——台湾老兵返乡运动核心发起人姜思章

材料二:海峡两岸同属一个中国,共同努力谋求国家统一。

——九二共识

材料三:"汪辜会谈"是成功的,是有成果的,它标志着海峡两岸关系发展迈出了历史性的重要一步。

——江泽民

4.推动两岸关系和平发展(20 世纪 90 年代—21 世纪初)

材料一:坚持一个中国原则,是实现祖国和平统一的基础。

——《反分裂国家法》

材料二:我支持协商统一。

——时任国民党主席连战

5.新时代推进祖国完全统一的方略(2012 年至今)

材料一:2015 年 11 月,中共中央总书记、国家主席习近平同台湾地区领导人马英九在新加坡会晤。

材料二:实现祖国完全统一是中华民族伟大复兴的必然要求。

——《台湾问题与新时代中国统一事业》白皮书

材料三:我们坚持以最大诚意,尽最大努力,争取和平统一的前景,但决不承诺放弃使用武力。

——《党的二十大报告》

6.国际视野

材料一:美方应该将不支持"台独"的表态体现在具体行动上,停止武装台湾,支持中国和平统一。中国终将统一,也必然统一。

——习近平,2023 年 11 月 15 日中美元首会晤

材料二:我愿重申在巴厘岛会晤中作出的五点承诺……不支持"台湾独立",无意同中国发生冲突。

——拜登,2023 年 11 月 15 日中美元首会晤

学习任务二:

探究:海峡两岸期盼祖国统一的共同凤愿从何而来?

学习活动:

想一想:海峡两岸关系快速发展的基础是什么?

材料一:

第一个台湾返乡探亲团抵达北京

材料二:中国文字的演变,以"中国"两字为例:

甲骨文　　金文　　小篆　　楷书　　大陆(推广简体字)　台湾(保留繁体字)

材料三:

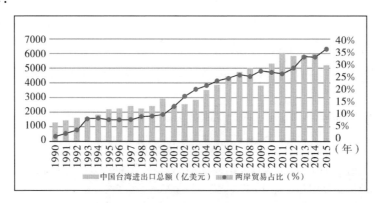

台湾进出口贸易与两岸贸易占比

（三）汇报评议师精导

汇报：为了实现祖国统一，大陆与台湾都作了哪些努力？

此处展示评价量表，并参照量表生生互评，教师进行补充评价。

思考：在了解上述基本史实的基础上，说说为什么说"九二共识"是两岸关系和平发展的"定海神针"。

（四）练习巩固结纲要

材料：我们提出的大陆与台湾统一的方式是合情合理的。统一后，台湾仍搞它的资本主义，大陆搞社会主义，但是是一个统一的中国。一个中国，两种制度。香港问题也是这样，一个中国，两种制度。

——邓小平《稳定世界局势的新办法》

思考：分析材料，我们提出的办法是什么？"两种制度"指的是什么？这种"新办法"最早是针对哪里提出的？

学习活动：

提取材料中的历史信息，回答上述问题。

（五）反馈拓展步步高

"北京冬奥会上带回东南角走失的小鸽子"一幕有什么寓意？作为一名新时代青少年，你计划为争取两岸统一作出哪些努力？

作业布置：请你收集相关史料，结合所学，针对香港、澳门、台湾，以"祖国统一"为主题，完成一张手抄报。

要求：多角度分析、论从史出、史论结合。

三、实践反思

在本课的教学过程中，整合式教学效果反映良好。大概念"祖国统一"引领学生将有关台湾与大陆关系的古代史、近代史、现代史内容串联，打破教材壁垒，整合学科内资源，真实感受到祖国统一是海峡两岸的共同夙愿。并引入语文、地理、音乐等相关学科内容，实现学科间教学整合，效果良好。

本课以落实核心素养为目标，建构大单元学习的"大情境"以激发学生学习兴趣，调动学生学习积极性。学生在课堂中参与度较高，讨论热烈，能够理出基本事件线索，落实时空观念。结合史料分析问题，落实史料分析和历史解释的核心素养。能够掌握多角度分析法，从多个角度论证祖国统一是海峡两岸的共同夙愿，培养学生的唯物史观及家国情怀，并进行了有效的德育渗透。

在课堂教学实践中，"教学评一体化"取得了较理想的效果，参照量表实现了生生互评（组内评价、小组间评价），教师在生生互评的基础上进行补充评价，以正向评价为主，使学生认识到自己的优势与不足，并指明进步方向。

32.素养教学评双辉映　地知生活美如画

——以《多变的天气》为例

大连高新区第一中学　　　　地理组:金子祺

一、设计理念

（一）课程分析

1.核心素养解读

地理教育的四大核心素养包括区域认知、综合思维、地理实践力和人地协调观。为了实现这些素养的培养,教师不仅需要选择和变更教学内容,还需要对课堂结构进行优化和变革。通过将授课内容融入真实的生活情境中,学生可以更好地运用所学知识,并提升现场学习力。在《多变的天气》一节中,学生可以从生活中感受到天气的影响,了解天气预报的解读方法,并意识到洁净空气的重要性和紧迫性。这些活动可以帮助学生提升地理实践力和地理表达力,树立人地协调观,培养家国情怀及未来社会所需的能力和素质。

2.课程标准

地理新课程标准中对应"多变的天气"这一节课的课标是:"收看天气预报节目,识别常见的天气符号,模拟播报天气。"在具体的教学过程中,教师需要注重培养学生的地理实践力和区域认知能力。例如,通过观察天气现象、收看天气预报等方式,学生可以增强对不同地区天气的认识,形成区域认知;同时,通过模拟播报天气,学生可以将理论知识与实践相结合,提高地理实践力。在培养学生的地理核心素养的过程中,教师应关注学生对人地关系的理解,引导他们认识天气与人类生活、生产的密切关系,树立人地协调的观念。将本节课课标进行具体的分解,首先要区分"天气"和"气候"的概念,并能正确运用;识别常用的天气符号,看懂简单的天气图。

3.教材课程资源

本节教材从学生日常生活中的天气现象入手。首先介绍了天气的概念和特点。考虑到天气的重要性,学生需要学会进行天气预报。对学生而言,无需详细了解天气预报的内容,只需能够获取和理解天气预报的信息即可。因此,教材接下来介绍了常见的天气预报模式——电视天气预报,并解释了常见的天气符号和获取天气预报的途径。

教材安排"天气及其影响"、"明天的天气怎么样"和"我们需要洁净的空气"三个子目标学习,实际上是按照"天气是什么——天气有影响——我们要预测——我们要保护"的逻辑顺序展开的,帮助学生形成系统完备的天气相关知识。

4.学情

天气与学生的日常生活息息相关,七年级学生在对天气的认知上,以直观感性认知为主,对专业地理知识的理解相对不深。但丰富的日常生活经验能起到积极作用,有利于他们学习本节课知识。教师可以根据学生的认知特征,以学生感兴趣的生活具体事例为载体,帮助学生建立起系统的地理知识框架的同时,也能够提高他们学习地理学科的积极性和好奇心。

（二）确定大概念

1.大概念

通过将地理知识与生活实际相结合,学生能主动观察,发现身边的地理现象、地理知识,初步建立起地理知识来源于生活、服务于生活的正确认识,树立正确的地理学科价值观。反思"我学到了什么""我还有什么问题?"与此同时,让学生树立人类活动与自然相和谐的观念,热爱自然。

2.分析重难点

（1）教学重点

①辨析"天气"和"气候"。

②识别常见天气符号。

（2）教学难点

学会运用气象资料播报天气。

3.资源整合

为提高课堂的高效性,我们需要将教材资源与自然、社会、生活中各方面的资源有机地结合起来,并全面分析。本节课,通过深入挖掘教材中的情绪性和思考性内容,决定以亚运会为主线,贯穿整个教学过程。具体而言,在导课阶段,向学生提供关于亚运会比赛项目确定过程的资料,帮助他们感受到运动项目与天气之间的紧密联系,并拓宽他们的知识视野。在设计学习活动时,给予学生充足的资料包,包括卫星云图、天气符号和空气质量指数等内容。学生扮演亚运会天气分析员的角色,负责分析天气情况,并为各国领导人和运动员选择一个适宜的返乡日期。这样的活动设计旨在培养学生的分析、判断和决策能力。在扩展部分,向学生展示亚运会在保护环境方面所采取的创新措施,并鼓励他们大胆提出自己的环保措施,以实现教学的教育性功能。通过这种方式能够增强学生的环境保护意识和责任感。这些资源与教材资源有机地结合,将教材内容情境化,静态知识动态化,服务于教学目标,符合学生实际的认知水平,联系了学生的生活实际,帮助学生提高了分析问题、解决问题的能力。

（二）规划教学过程

1.厘定学习目标

学习目标是教学目标的实现和转化形式,反映了学生通过自主学习、合作和探究学习所达到的程度。依据教材和课标,归纳出学生的学习目标,通常表述为根据学习资料完成任务,满足知识与能力的要求。学习目标将抽象的教学目标具体化、可操作和量化,有助于指导学生学习。以下是《多变的天气》一节的学习目标。

(1)通过对比分析,熟悉天气和气候特点,深入理解天气的概念,并能在生活中正确使用这两种术语。

(2)依靠读图识别天气符号,掌握阅读卫星云图和简易天气图的技能,初步分析天气预报并说出其对人类活动的影响。

(3)通过生活实例,意识到清洁空气的重要性,并说出简单的保护措施,树立人地和谐相处的观念。

2.表现性任务

任务一:比较天气与气候的特点。

任务二:分析天气预报的重要内容。

任务三:说出保持清洁空气的具体措施。

(三)嵌入式评价

1.《多变的天气》自评价

评价量表的设计,聚焦核心素养的同时,分别对应本节课的学习目标。

	评价维度	评价水平	评价标准	得分
多变的天气自我评价量表	综合思维	水平一(1分)	说出天气与气候的概念	
		水平二(2分)	归纳天气与气候的某个特点	
		水平三(3分)	比较天气与气候的特点	
	区域认知	水平一(1分)	能说出某地的空气质量	
		水平二(2分)	比较不同地区空气质量差异	
		水平三(3分)	评价某一区域空气质量,说出天气对人类活动的影响	
	地理实践力	水平一(1分)	能从卫星云图以及天气图中,获取信息(区分卫星云图中的地理事物;识别常见的天气符号)	
		水平二(2分)	能从卫星云图以及天气图中,正确获取信息(看懂卫星云图中的地理信息;归纳记忆天气符号的方法)	
		水平三(3分)	能从卫星云图以及天气图中,获取并加工信息(通过分析卫星云图、判读天气符号,说出天气对人类活动的影响)	
	人地协调观	水平一(1分)	具有保护环境的意识	
		水平二(2分)	能说出保护环境的一般措施	
		水平三(3分)	具有保护环境的行为倾向	
	总得分			

2.天气预报活动同伴互评表

			评价标准		得分
评价维度		水平一(1分)	水平二(2分)	水平三(3分)	
地理核心素养	地理实践力	能从提供的资料中获取信息	能从提供的资料中准确获取信息	能从提供的资料中加工信息	
	综合思维	天气预报涉及的方面少于4个	天气预报涉及的方面在4~5个之间	天气预报涉及的方面大于5个	
语言组织能力		语言组织力欠佳	规范但不流畅	规范且流畅	
声音		声音小	声音中等	声音洪亮	
合作能力		少于3名同学上台	3名同学上台	多于3名同学上台	
创新点		无亮点	有1个亮点	有2个及以上亮点	
总得分					

"天气预报小主播"同伴互评表

二、设计与实施过程

（一）温故创境明目标

观看自制视频:《气象小编探亚运》。

问题:亚运组委会在确定滑板比赛日程时为什么需要格外谨慎?

从实现中国梦、推动体育强国建设,引入亚运会滑板比赛与天气的关系。整节课在选拔亚运会最佳天气预报团队的大情境下进行。

（二）自主合作共探讨

【任务一】比较天气与气候的特点。

【活动1】阅读教材 P46—47,先独立完成、后小组合作完善天气与气候的对比表格。

【活动2】结合之前所学知识及课外材料,先独立写出、后小组合作挑选出最符合描述天气与气候特点的诗词。

【任务二】分析天气预报的重要内容。

【活动1】阅读教材 P48—51,先独立写出、后小组合作完善分析卫星云图与简易天气图的方法知识结构图。

【活动2】作为亚运会天气分析员,结合资料包(卫星云图、天气符号、空气质量指数等),分析天气情况,为各国家领导以及运动员返乡选择一个合适的日期。(小组内的成员分配不同国家)

（三）汇报评议师精导

【任务一】比较天气与气候的特点。

【活动1】完成对比表格

示范：

	天气	气候
时间长短	短时	长时
稳定性	多变	少变

【活动2】天气与气候诗词大会

预设：

天气：夜来风雨声、东边日出西边雨……

气候：人间四月芳菲尽、清明时节雨纷纷……

【任务二】分析天气预报的重要内容。

【活动1】填写知识结构图（分析卫星云图、天气图的方法）

示范：

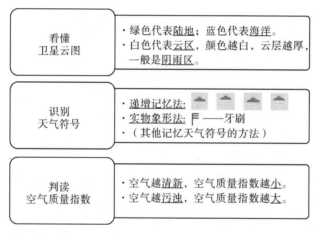

【活动2】亚运会天气分析员

预设：

＊日，通过观察卫星云图，飞机飞行路线没有白色部分（厚的云区）。

＊日，通过识别天气符号，出发和到达地区，都是晴天且风级较小。

＊日，通过判读空气质量指数，出发和到达地区，指数小，空气清新且能见度高的可能性大。

【师精导】

★对地理学习方法进行指导。（获取、归纳地理信息的方法）

★积极激励，树立学生的榜样。（不断找出让学生成功的机会）

★抓住细节，进行针对性的评价反馈。

★不断追问，将教学内容引向深入，即时生成育人点。

★对地理活动进行正确示范。

（四）练习巩固结纲要

杭州亚运会的举行,吸引了来自亚洲各地的运动员和游客。作为举办城市,杭州的天气对于比赛的进行和游客的出行至关重要。请完成1～3题。

1.外国游客杰克对中国词语非常感兴趣,向你请教可以描述气候的一个词语。以下最合适是(　　　)

A.风和日丽　　　　B.烈日炎炎　　　　C.狂风暴雨　　　　D.秋高气爽

2.下列符号代表的天气与体育运动组合最合理的是(　　　)

　A.

　B.

　C.

　D.

3.结合不同时间杭州的天气预报,请大家作为天气小主播为亚运会的观众播报天气。

11/08 星期三	11/23 星期四	12/01 星期五
☀ ⛅	▬ ☁	☔ ❄
15 ℃～27 ℃	11 ℃～19 ℃	0 ℃～5 ℃
南风 1 级	北风 2 级	西北风 2～3 级
空气质量指数 ⑤⑴	空气质量指数 ⑧②	空气质量指数 ③②

【结纲要】

纲要达成:比较分析法(天气与气候)、读图分析法(运用图例)……

（五）反馈拓展步步高

【拓展】

观看自制视频:《绿色亚运会》。

问题:为实现绿色亚运会,中国作了哪些努力? 你还能提出哪些建议?

【拓展作业】

大连于 2024 年承办国际中体联足球世界杯,作为大连的市民,请你为大连提出控制空气质量指数的措施。

三、实践反思

通过回顾整个教学过程,我发现本节课在情境设计、自主合作、教师精导以及练习巩固等方面取得了一定的成果,但同时也存在一些不足之处。

（一）情境创设与运用反思

在本节课中，笔者从亚运会运动项目日程安排与天气的关系入手，通过选拔亚运会最佳天气预报团队的情境，成功激发了学生的学习兴趣和参与度。整节课的情境设计利用模拟活动创设，通过建立地理与学生现实生活的联系，创设一个贴近学生日常生活的教学情境，让学生感受到地理知识就在身边，激发了学生的学习积极性，展现了学生较高的即兴发挥能力。

然而，在回顾教学过程时，笔者发现虽然从大框架上看情境贯穿始终，但在学习任务二中的各活动并未真正运用大情境进行整合。对于这一问题，笔者接受了顾校长的建议"化零为整"，将"看懂卫星云图、识别天气符号、判读空气质量指数"三个活动整合成一个综合分析任务，使学生能够在真实情境中运用所学知识为各国领导和运动员选择一个合适的返乡日期。通过对情境的进一步修改，确保了情境真正服务于课堂地理知识，而不仅仅停留在串联整节课知识点上。

在未来的教学过程中，作为新老师，笔者认为应该利用一些节假日休息、外出旅游的时间多多采风拍照，建立自己的情境资源文件夹，同时也要注意情境教学形式与内容的统一。

（二）学历案自主合作环节反思

学历案是被视为一种能够培养学生主动学习和协作能力的重要手段。在学历案的自主合作环节中，任务与活动的设置是教学设计的核心。然而，笔者在实践过程中发现，教学设计一稿中并未处理好这两者之间的关系。具体表现为任务的目标不明确，活动与任务内容脱节，以及学生在完成任务时缺乏清晰的思维路径。这种情况下，学生的学习过程可能变得盲目和低效，无法达到预期的教学效果。

经过深入分析，笔者认为这一问题的根源在于教学设计中对任务与活动的理解不够深入。任务应当是具有明确目标和实际意义的学习活动，而活动则是为了完成任务而设计的一系列具体操作。这两者之间的关系应当是紧密相连的，任务引导活动，活动实现任务。而在教学设计一稿中，这种关系没有得到妥善处理，导致学生的学习过程出现混乱。

为了确保学生有清晰的学习路径和可视化的思维过程，笔者对任务与活动进行了梳理。首先，对任务进行了重新定义和分类，确保每个任务都具有明确的目标和意义。其次，针对每个任务设计了相应的活动，确保活动与任务内容紧密相关，能够帮助学生完成任务。最后，对每个任务和活动的执行过程进行了详细描述，确保学生在完成任务的过程中能够有明确的目标和方向。

（三）师精导中的学科整合反思

在教育教学领域，多学科整合已成为一种趋势。顾校长指出，知识整合的基础要求是对拿来的学科知识准确性负责，并明确其在教学中的作用。在此基础上，笔者在精导任务一的活动 2 中，选取描述天气与气候的诗词作为教学内容，尝试让学生从地理和语文两个学科的角度进行分析。然而,在实践过程中出现了知识性错误,引发了笔者对多学科整合的深入反思。

经过反思,笔者认为问题的根源在于多学科整合的层次不够深入,仅停留在表面结合的阶段。多学科整合并非简单地将不同学科的知识拼凑在一起,而是要通过寻找学科间的共性,实现知识的结构化,即跨学科甚至超学科的整合。在本次教学活动中,笔者未能充分挖掘地理和语文两个学科之间的内在联系,导致整合效果不佳。

为了解决这一问题,笔者在未来的教学中将采取以下措施:首先,注重挖掘教材的教育性和思考性内容。通过对教材内容的深入挖掘,发现其中蕴含的教育价值和思考点,帮助学生更好地理解知识。其次,打通知识点之间的联系。在教学过程中,注重知识点之间的内在联系,帮助学生构建完整的知识体系。最后,拓展课堂学习的宽度和深度。通过引入更多相关学科的知识和方法,打破学科界限,使学生在深入探究的过程中得到更多的收获。

（四）练习巩固环节时间调控反思

本节课的练习巩固环节对于学生的知识掌握和运用能力至关重要。在设计本节课的练习巩固环节时,笔者共设计了两道选择题和一道实践题（天气预报）,以继续沿用亚运会情境并涵盖本节课的重点知识。然而,在实际课堂中,由于时间限制,笔者未能给予学生足够的思考和落笔时间,导致对学生的反馈情况掌握并不全面。

经过深入反思,笔者认识到时间调控不好的原因不仅仅在于练习巩固环节的设计问题,更在于整节课的时间分配存在问题。在整节课的教学过程中,笔者没有合理安排各个环节的时间分配,导致在练习巩固环节中时间不足。此外,笔者在教学过程中可能过于注重知识点的讲解和演示,而忽略了给予学生足够的时间进行思考和实践。为了改进这一问题,首先,合理并明确安排各个环节的时间分配,确保每个环节都有足够的时间进行。其次,注重学生的思考和实践,给予他们足够的时间进行思考和反馈。同时,笔者也会采用多样化的教学方法和手段,以提高学生的学习兴趣和参与度。

（五）同伴互助评价量表应用反思

在实践题环节中,以小组为单位为亚运会观众进行天气预报的活动取得了显著的成功。上台汇报的同学综合运用了本节课所学的知识,并得到了评价小组较高的评价。笔者反思这一环节的成功主要得益于给予学生明确、完整的评价量表维度。

通过评价量表的使用,学生能够清晰地了解评价标准,从而有针对性地开展活动。这不仅有助于提高学生的自我评价能力,还能促进小组间的合作与交流。在未来的教学中,笔者将继续优化评价量表的使用,以更好地提高学生的自我评价和合作学习能力。

然而,笔者也认识到评价工具不应该仅仅局限于评价量表。口头反馈、肢体语言等也是重要的信息来源。这些评价工具可以相互补充,形成一个完整的评价体系。通过综合运用这些评价工具,可以更全面地了解学生的学习情况和发展需求,从而更好地引导学生的学习和发展。

第三章 春风吹拂"五"彩云

——创新核心素养下的作业设计

核心素养下,作业多元化。根据学科特点和实际教学内容,我校设置了长短搭配、笔口结合、身心同频等不同类型的作业,建构了丰富多彩的作业类型和模式。

我校作业的设置,从内容上,可分为强基类、拓展类、实践类、探究类、综合类;从时间上,可分为日作业、周作业、月作业、学期作业,也可分为短作业和长作业;另外还有零作业。

我们学校自2010年建立起,就一直实施冷冉"情·知教学"思想下的"情动五环"高效课堂教学模式。与此相应的,根据我们固有的"情动五环"高效课堂教学理念,设计了"核心素养下的'情动五环'高效作业模式",即"固本培元强根基、自主拓展明高低、多样实践悟原理、长期探究小课题、学科综合见神奇"。这里包含了作业的种类,也表明了作业的时限,还交代了作业的方法,更体现了作业的性质。

具体而言,第一环"固本培元强根基",是每天必做的基础类强化作业;第二环"自主拓展明高低",是每天自主完成的选做拔高作业,学生可以在自主完成的过程中自我消化、自查能力、自测高低、自觉规划;第三环"多样实践悟原理",是每周需完成的实践活动类作业,包括"阅读与理解""活动与制作""实验与创新""劳动与实践"四个模块,"纸上得来终觉浅,绝知此事要躬行",学生可以通过各种实践和体验,欣喜获得;第四环"长期探究小课题",是每月需完成的研究型作业,根据各学科大单元主题来确定小课题,可以个人独立完成,也可以小组合作完成,作业可以是同一个主题,也可以是不同的主题;第五环"学科综合见神奇",是每个学期需完成的学科综合型调查报告,和小课题一样,可以个人独立完成,也可以小组合作完成,可以是同一个主题,也可以是不同的主题。这样的作业设计,就做到了多元、自主、特色和高效。

课后的功夫,不仅是知识的强化,更是能力和素养的获得与提升。只有通过亲身的感受、体验和经历,才能让所学的知识真正变成自己的技能。

顾伟利

33.立足课标 精准分层 赋能学生语文学习力

——以日作业设计为例谈作业设计的提质增效

大连高新区第一中学 语文组:陈文君

一、设计理念

(一)政策要求

2021—2023 年,"双减"督导连续 3 年被列入教育督导"一号工程"。

党和国家对此高度重视,对"双减"工作做出了重要决策部署,要求从政治高度来认识和对待,从体制机制入手深化改革,全面贯彻党的教育方针,落实立德树人根本任务,促进学生全面发展和健康成长。"双减"政策的发布凸显了党和国家从严治理学业负担问题的政策导向,此次中央对做好"双减"工作的决心和力度是前所未有的,具有里程碑式的意义。

教育正迎来一个全新的时代,我们必须从思想、理念上转变,从方法、行动上严格落实。

所以,在"双减"政策之下,教学中的作业设计面临着更高的要求和更大的挑战。为满足"减负增效"的要求,语文教师应结合教育现状,分析教学问题,以"双减"政策为导向,尊重学生的个性化差异,满足学生的实践需求,实现教学进步的目标。

(二)课程标准

语文新课程标准提倡自主、合作、探究的教育方式,并指出新教师应关注学生的个体差异及其学习需求的不同。语文作业的分层布置恰与新课标要求相吻合。

(三)学情分析

传统的初中语文作业布置大多是根据课堂的主要教学内容以及教科书中列出的重难点为学生设立共同的学习目标,布置统一的作业,偏向于追求考试成绩的重复练习,并通过大量的题目训练来巩固学生的知识点。这种传统的作业布置策略在长久的教学实践中逐渐暴露出一定的缺陷。

首先,传统作业的形式忽略了学生个体之间的差异性,未能满足因材施教的要求。比如,对基础较好的学生而言,传统的作业形式对其认知能力的再提升无太大帮助;而对基础较差的学生而言,传统作业不仅难以完成,还会给其造成较大的心理压力。其次,统一作业导致了学生思想的僵化,注重"题海战术"的作业难以拓展学生的创新和思维能力,阻碍了学生的学习、实践能力发展。因此,教师应反思在作业布置上的问题,结合教学实践中的情况,改变传统的作业形式,实行分层作业,这样不仅能满足学生的个性发展要求,也能帮助学生摆脱传统应试作业的桎梏,让学生通过作业实现自我提升。

二、实施过程

（一）语文作业分层设计的原则

语文新课程标准中提出:"语文课程应该是开放而富有创新活力的。要尽可能满足不同地区、不同学校、不同学生的需求。"没有差生,只有差异。这就要求教师在教学过程中因势利导,注意学生能力和水平的参差不齐,认真对待每一位学生。由于知识掌握程度、家庭环境、志趣喜好等因素的影响,学生学习力存在不平衡性与差异性。教师应根据学生个体的差异设置具有针对性的发展目标,以分层作业形式有效缩小学生间的差异。教师也要认可和重视学生间所存在的不同,在作业布置的难度、数量和评价标准上有所区别。

1.目标差异性原则

语文学科教学的三个层次目标分别是把握基础知识、掌握重点知识、能力提升和发展,教师在设计分层作业时要基于这三个层次目标进行操作。

2.数量差异性原则

"双减"政策背景下,作业的数量是需要改进的主要方向,学习能力不属于同一层的学生的作业量也应不同。

3.评价差异性原则

建立目标多元、方法多样的评价体系势在必行,教师提供正确的作业反馈可以帮助学生建立学习语文的信心、端正课堂学习态度。分层作业设计前期应完成目标设立、数量分类的工作,后期则应以建立反馈、评价体系为主,设计既科学又具有可行性的评价标准。评价体系同样遵循分层原则,对不同学习水平的学生开展相对应的学业指导。

（二）语文作业分层设计的具体策略

根据学科特点和实际教学内容,我校建构了丰富多彩的"双减下五环增效作业模式"(非常"1+4"模式)。下面重点阐述我们的日作业设计。

对于日作业,我们设计了两个环节:第一环"固本培元强根基",即每天必做的基础类强化作业;第二环"自主拓展明高低",即每天自主完成的选做拔高作业。

高新一中"情动五环"高效作业——2022—2023学年度上学期寒假作业单(部分)				
日期	类型	非常"1+4"模式	初(一)(语文)学科	完成时间
1月9日	强基类(必做)	固本培元强根基	第1~3课"读读写写"字词、注音书写一遍,《骆驼祥子》第1~4章阅读及内容概括	30分钟
	拓展类(选做)	自主拓展明高低	现代文阅读:内容概括,标题作用分析,阅读练习《最温暖的一片阳光》	
1月10日	强基类(必做)	固本培元强根基	第5~7课"读读写写"字词、注音书写一遍,《骆驼祥子》第5~8章阅读及内容概括	30分钟
	拓展类(选做)	自主拓展明高低	现代文阅读:加点词赏析,阅读练习《陌巷里的春天》	
1月11日	强基类(必做)	固本培元强根基	第9~11课"读读写写"字词、注音书写一遍,《骆驼祥子》第9~12章阅读及内容概括	30分钟
	拓展类(选做)	自主拓展明高低	现代文阅读:修辞赏析,阅读练习《春软》	
1月12日	强基类(必做)	固本培元强根基	第13~15课"读读写写"字词、注音书写一遍,《骆驼祥子》第13~16章阅读及内容概括	30分钟
	拓展类(选做)	自主拓展明高低	现代文阅读:段落作用,阅读练习《较真儿》	
1月13日	强基类(必做)	固本培元强根基	第17~19课"读读写写"字词、注音书写一遍,《骆驼祥子》第17~20章阅读及内容概括	30分钟
	拓展类(选做)	自主拓展明高低	作文:经历,不应被辜负	

这样的日作业布置完全符合我们的作业布置原则。作业的布置符合多层次目标原则,教师依据学习能力、知识把握情况将学生分类:对学习进度靠后的学生而言,语文作业的布置主要以掌握难度低、基础性的知识点为重点;对学习进度中等的学生而言,语文作业既要掌握基础知识,又要掌握重点知识;对学习进度靠前的同学而言,其作业重心是复习重点知识,由此提升和发展个人能力。

在作业布置数量方面,针对基础较差的学生,重复训练是必要的,教师可以布置数量适中、内容简单的作业,反复训练学生的记忆力,让学生能够牢记基础知识;针对基础中等和基础较好的学生,布置作业要少和精,即数量减少,难度提升,同时,针对学生薄弱的知识点,设计拓展思维的题目进行训练。除了根据学生自身的水平进行作业数量的分层外,教师还可以根据作业内容的难度设计题库,并详细分类,题目可分为基础必做题、重点选做题和难点综合题,基础必做题的数量占比最大,适合不同学习阶段的学生共同进行练习;重点选做题占比中等,学生可以根据自身情况自行选择训练;难点综合题挑战性最大,数量最少,可供中等生和优等生进行额外的挑战训练。总之,对作业的数量分层是必须的,不等量的题目不仅能契合学生自身的学习能力,还能帮助学生实现最大限度的发展。

在作业评价方面,要求我们的教师做到"全批全改做记录,面批面改有针对,文质结合重育人"。对基础较差的学生,教师在作业反馈上应以鼓励的评语为主,目的是激发学生学习语文的热情,督促学生掌握初中语文教材中的知识点;对中等生,教师的评语要注重引导学生学会自我反思,让学生能够明白自身的不足,查漏补缺,让学生在完成作业的基本要求上追求自身的进一步发展;对优等生,教师的评语不仅要正向评价学生的学习能力,还要在学生力所能及的范围内提出更高的要求,挖掘学生的语文学习潜力。通过形成性评价和终结性评价,发展学生语文能力的核心素养。

三、实践反思

根据较长时间的实践效果来看,"情动五环"高效作业模式,比较适合大多数学生的实际需求,与传统作业模式相比,效率更高,效果更好。但是在实践过程中也有很多地方值得我们反思提高。例如,在作业反馈方面,可以结合媒体反馈,丰富作业内容。

随着教学资源的发展,信息技术对语文教学的作用日益加大。教师除了可以借助媒体进行作业布置外,还可以利用媒体丰富反馈内容。教师可以将学生的分层作业成果进行系统整理,同时可用信息技术来反馈学生的作业完成情况,最后将其制成一个完整的信息库和错题集定期反馈给学生,让学生和家长可以直观地观察学生的语文学习情况。

在作业布置方面,可以跨学科整合,借助多媒体渠道将语文与其他学科相连,开阔学生眼界,整合学科知识,实现作业内容的丰富化,培养学生的核心素养。

总之,在"双减"政策下,科学开展分层作业设计与指导,更有利于满足学生发展的需求,减轻学生的学习负担,让学生找到学习的乐趣。因此,教师要对不同层次学生的需求进行分析,积极思考更多符合"双减"要求的作业布置策略,在不断实践和积极探索中提升学生作业设计的效果,培养出更多符合时代发展的优秀人才。

34.作业设计有分层　学习效果最优化

——《勾股定理》课时作业设计

大连高新区第一中学　　　数学组：马莹

一、设计理念

（一）课程分析

1.课程标准

数学新课程标准要求，实施素质教育必须提高课堂教学质量，减轻学生课业负担。传统的数学作业单调枯燥，缺乏弹性，脱离生活和学生实际，忽略了课程目标三个维度中的"过程与方法、情感态度与价值观"的训练。随着素质教育问题的深入探讨和不断实践，作为中学数学教育重要环节的数学作业也应适应素质教育的需要。作业设计要有层次性，体现以人为本。素质教育具有主体性、个体性、基础性、发展性的基本要素，其中主体性和发展性要求作业必须有层次性，才能适合全体学生，才能满足知识基础不同、智力因素各异的每个学生的需要，让"不同的人在数学上得到不同的发展"。因此，在分层同步设计时，分成三个层次。A类题：基本题，教学目标中要求能够了解、理解掌握的基础知识内容，也就是每个学生都应掌握的内容，体现了新课标要求中的基础性。B类题：基础题，教学目标中一些灵活运用、探索性的知识，要求80％以上的学生能够掌握的内容，体现了新课标要求中的普及性。C类题：拓展题，为学有余力的学生设计，要求40％以上的学生能够掌握的内容，体现了新课标要求中的发展性。作业设计要有实践性，体现数学应用价值。新课标指出，数学课程不仅要考虑数学自身的特点，更应遵循学生学习数学的心理规律，强调从学生已有的生活经验出发，让学生亲身经历将实际问题抽象成数学模型并进行解释与应用的过程。

2.单元课标要求

（1）探索勾股定理及其逆定理，并能运用它们解决一些简单的实际问题。

（2）初步学会在具体情境中从数学的角度发现问题和提出问题，并综合运用数学知识和方法等解决简单的实际问题，增强应用意识，提高实践能力。

3.教材等课程资源

（1）知识网络

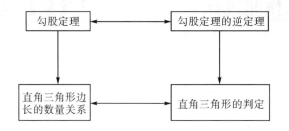

（2）内容分析

直角三角形是一种特殊的三角形，在本章之前，学生已经学习了直角三角形的概念，掌握了直角三角形的部分性质和一个三角形是直角三角形的条件，在第十六章已经学会了二次根式的运算，这些为本章的学习做好了准备工作。

本章主要内容有两部分：第一部分，勾股定理的发现与证明，运用勾股定理解决简单的实际问题；第二部分，勾股定理的逆定理，利用勾股定理的逆定理判定直角三角形。

本章的教学重点是勾股定理、勾股定理的逆定理及其应用，教学难点是勾股定理的发现过程中所体现的数学思想。

4.学情分析

通过几次考试，根据辽宁省新中考命题的趋势风格，目前考题更关注学生实践与探究的能力，所以针对这一变化，对学生作业的要求应体现如下几个方面：

（1）考查学生是否真正理解课本知识。

（2）考查学生是否有利用已学知识解决实际问题的能力。

（3）学生的思维是否为多样的、具有实践性的。

八年级学生虽已具备一定的分析和归纳能力，但对用割补法计算图形面积、复杂图形变换的操作、验证几何命题及逆命题还有一定的困难。大部分八年级学生已具备一定的数学学习能力，积累了一定的基础知识，因此，在数学作业分层设计过程中，首先掌握学生在学习方式、学习特点等方面的差异性，然后根据不同情况将学生进行分层，使不同能力的学生在最合适、最舒服的位置上充分展现自己的学习能力，并向下一阶段发展。

在教学目标的基础上结合学生学习态度、思维方式、数学意识等将全班同学划分为 A，B，C 三个小组，其中 A 组代表数学综合学习能力相对较弱，理解、掌握能力等不足，学习态度不积极的学生；B 组代表数学综合学习能力中等，学习态度较好，好学多问的学生；C 组代表数学综合学习能力最强，学习态度良好，积极踊跃的学生。数学作业分层设计的前提就是划分学生、组建小组，只有对所有学生进行全面了解，将情况相似的学生组合在一起，才能在这一基础上进行科学、合理的作业设计并强化作业的层次性。

（二）作业目标

作业分层是基于学生分层，为不同情况的学生安排合适且具有针对性的作业，以此最大限度地满足学生的差异需求。

1.理解勾股定理证明的必要性，体验勾股定理的证明过程，培养学生良好的思维习惯。

2.掌握勾股定理，并会用勾股定理解决简单的实际问题。

3.了解勾股数，会利用勾股数解决问题。

4.综合运用勾股定理及勾股定理的逆定理、三角形的相关知识解决问题。

（三）作业设计思路

根据学生分组情况设置三组作业：

A组——基本题，以了解新知为主，适合数学综合学习能力相对较弱，理解、掌握能力不足，学习态度不积极的学生，小组作业的完成方式鼓励独立完成与合作完成相结合。

B组——基础题，比A组题的难度稍大，以培养大部分学生的数学能力为主，适合数学综合学习能力中等，学习态度较好，好学多问的学生。

C组——拓展题，针对数学综合学习能力最强，学有余力的学生，以提高其思维能力、创新意识为目的。

学生根据自身的实际水平，选择相应类型的作业。

二、作业设计

勾股定理（A组作业）

【固本培元强根基】

1.一个直角三角形的两边长分别为 3 和 4，则第三边的长为（　　　）

A.5　　　　　　　　　　　　　B.$\sqrt{7}$

C.$\sqrt{5}$　　　　　　　　　　　D.5 或 $\sqrt{7}$

设计思路：本题主要考查学生对勾股定理的直接运用，注意分情况进行讨论。

2.如图 1，在 Rt△ABC 中，∠ACB＝90°，AC＝3，BC＝4，CD 是斜边上的高，则 CD 长是（　　　）

A.5　　　　　　　　　　　　　B.$\dfrac{12}{5}$

C.$\dfrac{4}{5}$　　　　　　　　　　　D.$\dfrac{3}{4}$

图 1

设计思路：本题主要考查勾股定理的应用、三角形的面积计算，根据勾股定理求出斜边 AB 的长是解题的关键。

3.如图2,在△ABC中,∠ABC=90°,分别以AB,BC,AC为边向外作正方形,三个正方形的面积分别为225,400,S,则S为(　　)

A.175

B.600

C.25

D.625

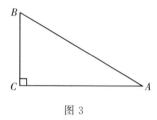

图2

设计思路:本题主要考查勾股定理的应用,如果直角三角形的两条直角边长分别是a,b,斜边长为c,那么$a^2+b^2=c^2$。

4.如图3,在Rt△ABC中,∠C=90°,∠A=30°,AB=6,则AC=_____。

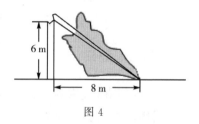

图3

设计思路:本题主要考查含30°角的直角三角形,根据"在直角三角形中,30°角所对的直角边等于斜边的一半",再利用勾股定理求边长。

反思改错:

【自主拓展明高低】

1.如图4,受台风的影响,一棵树在离地面6 m处折断,树顶落在离树干底部8 m处,则这棵树在折断前的长度(不包括树根)是_____ m。

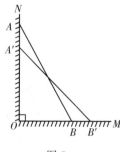

图4

设计思路:本题主要考查勾股定理的应用,解题关键是熟练掌握勾股定理:直角三角形中,两直角边的平方和等于斜边的平方。

2.如图5,一根长$6\sqrt{3}$ m的木棒(AB),斜靠在与地面(OM)垂直的墙(ON)上,与地面的倾斜角(∠ABO)为60°。当木棒A端沿墙下滑至点A′时,B端沿地面向右滑行至点B′。

(1)求OB的长。

(2)当AA′=1 m时,求BB′的长。

设计思路:本题主要考查了勾股定理的应用和含30°角的直角三角形,是中考常见题型。

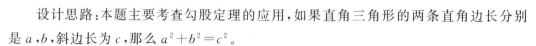

图5

反思改错:

知识点复习:

勾股定理(B组作业)

【固本培元强根基】

1.如图6,点 E 在正方形 $ABCD$ 内,满足 $\angle AEB = 90°$, $AE = 6$, $BE = 8$,则阴影部分的面积是(   )

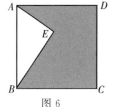

图6

A.48   B.60

C.76   D.80

设计思路:本题主要考查勾股定理的运用、正方形的性质。解题关键是利用 $\triangle ABE$ 为直角三角形,运用勾股定理及面积公式求解。

2.如图7,在 $\triangle ABC$ 中,D 为 AB 的中点,点 E 在 AC 上,且 $BE \perp AC$。若 $DE = 10$,$AE = 16$,则 BE 的长为(   )

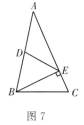

图7

A.10

B.11

C.12

D.13

设计思路:本题主要考查勾股定理、直角三角形的性质。利用"直角三角形斜边上的中线等于斜边的一半"求出边 AB 的长是解题的关键。

3.设 a,b 是直角三角形的两条直角边,若该三角形的周长为6,斜边长为2.5,则 ab 的值是(   )

A.1.5   B.2   C.2.5   D.3

设计思路:本题主要考查勾股定理和三角形的周长及完全平方公式的运用。

4.如图8,在 $\triangle ABC$ 中,D 为 AC 边上的中点,且 $DB \perp BC$,$BC = 4$,$CD = 5$。

(1)求 DB 的长。

(2)在 $\triangle ABC$ 中,求 AC 边上的高。

设计思路:本题主要考查勾股定理的运用、三角形面积的计算。题目的综合性很好,难度不大。

【自主拓展明高低】

1.如图9,在 $\triangle ABC$ 中,$\angle C = 90°$,$AC = 2$,点 D 在 BC 上,$\angle ADC = 2\angle B$,$AD = \sqrt{5}$,则 BC 的长为(   )

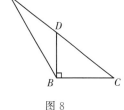

图9

A.$\sqrt{3} - 1$

B.$\sqrt{3} + 1$

C.$\sqrt{5} - 1$

D.$\sqrt{5} + 1$

设计思路:本题主要考查勾股定理,同时涉及三角形外角的性质,二者结合,是一道好题。

2.如图10,点 O 在线段 AB 上,$AO=2$,$OB=1$,OC 为射线,且 $\angle BOC=60°$,动点 P 以每秒 2 个单位长度的速度从点 O 出发,沿射线 OC 做匀速运动,设运动时间为 t s。当 $\triangle ABP$ 是直角三角形时,t 的值为(   )

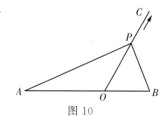

图 10

A. $\dfrac{-1+\sqrt{33}}{8}$

B. $\dfrac{1+\sqrt{33}}{8}$

C.1 或 $\dfrac{-1+\sqrt{33}}{8}$

D.1 或 $\dfrac{1+\sqrt{33}}{8}$

设计思路:本题主要考查勾股定理的运用,利用了分类讨论的思想,熟练掌握勾股定理是解题的关键。

3.在某条地铁线路的修建过程中,原设计的地铁车站出入口高度较低,为适应地形,把地铁车站出入口上下楼梯的高度普遍增加了。如图 11 所示,已知原设计楼梯 BD 长 20 m,在不改变楼梯水平长度(BC)的前提下,将楼梯的倾斜角由 30°增大到 45°,那么新设计的楼梯高度将会增加多少米?(结果保留整数,参考数据:$\sqrt{2}\approx1.414$,$\sqrt{3}\approx1.732$)

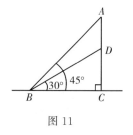

图 11

设计思路:本题主要考查含特殊角的直角三角形的三边关系,解题时分别求出两个三角形中 30°和 45°角所对的直角边长,再作差。

反思改错:

知识点复习:

勾股定理(C 组作业)

【固本培元强根基】

1.在 $\triangle ABC$ 中,$AB=AC=5$,$BC=8$,点 P 是 BC 边上的动点,过点 P 作 $PD\perp AB$ 于点 D,$PE\perp AC$ 于点 E,则 $PD+PE$ 的长是(   )

A.4.8   B.4.8 或 3.8   C.3.8   D.5

设计思路:本题主要考查勾股定理、等腰三角形的性质,解答时注意将一个三角形的面积转化成两个三角形的面积和,体现了转化思想。

2.如图 12,在 Rt$\triangle ABC$ 中,$\angle BAC=90°$,$\angle ABC$ 的平分线 BD 交 AC 于点 D,DE 是 BC 的垂直平分线,点 E 是垂足。已知 $DC=8$,$AD=4$,则图中长为 $4\sqrt{3}$ 的线段有(   )

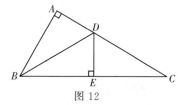

图 12

A.4 条   B.3 条

C.2 条   D.1 条

设计思路:本题主要考查勾股定理、角平分线的性质及全等三角形的判定与性质,得出 $BE=AB$ 是解题的关键。

3.如图13,△ABC 的顶点 A,B,C 在边长为1的正方形网格的格点上,BD⊥AC 于点 D,则 BD 的长为(　　)

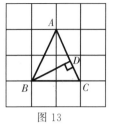

图13

A.$\dfrac{2}{3}\sqrt{5}$

B.$\dfrac{3}{4}\sqrt{5}$

C.$\dfrac{4}{5}\sqrt{5}$

D.$\dfrac{3}{5}\sqrt{5}$

设计思路:本题主要考查勾股定理、三角形的面积。利用等面积法求出线段 BD 的长是解题的关键。

4.在△ABC 中,AB＝13 cm,AC＝20 cm,BC 边上的高为 12 cm,则△ABC 的面积为_____ cm^2.

设计思路:本题主要考查勾股定理、三角形的面积。利用勾股定理求出边 BC 的长是解题的关键。

【自主拓展明高低】

1.如图14所示的是一株美丽的勾股树,其中所有的四边形都是正方形,所有的三角形都是直角三角形,若正方形 A,B,C,D 的面积分别为 2,5,1,2,则最大的正方形 E 的面积是_____。

设计思路:本题主要考查了勾股定理的应用。

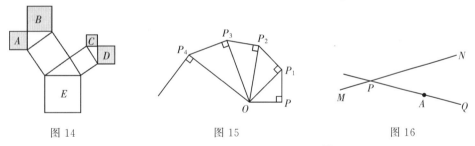

图14　　　　　　　图15　　　　　　　图16

2.如图15,OP＝1,过点 P 作 $PP_1⊥OP$,得 $OP_1=\sqrt{2}$;再过点 P_1 作 $P_1P_2⊥OP_1$ 且 $P_1P_2=1$,得 $OP_2=\sqrt{3}$;再过点 P_2 作 $P_2P_3⊥OP_2$ 且 $P_2P_3=1$,得 $OP_3=2$……依此法继续作下去,得$OP_{2\,012}=$_____。

设计思路:本题主要考查勾股定理的运用,解题的关键是由已知数据找到规律。

3.如图16,公路 MN 和公路 PQ 在点 P 处交汇,且∠QPN＝30°,在 A 处有一所中学,AP＝120 m,此时有一辆消防车在公路 MN 上沿射线 PN 方向以每秒 5 m 的速度行驶,假设消防车行驶时周围 100 m 以内受其鸣笛的影响。

(1)A 处的学校是否会受到影响? 请说明理由。

(2)如果受到影响,则影响时间是多长?

设计思路:本题主要考查勾股定理的应用。

4.如图 17,在四边形 $ABCD$ 中,对角线 AC,BD 交于点 E,$\angle BAC=90°$,$\angle CED=45°$,$\angle DCE=30°$,$DE=\sqrt{2}$,$BE=2\sqrt{2}$。求 CD 的长和四边形 $ABCD$ 的面积。

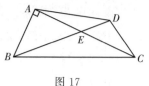

图 17

设计思路:本题主要考查解直角三角形和三角形面积的求法,根据已知构造直角三角形进而求出直角边的长是解题的关键。

三、实践反思

优点:

1.通过学生完成情况,可以发现本次分层作业设计比较成功,学生不仅能在有效的时间内轻松地完成 A 组、B 组作业,而且能够积极地拓展完成 C 组作业。

2.三类作业设计内容涵盖勾股定理的各种类型题,能够全方位地帮助学生巩固知识点,并且结合实际让学生深刻体会到学习数学是为了在生活中去应用,去解决问题。这也符合新课标中对数学核心素养的要求。

反思与不足:

1.作业设计需要揭示数学知识体系、数学规律和数学本质。

2.要注重调控作业结构,确保作业难度,不超过新课程标准的要求,有效减轻学生的作业负担。

35.以图示数 以数释形

——《正比例函数》课时作业设计

大连高新区第一中学 数学组:宋小籍

一、设计理念

(一)课程分析

1.课程标准

基于新课程标准,本章学习目标如下:

(1)能识别简单实际问题中的常量、变量及其意义,并能找出变量之间的数量关系;了解函数的概念和表示法,能举出函数的实例;能用适当的函数表示法刻画变量之间的关系。

(2)能确定简单实际问题中函数自变量的取值范围,并会求函数值。

(3)能根据简单实际问题中的已知条件确定正比例函数和一次函数的解析式;能够运用待定系数法确定它们的解析式;会画它们的图象,能够根据图象和解析式,探索并理解值的变化对函数图象的影响,并能够结合图象讨论这些函数的增减变化,能利用这些函数分析和解决简单实际问题。

(4)会根据一次函数的图象解释一次函数与二元一次方程的关系。

知识网络图如下:

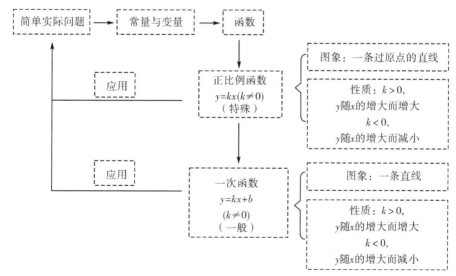

2.教材等课程资源

教材资源:人教版《数学》八年级下册教材及教师教学用书。

3.学情

（1）在学过教材第十九章19.1节的基础上，经过大量实际问题的练习，学生对函数的概念有了一定的了解，所以以实际问题引入正比例函数的概念对学生来说比较容易接受。

正比例函数是根据函数的解析式来定义的，所以要让学生清楚解析式中各字母的意义，知道哪些是常数，哪些是变量，哪个是自变量，哪个是函数，以及为何一次函数对自变量系数有限制条件。画正比例函数的图象的步骤与在19.1节中画函数图象的步骤相同，所以对于学生来说没有难度，但是正比例函数的图象是一条过原点的直线，由"两点确定一条直线"可知，除原点外，只需要再确定一点，就可以得到正比例函数图象，这与之前画过的函数图象不同，所以要让学生在自己动手实践的过程中去感悟，为后面发现规律做准备。

在小学时，曾经学习过正比例关系，学生受算术中正比例概念的影响，片面地认为正比例函数总是随自变量的增大而增大，所以要让学生通过自己动手实践体会到正比例函数可以随自变量的增大而减小，使学生认识到正比例函数的系数可以是负数。

正比例函数的增减性是通过观察函数图象的升降得出的，这是一种直观的方法，并不是经过严格证明得到的，因此可以让学生尝试着进行证明，使学生从数、形两个方面加深对增减性的理解，也能让学生掌握用数学的符号语言表达函数的增减性。

（2）基于新课程标准，以及对学情的分析，确定了作业目标：掌握正比例函数的概念，会判断一个函数是不是正比例函数。会求正比例函数的解析式，能利用正比例函数解决简单的实际问题，体会模型思想；掌握正比例函数的图象和性质，能正确画出正比例函数的图象；会运用正比例函数的图象和性质解决有关问题。体会数形结合的思想，发展几何直观、数学表征能力、数学概括能力。

（3）根据个体差异，考虑到学有余力的学生，为了实现高效学习，作业设计为"基础作业"和"拓展作业"两个部分。基础作业主要用于检测学生对基础知识的理解，以及对重点知识的掌握与突破。面向全体，体现课标，要求学生必做。拓展作业则为了培养学生分析问题、解决问题的能力，在掌握正比例函数性质的基础上，进一步去探究正比例函数增减性与正比例函数系数的关系，要求学生有选择地完成，既培养学生的推理能力，也为后续探究一次函数增减性奠定基础，实现学习的迁移。

二、设计与实施过程

（一）作业设计

【固本培元强根基】（完成时长约20分钟）

1.写出下列问题中 y 与 x 之间的关系式，并指出哪些是正比例函数。

（1）一辆汽车以 60 km/h 的速度匀速行驶，行驶路程为 y km，行驶时间为 x h。

（2）水箱里有水10 L，以 0.5 L/min 的速度往外放水，x min 后水箱中的剩余水量

为 y L。

设计意图:提高学生将实际问题抽象成数学问题的能力,并且使学生能够辨别正比例函数,形成模型观念,发展抽象概括能力。

2.已知正比例函数的图象经过第二、四象限,则 k 的值可能是(　　)

A.－2　　　　　　B.2　　　　　　C.±3　　　　　　D.0

设计意图:让学生理解函数图象的变化情况与正比例系数 k 的正、负之间的关系。

3.若一个正比例函数的图象经过点 $A(2,-6)$,$B(-3,n)$,则 n 的值为_____。

设计意图:本题考查待定系数法求解析式,再利用已知点的横坐标,求其纵坐标。

4.如图,三个正比例函数 $y=ax$,$y=bx$,$y=cx$ 对应的图象分别为①,②,③,则 a,b,c 的大小关系为(　　)

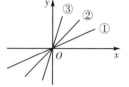

A.$a>b>c$　　　　　　　　　B.$c>b>a$

C.$b>a>c$　　　　　　　　　D.$b>c>a$

设计意图:本题考查正比例函数的系数与函数增减性及增减程度的关系。用图形表示数学对象的过程中,发展几何直观和数学感知能力,使学生体会"以图表示数,以数解释形"。

5.如图,正比例函数 $y=kx$ 的图象经过点 A。

(1)请你求出该正比例函数的解析式。

(2)若这个函数的图象还经过点 $B(m,m-6)$,请你求出 m 值。

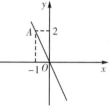

设计意图:使学生掌握正比例函数解析式的求法,并且能够从图象的角度理解正比例函数,体会数形结合的思想,发展几何直观。

6.当 a 为何值时,函数 $y=(a-2)x^{|a-1|}$ 是正比例函数?

设计意图:加深学生对正比例函数概念的理解,理解正比例函数是根据函数的解析式来定义的。

7.某商店零售一种商品,其售价 y(单位:元)与质量 x(单位:kg)之间的关系如下表:

x/kg	1	2	3	4	5	6	7	8
y/元	2.4	4.8	7.2	9.6	12	14.4	16.8	19.2

(根据销售经验,顾客在此处购买该商品的质量均未超过 8 kg)

(1)由上表推出售价 y 随质量 x 变化的函数解析式,并画出函数的图象。

(2)购买 5.5 kg 这种商品应付多少元?

设计意图:学生能利用正比例函数解决简单的实际问题。有助于提高学生将实际问题抽象成函数模型的能力。

【自主拓展明高低】(完成时长约 5 分钟)

1.已知正比例函数 $y=(1-2a)x$。

(1)若函数的图象经过第一、三象限,求 a 的取值范围。

（2）若点 $A(x_1,y_1)$ 与点 $B(x_2,y_2)$ 为函数图象上的两点，且当 $x_1<x_2$ 时 $y_1>y_2$，试求 a 的取值范围.

设计意图：让学生理解解析式的构成，加深对正比例函数系数取值的限制条件，以及正比例函数系数的正负与函数图象所处象限的关系，同时掌握正比例函数系数与函数增减性的关系，培养学生的推理能力。

作业留言栏

（二）实施过程

在"双减"背景下，努力让学生在有限的时间内实现最佳学习效果，且不增加学生负担。首先，认真阅读教材，掌握本单元学习内容的框架，以及整章内容的重点与难点，明确知识点之间的联系与区别及各知识点在整章中的地位与作用。其次，认真阅读新课程标准，在更高的层次上体会本章学习内容的作用，体会学生在学习过程中所蕴含的核心素养，在作业的设计过程中，选取的习题要考查学生对本课所学基础知识是否掌握，是否能够对知识之间的联系进行把握，是否能够对所学知识进行迁移，解决新的问题，尤其对函数而言，是否能够应用正比例函数解决简单的实际问题。另外，作业的设计还要考虑学生之间的差异，对待学有余力的同学要有思维上的提升，习题的选取可以发展学生的抽象概括能力，进一步提高学生分析问题和解决问题的能力。为了使学生、教师明确对知识的掌握程度以及进一步教和学的方向，还设置了作业的评价方法。

1.诊断性评价

教师评价法：对于学生的作业进行初次批改和二次批改。基础类作业的全批全改有利于了解班级整体学生对基础知识的掌握情况，为下一步教学提供方向；对于自主完成选做题的学生作业进行当面批改，及时反馈。对作业进行讲解，指出作业中的共性问题，对共性问题产生的原因与学生一起进行分析。学生进行自主订正，教师再次批改，以此了解学生的课上学习效果，并对个别仍存在疑问的学生进行个性化辅导。

2.形成性评价

学生互评法：学生完成订正后，可以相互讲解错题，并对对方的讲解提出意见和建议，这样学生既可以加深对知识的理解，又可以对解题思路进行提炼和总结，还能产生思维的碰撞，发展发散思维。

建立作业留言栏：根据作业情况给学生写评语，作为对学生该次作业或课堂或近期表现的评价，突出评价的激励与指向功能。作业留言格式不限。每次批改完作业，学生收到作业本、看到教师的评语后，也可写上自己的感想，与教师进行书面交流，也可以针对本节课、本次作业或近阶段的情况写下自己的评价、感受，或者自己对数学学习的情感态度，教师及时给出反馈，及时给予积极正向的引导。

三、实践反思

我们要以"促进学生核心素养发展为出发点和落脚点"，重视作业的育人功能；同时，要变单兵作战为团体协作，进行同学科集中教研与分组教研相结合以及跨学科教研；根据学科特点和学生的实际需要，合理布置书面作业、合作探究艺术、体育、实践类作业；提高自主设计作业的能力，精准设计作业难度，精选作业内容，合理安排作业的数量；充分利用作业留言栏的评价功能，以评促学，以评促教。

36.判天地之美　析万物之理

——以"手账实践认识区域地理"为例

大连高新区第一中学　　　地理组:代妍

一、设计理念

1.课程标准分析

地理课程以提升学生核心素养为宗旨,根据地理新课程标准的要求,突出培养学生的地理实践力,让学生从地理学科的视角看世界,学生能够运用所学的知识、方法和工具,面对世界的发展作出初步分析和评价,从地理实践力的培养上可以增强学生的行动力,增强学生的意志品质;运用多种地理工具获取区域信息,认识区域特征、区域差异和区域联系,初步形成从空间区域视角看待和分析问题的意识和能力的目标要求,有助于培养学生的实践意识和行动能力,使他们能够将课本上的知识应用到认识地理环境和解决实际地理问题中,学会在实践中学习,培养学生调查、考察等综合实践能力。

2.教材分析

人教版地理七年级下册包括"我们生活的大洲——亚洲""我们邻近的地区和国家""东半球其他的地区和国家""西半球的国家""极地地区"五章的知识,每节课从地理位置和范围、自然环境和人文环境的角度认识世界的不同区域,引导学生掌握认识区域地理的学习方法。

3.学情分析

七年级的学生已经有了一定的地理学习基础,掌握了认识地理区域的基本方法。在课堂上学习了东西半球的不同国家和地区,具备了初步的读图、识图及分析问题、判断问题、解决问题的能力,对世界概况有一定的了解。在上课时发现学生对于国家和地区很感兴趣,本次地理作业从他们的兴趣点入手,让学生在快乐中学习。

二、设计与实施过程

1.作业设计目标

手账设计是学生喜闻乐见的一种作业形式,其特点是图文结合,利用手绘与贴纸的组合,使得创作过程生动有趣,能激发学生的学习兴趣,在完成作业的同时能够享受成果和乐趣,并从中获得知识。地图阅读是学生学习地理的一项基本技能,因此以手账形式设计本次作业非常契合地理学科的专业特点,在培养学生读图识图能力的同时,进行美育培养。

通过地理课堂的学习,希望学生能够在收集自己感兴趣的区域时增添更多自己的思考和总结,运用规范的地理术语描述出某区域的地理位置、地形、气候等,构建出"认识区域特征"的认知结构,培养学生的区域认知能力;分析地理环境中各要素之间相互依存或者相互制约的关系,培养学生的综合思维能力。具体的作业目标如下:

(1)必备知识:运用查阅的地图和数据,从自然、人文的不同角度分别描述区域特征。

(2)关键能力:通过绘制区域的轮廓图,培养学生的观察力;进一步补全地图的各要素和信息,培养学生的地理实践力。

(3)核心价值目标:培养学生的地理实践力,通过动手绘制地图,培养学生学会观察世界、读图分析、学会地理的学习方法。

2.作业设计内容:

2023年2月6日,土耳其发生了里氏7.8级大地震,成为土耳其近百年来发生的第二大地震,造成了巨大的破坏,为什么土耳其会发生地震?2022年世界杯成功在卡塔尔举办,吉祥物"拉伊卜"代表了什么?人类社会每一次的开拓与发展都是在特定的地理环境舞台上演出的,人类活动既受制于自然环境,也在不断地改变和塑造自然环境,某些地理条件往往又成为历史活动、历史结局的一种重要因素。

在学好地理知识的基础之上,我们更应该做到关注生活,热爱生活。结合本册书学习区域地理的方法,选择你最喜欢的一个国家或者地区绘制手账,对其进行介绍。

具体要求:图文并茂,注重色彩搭配。画出国家或地区的轮廓图,并从区域地理学习的角度,按照地理位置、自然环境、人文环境的不同方面梳理基础知识。

3.实施过程

在进行以上准备工作之后,学生开始以兴趣小组为单位,进行合作探究,具体过程如下:

(1)布置任务,激发兴趣

世界地理的学习让学生掌握了区域地理学习的方法,结合时事,从土耳其地震以及世界杯的角度出发,提出学生感兴趣的话题,让学生认识地理与生活之间的联系,对区域地理探索产生兴趣。想一想,这些地区的地理位置怎么描述?在地形、地势、河流等自然环境上有哪些特点?该地的语言、宗教、文化有没有什么特别之处?找到自己感兴趣的区域,以小组为单位,通过网络、书籍等方式收集该地区的相关资料,以团队形式完成地区手账绘制。

(2)小组交流,取长补短

手账中要重点突出该地区的特色地理知识,以小组为单位,将学生在前期收集到的资料整理汇总,经过筛选、讨论,共同确定手账上绘制的主要内容,并从地理学的角度,总结、提炼有效信息。在讨论过程中,学生以小组为单位,共同发现问题,讨论问题,解决问题。

（3）设计方案,动手实践

要求学生的设计图文并茂,激发了学生设计的激情,前期准备结束后,学生动手实践,开始绘制手账。学生在手账上绘制地图轮廓,认识了区域自然环境的特征,增强了学生的实践力。通过图片、绘画、故事展示国家人文环境,突出学生主动学习探索新知以及知识的迁移运用的能力。

（4）交流评价,展示改进

制作完成自己的手账后,组织学生进行组内和组间的交流:

手账中地图绘制是否精准? 主题是否鲜明? 是否具有吸引力? 地理学科的知识是否准确? 在和同学们商讨后,制定了如下作业评价标准,学生先自评,后互评,选出最喜欢的手账设计。

作业评价:

类别	评分标准	得分
地图（30分）	1.轮廓相似度高,区域完整准确（20分）	
	2.地图要素齐全,有必要的文字说明（10分）	
主题（20分）	1.主题鲜明突出,与地理学科联系性强（10分）	
	2.主题新颖,创新性强（10分）	
成果展示（50分）	1.能用文字、图画、表格、符号等形式表现（10分）	
	2.构思完整,内容准确、表达规范（30分）	
	3.版面、字体、颜色整体搭配协调,制作精美（10分）	
总计分数		

三、实践反思

作业是为了巩固课堂效果而设计的,是用来反馈教学效果的重要途径之一。设计出色的地理作业可以丰富学生的知识储备,扩大知识面,并激发学生的学习兴趣,是教学过程中不可缺少的重要环节,也是学生学习地理实践力的重要组成部分。本次设计让我有以下几方面的反思:

（一）作业设计角度要新颖, 提高学生对作业的兴趣

作业是以学生为主体,检测学生学习情况、弥补漏洞的,因此在作业的设计过程中要清楚地认识到学生是完成作业的主体,要尊重学生对作业的需求,设计作业角度新颖,以提高学生独立探索的兴趣,而并非一味地根据教材内容选择习题训练。因此本次作业的选题开放,任选一个国家或者地区进行描述,主要锻炼学生对区域地理学习方法的掌握情况。

（二）作业形式要多样化,尊重学生的自主能力

随着互联网的兴起,学生的学习也不仅限于课本内容,在作业设计时可以利用网

络资源,充分锻炼学生自主学习的能力。此外,在活动形式上的创新以及多样化,可进一步提高学生的学习兴趣,使学生在地理作业的完成上有更高的积极性。本次作业学生可以选自己感兴趣的区域入手,根据区域学习的方法从不同角度对该区域进行分析,增强学生的分析能力以及主动学习的能力。

（三）作业评价要精准,发挥作业的有效性

精心的作业设计可以增强教学效果。在新课标的要求下,评价不仅要关注学生的学业成绩,也应注重发现和发展学生多方面的潜能,帮助学生认识自我,建立自信,发挥评价的教育功能,促进学生在原有水平上的发展。

在作业布置时要将清晰的评价标准一起发给学生,让学生明确努力的方向。学生的作业倾注了自己的精力,对于老师的评价是有期待的,尤其是认真完成作业的学生,更希望得到老师的赞赏和肯定。因此教师在对作业的评价方面要做到认真观察,细致总结,并应从多方面展开,在情感上、对学生知识的理解、思维的创新等方面作出回应。

37.“核”绘经典　与气韵之美共情

——以“读书文化艺术节”为例的实践活动式单元美术作业设计

大连高新区第一中学　　艺术组：冯新纳

一、设计理念

（一）课程标准

1.根据班级、学校或社区的不同需求，用手绘或设计制作等方式，设计书籍装帧。

2.策划展示方案，进行校内外展示交流。

3.综合运用美术与其他学科的知识、技能和思维方式，进行创作。

（二）学业要求

1.能根据班级、学校或社区的不同需求，设计不同形式的作品。

2.能对自己创作或制作的作品进行反思，倾听他人的建议，并加以改进。

3.能安全使用工具和材料，养成勤于钻研、细致耐心、认真负责的工作态度。

4.能综合运用所学的美术与其他学科的知识、技能和思维方式，从书本、网络及生活体验中获取信息，进行创作。

（三）课程资源

1.课外背景：

2022年，首届全民阅读大会在京开幕，习近平总书记在此次大会贺信中指出，“阅读是人类获取知识、启智增慧、培养道德的重要途径，可以让人得到思想启发，树立崇高理想，涵养浩然之气。中华民族自古提倡阅读，讲究格物致知、诚意正心，传承中华民族生生不息的精神，塑造中国人民自信自强的品格”“希望孩子们养成阅读习惯，快乐阅读，健康成长;希望全社会都参与到阅读中来，形成爱读书、读好书、善读书的浓厚氛围”。

2.课程资源：

以教材与新课标为基础，从单元视角分析作业的结构性和递进性，进行作业创编。在“读好书，与高尚的人对话”单元美术设计作业中，聚焦学生综合素质的培养，积极引导学生欣赏中外文学艺术经典，让学生在分享、欣赏、设计和实践中，感知美、理解美、创造美。

（四）核心素养

1.学科素养：

(1)审美感知:能对喜爱的书籍进行分析，提炼其中的形象或意象。了解书籍装帧设计的基础知识和原则,以及封面设计的一般规律;在学习书籍封面设计的过程中感受书籍装帧设计艺术浓厚的文化内蕴和美感。

(2)艺术表现:能在艺术活动中运用联想和想象,运用适合的材料,通过艺术实践,学习封面设计的一般规律和方法;大胆想象并运用所掌握的美术知识技能进行绘画创作表现。

(3)创意实践:将作品结合语文、历史等多学科知识进行创作,创作具有超越性的艺术作品。

(4)文化理解:深入体验"爱书"情节。在艺术活动中,领会艺术与文化之间的关系。

2.核心素养:

(1)审美情趣:具有健康的审美价值取向;具有艺术表达和创意表现的兴趣意识,能在生活中拓展和升华美等。

(2)乐学善学:形成积极的学习态度和浓厚的学习兴趣;养成良好的学习习惯。

(3)勤于反思:具有对自己学习状态进行审视的意识和习惯,善于总结经验。

(五)学情分析

每个学生都有自己喜爱的图书和诗文,举办"读好书,与高尚的人对话"艺术活动,可以充分调动学生的内驱力。

初中学生具备一定的绘画和制作能力,也有一定的设计经验,但在图书和诗文等文学作品的理解上存在些许困难,教师要了解学生在语文学科课内和课外阅读到的图书和诗文,引导学生解决困难,使学生能充分体验"跳一跳"摘下果实的感受。

二、设计与实施过程

(一)单元作业设计

1.资源整合:

校园活动:以"读书文化艺术节"活动为主线展开。

社会活动:全民阅读大会。

教材:选取与书籍相关的设计应用课程,即人美版美术八年级下册《藏书票》、九年级下册《书籍装帧设计》与《为文学作品配画》三课。再选取七年级上册《展示设计》一课,使学生自主策划展示方案,进行校内外展示交流。

展示场所:艺术墙。

2.提炼大概念:

结合艺术课程标准,为更好落实立德树人根本任务,确定大概念为"美术可以传递感情,表现创意"。

3.主题引领:

以大概念"美术可以传递感情,表现创意"为统摄,将与书籍相关的设计应用课程整合串联,确定单元主题为"读好书,与高尚的人对话"。

4.分析重难点:

重点:对文学作品进行分析,提炼其中的形象或意象。

难点:用适合的形式,完成作品的设计,并且用图像表达契合文学作品的思想与情感。

5.设计核心问题:

《藏书票》《书籍装帧设计》《为文学作品配画》都是教材中围绕书籍或文学作品内容展开的设计,因此确定核心问题为"如何将文学作品图像化?"。

6.确定学习内容:

利用教材中《藏书票》的内容,学习了解"爱书文化"以及美化书籍的方式;利用《书籍装帧设计》与《为文学作品配画》的内容,学习形象或意象的提炼;将《展示设计》的学习,作为展示与评价的重要内容,激励学生敢于展示,勇于创新,丰富艺术体验感。

7.作业模式:

根据作业内容以及学科特点,确定作业模式为第三环"多样实践悟原理",以此进行多环节的作业设计。"多样实践悟原理"包括"阅读与理解""活动与制作""实验与创新""劳动与实践"四个模块。

以"读书文化艺术节"校园活动为背景,在主活动的基础上,进行"爱书分享会""爱书设计师""爱书绘画展"多样实践作业设计。"爱书分享会"侧重"阅读与理解"模块;"爱书设计师"第一课时侧重"活动与制作"模块,第二课时侧重"实验与创新"模块;"爱书绘画展"侧重"劳动与实践"模块。

8.嵌入式评价:

(1)诊断性评价:

建立自评、互评、师评多角度评价,重视学生自我评价。运用雷达形表格,使自评、互评、师评三个维度的评价都具象化,让学生直观地明确自身可发展的方向,以及对比自身与他人对自己评价的差异。

评价模块对应学生的美术核心素养,分别指向审美感知、艺术表现、创意实践、文化理解等方向。学习过程中参照评价维度,为学生学习指明方向,以评促学。

(2)形成性评价:

在学生创作作品的过程中,进行及时评价,同时对学生完成的作品,根据个性需要给予文质评价。

建立"美术学习档案袋",记录学生学习过程与路径。

设置展示环节,对学生的整体性成长作出评定。注重多种评价维度,进行多角度、全过程评价。

(二)实施过程

以"读书文化艺术节"活动为主线,选取八年级下册《藏书票》、九年级下册《书籍装帧设计》《为文学作品配画》、七年级上册《展示设计》四节课,确定单元主题为"读好书,与高尚的人对话",以"爱书分享会"为课前准备,结合对已学知识的复习和能力拓展,进行多个环节的作业设计。

环节一:"爱书分享会"。以"图书分享"为线索收集喜爱的图书或诗文,分享为什么喜欢这本书或诗文及爱书的表现。依据《藏书票》一课所学制作一张藏书票。

环节二:"爱书设计师"。为喜爱的图书设计封面或诗文插图。

环节三:"爱书绘画展"。从自评、互评、师评中最终评选出展览作品,依据《展示设计》一课所学,将设计展区的知识运用到实践布置展览中,最终在校内开展绘画展。

1."爱书分享会":

(1)课时:

《藏书票》(第一课时)。

(2)设计说明:

"爱书分享会"是整个活动的启动环节,同时也是《藏书票》一课的导入环节,能让学生在分享喜爱的图书或诗文的过程中,表达自己爱书的情感,交流美化书籍的方式,提高学生的文学修养。

学习《藏书票》一课,在"爱书分享会"所感受到的爱书的情感的基础上,为自己喜爱的图书设计一张藏书票。

任务核心:感受爱书情感,设计藏书票。

学习任务:文化理解、艺术表现。

关键能力:联系美术与文学作品,探索书文中的形象和意象,以藏书票的形式进行表达。

(3)学习目标:

①收集喜爱的图书或诗文,了解"爱书文化"以及美化书籍的方式,在收集资料的过程中,学会选择、筛选有用信息。养成"爱读书、读好书、好读书"、珍惜书籍、爱护书籍的习惯。

②能对喜爱的书籍进行分析,提炼其中的形象或意象。

③为形象和意象选择适合的材料,以藏书票的形式进行表现。

(4)具体作业:

前置作业:随着科技的发展,人们对知识的追求越来越依赖电子设备,纸质书的价值渐渐被忽视。你应该有很多的书籍吧!你被哪本书吸引过呢?你有怎样的爱书行为呢?请在"爱书分享会"分享一下吧,相信你会成为"最佳分享者"!【请依据评价量表完成设计,并对自己的表现进行评价。】

当堂作业:提炼所喜爱书籍中的形象或意象,运用适合的材料,为它设计一张藏书票吧!【请依据评价量表完成设计,并对自己的表现进行评价。】

（5）评价量表：

①能口头或书面表达对"爱书文化"的理解和感受，表达清晰完整。（文化理解）

②提炼的形象或意象符合书籍的思想情感。（文化理解、审美感知）

③藏书票艺术特征（图形、字母、作者签名和创作实践）完整。（艺术表现）

④设计的藏书票有创意、有个性、有趣味。（创意实践）

⑤制作过程井然有序，结束制作后恢复环境整洁。（劳育）

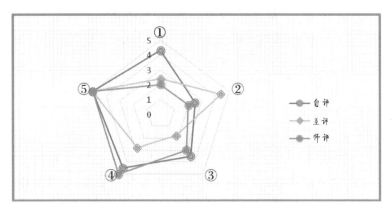

2."爱书设计师"：

（1）课时：

《书籍装帧设计》《为文学作品配画》（第二、三课时）。

（2）设计说明：

《书籍装帧设计》《为文学作品配画》两课内容量较大，故分为三步。

第一步：活动预备。将选定的书籍或诗词登记，认真通读，寻找设计灵感，根据需要收集素材和材料。

第二步：方法学习。掌握设计方法，选择作品方向、作品主题、呈现方式。

第三步：生成问题。提出在设计中遇到的具体问题，再由教师引导归纳。

生生互助，教师引导学生发挥各自的优势，去帮助其他同学解决问题，实现生生互助；师生共解，由教师引导学生归纳总结问题，共同解决难点问题，最终将作品呈现出来。

设置问题生成环节，学生自主生成真实问题，从真实问题出发，边学习边思考、边提问边解决；引导学生从不同角度切入问题，发挥学生各自的优势帮助其他同学解决问题，以优共进，在相互帮助中收获快乐；教师需要化零为整，引导归纳细碎问题，生成难点问题。解决具体问题的同时，让学生掌握解决问题的归纳能力。

任务核心：理解内容与设计形式之间的关系，设计书籍封面或文学作品插图。

学习任务：文化理解、艺术表现、创意实践。

关键能力：探索设计中创意构思如何落地于现实，将不同的创意手法运用到设计当中。

（3）学习目标：

①了解书籍装帧设计的基础知识和原则，以及封面设计的一般规律；在学习书籍封面设计的过程中，感受书籍装帧设计艺术浓厚的文化内蕴和美感。

②深入体验"爱书"情节；提高对文学作品的分析理解能力。（学科融合）

③了解文章配画的作画步骤和要领，能抓住主题给文章配画。

④通过艺术实践，学习封面设计的一般规律和方法；大胆想象并运用所掌握的美术知识技能进行绘画创作表现。

（4）具体作业：

作品方向要求：（二选一）

封面设计：为你喜欢的一本书重新设计封面（名著、人物传记、红色书籍、重要事迹等，也可以是图书角里的书）。此外封面上要有一句能概括书籍内容的文字，最好是本书中最有思想和灵魂的一句。

诗词配图：为你喜欢的诗词配图，图文结合。图文意境相符合，构图有巧思和设计感。

尺寸：八开纸，竖版。

形式：可采用手绘、剪纸拼贴等形式。

（5）评价量表：

①掌握书籍装帧的设计要点和其内容与形式之间的关系。（文化理解、审美感知）

②设计的作品具有美感。（审美感知）

③设计的作品符合书籍或诗文的思想情感，切题且有意境。（艺术表达）

④设计别具一格，有创意、有个性、有趣味。（艺术表达、创意实践）

a.能运用剪、折等方式；

b.能运用特殊的材料；

c.在形状上有所创新；

d.有贴合主题的巧妙构思。

⑤色彩搭配鲜明，突显文字设计。

⑥通过自主或互助的方式，解决了实践过程中创意构思如何落地的问题。（创意实践）

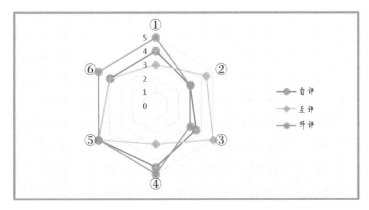

3."爱书绘画展":

(1)课时:

《展示设计》(第三课时)。

(2)设计说明:

为了让学生对学习成果有更深的掌握,从自评、互评、师评中最终评选出展览作品;依据《展示设计》一课提出展区设计构想,选择合适的工具、材料,合作完成设计与制作展览方案,初步具备从事简单生产劳动的能力,运用技能服务学校和他人;在美化学校布置展览的过程中积极动手,主动承担力所能及的劳动,养成安全劳动、规范操作的习惯。

任务核心:掌握展示设计的基本方法,团队合作布置作品展览。

学习任务:文化理解、审美感知、创意实践。

关键能力:联系美术与校园环境之间的关系,在团队合作中,形成提出问题和解决问题的能力。

(3)学习目标:

①在欣赏中初步认识展示设计,理解设计的基本特色和设计种类。

②在活动中因地制宜地进行校园展示设计的构思。

③在美化学校布置展览的过程中积极动手,主动承担力所能及的劳动,养成安全劳动、规范操作的习惯。

(4)具体作业:

"爱书绘画展"即将开展,请同学们与老师一同评选出展览作品,依据《展示设计》一课,运用剪贴或简笔画两种绘制方法绘制设计草图,完成展区设计图纸,大家一同布置展览,在校内开展"爱书绘画展"吧!【请依据评价量表完成设计,并对自己的表现进行评价。】

实施步骤:

①在自评、互评、师评中最终评选出展览作品;

②小组合作依据《展示设计》一课设计展区;

③选派一名成员进行设计解读;

④布展时将工作小组分为策划组、文字设计组、制作组、宣传组、后援组。各组在教师指导下布置展览,最终在校内开展绘画展。

(5)评价量表:

①运用剪贴或简笔画两种绘制方法绘制设计草图。(艺术表现)

②设计贴合学校实际情况,图纸指示性明确。(艺术表现)

③策划具有创新性,体现与展览主题相适应的美感。(创意实践)

④过程中积极参与各项活动。(过程评价)

⑤团队合作各司其职,顺利合作完成设计。(团队合作)

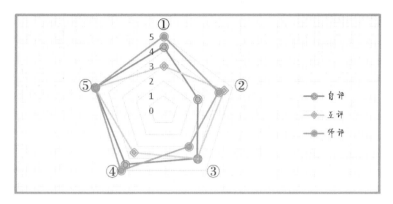

（三）作品及文质评价

1.展览：

2.文质评价：

> 虽然借鉴的是原著的封面，但你刻画的树迎风而动，霞光般的红色如火光。能画出这么生动作品的你，想必花了不少努力理解原著，加油！

> 字体风格独特，封面图案设计得像精美版画，似乎只有你的画笔才能创作出来，期待你成为独树一帜的创作者。

构思巧妙,色彩丰富,民间布艺童真可爱,切合主题。建议突出书名,并依据布艺元素做字体设计,期待你最终的呈现!

三、实践反思

(一)设计亮点

本次作业以"读书"为主题,寻找教材单元内容的关联线索,串联了不同年级的课程内容,并进行整合。设计出"读好书,与高尚的人对话"大单元活动情境,捕捉八年级下册《藏书票》、九年级下册《书籍装帧设计》《为文学作品配画》、七年级上册《展示设计》四节课内容的连接点,并融入语文、劳动等学科,将"内容单元"转化成"学习单元"。

设置详细的评价标准,及时对学生的表现进行评价,每一个任务都紧跟评价,用评价标准指引任务的达成过程和目标,让学生学时有依照、有标准、有动力。同时即时反馈教师"教"的目标是否达成。

(二)不足与反思

由于单元内年级跨度大,在不同年级使用时,需要依据学情,适时调整评价标准,对低年级的学生应适当降低作业难度或评价标准,对高年级的学生可增加感受型、描述型评价标准。

评价等级中的具体评价标准不够完善,应明确规定何种程度达到何种等级,设置过程性或结果性反思,让学生明确改进方向,而不是停留在等级上。

38.创新实践　素养立人

——以"约'绘'春季,'衫衫'溢彩"为例谈初中劳动实践作业的设计

大连高新区第一中学　　英语组:安佳乐

一、设计理念

劳动教育是新时代党对教育的新要求,为全面落实《中共中央 国务院关于全面加强新时代大中小学劳动教育的意见》,助推"双减"政策落地开花,依据劳动课程标准中的基本理念,我校开设了基于劳动核心素养的劳动实践课程,同时围绕课程主题开展了丰富的课后实践活动。劳动课程要培养的核心素养,即劳动素养,主要是指学生在学习与劳动实践过程中逐步形成的适应个人终身发展和社会发展需要的正确价值观、必备品格和关键能力,是劳动课程育人价值的集中体现,主要包括劳动观念、劳动能力、劳动习惯和品质、劳动精神。以核心素养为导向,按照我校"情动五环"高效作业模式为学生精准设计"多样实践悟原理"实践作业,推动学生"做中学""学中做",将劳动真正融入生活。

(一)课程标准

根据劳动新课程标准第四学段(7~9年级)课程内容中任务群6的要求,设计本次劳动实践作业,具体内容为:选择1~2项工业生产项目,如木工、金工、电子、服装、造纸、纺织等,进行产品设计与加工,体验工业生产劳动过程。劳动素养表现为:养成安全、规范地进行工业生产劳动的良好劳动习惯,养成合理利用材料、环保节约的劳动意识,提升产品质量意识和精益求精的劳动精神。

(二)教材等课程资源

新课程标准中对第四学段(7~9年级)的劳动素养要求是:通过持续参与日常生活劳动、生产劳动和服务性劳动,理解劳动创造美好生活的道理,增强家庭责任意识,认识到劳动对国家富强、人类发展的意义,尊重和平等对待各行各业的劳动者,自觉向优秀劳动榜样学习;形成初步的职业意识和生涯规划意识,进一步增强公共服务意识和社会责任感,在劳动过程中注重劳动效率和劳动质量。(劳动观念)

在具有一定挑战性的日常生活劳动中,比较熟练地运用家政技能,提高生活自理能力;能在生产劳动中发现存在的需求和问题,进行劳动方案的选择和劳动过程的规划,按照安全规范要求,选择适当的材料和工艺、工具和设备,综合运用劳动技能解决问题,并能根据实施情况,对方案进行必要的改进与优化,发展创造性劳动能力;能在

服务性劳动中,初步掌握现代服务业劳动的基本知识与技能,熟悉公益劳动与志愿服务的组织、实施,提升运用相关的劳动知识与技能服务他人、学校、社区的基本能力。（劳动能力）

具有持续参加劳动的积极性,在劳动过程中持之以恒,诚实守信,有责任担当;养成自觉遵守劳动规范、劳动法规的习惯,形成认真负责、吃苦耐劳的劳动品质。（劳动习惯和品质）

劳动中能不断追求品质、精益求精,牢固树立勤俭、奋斗、创新、奉献的劳动精神。（劳动精神）

本次实践作业根据以上劳动素养要求,结合教材、劳动实践指导手册中"改造时尚文化衫"的活动内容,同时融合美术课程相关知识与技能,五育并举,跨学科融合。

（三）学情分析

初中阶段是长知识、长本领的重要阶段,拥有一技之长,能立身、立足,是成为社会主义建设者和接班人最为重要的素质之一。初中阶段的学生已经有一定的劳动意识,通过劳动课程也掌握了一些基本的劳动操作技能。而劳动需要知识、技能和实践相结合,做到知行合一,重在实践、学以致用,将学到的本领服务于家庭、学校和社会。因此,根据学生的年龄特征和相关劳动能力,以及日常生活氛围,分层布置劳动实践作业,以促进学生个人的健康成长和全面发展。

二、设计与实践过程

（一）设计过程

关于劳动素养大概念,"改造时尚文化衫"的课后实践作业由关注"劳动技术"转向"劳动促进人的全面发展",在关注劳动知识与技能的同时,进一步强调个体劳动情感态度、精神品质等方面的获得,培养个体劳动素养,使其更好地面向生活、创造生活。本次作业的设计过程是先以此大概念为统领,再分析活动重难点,实现资源整合,最终确定作业内容。

1.分析重难点

本次劳动实践作业需要学生先通过劳动课掌握基本的劳动知识和技能,再结合劳动教材中"改造时尚文化衫"的相关活动内容,完成手绘创意文化衫的劳动作业。其难点是手工绘制创意文化衫的过程,这不仅需要结合美术课上学到的技能,还需要突出主题,有创意。所以作业的重点是围绕"阳光心态,美感心理",结合自己的设计,给文化衫命名,完成一个属于自己的原创作品。

2.整合资源

为了让劳动真正引领孩子成长,要从横、纵两个维度形成具有综合性、实践性、开放性和针对性的劳动教育体系。横向,是学校根据7～9年级学段的劳动素养要求开设的劳动实践课程;纵向,是家、校、社相互交融的实践活动与作业,将劳动教育融入学生学习、生活成长的方方面面。这两个维度将劳动教育与学生自立、职业体验、志愿服务等结合,实现资源整合,将劳动教育范围延伸。本次实践作业就是劳动课程资源整合的体现。

3.确定作业内容

恰逢五一劳动节,学校为了进一步弘扬开拓创新、砥砺奋进的时代精神,结合劳动教育课程,为学生布置相关实践作业:《约"绘"春季,"衫衫"溢彩》——以"阳光心态,美感心理"为主题,手绘创意文化衫。让学生用缤纷的色彩来丰富假期的生活,绘制出灿烂春日的美好景象,展现出一中学子的自信风采。

(二)规划布置作业过程

1.厘定作业(实践活动)目标

作业(实践活动)是教学内容之一,只有紧扣教学目标,有针对性地设计作业的内容和形式,整个教学过程才是完整的,教学内容才是统一的。此外,劳动作业的设计还应具有系统性、灵活性、趣味性和创造性。因此,本次作业(实践活动)的目标厘定为:通过完成手绘创意文化衫,培养学生创新思维和自信心理,提高审美能力,展现自我人格魅力,学会发掘生活中的美。

2.设计核心问题

问题导入:你认为春天是什么颜色的?此前学生已经通过劳动课学习了改造时尚文化衫,掌握了服装剪裁、缝纫和拆线的基本技能。那么如何将我们眼中春天的颜色展现在改造好的时尚文化衫上呢?这就是本次作业的核心任务。

(三)嵌入式评价

围绕劳动能力的培养、劳动价值的构建、劳动精神的追求和劳动素养的形成,本次作业的评价内容包括学生自评、家长评价和教师评价。学生自评的标准在于是否能够运用所学知识解决实际问题,养成自主的劳动习惯,便于学生自我审视劳动动机与劳动态度,从而形成端正的劳动行为。家长评价有利于增进亲子间的浓浓温情,从而帮助孩子明确自身的责任与义务。教师评价是结合学生体验劳动的过程和收获的劳动成果,通过活动评价量表综合评价学生的劳动表现,是促进学生总结经验、交流感悟,引导学生形成反思习惯的重要途径。

活动评价量表：

劳动课程核心素养	主要表现	评价主体		
		自评 优/良/合格	家长评 优/良/合格	教师评 优/良/合格
劳动观念	积极主动参与手绘创意文化衫的劳动，懂得劳动创造美好生活的道理			
劳动能力	在劳动过程中能按照制作创意文化衫的步骤正确操作；能正确使用手绘工具进行劳动；有想象力和创造力，设计出的文化衫款式新颖，色彩缤纷			
劳动习惯和品质	形成安全劳动、规范操作、认真负责、自觉自愿的劳动习惯和品质			
劳动精神	在劳动过程中勤俭节约、不怕困难，树立不断追求品质、精益求精的劳动精神			
心理品格	阳光心态，美感心理			

（四）实施过程

1.作业内容：

本次劳动作业的内容是《约"绘"春季，"衫衫"溢彩》——以"阳光心态，美感心理"为主题，手绘创意文化衫。在改造时尚文化衫劳动课堂上，指导学生了解关于中国传统服饰手工艺制作的相关知识，掌握服装剪裁、缝纫和拆线的基本技能。结合劳动教材中的相关内容，在小长假期间布置手绘创意文化衫的劳动作业，培养学生的创新思维和自主劳动习惯，展现学生自我人格魅力，同时传承和发扬我国传统艺术文化，激发学生的艺术美感。本次作业给予了学生展示技能的平台，意在发展学生劳动课程核心素养：树立正确的劳动观念；锻炼出色的劳动能力；形成安全劳动、规范操作、认真负责、自觉自愿的劳动习惯和品质；培养勤俭节约、不怕困难的品质，树立不断追求品质、精益求精的劳动精神；通过劳动实践，拥有阳光心态、美感心理。

2.作业分层：

根据学生的年龄特征和相关劳动能力，分层布置作业任务。对于八、九年级和一些有美术功底的学生，作业要求有想象力和创造力，设计出的文化衫要款式新颖、色彩丰富，从而进一步培养学生钻研问题、解决问题的能力。对于七年级学生，根据学生特点，作业要求在劳动过程中能按照创意文化衫的步骤正确操作，并能正确使用手绘工具进行劳动即可，意在培养学生浓厚的学习兴趣，挖掘学生的潜能，增强学生的自信心。

预计学生完成时间：30分钟。

场所:家里。

作业单内容示例:

高新一中"多样实践悟原理"劳动实践作业之《约"绘"春季,"衫衫"溢彩》

"迟日江山丽,春风花草香。"阳光明媚,春风和煦,万物复苏,春天的大自然仿佛一幅生机盎然的画卷。书画艺术作为中华民族传统文化精髓之一,不仅能陶冶情操,还能启迪智慧。为了激发同学们的艺术美感,培养同学们的自主创新能力,同时传承和发扬传统艺术文化,我们本周的劳动任务是围绕"阳光心态,美感心理"主题,制作五彩缤纷的手绘创意文化衫。在这样美丽的春天里,让我们一起用色彩阐释生活,约"绘"春季,尽情享受创造的乐趣。

【活动目标】

培养学生创新思维和自信心理,提高审美能力,展现人格魅力,学会发掘生活中的美。

【活动重点】

围绕主题,结合自己的设计,给文化衫命名。

【活动难点】

手工绘制创意文化衫。

【活动准备】

T恤、画笔、尺、剪刀、水彩或颜料、布贴或其他环保材料等。

【活动进行时】

(1)命名:围绕"阳光心态,美感心理"主题,给自己的文化衫命名。

(2)设计:构思方案,画出设计图。

(3)制作:制作创意文化衫。

(4)拍照:身着文化衫拍下你最青春的一刻。

【活动反思】

完成一篇小随笔,回顾劳动过程,获得劳动感悟。

【活动评价】

完成后请根据实际情况填写评价量表。

【活动步骤】

第一步:围绕"阳光心态,美感心理"主题,给自己的文化衫命名。

阳光给予万物生命力,它代表着爱、希望和活力,代表着健康积极的生活态度,代表着热情向上的乐观心理。给你的文化衫命名,彰显生活中的美好与希望。

第二步:构思设计,画出设计图。

结合文化衫的主题和名字,构思文化衫的颜色和风格,用画板或者纸画出设计草图,然后绘制在T恤上。可以选用白色T恤或者彩色T恤,设计出的文化衫要符合主题。

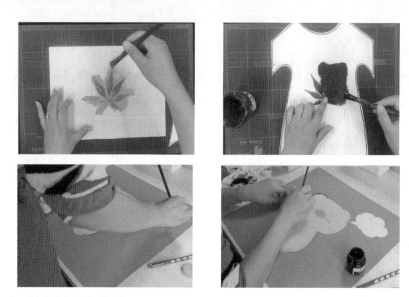

第三步：制作创意文化衫。

用自己最喜欢的色彩，以文字、图式、图文并茂或使用布贴以及其他环保材料等表现形式，在空白T恤上设计呈现，完成一件色彩缤纷、青春溢彩的文化衫。

第四步：身着文化衫拍下你最青春的一刻。

穿上自己设计好的文化衫，展现自身独一无二的艺术和设计才华，拍下你最青春的一刻。

最后，记得与家人和朋友一起分享你的成果和喜悦，请父母和同学们来欣赏你的文化衫，并向大家讲解作品寓意。这个春季，让我们一起来展示自我风采，绽放青春魅力！

《约"绘"春季，"衫衫"溢彩》劳动活动评价量表

班级：　　　姓名：　　　　　　　　　　　　　　　日期：　年　月　日

劳动课程核心素养	主要表现	评价主体		
		自评 优/良/合格	家长评 优/良/合格	教师评 优/良/合格
劳动观念	积极主动参与手绘创意文化衫的劳动，懂得劳动创造美好生活的道理			
劳动能力	在劳动过程中能按照制作创意文化衫的步骤正确操作；能正确使用手绘工具进行劳动；有想象力和创造力，设计出的文化衫款式新颖，色彩缤纷			
劳动习惯和品质	形成安全劳动、规范操作、认真负责、自觉自愿的劳动习惯和品质			
劳动精神	在劳动过程中勤俭节约、不怕困难，树立不断追求品质、精益求精的劳动精神			
心理品格	阳光心态，美感心理			

学生作品：

三、实践反思

本次实践作业做到了五育并举与跨学科融合，培养了学生崇尚劳动、尊重劳动、勇于创造的精神。通过实践作业，孩子们缓解了压力，愉悦了身心，给枯燥的学习生活增加了乐趣，体会到了劳动带来的快乐与成就感。如今，劳动课不再是只注重培养学生热爱劳动的思想感情和劳动习惯的传统课堂，而是在此基础上，发展为更加注重开发和挖掘学生的潜能，着重培养学生实践能力、创新能力的一门新学科。培养全面发展的学生，除了传授必备的知识与技能，更应注重补充课外的社会资源与社会实践，引导学生更好地理解课堂、融入社会、提高能力，成长为德智体美劳全面发展的社会主义建设者和接班人。

39.让政治认同在改革开放的体验中油然而生

——以"改革开放是强国之路"大单元作业设计为例

大连高新区第一中学　　道德与法治组:席曼

一、设计理念

为更好达成"改革开放是决定中国命运的关键抉择,是我们的强国之路"这一大概念,本作业设计以过程性、结果性的嵌入评价促进学生对教学内容的理解,做到以评促学;以"庆祝改革开放 46 周年主题展览"这一具体化情境的创设激发学生学习兴趣,做到以情导学;以道德与法治和历史、美术、语文学科之间的相互融合增进学生对本学科内容的理解,做到以合互学;以思维导图、时政述评、手抄报等多元的作业形式促进学生知识的形成与能力的发展,做到多元助学。

（一）课程分析

1.课程标准

本作业内容以道德与法治新课程标准中下列相关要求为设计依据:初步了解改革开放史;了解中国共产党带领中国人民坚持改革开放的历史性成就,认识中国共产党在国家富强、民族复兴进程中的领导作用。

2.教材等课程资源

本作业内容以道德与法治九年级上册第一单元"富强与创新"为设计依据,将本单元课堂教学整合为大单元结构体系"改革开放是强国之路",其中包括改革开放的历史进程、改革开放的伟大成就、新时代全面深化改革、改革成功密钥(创新)四部分。

此外,本作业融合了历史八年级下册第三单元有关改革开放的相关知识、撰写时政述评的语文知识和创意绘制手抄报、思维导图的美术知识。

3.学情分析

九年级的学生能够理解改革开放给我国经济社会发展和人民生活带来的巨大变化,但对改革开放的历史背景和发展进程还缺乏深入全面的了解;对改革开放是决定当代中国命运的关键抉择、是实现中华民族伟大复兴的关键一招的认识还不够深入;对作为新时代青少年如何在全面深化改革的浪潮中,勇担使命的责任意识和具体做法还不够清晰。

（二）确定大概念

课标对本单元的要求有"了解改革开放的历史""理解改革开放的历史性成就""了解我国建设社会主义现代化强国的新征程"等。

教材通过对改革开放的历史、改革开放的成就、新时代全面深化改革的必要性和最终目的、创新与改革的关系等知识的探究与学习,系统阐述了改革开放对富民强国的重要意义。

基于此,将本单元的大概念确定为"改革开放是强国之路"。

二、设计与实施过程

(一)作业设计

某校九年级学生在学习完九年级上册第一单元"富强与创新"之后,准备筹办"庆祝改革开放 46 周年主题展览",请你帮他们一起丰富展览内容吧!

【第一篇章】改革开放历史铿锵

回顾改革开放的历史进程,你知道在 1978、1992、1997、2001、2012、2017 这些时间节点上,中国发生了什么大事件吗?请结合历史八年级下册教材、道德与法治九年级上册教材,并从网络上搜集相关资料,创意绘制"改革开放历史进程"的时间轴吧。

具体要求:一张 A4 纸大小,创意绘制时间轴,至少体现出以上时间节点。

【第二篇章】改革开放成就辉煌

2024 年是中国坚持改革开放的第 46 个年头。46 年来,在中国共产党的领导下,中国人民坚持改革开放,极大解放和发展了社会生产力,极大增强了社会发展活力,人民生活显著改善,综合国力明显增强,国际地位显著提升。中华民族迎来了从站起来、富起来到强起来的伟大飞跃。

请你列举能论证以上观点的一则具体实例。

具体要求:一张 A4 纸大小,以图片对比和文字解说的形式呈现。图片两张(或手绘),文字 200 字以内,简明精练,凸显改革开放前后的变化。

【第三篇章】改革先锋彰显力量

2018 年,在庆祝改革开放 40 周年大会上,获得改革先锋称号人物名单揭晓。其中有国防科技事业改革发展的重要推动者——于敏、农村改革的先行者——小岗村"大包干"带头人、"互联网＋"行动的探索者——马化腾、民营企业家的优秀代表——刘永好、航天科技事业创新发展的重要推动者——孙家栋、海归创业报国推动科技创新的优秀代表——李彦宏、激励青年勇攀科学高峰的典范——陈景润、塑造传承"女排精神"的优秀代表——郎平、杂交水稻研究的开创者——袁隆平、"雷锋精神"的优秀传承者——郭明义等。在中国改革开放的历史进程中,涌现出一大批与时俱进、锐意进取、勤于探索、勇于实践的改革创新者,发生了无数惊天动地的大事件。

请你以"改革先锋彰显力量"为主题,任选一个改革开放历史进程中的人物或事件,自拟题目,撰写一篇 200 字以内的时政述评。

要求:①观点正确;②紧扣主题;③理论联系实际;④层次分明,学科术语使用规范。

【第四篇章】改革创新青年担当

回顾改革开放历史进程,感悟改革开放伟大成就,汲取改革先锋精神力量。那么,青少年该如何弘扬改革创新精神,不辱使命担当呢?请以"新时代青年改革创新勇担当"为主题设计一幅手抄报。

具体要求:一张 A4 纸大小,形式自选,鼓励创新,凸显主题即可。

(二)作业实施

1.学生自评

(1)学生以小组为单位完成作业的同时,依照表1对组员进行过程性评价和个体进步幅度的增值评价。

(2)学生完成作业的过程中依照表2进行自我评价,实现以评促学。

表 1　高新一中道德与法治过程性评价量表　　第(　)组

学生姓名	参与度1分	作品质量1分	创意想法1分	团队意识1分	有进步1分	总分
1(组长)						
2						
3						
4						
5						
6						
7						
8						

2.师生互评

各小组作品上交后,教师和其他组学生依照表2进行多主体结果性评价。

表 2　高新一中道德与法治作业评价量表

核心素养	作业内容	主要表现(作业目标)	自评3分	师评3分	生评3分	总分
政治认同	改革开放历史铿锵	1.脉络清晰,语言简洁,有创意、美观; 2.选取事件对改革开放进程意义重大; 3.党在国家富强进程中的领导作用充分体现				
政治认同	改革开放成就辉煌	1.选题力证主题,凸显变化,选图真实科学; 2.文字介绍逻辑清晰,语言简洁,回应主题; 3.改革开放对中国命运的重要意义充分体现				
健全人格	改革先锋彰显力量	1.选材新颖,语言文字逻辑清晰; 2.文章结构科学合理,有文学之美,先锋力量充分彰显; 3.人民群众在改革开放过程中的主体作用,个人发展与国家民族命运紧密相连的道理充分体现				

核心素养	作业内容	主要表现(作业目标)	自评 3分	师评 3分	生评 3分	总分
责任意识	改革创新青年担当	1.青年担当的行动路径清晰明确、可操作性强; 2.整体设计有创意,有美感; 3.呼吁号召作用、时代担当使命感充分彰显				

备注:主要表现中1、2、3点分别对应1、2、3等级分数

(三)实践反思

本作业设计难度比例为 5∶2.5∶2.5(易、中、难)。

1.情境导学

本作业案例以举办"庆祝改革开放 46 周年主题展览"为情境进行一体化作业设计,激发学生的积极性,提高参与度,为学生带来崭新的作业体验。

2.学科融合

本作业案例在创意绘制时间轴的任务中,与历史学科八年级下册相融合。通过回顾改革开放历史进程,认识中国共产党在国家富强、民族复兴进程中的领导作用。

本作业案例在学习改革先锋人物事迹的任务中,与语文学科相融合。通过撰写小论文,感受改革先锋人物身上的精神力量,从中体会个人的发展要与国家、民族的发展相结合,增强使命担当意识。

3.分层设计

任务一以绘制改革开放历史时间轴为综合性作业,需要结合历史知识方能完成,尽显知识碰撞的神奇之处。任务二以举例论证改革开放伟大成就为基础性作业,以此巩固课堂所学,强化根基。任务三以撰写改革先锋力量彰显的小论文为拓展性作业,需要学生在领会改革创新精神内涵的基础上,运用搜集、处理信息的能力,结合语文学科知识,通过写作的方式感悟改革创新精神的力量。任务四以绘制新时代青年改革创新勇担当的手抄报为实践性作业,呼吁号召青年学生以实际行动勇担时代使命。

4.多元呈现

本作业案例通过创意绘制时间轴、图文展览、手抄报、时政述评的多元形式,充分发挥作业的体验和能力培养的功能,同时渗透德育、美育和智育教育。

40.探奥索隐　聚沙成塔

——以"探寻不一样的地理中国"为例

大连高新区第一中学　　　地理组:郑璇　张挥航　高晓昕

一、设计理念

1.课程标准

本单元作业设计围绕核心概念"国家"展开,通过解读地理新课程标准中"认识国家"和"认识区域"的课程标准,将学科的地理实践力、综合思维、区域认知、人地协调观等核心素养落实到作业设计中。让学生在实践探究中,逐步形成正确价值观、必备品格和关键能力。

2.教材等课程资源

资源获取途径包括:地理八年级上册"疆域""人口""民族""自然环境""农业"与八年级下册"中国区域地理"等知识;借助网络、书籍资源,查找资料。学生可从丰富的资料中,定位到感兴趣的主题或区域,选取合适资料,进行整合。

3.学情

作业设计时,考虑到八年级下学期正值学习"中国区域地理"部分,以及为更好地服务中考,所以设计学生开展以"赞祖国河山,展中华成就"为主题的地理探究学习。设计成开放式作业,可以让每个人或每个小组用不同的形式呈现他们心目中的地理中国。

二、设计与实施过程

1.理论研读,定位主题思路

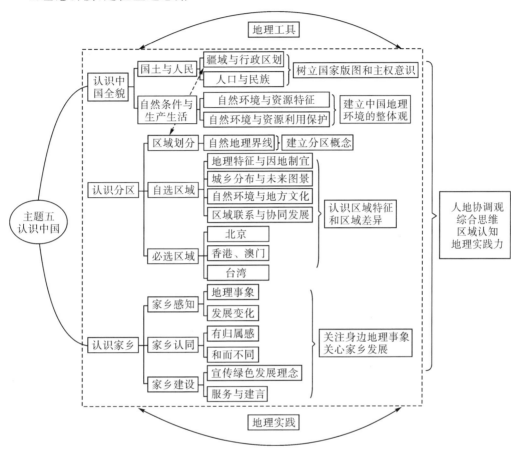

2.精准设计,定位素养目标

作业目标	核心素养	育人目标
1.通过运用和绘制地图,从区域的地理位置、范围、领土组成、地理事物的空间分布等方面,比较不同区域的地理位置差异。培养学生的读图能力	区域认知	科学精神 终身学习 实践创新 中国传统文化渗透 爱国情感教育 五育并举 "大单元"构建
2.运用地图和相关资料,描述某区域突出的自然地理特征、人文地理特征以及它们的联系,并结合实例,分析某区域因地制宜发展经济的途径。培养学生从图文资料中获取信息及分析、解决问题的能力	区域认知 综合思维 人地协调观 地理实践力	
3.运用和绘制地图,树立国家版图和主权意识。培养民族认同感、自豪感,形成热爱祖国和家乡的情感	区域认知 地理实践力	

3.布置任务,确定作业内容

(1)作业内容:

巍巍中华,泱泱大国;山河壮丽,幅员辽阔。"上下五千年,纵横一万里。"请同学们以"赞祖国河山,展中华成就"为主题,开展地理学科探究类学习。

①制作手抄报,展现不同地理区域的自然和人文风采。(可单一区域,也可对比不同区域)

②创作思维导图,列举我国进入 21 世纪以来取得的辉煌成就。(涉及各行各业,也可对比不同区域)

③绘制特色地图,呈现色彩斑斓的地理中国。(例如:34 个省级行政区划;美食地图;世界遗产地图;特色民居地图)

(2)具体要求:

任选其一,图文并茂,主题鲜明,色彩搭配,地理突显,知识准确,创意无限。使用A3 纸。

4.自由选择,亲身动手实践

学生根据自己的实际情况,可以选择独立完成,也可以和其他同学组成小组合作完成,初步完成任务的认领。

动手实践中,学生应在特定的时间汇报自己的完成进度,交流实践中遇到的问题和解决措施。教师也应在群内进行监督和指导,通过学生的反馈,制定评价标准。

5.交流分享,互评改进展示

作业评价分为三大部分:自评、互评和师评。最终每班级选出比较优秀的 10 份作业展览存档。

地理探究式作业评价量表								
评价维度	评分标准	自评	互评					师评
			1	2	3	4	5	
图文并茂	图文布局合理,相得益彰(5分)							
	有图有文,比例失调(3分)							
	内容单一(1分)							
主题鲜明	主题突显,内容紧扣主题(5分)							
	主题明确,内容不够贴合(3分)							
	缺少主题,内容杂乱(1分)							
色彩搭配	有艺术性,引人入胜(5分)							
	美观整洁,重点突出(3分)							
	色彩单调,或过于花哨(1分)							

续表

地理探究式作业评价量表								
评价维度	评分标准	自评	互评					师评
			1	2	3	4	5	
地理突显	融合知识,展现思维(5分)							
	体现各章节知识整合(3分)							
	单一重复教材内容(1分)							
知识准确	课内外知识准确,无纰漏(5分)							
	个别知识存在错误(3分)							
	错误较多,不够严谨(1分)							
创意无限	想法独特,新颖有趣(5分)							
	有所思考,小有创新(3分)							
	循规蹈矩,缺少创意(1分)							
总分								

6.硕果累累,作业特色突显

学生在这次实践性作业的亲身体验中,让自己的特长得以充分地发挥,我们见到了美轮美奂的各式中国地图,见到了严谨的地理知识思维导图,也见到了布局合理、图文并茂的手抄报。见证了某位学生的独树一帜,也见到了小组成员的精诚合作。由此,我们认为本次作业有以下特色:

(1)结合学生学情。根据学生对中国地理的学习情况进行作业设计,让学生有角度可筛选,有素材可查阅,有知识可依托。

(2)贴近学生生活。结合学生的出行或见闻经历,让课堂学习与日常生活紧密结合,充分体验和感悟人地关系,做到知行合一、乐学善学。

(3)突显学生主体。依据学生思维方式、学习方式的差别进行作业设计,学生按照自己擅长的、喜欢的方式完成作业。

(4)培养学生素养。每一个层次的作业都有助于学生形成独特的地理思维方式、树立严谨认真的科学精神及增强国家的认同感,起到渗透地理核心素养的作用。

三、实践反思

1.得。通过本次作业,一方面可以让教师更好地了解学情,及时弥补不足,起了提质增效的作用。另一方面,对学生来说巩固了基础知识,将碎片化知识构建成课程核心内容,强化了从地理的视角看待、探究现实世界的意识和能力,再次体会学习地理的重要意义,开阔学生的全球视野,增强学生的社会责任感,有效培养学生的核心素养。

2.失。随着"双减"政策的落实和课程改革的深入及新中考改革的实施,这样的作业设计可以说是初步尝试,还有很多不足。对学生来说,有很多人出于不重视、不习惯或者疲于完成其他学科作业而选择放弃或糊弄。对教师来说,这样的作业安排因为要花费更多的时间和精力,所以在实施过程中会有懈怠和应付的情况。

3.惑。不同于试题类的作业,这样的承载着不同学习能力水平的作业如何评价以保证公平公正、因材施教?如何操作,才能让学生积极主动地参与,并且乐此不疲?这样与课堂学习关系不即不离,但又需要投入时间和精力的作业应该怎样设计和实施才能是真正有效的作业?

4.改。考虑到评价的直观性和好操作性,该作业设计的备选项中都是动笔操作的内容,没有考虑到不擅长的学生。因此,可以增设口头类的作业和制作 PPT、微课或录制音频及视频类的任务等更多形式的内容,让学生的爱好、特长更好地发挥。比如:制作中国政区图或地形图等;介绍任一地理区域的自然或人文特色;收集你喜欢的中国方言、民歌或戏曲;制作一个 15 分钟内的"美丽中国"的微课;等等。

41.融会贯通　推陈出新

——以"中国古代科技成就"为例

大连高新区第一中学　　历史组：肖晓

一、设计理念

1.课程标准

历史新课程标准中提及"通过印刷术、指南针、火药的应用和外传，认识中国古代的重要发明对世界文明发展的贡献"和"通过了解中国古代文明的辉煌成就，认识中华优秀传统文化的独特价值和突出优势，提高民族自尊心、自信心和自豪感，增强民族凝聚力"。将课标要求联系起来，学生需要掌握宋元时期的科技发展，了解中国古代文明的辉煌成就，建构合理的历史知识结构，拓宽认识历史的视野，培养家国情怀。

2.学情

七年级学生刚学习中国古代史不久，教师仍需要注重对学生历史学习方法的指导和历史学习思维的培养。宋元时期是中国古代封建社会的重要时期，七年级下册第13课"宋元时期的科技与中外交通"要求学生能够掌握印刷术、指南针、火药的应用和外传，认识中国古代的重要发明对世界文明发展的贡献。通过课时学习，学生能够掌握宋元时期的科技发展，以相同的历史方法和路径去探究其他朝代乃至整个中国古代文明的辉煌成就，从而实现对中国古代科技内容的整合，实现知识与方法的迁移与运用。

3.设计思路

我国古代教育家孔子提出"因材施教"的育人主张，在教育的过程中要尊重学生的个体差异。教育要面向全体学生，同时要根据学生的兴趣爱好、知识基础、智力水平、学习习惯、家庭环境等方面的差异，有的放矢地进行教学。因此，教师精心设计和实践"分层式作业"，符合我校"情动五环高效作业模式"的要求，更有利于给学生提供选择的机会。作业是课堂教学的延续，是教学活动的有机组成部分，教师要根据学生对知识的掌握情况，关注思维发展差异，在必做和选做中实现分层，培养学生唯物史观、时空观念、史料实证、历史解释、家国情怀的历史核心素养。

本次历史作业以中国历史七年级下册第13课"宋元时期的科技与中外交通"为切入点，以"马可·波罗游中国"为情境，按难易程度分为基础巩固类、能力拓展类、实践创新类、学科综合类作业，使不同层次的学生都能体会到做作业的乐趣。

任务一：设计路线并挑选物品（基础巩固类）

难度指数 ＊＊

设计路线是针对第13课中外交通的内容,而挑选物品是针对此课活字印刷术的发明和指南针、火药的应用的内容。这一问题偏基础,可以通过在教材、历史地图册中寻找答案,相对快速地完成。此题可通过画地图的方法完成,与地理学科相结合,主要使学生了解活字印刷术、指南针,以及火药的发明、应用和外传的基本史实,初步养成历史时序意识和历史空间感,培养唯物史观、时空观念的历史核心素养。

任务二:

1.分析宋元时期科技与中外交通发展的原因(能力拓展类)

难度指数 ＊＊＊

教师摘取《马可·波罗行纪》目录中的一部分,给予角度,让学生结合所学知识分析宋元时期科技与中外交通发展的原因。本题难度相对较高,主要针对中等以上学生的能力提升。学生通过史论结合的方法,提升历史学习能力,灵活排列组合教材相关知识,学会多角度、多方面分析问题,旨在培养史料实证、历史解释的历史核心素养。

2.分析明清时期科技发展趋势(能力拓展类)

难度指数 ＊＊＊＊

教师收集明清时期影响科技发展的相关史料。学生结合文字材料,灵活运用,进行思维拓展,从政治、经济、文化、对外政策等方面进行分析,从而更好地了解国内科技发展趋势,旨在培养史料实证、历史解释的历史核心素养。

任务三:历史实物小制作。动手做一做四大发明的模型,并介绍所做模型的发明与发展过程(实践创新类)

难度指数 ＊＊＊＊

将历史学科与劳动实践学科相结合,在实践创新类作业中,学生不仅可以通过阅读书本上四大发明的发明与发展过程,收获知识,还可以提高动手能力,培养创新精神。作业不一定是枯燥无趣的,它可以生动有趣。学生在动手制作的过程中,能够加深对学习内容的理解。

任务四:请你实地参观或网上浏览与中国古代科技有关的遗址、博物馆或档案馆等,收集相关资料,手绘一张历史小报或以小导游的身份为文物做讲解(学科综合类)

难度指数 ＊＊＊＊

七年级全学年的教学已经完成,中国古代史已全部讲授完毕,故将科技发展扩大到整个中国古代史,将科技史按朝代进行学科内的整合。结合初中生的实际能力,鼓励学生假期实地参观或网上浏览与中国古代科技有关的遗址、博物馆或档案馆等,收集相关资料,手绘一张历史小报或以小导游的身份为文物做讲解。在做历史小报与做文物讲解的过程中,会与美术、信息、语文等学科综合。在完成作业后,学生进行小组评价,促进学生间的合作互助。学生在参观浏览的过程中,可以真切地通过文物感受到当时的历史,感悟古人不懈探索、勇于创新的精神,提高民族自尊心、自信心和自豪感,增强民族凝聚力,培养唯物史观、时空观念、史料实证、历史解释、家国情怀的历史核心素养。

二、设计与实施过程

中国有坚定的道路自信、理论自信、制度自信,其本质是建立在 5 000 多年文明传承基础上的文化自信。历史长河奔流不息,中华文明独树一帜。习近平总书记曾说:"星空浩瀚无比,探索永无止境,只有不断创新,中华民族才能更好走向未来。"中华民族创新的传统古已有之,四大发明即为典型代表。请你自选难度层级完成以下任务:

马可·波罗"游"中国

1254 年,马可·波罗出生于威尼斯一个富裕的商人家庭。1271 年,马可·波罗踏上前往中国的道路,在元朝生活了 17 年,代表作有《马可·波罗行纪》。这部行纪有"世界一大奇书"之称,是人类史上西方人感知东方的第一部著作,它向整个欧洲打开了神秘的东方之门。

任务一:(基础巩固类)

请你为马可·波罗设计一条由威尼斯前往中国或由中国返回威尼斯的路线,并为马可·波罗挑选携带的物品。

任务二:(能力拓展类)

1.根据《马可·波罗行纪》目录并结合所学知识,分析宋元时期科技与中外交通发展的原因。

> 第1章 当朝皇帝忽必烈汗的丰功伟业
> ......
> 第9章 兴建的大都新城及众多人口
> ......
> 第11章 大汗的禁卫军
> ......
> 第73章 宏伟繁荣的杭州城

2.阅读以下材料并结合所学知识,分析明清时期科技发展趋势,并加以论述。

材料一:经济

以男耕女织为主要形式的农业与家庭手工业紧密结合的自给自足的自然经济结构遂成为中国古代农业社会生产方式的广泛基础。中国的单一性小农经济要狭隘、单调、薄弱得多,具有封闭性。

——刘国培《中国古代农业社会和传统文化》

材料二:政治

……并不许立丞相。臣下敢有奏请设立者,文武群臣即时劾奏,处以重刑。

——《明太祖实录》

材料三:文化

据《清代文字狱档》所收录的文字狱档案,从乾隆六年(1741 年)至乾隆五十三年(1788 年)的 40 多年中,就有文字狱 53 起,几乎遍及全国,造成一种以文招祸的恐怖气氛。

——樊树志《国史概要》

材料四:对外政策

明代的海外贸易政策,可以说是禁多于放,限制、防范多于鼓励、支持。

——摘编自史志宏《明及清前期保守主义的海外贸易政策》

闭关锁国带来了严重的后果。清朝统治者隔绝中外民众的往来……妨碍了中国人民学习世界先进的思想文化和科学技术,阻碍了国际文化的交流……从而造成中国的落后。

——摘编自徐明德《明清时期的闭关锁国政策及其历史教训》

任务三:(实践创新类)

历史实物小制作:动手做一做四大发明的模型。(要求:介绍所做模型的发明与发展过程)

任务四:(学科综合类)

文物或许静默无言,但是我们知道,它们有着独特的心声。在一次次注视中,在无数的裂痕中,我们能从中感受岁月流淌的痕迹和时代脉搏的跳动。探秘古代发明,感受传统文化魅力,认识中华文明对人类文明的重大贡献,不断增强民族凝聚力、民族自豪感。

请你实地参观或网上浏览与中国古代科技有关的遗址、博物馆或档案馆等,收集相关资料,手绘一张历史小报或以小导游的身份为文物做讲解。

三、实践反思

(一)引导学生学会选择

分层作业可以激发学生的学习情绪,但有些学生不能理性选择自己适合的层次,存在某些先进生偷懒不做基础巩固题或某些后进生直接放弃能力拓展题等情况。针对这种情况,教师要加强引导,督促先进生夯实基础,鼓励后进生敢于挑战、克服畏难情绪。

(二)评价方式要多样化、多元化

对于分层作业,不同层次的学生可有不同的评价标准。基础薄弱的学生如果自己所选题目完成得很好,完全可以得到高等级评价。评价既是对作业质量的评价,也是对其完成态度的评价,还可以是创新性的评价。要进行多元、多样评价,从评价主体上讲,既可以是自己的评价、小组同伴的评价、家长的评价,也可以是教师的评价。从方式上讲,可以采用口头评价、书面等级评价、展示打分评价等。

42."音""核"赋能　"乐"动人生

——以《影视金曲》为例的音乐单元实践

大连高新区第一中学　　艺术组：谭清

一、设计理念

（一）课程标准

新课标指出："音乐课程应着力培养学生核心素养，体现正确的价值观、必备品格和关键能力。让学生感受美、欣赏美、表现美、创造美，丰富审美体验。"因此，音乐课程应以学科素养为导向，以课程目标为纲领，不断提升学生审美感知、艺术表现、创意实践、文化理解四个方面的关键能力，形成知识、能力、素养的紧密串联和递进渗透。

（二）课程资源

在设计人音版七年级下册第二单元《影视金曲》的单元作业时，聚焦审美感知、艺术表现、创意实践、文化理解，融合四个维度的核心素养，以"单元整合教学"为依托，将中外优秀影视音乐作品作为学习材料，融感知、体验、理解、视听、演绎、创编为一体。课堂上通过多首优秀的影视音乐，如纪录片《话说长江》的片头曲《长江之歌》、奥斯卡金像奖电影主题音乐《辛德勒的名单》等引导学生领会音乐在影视中的形式、作用及在人类社会生活中无可替代的功能。课后以融合意识设计实践式作业，让学生在生活中涉猎更多的影视作品，在实践中体验并加深对影视音乐文化的理解，在实践中不断提高创意实践能力和艺术表现水平。

（三）学情分析

在过去的学习生活中，学生对影视音乐并不陌生，但对于影视音乐的创作背景以及其在影视剧中所起到的重要作用，大多数学生未曾主动了解。七年级的学生有参与意识，有探索意愿，但在艺术表现方面，主动性还有待加强，需要教师给予积极的引导。根据学生的特点，在设计作业时以多种形式的音乐实践活动，强化音乐学科与其他艺术学科的有机融合，引导学生领会音乐在影视中的无可替代的作用，使学生通过体验完成对作品的深度赏析，通过实践来收获自信。

（四）学科核心素养

1.审美感知：

通过本单元的实践作业，能在已有的观影基础上，融入更多影视音乐相关信息，在接受知识的基础上，学会知识的运用和迁移，加深对影视音乐的理解，锻炼音乐思维，提升审美情趣。

2.艺术表现:

在"让经典再现"实践任务中,自选影视音乐,可以通过肢体律动、演唱、演奏、演绎创编等多种形式,来创意表现,抒发内心情感,收获成就感,增强自信心,在提升音乐核心素养和关键能力的同时爱上音乐。

3.创意实践:

能在艺术活动中运用联想和想象,进行二次创作和创意表达,通过艺术实践,在演唱、演奏过程中融入对影视音乐作品的个性化理解和诠释,享受艺术表现的乐趣,不断提升创意思维和艺术表现水平。

4.文化理解:

将"赏析影视音乐"作为学习动因,以音乐要素和影视文化为抓手,深度挖掘音乐作品内涵,了解音乐文化,养成倾听音乐的良好习惯,初步掌握音乐欣赏的基本方法。学会结合日常生活去品鉴音乐,拓展学科素养。

二、设计与实施过程

(一)设计过程

1.实施背景:

我校在"双减"背景下的"五环高效作业模式",倡导根据学科特点和实际教学内容设置不同类型的作业。我们音乐学科也打破以往单一枯燥、有量缺质的作业模式,布置分层作业、弹性作业和个性化作业,建构丰富多彩的"学科综合见神奇"实践类作业。鼓励学生将课上的学习兴趣延伸到课下与生活中,将喜欢的经典影视音乐作品作为实践探究对象,积极赏析与演绎教材以外的大量影视音乐作品,表达与众不同的理解和见解,让学生在体验中感受音乐、在实践中运用音乐。

2.分析重难点:

在《影视音乐》这一单元,教师不仅要在课上培养学生感受美、表现美、创造美的能力,还要在课堂教学的基础上,针对初中生在艺术表现领域大多有羞涩、不够自信等情况,引导学生在课后实践活动中继续拓展学习,通过作业设计引导学生进一步了解影视音乐文化,自主探索搜集资料并分享,进行合作表演、创编律动、设计乐器伴奏等多种形式的实践活动,更好地提高学生的音乐学习兴趣和表现能力,让自主学习、团队合作、创意发展成为学生终身学习的能力。

3.确定学习内容:

基于单元内容,遵循音乐的认知规律,根据不同层面的学生,设计并布置三个项目式实践音乐作业,让学生在实践中巩固课堂所学的知识点。作业主要包含了听、评、唱、奏、创这些实践活动,学生可以充分感受与体验音乐之美,获得审美感知。

(二)实施过程

1.任务一:

形式:"小小评论家——做出彩少年",推荐一首影视音乐,从音乐要素入手做音乐

评论,分享推荐理由。(必做;文字或现场阐述)

设计意图:听赏与评述是音乐课堂重要的音乐学习任务,是培育学生审美感知和文化理解素养的有效途径。本单元作业始终紧扣单元主题"影视金曲",将"赏析影视音乐"作为学习动因,以音乐要素和影视文化为抓手,旨在让学生深度挖掘音乐作品,了解音乐文化,养成倾听音乐的良好习惯,初步掌握音乐欣赏的基本方法,并结合日常生活去感受音乐、拓展学科素养。

学生作品:

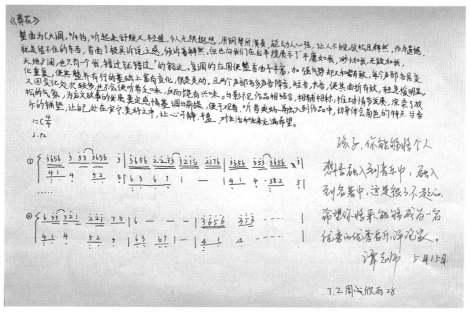

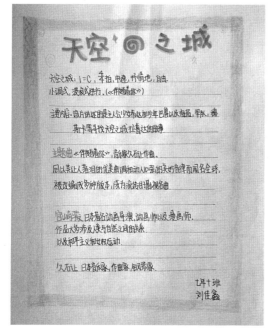

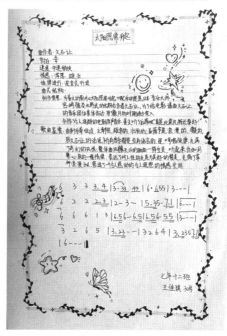

2.任务二:

形式:"小小音乐家——让经典再现",自选一首影视音乐,进行演唱或演奏。(必做;可上交视频,也可现场展示)

设计意图:前期教学为学生积累了影视音乐的歌唱经验。因此,本单元意在此基础上,为学生提供更多的影视音乐相关信息,调动每一位学生参与的积极性,既注重集体演唱、演奏,也创造机会让学生独立演唱、演奏,增强学生在公众面前表演的自信心。鼓励学生在演唱、演奏过程中融入个性化的理解和诠释,进行二次创作和创意表达,不断提升艺术表现水平,享受艺术表现的乐趣。

学生作品:

3.任务三:

形式:"小小创客——让创意无限",关注影视音乐,尝试自己选取一个画面并配上音乐。(选做加分项;上交视频)

设计意图:在有趣且具挑战性的音乐活动中,可以采用视听结合、声像一体、虚实结合等方式,创造与音乐相关的情境,激发学生对音乐的情感共鸣与联想。通过体验影视音乐的元素、情感、画面等,逐步了解、理解、表现影视音乐的进阶,让学生在特定的文化语境中更好地理解影视音乐的文化内涵与风格意蕴。

学生作品:

（三）作业评价

将音乐作业融入实践是提升学生音乐审美、培育学生综合素养的有效手段，教师依据课程标准和核心素养要求，以任务驱动创设真实问题情境，为学生"学什么、学到什么程度、怎么学、学得怎么样"搭建学习支架，铺设学习路径，让核心素养在课堂、学生身上真实发生。

实践式作业评价表

评价等级	10	8	5
小小评论家 审美表达	能自信地用音乐要素流畅、准确地评论一部影视音乐作品，有自己独到的思想与见解	能用音乐要素流畅、准确地评论一部影视音乐作品	能够参与表达，语言表达不够流畅、准确，不够自信
小小音乐家 艺术表现	能够声情并茂地演唱或演奏，小组每个成员积极参与，配合默契	能够积极参与表演，小组绝大多数成员积极参与，配合相对默契	能够参与表演，但不够自信大方，小组成员参与积极度还需提高
小小创客 创意实践	乐于实践，积极创编，创造力丰富	能积极参与创编活动，相对有创意	可再加些创意，要多进行学习和实践

三、实践反思

音乐的"非语义性"特点，决定了音乐学习应延伸、拓展至学生的现实生活及精神世界。在《影视金曲》单元的实践式作业设计中，教师引导学生通过多种方式理解音乐、表现音乐、创造音乐，在丰富的音乐活动中不断提升音乐感知能力与审美能力，力求把新课标的教育理念和基本要求落实到每一项音乐活动中。学生在课下围绕音乐展开的学习活动，突出了学生个体和个性发展，与课堂音乐教学形成了互补共生的关系。同时，这种将音乐学习延伸到课下和生活中的方式，也能将音乐更好地渗透到学生的日常生活中，成为一种日常生活方式，一种美好的艺术习惯。这些学习活动在提升学生音乐核心素养和关键能力的同时，也让孩子们"爱上音乐"。

音乐学习是一个不断积累、不断提升的过程。在"双减"教育背景下，有效进行音乐学科作业设计需要教师始终以学生发展为本，以审美为核心，把激发兴趣贯穿始终，从音乐学科角度出发，从改变作业的形式、内容以及考虑学生个体差异等方面进行思考，降低音乐学习难度，切实减轻学生过重的作业负担，优化作业设计，提升作业趣味性，因材施教，分层设计，创设轻松的音乐学习环境，把主动权交给学生，让音乐成为陪伴学生一生的挚友。学生在实践中增强自信心，体验到音乐作业的乐趣，发展自主学习能力和团队合作能力，在现实生活中不断提升艺术表现和实际应用的能力。

"双减"背景下，我们目前进行的作业设计研究，一切都处于探索阶段，毕竟这是一个循序渐进的过程。相信,随着作业改革的不断深入,我们的理论学习也会在实践的检验下,不断修正、丰富,走向成熟,让学生在完成这样的作业过程中培养兴趣、养成习惯、培育人格、发展素养。

43.厚植家国情怀　发展核心素养

——以"我为祖国唱支歌"为例的体验式单元作业设计

大连高新区第一中学　　艺术组:赵艺迪

一、设计理念

(一)课程标准

本次作业内容是在"双减"背景下,依据艺术新课程标准中"坚持以美育人,引领学生在健康向上的审美实践中感知、体验与理解艺术,逐步提高感受美、欣赏美、表现美、创造美的能力""引导学生树立正确的历史观、民族观、国家观、文化观,增强爱党、爱国、爱社会主义的情感,坚定文化自信"等观点而设计的。

本单元内容以人音版七年级上册第一单元的内容为基础,结合课程标准的要求,引导学生掌握以下内容:

1.通过演唱和赏析音乐作品,感受、体验、理解本单元深厚的、丰富多彩的爱国主义思想情感,增强对祖国母亲的热爱之情。

2.能够按照歌唱、演奏的基本要求,用准确的节奏、旋律演唱或演奏歌曲,并能用自信、有感情的歌声或乐声表达不同歌曲的情感表现。

3.能够认识并分辨独唱、齐唱、合唱等演唱形式,乐于尝试不同的演唱形式。

4.能够准确地把握本单元涉及的相关音乐知识,结合音乐作品,初步掌握节拍、节奏、节奏型等音乐知识,结合练习 2/4 拍、3/4 拍、4/4 拍的指挥,感受、体验节拍特点。

5.能够运用本单元所学知识,采用丰富的艺术表现形式进行合作、创编活动。

(二)课程资源

本单元的作品在内容和意义上,都有着承上启下的作用。第一单元以"歌唱祖国"为主题,以爱国主义教育为主旨,聚焦核心素养,选取《中华人民共和国国歌》《爱我中华》等五首具有鲜明爱国精神的歌曲,让学生在音乐中将爱国之情融入血脉,引导学生感受、体验、理解爱国主义情感,使学生在开学之初就形成良好的音乐学习习惯。

为了让学生加深对爱国主义歌曲的感受,培养学生的音乐核心素养,深化学生对音乐本体知识与技能的掌握,特以班级为单位,组织学生开展"我为祖国唱支歌"主题活动。素养导向下的课程资源内容,从以下四个方面体现:在审美感知与艺术表现上,学生能够较熟练地感知、辨别音乐的节拍、速度、演唱形式、情绪等音乐要素,有助于学生掌握艺术表现的技能,培养学生发现美、感知美的能力,丰富审美体验。在创意实践上,本次音乐作业的设计采用丰富的艺术表现形式进行合作、创编活动,遵循因材施教的理念,促进学生的个性化成长,提高学生学习音乐的兴趣和积极性。在文化理解上,通过演唱和赏析音乐作品,感受、体验、理解本单元深厚的、丰富多彩的爱国主义思想情感,增强对祖国母亲的热爱之情。

（三）学情分析

七年级学生刚刚步入中学学习阶段,对新教材、新内容充满了好奇心和学习欲望,对于"歌唱祖国"这一以爱国主义教育为主旨的单元内容,学生在小学阶段曾有过聆听、赏析及演唱体验的相关积累。中学阶段的第一单元对于孩子们来说是学习衔接,更是能力提升。本单元通过演唱、聆听、器乐演奏、合作表演、编创等实践活动,综合发展学生多方面的艺术能力,通过不同的艺术表现和艺术实践形式,增强学生识读乐谱能力、合作能力和音乐创新思维,调动学生参与音乐活动的主动性和积极性。

二、设计与实施过程

（一）确立主题概念

1.分析重难点

本单元的大概念是引导学生通过演唱和赏析音乐作品,感受、体验、理解本单元深厚的、丰富多彩的爱国主义思想情感,运用本单元所学知识,采用丰富的艺术表现形式进行合作、创编活动,增强对祖国母亲的热爱之情。本单元主题鲜明,歌曲旋律富于歌唱性,歌词突出爱国主义思想,学生要能够准确地把握本单元涉及的相关音乐知识,结合音乐作品,初步掌握节拍、节奏、节奏型等音乐知识,能够按照歌唱、演奏的基本要求,用准确的节奏、旋律演唱或演奏歌曲。五首不同风格的爱国作品,其音乐知识内容以及音乐要素对推动音乐情绪情感都有不同的作用,对于厚植学生的爱国情怀、弘扬中华民族的光荣传统有着重要意义。

2.整合资源

通过课上学习,学生已经感受到了本单元深厚的、丰富多彩的爱国主义思想情感,教师应鼓励学生将这种兴趣延伸到课下与生活中,将喜欢的红色经典爱国主义作品作为实践探究对象,积极赏析教材以外的大量爱国题材作品,将爱国之情融入血脉之中,引导学生感受、体验、理解,增强爱党、爱国的情感,让这种情感烙印在学生心中,始终"为实现中华民族伟大复兴而不懈奋斗"。

3.确定学习内容

本单元的作业设计内容以音乐学科的基本理念和课程目标要求为基础,强调学生的艺术实践,积极引导学生参与演唱、演奏、聆听、综合性艺术表现和即兴编创等各项音乐活动,将其作为学生走进音乐、获得音乐审美体验的基本途径,通过音乐艺术实践,有效提高音乐素养,增强学生音乐表现的自信心。本次音乐作业学习内容形式多样化,可以通过演唱、编创、表演等形式达到单元质量检测的目的。活动内容灵活丰富,包含唱歌、舞蹈、器乐演奏、小小舞台剧等多种形式,全面考察本单元课程内容所涉及的三维目标达成情况,通过学生自评、生生互评、老师评价,增强学生对爱国主义歌曲的感受体验,深化学生对音乐知识与技能的掌握和音乐课的热情,激发学生对祖国无限的热爱之情。

根据本单元内容,结合初中七年级学情特点,本单元设计了"基础性""拓展性""实践性"三个部分,以三个栏目呈现,分别是"金话筒""创意家""好少年"。

(1)"金话筒"栏目是完成学习目标的基础性作业,通过学习,学生能够完成音乐课中的所学歌曲(欣赏课中的歌曲片段),做到节拍稳定、节奏音准准确,具备正确的歌唱姿势和自信的歌唱状态等。

(2)"创意家"栏目是拓展性作业,学生能够用舞蹈或乐器独奏,抑或是与同伴合奏课堂中所学习的歌曲旋律或旋律片段,做到节拍稳定、节奏准确,正确表现歌曲音乐情绪。

(3)"好少年"栏目是实践性作业,学生能够根据自己的兴趣,结合音乐课堂上所学内容,融合其他学科进行创编活动,教师应多鼓励学生运用多种形式对学习内容进行艺术表达呈现。

单元检测以"歌唱祖国"为主题,遵循大单元的设计理念,学生可以搜集与本单元主题统一或相似的音乐作品进行节目展演,形式生动活泼,鼓励合作探究,以此拓宽学生的音乐视野,表达爱国情怀,增强民族自豪感。

（二）实施过程

根据本单元内容,单元作业设计内容如下:以"我为祖国唱支歌"为主题,设计三个栏目,分别为"金话筒""创意家""好少年"。每人根据实际情况任选两项,其中"金话筒"为必做项,"创意家"和"好少年"任选其一。提交的作业形式为视频,并附上自评星级,其中"金话筒"为基础题,评价设置三个等级;"创意家"和"好少年"为提升题,评价只设置两个等级,均用星级表示。

1.栏目一:"金话筒"

设计内容:"金话筒"栏目为基础题,学生在演唱之前可以先查阅知识,再运用不同的形式演唱歌曲,能够准确表达歌曲的音乐形象和情感,激发强烈的爱国情怀。

设计意图:先了解歌曲创作背景、作曲家生平及代表作,再进行演唱,能提高学生的积极性,使其高效完成课时基本内容的学习。通过演唱歌曲,考查学生对于歌曲演唱的掌握程度,激发学生更深层次的爱国情感,将情感教育与审美教育结合,增强学生的民族自豪感,用音乐在学生心中种下爱国的种子。

学生作品：

教师文质评价：

你的歌声中流动的旋律，跳动的音符，诠释了音乐的魅力。每个人的生活都离不开音乐，我相信未来你在表演、欣赏、创作中都会有所收获的。加油吧！

赵老师
10.16

2.栏目二："创意家"

设计内容："创意家"栏目为实践题，学生可以通过自制乐器、编创舞蹈等多种形式对歌曲进行编创，给音乐作业注入生机和活力，不仅能掌握知识技能，更能激发他们的创造能力。

设计意图：从演唱到编创，从动嘴到动手，使得歌曲更加具象化，让学生把音乐与社会相结合，感受各民族风土人情。通过不同形式的创编演绎，激发创意思维。既能创造性地完成课本中"知识与技能"内容的学习，还可以锻炼学生的动手、探索能力。

学生作品：

教师文质评价：

老师喜欢你展示时自信满满的样子！你演奏的旋律非常优美，表情非常具有感染力，你带来的作品让老师一天的心情明媚起来，小小的身体蕴藏着巨大的能量，带着这股热情继续加油吧！

赵老师
10.22

3.栏目三："好少年"

设计内容："好少年"栏目为探究题，学生通过自创小小音乐剧，以综合表演的形式深度挖掘音乐作品、了解音乐文化，结合日常生活感受音乐、拓宽音乐视野，全面提升音乐素养。

设计意图：从演唱到编创再到表演歌曲，学生通过自创小小音乐剧，以综合表演的形式深度挖掘音乐作品、了解音乐文化，把音乐与生活、与社会相结合，从而展现新时代好少年的风采。

学生作品：

教师文质评价：

你们的表演非常生动有趣，这个作品通过大家二度创作后的演绎变得更加有层次！你们的创意非常独特！让音乐成为伴你一生的朋友，勇于探索，在音乐的海洋中你会感到无限的乐趣！

赵老师
10.30

（三）嵌入式评价

1.发展性评价：以调动学生的学习兴趣为前提，使学生能够保持对音乐的兴趣、乐于参与各种音乐活动，掌握相关音乐知识，理解音乐文化，积累一定的音乐经验。以学期目标为导向，根据学生学习态度、学习习惯、学业成就三个维度的基础指标进行评价。

2.形成性评价：本次音乐作业通过学生自评、生生互评、教师评价等方式，全面考查本单元课程内容所涉及的三维目标达成情况，增强学生对爱国主义歌曲的感受体验，深化学生对音乐知识与技能的掌握和对音乐课的热情，激发学生对祖国无限的热爱之情。

单元质量检测作业评价量表					
自选项目	评价标准	水平	自评	互评	师评
金话筒	演唱完整流畅,富有感染力,自信有表情地演唱歌曲	★★★★★			
	演唱完整流畅,富有感染力	★★★★			
	演唱完整流畅	★★★			

单元质量检测作业评价量表					
自选项目	评价标准	等级	自评	互评	师评
创意家	根据歌曲编创合适的舞蹈动作或用乐器演绎作品,并完美地与音乐相结合 要求:编创合理、创意新颖、动作优美、演奏准确	★★★★★			
	根据歌曲编创合适的舞蹈动作或用乐器演绎作品,并完美地与音乐相结合 要求:编创合理、创意新颖	★★★★			
好少年	自选单元内任一作品,创编音乐课本剧 要求:形式活泼、主题突出;表演自然、感染力强	★★★★★			
	自选单元内任一作品,创编音乐课本剧 要求:形式活泼、表演自然	★★★★			
评价说明: 　　本课时作业内容"金话筒"为基础题,评价设置三个等级;"创意家"和"好少年"为提升题,只设置两个等级,均用星级表示。					

三、实践反思

(一)效果分析

本次作业是根据学校"学科综合见神奇"进行的单元作业设计,旨在突显音乐学科的综合性,在活动体验中获取知识。作业共分为三个部分,分别为基础性、拓展性与实践性作业。作业分层设计,每一层作业都富有趣味性,能够很好地吸引学生的注意力,可以让学生在轻松、愉快的氛围中完成作业。不同层次不同难度的作业,让每一层次的学生的能力都能有效提升。事实证明,学生可以通过完成多样化的作业巩固所学,并能延展所学。不同类型的作业在学生身上分别产生了不同的效果:

"金话筒"基础性作业让学生通过演唱的形式,加深了对歌曲歌词内容与内涵的理解,将感情融入演唱,激发了爱国情怀,对爱国主义精神有了更深入的理解。

"创意家"拓展性作业让学生根据歌曲编创合适的舞蹈动作或是用乐器演绎作品,再次巩固了学到的音乐知识,也在这一过程中收获了成就感和自豪感。

"好少年"实践性作业则让学生在剧情角色表演中积极认真进行自我表现,体验了故事剧情,感受了多种艺术表现形式,提升了艺术素养,形成全面发展的能力品格。

(二)案例反思

1."金话筒"基础性作业:

从本次作业的具体实践中,发现80%的学生能够完整并有感情地进行演唱,学生在七年级已经拥有较强的学习能力和实操能力,他们在了解了歌曲背景后逐渐加深了对音乐的学习兴趣,也会在完成作业的过程中主动思考,加深对歌曲内容的理解,激发爱国情怀,并试着融入自己的感情演唱。这也是基础性作业试图达成的目标,让学生在主动接受的过程中逐渐提高音乐素养。但是这次作业没有好好强调气息的使用,在以后的音乐课堂中,应在这方面多强调,保持乐句的完整性。同时在演唱歌曲的时候要提醒学生尽量保证音准的准确度,而且做到不"喊唱",养成好的、正确的唱歌习惯。

2."创意家"拓展性作业:

学生在家积极地参与并认真地完成各项内容,主动听赏乐曲并根据歌曲编创合适的舞蹈动作或是用乐器演绎作品,并完美地与乐曲内容相结合。但是这次作业中,大多数同学没有在演绎中进行加工与处理,呈现的作品不够完美。以后教学时可以将典范学生的优秀表演视频在各班音乐课的课前播放,进一步激发学生的表演积极性,培养学生的音乐表现力。

3."好少年"实践性作业:

在创作音乐剧过程中,学生能够表达出自己对情节的理解和认知;在故事情节表演方面,大家也展现了多才多艺的风采;在多种审美创作实践活动中,学生增强了艺术表现力以及文化自信,培养了核心素养,激发了爱国热情。但是美中不足的是,由于条件有限,表演环节没有合适的服装来表现不同的角色,也没有在反复表演中形成成熟、成型的片段表演。在以后的教学中,要将学生感知、表演创新放在重要位置,让学生真正展现音乐魅力、感悟歌曲内涵。

通过完成"我为祖国唱支歌"的单元作业,学生不仅对音乐有了新的认识、感知,还通过多种体验性演绎活动进行分享和传承,加深了对音乐的感悟与体验,增强了艺术表现力以及文化自信,培养了核心素养,激发了爱国热情。

44. "大单元"整合下的化学"五环"作业设计

——以"水落'实'出"大单元为例谈作业设计

大连高新区第一中学　　　化学组:刘可嘉　付璐　张云雪　杨雅茹

一、设计理念

(一)课程分析

1.课标要求

(1)认识水的组成;

(2)了解吸附、沉降、过滤和蒸馏是净化水的常用方法;

(3)认识溶解现象,知道溶液是由溶质和溶剂组成的,知道水是一种重要的溶剂;

(4)体会溶液在生产生活中的应用价值。

2.课程资源

(1)基于教材的重组"大单元"

基本信息	学科	年级	学期	教材版本	单元名称
	化学	九年级	上学期	人教版	水落"实"出
单元组织方式	☐自然单元		☑重组单元		
课时信息		序号	课时名称		
		1	饮水思"源"(水的组成及构成)		
		2	源清流"洁"(水的净化方法及流程)		
		3	白水"鉴"心(水质鉴别及改善)		
		4	百川"汇"海(水溶液的性质及应用)		
		5	水落"实"出(单元复习与应用)		

(2)单元知识体系建构

内涵——水的组成:电解水实验+氢气燃烧实验

应用——根据不同用途的需求对水进行不同程度的净化

　　　——净化及使用过程要关注水资源的保护:水质检测+节约减污

外延——水系研究的拓展"水+"在生产生活中的应用和意义

(3)知识、核心素养落实

化学观念——认识物质的多样性;能从元素、原子、分子视角初步分析物质的组成及变化;初步体会物质的性质决定用途的学科思想;能通过实例认识物质的性质与应用的关系,形成合理利用物质的意识;

科学思维——能以宏观、微观符号相结合的方式认识和表征化学变化;能从跨学科角度初步分析和解决简单的开放性问题;

科学探究与实践——初步学会设计探究实验方案,并能完成一些简单的化学实验;初步学习运用实验、观察等多种手段获取事实和证据;初步学习用口头、书面等方式表述探究过程和结果;能独立或与他人合作开展化学实验,并与他人交流和评价探究过程及结果;

科学态度与责任——感受并赞赏化学对改善人类生活和促进社会发展的积极作用;保持和增强对化学现象的好奇心和探究欲;逐步树立珍惜资源、爱护环境、合理使用化学物质的可持续发展观念。

3.学情分析

通过单元学习,学生已经初步了解了水的组成、水的净化以及水溶液的相关性质和应用,亲身体验了研究物质的方法、建立了宏微对应的观念、掌握了实验探究的技能,具有一定的自主学习能力。同时,在探究过程中,学生也引发了新的思考,保持着一定的学习兴趣,为后续化学学习系列化、持续化奠定了良好的基础。

学生知道研究物质的性质要通过实验探究的方法,具备一定的科学探究能力,初步具有控制变量设计实验的意识,但缺乏将实际问题转化为化学问题的能力和将生活生产中的实际问题与学科研究联系的社会责任意识。

(二)确定单元作业目标

作业评价是诊断学习效果、改进教学不可缺少的重要环节,要充分发挥单元作业的复习巩固、拓展延伸和素养提升等功能。围绕核心素养设计的单元作业能够更好地促进学生全面而富有个性地发展。

1.单元学习目标

(1)能根据实验事实确定氢气的燃烧、水的电解的生成物,培养实证意识,初步建构元素种类在化学反应前后没有发生变化的化学观念。能从微观视角对水的构成进行解释,并能通过宏观的实验现象进行具体的分析,初步建立从宏观与微观相结合的视角探究物质的科学思维。

(2)通过解决真实情境下的问题,了解沉淀、过滤、吸附、蒸馏等净水方法,初步学会过滤操作。学习水的净化方法与体验自来水厂的净化流程,了解净水方法的实际应用。

(3)认识溶解现象,知道水是重要的溶剂;了解溶液在日常生活、工农业生产和科学研究中的作用和重要意义,初步体会物质的性质决定用途的学科思想。

(4)初步学会设计探究实验方案,并能完成一些简单的化学实验;初步学习运用实验、观察等多种手段获取事实和证据;初步学习用口头、书面等方式表述探究过程和结果。

(5)了解水体污染的来源及危害,感受净水不易,树立珍惜水、爱护水的意识,养成节约用水的好习惯,形成保护和节约资源的可持续发展意识和社会责任。

(6)感受并赞赏化学对改善人类生活和促进社会发展的积极作用;保持和增强对化学现象的好奇心和探究欲望,发展学习化学的兴趣。

2.单元及课时作业目标

围绕单元学习目标,制订对应的单元作业目标和课时作业目标,检验学习目标的达成度。

(1)单元作业目标:

①通过电解水实验,了解水的组成;

②能根据不同的用途要求选择正确的净水方法;掌握几种净水方法的原理和操作技能;

③初步掌握运用控制变量的思想对不同水质进行监测对比;

④知道溶液的形成;体会某些溶液的性质及其在生产生活中的应用;

⑤树立爱水节水意识,能主动宣传"爱护水资源"的措施并积极践行。

(2)课时作业目标:

第①课时(饮水思"源"——水的组成及构成):了解化学史中关于"水的组成"的探究过程;通过电解水实验的研究,了解水的组成。

第②课时(源清流"洁"——水的净化方法及流程):能根据不同的用途要求选择正确的净水方法;掌握几种净水方法的原理和操作技能;树立防治水体污染的意识,掌握简单防治的原理和方法。

第③课时(白水"鉴"心——水质鉴别及改善):会区别软硬水,掌握硬水软化及煮沸、蒸馏的净水方法;初步掌握运用控制变量的思想对不同水质进行监测对比;树立爱水节水意识,尝试运用所学知识设计节水方案。

第④课时(百川"汇"海——水溶液的性质及应用):知道溶液的形成;体会某些溶液的性质及其在生产生活中的应用;树立节水爱水意识。

二、单元作业设计与实施过程

(一)单元作业设计多维细目表

课时	教学内容	核心素养	课时作业目标	学习水平	完成时长	作业来源	"五环"作业类型
1	水的组成	化学观念科学思维	通过电解水实验,了解水的组成	A 知道 B 理解	5 min	选编	固本培元强根基
		科学态度与责任	了解化学史:水的组成探究过程	A 知道	15 min	创编	自主拓展明高低
		科学思维	设计家庭小实验:进一步理解水的组成	C 应用	周内完成	创编	多样实践悟原理

课时	教学内容	核心素养	课时作业目标	学习水平	完成时长	作业来源	"五环"作业类型
2	水的净化及水体污染	化学观念 科学思维	能根据不同的用途要求选择正确的净水方法;掌握几种净水方法的原理和操作技能	A 知道 C 应用	15 min	选编	固本培元 强根基 自主拓展 明高低
		科学态度与责任	树立防治水体污染的意识,掌握简单防治原理和方法	A 知道 C 应用	学期内完成	改编	长期探究 小课题
3	水的净化及保护	化学观念 科学态度与责任	会区别软硬水,掌握硬水软化及煮沸、蒸馏的净水方法	A 知道 B 理解	5 min	选编	固本培元 强根基
		化学观念 科学思维	初步掌握运用控制变量的思想对不同水质进行监测对比	B 理解 C 应用	10 min	选编	自主拓展 明高低
		科学思维	树立爱水节水意识,尝试运用所学知识设计节水方案	C 应用	月作业	改编	长期探究 小课题
4	水和溶液	化学观念	知道溶液的形成;了解某些溶液的性质及其在生产生活中的应用	A 知道	15 min	选编	固本培元 强根基 自主拓展 明高低
		科学思维	运用某些溶液的性质解决实际问题	A 知道 C 应用	学期内完成	创编	学科综合 见神奇
5	单元复习与应用	化学观念 科学思维 科学探究与实践 科学态度与责任	了解水的组成 能根据不同的用途要求选择正确的净水方法;掌握几种净水方法的原理和操作技能 知道溶液的形成;体会某些溶液的性质及其在生产生活中的应用	A 知道 B 理解 C 应用	30 min	选编 改编	固本培元 强根基 自主拓展 明高低
		科学思维	通过对本单元知识的回忆与梳理,建构单元知识网络	B 理解	周内完成	创编	多样实践 悟原理
		科学态度与责任	定期检测家庭水质;树立爱水节水意识,能宣传并积极践行保护水资源	C 应用	学期内完成	改编	学科综合 见神奇

（二）分课时"五环"作业设计

第1课时:饮水思"源"(水的组成及构成)

【固本培元强根基】预计时长:5 min

1.电解水实验如右图。下列说法不正确的是(　　　)

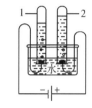

A.试管2中得到氧气

B.产生氢气与氧气的体积比约为2:1

C.该实验说明水由氢气和氧气组成

D.该化学反应的条件是通直流电

2.根据以下实验回答问题:

(1)从微观角度分析,实验1和实验2的本质区别是＿＿＿＿＿＿＿＿＿＿。

(2)能得出水是由氢元素和氧元素组成的实验是＿＿＿＿(填"实验1"或"实验2")。

　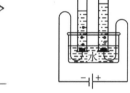

实验1　水沸腾实验　　　实验2　电解水实验

【自主拓展明高低】预计时长:15 min

1.查阅资料了解太空水循环。

2.观看视频资料:纪录片《门捷列夫很忙》第一集内容。

【多样实践悟原理】周内完成

利用生活中的物品尝试设计家庭微型电解水仪器。

【学生自评】

完成时长	完成情况	总结与收获	仍存在的疑问

第2课时:源清流"洁"(水的净化方法及流程)

【固本培元强根基】预计时长:15 min

1.环保要求:凡有颜色、异味的工业废水都禁止排放。净化此类废水可采用的方法是(　　　)

A.沉淀　　　　　B.过滤　　　　　C.吸附　　　　　D.静置

2.下列各项与自来水的净化过程无关的是(　　　)

A.吸附　　　　　B.沉降　　　　　C.电解　　　　　D.消毒

3.某自来水厂净水流程如下所示：

天然水→反应沉淀池→过滤池→活性炭吸附池→清水池→配水泵→用户。

在天然水中加入明矾的作用是_____，活性炭可以吸附水中_____。往清水池中通入氯气的目的是_____。自来水澄清透明，它_____（填"是"或"不是"）纯水。实验室除去水中不溶性杂质常用的一种方法是_____。

4.某同学将浑浊的湖水样品倒入烧杯中，先加入明矾粉末搅拌溶解，静置一会儿后，采用右图所示装置进行过滤，请问：

（1）图中还缺少的一种仪器是_____，其作用是_____；漏斗下端紧靠烧杯内壁是为了_____。

（2）操作过程中，他发现过滤速度太慢，原因可能是_____。

（3）过滤后他观察发现，滤液仍然浑浊。可能的原因有：

① _____；

② _____。

5.下图为自来水厂净水过程的示意图，请判断净水过程中有化学变化发生的是（   ）

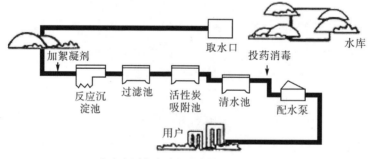

自来水厂净水过程示意图

A.从水库取水   B.通过过滤池

C.通过活性炭吸附池   D.投药消毒

【自主拓展明高低】

6.水是生命之源！"珍惜水、节约水、爱护水"是每个公民应尽的义务和责任。

（1）"生命吸管"可直接将河水净化为饮用水，主要处理步骤与自来水的净化过程相似，如图所示（③中离子交换树脂的主要作用是去除重金属离子、软化水质）：图2中①过滤棉的作用是_____（填字母，下同），②活性炭的作用是_____。

A.去除有害菌和部分病毒

B.吸附杂质

C.除去较大的不溶性杂质

D.蒸发

 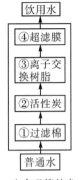 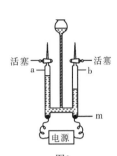

图1　生命吸管　　图2　生命吸管的净水过程　　图3

(2)电解水实验如图3,a、b试管中产生的气体的体积比约为_____,可用_____检验a试管中产生的气体。

(3)图3中,m端是电源的_____极,该反应的基本反应类型是_____。

7.小冬同学制作的简易净水器如右图所示。

(1)小卵石、石英砂和蓬松棉的作用是_____,活性炭的作用是_____。

(2)净化后是硬水还是软水?_____,我认为可用_____来检验。

(3)长期饮用硬水对人体健康不利,要降低水的硬度,我采取_____方法。

【长期探究小课题】学期内完成

水是我们赖以生存的重要物质,但近年来水污染问题日益严重,已经成为全球关注的话题。水的污染来自工业、农业、生活污水的排放等,如果不对水进行净化处理,可能会对人体健康产生威胁,还会影响环境和生态系统的平衡。请根据所学知识及课外资料,完成一份关于水的净化的调查报告。

【问题】

1.水污染是什么? 它对我们的生活和环境有哪些影响?

2.我们常见的水污染物有哪些?

3.常见的水净化方法有哪些? 各自有什么优缺点?

4.什么样的水可以直接饮用? 为什么?

5.在家中,我们应该如何保持自来水的质量?

【参考资料】

1.国家环保部门公布的环保标准和法规

2.相关的科普读物或电子书

3.纪录片《清池激长流》《水问》《滨水而居》等

4.网上相关资源

【评价指标】

1.实验分析能力:能够运用所学知识设计小实验,对水污染物的影响进行观察和

分析;

2.调查报告:结构清晰,思路清晰,回答问题全面,表达清晰、准确;

3.演示能力:PPT或海报内容简洁明了,重点突出。

【学生自评】

完成时长	完成情况	总结与收获	仍存在的疑问

第 3 课时:白水"鉴"心(水质鉴别及改善)

【固本培元强根基】预计时长:5 min

1.水是生命之源。下列有关说法错误的是( )

A.水通过三态变化实现了自身的天然循环

B.用肥皂水可以区分硬水与软水

C.生活中可以用煮沸的方法降低水的硬度

D.用滤纸过滤可以除去水中所有的杂质

2.下列一定属于软水的是( )

①井水 ②雨水 ③蒸馒头所剩的锅底水 ④矿泉水

A.①②   B.①③   C.①④   D.②③

3.天然水分别经过下列净化操作后,一定能得到软水的是( )

A.吸附   B.沉淀   C.过滤   D.蒸馏

4.水是人类生活不可缺少的物质。日常生活中不少人喜欢喝纯净水,市售的纯净水有些就是蒸馏水。有关这类纯净水的下列说法正确的是( )

A.它可通过加热自来水产生的水蒸气冷却获得

B.它清洁纯净,长期饮用对健康有益而无害

C.它含有人体所需的矿物质和多种微量元素

D.它是纯天然饮品,不含任何化学物质

【自主拓展明高低】预计时长:10 min

5.硬水加热易产生水垢,工业用水需要对硬水进行软化。某小组利用肥皂水比较水的硬度。

【查阅资料】硬水中含较多可溶性钙、镁化合物;软水中不含或含较少可溶性钙、镁化合物。

(1)探究水的硬度、肥皂水的用量与产生泡沫量的关系

【进行实验】向两份等体积的蒸馏水中加入不同量的 $CaCl_2$ 和 $MgCl_2$ 的混合溶液,配制成两种不同硬度的硬水。用蒸馏水和两种硬水完成三组实验,记录如下:

组别	第 1 组			第 2 组			第 3 组		
实验操作	肥皂水 ↓ ——5 mL 蒸馏水			CaCl₂和MgCl₂ 的混合溶液　肥皂水 → ——5 mL 蒸馏水					
实验序号	①	②	③	④	⑤	⑥	⑦	⑧	⑨
混合溶液用量/滴	0	0	0	1	x	1	2	2	2
肥皂水用量/滴	5	10	20	5	10	20	5	10	20
产生泡沫量	少	多	很多	无	少	多	无	无	少

【解释与结论】

对比②和⑧可知，_____能区分软水和硬水，依据的现象是_____；

设计第②组实验时，为控制水的硬度相同，⑤中 x 应为_____；

第②组实验的目的是_____；

要说明产生泡沫的量与肥皂水的用量有关，需要比较的数据为_____；

由上述三组实验得到的结论是_____。

（2）比较不同水样的硬度

【进行实验】用四种水样完成实验，记录观察到泡沫产生时所需肥皂水的用量。

实验操作	水样	肥皂水用量/滴
肥皂水 ↓ ——5 mL 水样	市售纯净水	2
	煮沸后的自来水	6
	自来水	9
	湖水	14

【解释与结论】

硬度最大的水样是_____。

将自来水煮沸饮用，既可以_____，还可以_____。

【长期探究小课题】项目式学习作业：月内完成

神舟十四号 3 名航天员协助地面完成问天实验舱和梦天实验舱的交会对接。饮用水＋制氧用水＋其他生活用水，航天员们 6 个月驻留需要消耗 3 t 左右的水，这么多水是哪来的呢？载人飞船携带的水量有限，请你为天宫空间站设计一套水循环利用方案，可以将航天员或其他系统工作产生的废水过滤

净化后加工成饮用水循环利用。

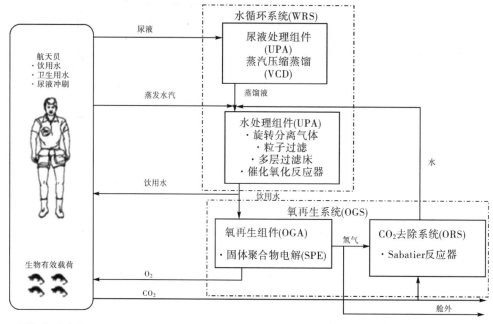

【学生自评】

完成时长	完成情况	总结与收获	仍存在的疑问

第4课时:百川"汇"海(水溶液的性质及应用)

【固本培元强根基】预计时长:5 min

1.下列各种"水"中属于溶液的是_____(填序号)。

①矿泉水　②白开水　③蒸馏水　④汽水　⑤自来水　⑥冰水混合物

2.我国规定生活饮用水的水质必须达到下述四项指标:

a.不得呈现异色　　　　　b.不得有异味

c.应澄清透明　　　　　　d.不得含有细菌和病毒

(1)其中 c 指标可以通过_____操作达到;

(2)可以用_____检验这种达标的饮用水是不是软水;

(3)若想进一步得到净化程度较高的水,可以采用_____的方法。

3.利用水溶液的相关性质回答下列问题:

(1)煮饺子时在水中加入食盐,可以使_____,饺子熟得快,不易破皮;

(2)冬天海水不结冰是因为_____;

(3)沾水的手不能接触电器,是因为_____。

【自主拓展明高低】预计时长:10 min

4.实验室里有两瓶失去标签的无色液体,分别是食盐水和蒸馏水,区别它们的方法有很多,请你简要写出你认为可行的方法。(至少写出三种)

(1)_____;

(2)_____;

(3)_____。

5.将等质量的 $NaCl$、KNO_3、NH_4NO_3、$NaOH$ 4 种固体放入试管中,再加入等质量的水,塞好橡胶塞,振荡、静置,观察到的现象如右图所示。则试管中加入的固体是_____,理由是_____。

红墨水

【学科综合见神奇】学期内完成

查阅资料,运用水溶液知识,尝试自制植物水培液。

【学生自评】

完成时长	完成情况	总结与收获	仍存在的疑问

(三)单元检测及复习作业设计

【固本培元强根基】预计时长:30 min

1."水"是极其宝贵的自然资源。下列有关水的说法中不正确的是(　　)

A.水在地球上多以混合物的形式存在

B.净水过程中加入明矾的主要目的是杀菌消毒

C."一水多用"可视为中学生爱护水资源的具体表现

D.蒸馏水是软水

2.下列关于净化水的说法,不正确的是(　　)

A.用肥皂水来降低水的硬度

B.用活性炭吸附可溶性杂质、除去异味

C.用过滤的方法除去水中不溶性杂质

D.用投药或煮沸的方法进行杀菌消毒

3.2023 年 2 月 6 日,土耳其发生 7.8 级强震。震后灾区人们需将河水净化成生活用水,常见的净水操作有:①过滤;②加明矾吸附沉降;③蒸馏;④消毒杀菌。应选用的净化顺序为(　　)

A.①②③④　　　　　　　　　　B.②①④③

C.①③④　　　　　　　　　　　D.②①④

4.净化水的以下操作中,净化程度最高的是(　　)

A.蒸馏　　　　　　　　　　　　B.吸附

C.过滤　　　　　　　　　　　　D.沉淀

5.如图是自来水厂净水过程示意图,下列说法中正确的是(　　)

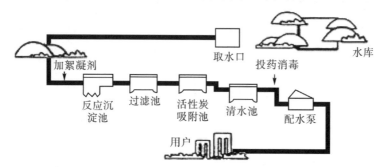

A.明矾是一种常用的絮凝剂　　　B.过滤可除去水中杂质离子

C.活性炭可长期使用无需更换　　D.经该净水过程得到的是纯水

6.下列有关水的描述中,错误的是(　　)

A.构成水的最小微粒是水分子

B.水是由氢元素和氧元素组成的

C.水是由氢原子和氧原子构成的

D.一个水分子是由两个氢原子和一个氧原子构成的

7.下列有关如图所示实验的说法中,正确的是(　　)

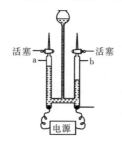 

A.点燃氢气前不用检验纯度　　　B.干冷烧杯内壁无明显变化

C.b管气体能使带火星木条复燃　D.两个实验均可证明水的组成

8.某溶质溶解在水中,形成的溶液与水相比较,一定不会改变的是(　　)

A.沸点　　　　　　　　　　　　B.导电性

C.颜色　　　　　　　　　　　　D.水分子的构成

9.在淡水缺乏的海岛上,可利用如图所示的简易装置从海水中获取淡水。下列说法不正确的是(　　)

A.水杯中的水是淡水

B.从海水中获取淡水是物理变化

C.海水通过活性炭吸附也能变成淡水

D.获取淡水的快慢与温度有关

10.如图是电解水的微观示意图,从中获得的信息正确的是(　　)

○——代表氧原子

●——代表氢原子

A.化学变化前后分子的种类不变

B.反应前后元素的化合价不变

C.水是由氢、氧两种元素组成的

D.该反应的化学方程式为 $2H_2O \stackrel{通电}{=\!=\!=} H_2 + O_2$

11.水是生命之源。

(1)城市中的生活用水是经过净化处理得到的。用_____的方法,可除去水中难溶性杂质;利用_____的吸附性,可除去水中的色素和异味。

(2)生活中,硬水和软水可以用_____检验;用_____的方法可降低水的硬度。

(3)水通电分解的化学方程式为_____,该实验说明了水是由_____组成的。

(4)爱护水资源关乎人类的生存和发展,下列做法正确的是(　　)

A.生活垃圾深埋地下　　　　　　　B.用喷灌方式浇灌农田

C.使用含磷洗衣粉　　　　　　　　D.用化肥代替农家肥

12.请利用所学化学知识回答问题。(如图为某天然矿泉水的标签的部分内容)

水中主要成分(mg/L)
K^+:0.62~3.25
Na^+:18.75~29.8
Ca^{2+}:17.8~26.2
Cl^-:14.2~30.8
硫酸根:41.6~70.2
碳酸氢根:184~261

(1)请写出该标签中硫酸根的离子符号:_____。

(2)可以用_____来检验该矿泉水是硬水还是软水。

(3)若该瓶矿泉水为 2 L,根据标签中的信息,则至少含有钾离子_____ mg。

(4)写出由钙离子与氯离子构成的物质的化学式:_____。

13.如图所示为电解水的实验装置图,请根据图示回答问题:

(1)该实验的目的是_____。

(2)写出该反应的文字表达式:_____。

(3)若与正极相连的玻璃管中产生 5 mL 的气体,则与负极相连的玻璃管中产生_____ mL 的另一种气体。

(4)实验室检验与正极相连的玻璃管中产生的气体的方法是_____。

(5)在该实验中,通常会加入少量的硫酸钠或氢氧化钠,目的是_____。

(6)通过该实验可以得出的结论是_____

_____。

14.水是生命之源,人类的日常生活与工农业生产都离不开水。

(1)小红利用图 1 装置探究水的组成。通电一段时间后,试管 b 中所收集的气体为_____(填化学式)。若该实验中产生氢气 4 mL,则同时会生成氧气_____ mL。

(2)小亮同学要净化在家收集的雨水,制作的简易净水器如图 2 所示:小卵石、石英砂和蓬松棉的作用是_____,活性炭的作用是_____。

(3)图 3 是自来水厂的净水过程。

①可用_____来检验净化后的水是硬水还是软水。长期饮用硬水对人体健康不利,要降低水的硬度,生活中我们可采取_____的方法。

②节约用水,大家倡议"一水多用"。请你说出生活中的一项具体措施:_____。

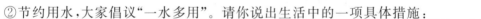

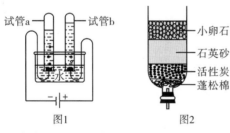

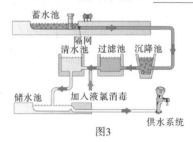

图1　　　　图2　　　　图3

15.请你解释下列人员的做法。

(1)冬天,有些汽车司机常在汽车的水箱内加入少量乙二醇之类的化合物。这是为什么?

(2)一些登山运动员,常把一些食物(鸡蛋)放在汤料里煮熟。

【多样实践悟原理】周内完成

通过本单元的学习,你对水和溶液有了哪些新的认识?这些新的认识可以建立起哪些区别和联系?请你回顾学习过程,绘制一张思维导图,并与同学们展示和交流。

【学科综合见神奇】学期内完成

定期检测家中自来水的水质情况,关注家中用水量并监测家里废水排放情况,时刻提醒自己和家人爱护水资源。

【学生自评】

完成时长	完成情况	总结与收获	仍存在的疑问

三、实践反思

（一）基于知识结构化的"五环"作业设计促进思维进阶化的建构

固本培元强根基，与课堂教学活动相衔接，侧重于对课时核心知识的复习巩固，通过作业评价可以有效反馈学生课堂学习的结果。

除了必做的基础巩固性作业外，还为学生设计了自主拓展明高低的分层作业，根据学生学习水平选择性作答。作业多采用信息阅读的形式，设置较为开放的设问，既巩固学生对知识的理解，又锻炼学生提取信息进行推理的能力，促进学生的发散性思维。此类作业联系生活、生产实际，创设真实情境，设计具有探究价值的问题，培养学生的思维能力，满足学生个性化发展需求，促进学生核心素养的发展。

多样实践悟原理中包括学科小实验、思维导图的建构等类型的作业，使知识网络具有逻辑性和系统性，体现学科知识的实践价值和应用价值，促进知识的构建和理解。这类作业具有开放性，由于不同学生对知识的理解程度不同，思维能力和习惯不同，所呈现出的知识结构图或思维导图也会是多种多样的。学生可以在交流中相互启发、相互借鉴、取长补短，完善自己的知识结构和思维模型，将碎片化的知识结构化、系统化。

化学是一门需要具备实验、操作等基本技能的学科，设计并完成调查报告、研究水体污染及治理措施等长期探究小课题类型的作业，不仅让学生更好地理解水的相关知识，还要求学生进行综合思考和判断，培养学生的科学素养。通过调查研究的方式，让学生深入了解水污染及其对生活和环境的影响，同时学习不同的水净化方法和如何保持自来水质量。这样的设计能够引导学生主动思考和探究，同时也能够培养学生的合作精神和表达能力。引导学生充分利用各种资源，创造性地解决问题，深刻理解化学学习的价值。

学科综合见神奇类型的作业可以帮助学生在感知科学、技术、社会、环境相互关系的基础上，提高学生综合运用各学科知识能力，打破学科间的壁垒，丰富学习路径。水培液的配制可培养学生查阅文献、信息提取的能力；项目式活动作业也是基于跨学科实践设计的作业，水循环方案设计促进学生模型建构、交流表达等能力。从课堂中的理论分析，延伸到生活中实践体会，采取课内与课外相结合、课堂学习与生活实践相结合的策略，产生理论联系实际的真实体验。

（二）基于"教—学—评"一体化的"五环"作业设计有效落实学科核心素养

1.夯实基础：作业的设计围绕化学课程标准的要求，不脱离化学教材知识体系，考查核心知识,不刻意"偏、难"。

2.五育并举:化学源于生活,更要应用于生活。引导学生学会观察身边的事物,找到生活中感兴趣的现象或疑惑。不仅可以让学生学会学科研究方法,也有利于促进学生的五育发展。

3.情境任务:通过对具体情境、具体事物的分析,运用所学知识找到解决问题的办法。在这个过程中,不但将知识上挂下联模块化,还可以将学科思想体系化,让学生在"鱼"与"渔"的交替练习中提升解决实际问题的能力,形成学科核心素养,逐步走向终身学习。

4.分层满足:分层的设计梯度适宜,每一层次之间不能跨度太大,既是小目标,又是小台阶,意在通过引导,激励每一个孩子都能"跳一跳"更进一步。

（三）遗憾之处

在设计中还有一些不足,比如固本培元强根基和自主拓展明高低的设计中,情境化设置不够充分;作业评价量表的维度设计中,核心素养的落实不够细化;长期探究小课题和学科综合见神奇的作业实施过程中,对学生的跟盯指导不足等,这些是今后改进的方向。

后 记

长路奉献给远方

——这些年，我们走过的情知岁月

秉承冷冉先生"情·知教学"思想，作为新生代的我们也已走过了十四年的光阴。十四年来，汗泪并洒，艰辛无数；十四年来，上下求索，情知共进；十四年来，春华秋实，满庭芳菲。那一路跋涉的脚步，已然推动一中迈向坚实；那一路求索的和声，已然驱散晴空之下的阴霾；那一路集结的情意，已然深化课程改革的内涵。在绵长的诗篇中，茁壮衷情，浓墨风景。

高思励心志　情知坚信仰

我们从来不认为教育是这样的：注重高分，忽略高尚；注重做题，忽略做人；注重升学，忽略升格；注重自我，忽略自强；注重急功近利，忽略集腋成裘……一时间脱离了正确发展的轨道，一味地在旁逸斜出中浩浩荡荡。忽如一夜，春风不在。我们理想的教育，"人"字当头，我们以为当一个人拥有了高尚的品质、高深的情思、高坚的意志、高傲的气节、高远的志向、高品的习惯……高能、高分自然不在话下。所以我们的课堂、我们的思想：激情燃烧兴趣、意志坚持方向、道德彰显风采、文化燎原希望。特别是当我们翻开冷冉先生的《情·知教学论》的时候，如获至宝，欣喜如归，刹那间，洪钟般有力的回声，激荡心扉！"从学生的心理过程分析，学习的一个方面是感觉—思维—知识、智慧的过程，另一个方面是感受—情绪—意志、性格的过程。""要把认知因素和情性因素辩证地统一起来来教学……"教育巨擘的思想有力地撑起了我的坚定。于是，深思想、坚信仰、扛旗帜、顶风浪、领全局、志远方……伴着课程改革的深入，我们以洗礼的姿态，开始了情知时代。

故曰：意识决定行动，理念决定远方。

翻转小课堂　情知共成长

课程改革落实、落细、落小总是在课堂。课堂是思想的体现，也是硕果的呈现。拜读冷冉先生高瞻远瞩的情知文集、翻阅数所课改点校的成功经验、亲历先行名校的情知里程、征询大家的高知灼见……集萃思想、反复论证，一个"情·知教学"理念下的"情动五环"高效课堂教学模式幡然而出，并一举成为辽宁省"十二五"首批立项课题！"填鸭""传统""满堂灌""唯知论"……宛若"簌簌衣巾落枣花"。我们课程实施中的五个步骤："温故创境明目标"，即"复旧知向新识、创情境促心动、明目标达共识"，让学生在美好的情境中产生自发能动的必然；"自主合作共探讨"，即"用自主感新知、讲合作达共识、求探讨解争执"，让学生在自学和独立思考后群策群议；"汇报评议师精导"，即"群汇报现思想、共评议激花火、点高见绽精华"，让结论响亮课堂，让思考升华思想，让精彩彼此绽放；"练习巩固结纲要"，即"勤落笔验真知、结纲要成技能"，让实践验证真理，让真理带动前行；"反馈拓展步步高"，即"检情知夯基石、联同类见高深"，让惊讶在转弯处流连……情知翻转了课堂，情知燃烧了课堂，情知精深了课堂，情知高远了课堂。燃"情"为"动"始，融"情"为"动"开，激"情"为"动"鸣，结"情"为"动"成，联"情"为"动"升。五环五动五情浓，自主合作共繁荣。情为动设，动随情迁。当"情"成为课堂流动的飞花，"动"自然就是飞花的香浓，而"知"就在无言里潜滋暗长了。可谓"情到深处知自成"。

故曰：行成于思终行远，情动自心竟情长。

别出研训路　情知有浓香

诚然，课堂的情深知长，离不开教师们的主导。而这份主导就来自学校强大又急骤的头脑风暴和高端有效的研训模式。没有厚实的积累就没有壮观的薄发，没有前沿的思想就没有灵动的课堂。别出心裁、卓尔不群，我们创设了"情知教学"理念下的"六课"研训系列模式，坚固着我们的思想，提升着我们的专长。我们"预课"：学习行为前移、思想火花频溅、设计灵感联动、群策力量集聚，可以各抒己见，可以争鸣思想，可以旁征博引，可以择善而从……一堂好课便在这样的熔炉里成金，一个好的老师便在这样的氛围里成长。我们"竞课"：各科各组各位教师在未雨绸缪百炼成钢之后，华丽登场——他们要在短短的40分钟内，展示情感的浩瀚、知识的辽远、思想的丰厚和专业的精湛，甚至还有人格的芬芳！我们"论课"：为课例寻找理论证明，用理论解读实际案例，从而让我们的老师在理论学习中提升高度，在教育教学实践中通明道理、改革课堂。我们"会课"：人才集会，火花碰撞，通识思想。优秀的火花在此时共赏鉴，共性的问题在这里同商榷，让所有的迷惘和困惑柳暗花明、峰回路转、气象万千！是一次思想的交锋，是一场心灵的洗礼，是一回精神的集萃。我们"示课"：示范精彩，启明远方，同舟共济。让优良的示范成为最好的说服，让好人的榜样成为看得见的哲理。精华荟萃，星光引路，让教育教学的同道者同行远方。我们"省课"：反思就是教科研，在反省中彻悟，在彻悟中进取。时间紧了调整节奏，内容少了加大容量，环节乱了重新设计，思路窄了拓宽视野，意识旧了更新观念，方法少了加强提炼，语言贫乏了就钻进书海探珍寻宝……临渊羡鱼，然后退而结网；痛定思痛，然后迎难而上；百思其解，然后华丽转身……一切都会在自我真实的省思中豁然开朗，一切也都会在自我深刻的省悟中蒸蒸日上。我们用"六课"标新立异了研训模式，也与日俱增了师长风采。在快节奏的时代，在课程改革深入的时代，我们潮涌时代！

故曰：磨砺锋芒常在，有蕴情知方长。

跬步筑实堤　情知竞技长

人生是一场修炼,我们的"情动五环"也是一场修炼。我们为此创设了"大海蓝杯"教学大赛,并依托每年一次的"大海蓝杯"教学大赛,修"情知"偏差,炼"情动"精髓。十四年走过十五届"大海蓝杯",大浪淘沙。十五次情知细节叩问,十五次分解重点攻坚,十五次全体上下求索,十五次提炼建章立说,跬步写千里。"情动五环+"的体系已然根深蒂固,无限向前:"五环"的完整度,让我们进模入画共探究;"动"的热度,让课堂主体显生动;"情"的厚度,让课堂有品见高上;"果"的效度,让新学落地有回响;"策略"维度,让思维集萃聚良方;"反馈"的适度,让练习设计显分量;"有效"的达成度,让反思促进再成长;"情感、创新、信息"的力度,让情知发展奏强音;"学科整合"的宽度,让知识立体全面向上;"核心素养"的亮度,让学科素养点亮教学方向;"五育并举"与"问题化学习"的融度,让核心素养落地有声响;"情动五环"与"问题化学习"的合度,让自主学习合力向远方;"情动五环"与"大单元教学"的契度,让整体整合见效样;"合核共振"的可见度,让新课标精神有光芒;"情动五环"与"大单元教学""教学评一体化"的溶解度,让课程改革再生长……每年一个重点,每年进步一点点。我们学习、思考、实践、运用、积淀、发展……点线成面、点墨成文、点石成金,引领着一中师资队伍术业专攻、德才竞上。

故曰:跬步长行自为路,点墨生情有佳音。

宏远大视野　情知拓思想

一个生命只有不断地注入活力,才可以繁茂生长;一个思想只有汇集力量,才可以深化绵长。同样,"情·知教学"也只有在继承中不断发展壮大,才可以源远流长。而今,我们不仅在课堂的主战场上情知共进,还开辟了校本课程,让情知在我们自己创造的世界里自由飞翔。"国学演讲"让我们沐圣贤思想、学历史辉煌;"宋词欣赏"让我们叹词人胸襟、诵文化悠扬;"古韵修身"让我们感太极玄妙、练身心健康;"民舞音韵"让我们享民族经典,美成长心扉;"情境英语"让我们望世界博大,慕前程锦绣……凡此种种,在丰富的课程里,情知亦走向了开阔的空间,俨然成为一种习惯、一种技能、一种品质,"随风潜入夜"。

当然,随着"情·知教学"的拓展,我们又更上一层楼。在强调"核心素养"和"全面发展"的今天,我们也把"情·知教学"发展上升为"立德树人"的大教育,让情知不仅在课堂上活力四射,还在我们的"红色党建"和"文化德育"里蓬勃生长;让我们的教育文与德并重、知与情同行,成为一个有历史渊源同时富于时代内涵的创新教育。在连通中发展,在升华中壮大。

故曰:地纵深为大,水连海成天。

满庭芬芳处　情知梦飞扬

从"千淘万漉虽辛苦"到"千锤万凿出深山"，我们的"情·知教学"，一路走来，虽不尽"千树万树梨花开"，却也"采得百花成蜜香"。十四年精血诚聚，在情知的路上，学校"重情尚德"，纯正的校风渐进形成，并小有美好口碑；学校文化氛围业已形成，读书已成为师生共同的习惯。教师们科研引领教学的意识和自觉研究的习惯渐进形成，教研气息浓郁，渐已踏上科研之路；教师群体综合素质得到提升，向科研型教师迈进，并频频亮相于省市课堂，颇见好评。学生们彬彬有礼，做人的教育已根植在每个人的心里；学生自主学习的意识和习惯渐进养成，能够感受并体验由此带来的学习快乐。学校也先后获得了"辽宁省先进集体""辽宁省文明校园""辽宁省课改示范校"等高质奖项；老师和学生获奖更是誉满心怀。还有省内外教育团体纷至沓来……

故曰：理念恒久远，真心可流传。

没有比人更高的山，没有比脚更长的路。教育一直都在路上。我们用自己的创造开拓进取，用自己的实践奉献力量！

白云奉献给草场，江河奉献给海洋，我们把课程改革的实践长路奉献给远方……

顾伟利

2024 年 1 月 1 日